새로 고쳐 쓴

문화재학

- 이론과 방법 -

장 호 수

백산자료원

새로 고쳐 쓴
문화재학 -이론과 방법-

지 은 이 | 장호수
펴 낸 이 | 육락현
발 행 처 | 백산자료원

초판 인쇄 | 2008. 3. 3.
2 판 인쇄 | 2011. 2. 25.
2 쇄 발행 | 2011. 3. 3.
3 쇄 발행 | 2014. 8. 13.

등록번호 제2-1125호
등록일자 1991. 2. 11

펴낸곳 | 백산자료원
㊐100-193 서울시 중구 을지로 3가 334-1
전화 (02)2268-8668 팩시밀리 (02)2267-7710
http://www.paeksan.com
E-mail : gando2090@naver.com

값 23,000원
ISBN 978-89-6194-022-1 93910

책을 펴내며

'문화재학'을 하나의 학문 분야로 만들어보겠다는 생각으로 『문화재학개론』을 펴낸 것이 2002년이었다. 그때 책을 펴내는 글에서 내 나름대로 '문화재학'을 다음과 같이 정의하였다.

"문화재학은 문화재 관리와 보존 그리고 활용에 이르는 모든 분야를 아우르고 있다. 문화재 하나하나를 연구하는 고고학, 미술사학, 민속학, 고건축학, 보존과학 등은 문화재의 생성과정과 그 안에 담긴 뜻을 밝히는 것이라면, '문화재학'은 그들의 연구 결과를 받고 손질하여 문화재를 보존·관리·활용하기 위한 수단과 방법을 찾아내는 것이라고 할 수 있다. 그래서 문화재학은 응용과학이다. 또한 문화재관리는 법과 제도에 따라 이루어지며, 보존에 필요한 자연과학 방법에 대한 이해, 그리고 활용을 위한 경제원리 또한 문화재학에서 다룰 수 있는 범위에 들어온다. 때로는 역사와 철학, 문학과 연계되며 환경에 대한 관심도 중요하다. 따라서 여러 분야의 기술을 접목시켜야 하는 종합학문이기도 하다."

이와 같은 생각은 아직도 변함이 없다.

그로부터 6년이 지난 뒤 책의 내용과 편제를 일부 바꾼 모습으로 2008년에는 『문화재학-이론과 방법』이라는 이름으로 또 다른 책을 내놓았으나 앞의 책과 크게 다른 것은 아니었다. '문화재학'의 기본틀을 바꾸기에는 연구가 진행되지 못한 것도 있지만 더 나은 방법을 찾기도 어려웠기 때문이다.

이번에 내는 책은 새로 바뀐 법과 제도들을 알리고, 틀린 내용을 바로잡고, 통계자료를 고치고, 참고할만한 자료들을 더하는 수준에서 고쳐 만든 것이다. 아직도 채워 넣어야 할 빈칸은 많지만 새로운 정보를 제공해야 한다는 생각에서 펴낸다.

2011년 2월 글쓴이

CONTENTS

문화재 개관

문화재 보호원리

문화재 관리론

문화재 보존론

CONTENTS

문화재 활용론

문화재와 국제관계

【자 료】

1. 문화재의 뜻과 가치

11. 문화재는 무엇인가
111. 문화재라는 말
112. 문화재 - 사람, 자연, 문화
113. 문화국가 원리와 문화재 향유권

12. 문화재와 정보
121. 문화재의 역사성
122. 문화재의 학술성
123. 문화재의 예술성
124. 문화재의 상징성

13. 문화재 속성

14. 문화재 - 누구의 것인가?

15. 문화재를 위협하는 것들
151. 문화재 재난
152. 문화재 훼손

16. 문화재 용어
161. 문화재 다루기
162. 문화재 지키기
163. 문화재 가꾸기
164. 문화재 살리기

11. 문화재는 무엇인가

111. 문화재라는 말

'문화재'라는 말은 '생산재(生産財)'에 대비되는 말로 쓰이게 되었다는 설도 있으나 일본에서 1950년에 문화재보호법을 만들면서 문화적 재화(독일어 Kulturguter, 영어 Cultural Properties)라는 말을 한자로 옮긴 것으로 보는 것이 일반이다.[1] 우리나라에서는 일본으로부터 받아들여 사용하기 시작하였고, 1961년 10월 2일 각령 제181호에 따라 문화재관리국 직제가 공포되면서 문화재라는 말이 공식으로 쓰이게 되었다.[2]

문화재라는 말은 우리나라와 일본에서만 쓰인다. 중국에서는 '문물(文物)', 타이완에서는 '문화자산(文化資産)', 북한에서는 '문화유물(文化遺物)'로 쓰고 있다. 문화란 학문, 예술, 사상, 종교 등 사람의 행위에 의해 나타난 모든 것을 뜻하며 '재(財)'는 경제가치가 있는 재화를 말하지만 문화재라고 하면 경제가치 뿐 아니라 일반으로 역사상, 학술상, 예술상 가치가 있는 것을 말한다.

문화재와 비슷한 뜻을 갖는 말로 문화유산(文化遺産), 또는 문화자원(文化資原)이라는 말이 있다. 문화재와 마찬가지로 영어에서 나온 한자말들이다. 문화유산(Cultural Heritage)과 문화자원(Cultural Resource)은 문화재와 같은 뜻을 담고 있는 말들이다. 유산은 인류유산 또는 국가유산이라는 보다 넓은 뜻으로 사용하여 자연유산과 문화유산, 또는 기록유산 등으로 나누어 보기도 한다.

영국 국가유산기념기금(the National Heritage Memorial Fund)의 1981년도 첫 보고서에서는 국가유산을 다음과 같이 정의하고 있다.

"국가유산은 매우 넓고 풍부하다. 예술표현의 발전과정을 대표하는 것들이며, 또한 세계역사에서 국가가 어떤 역할을 했는지에 대해 보여

주는 것이기도 하다. 국가유산은 또한 자연의 풍성함, 이를테면 명승, 동식물들과 같이 무분별한 개발로 쉽게 사라질 수 있는 것들도 포함된다. 누구나 향유할 수 있도록 보존되어야 하고, 교육가치를 위해 대를 물려주어야 하며 찾아오는 사람들에게 매력 있게 다가갈 수 있는 경제가치를 위해서도 발전시켜야 한다."

유산은 위로부터 물려받은 것으로 학술상, 예술상 가치는 말할 것도 없고 시민들의 자연과 문화향유권을 위해서도 지켜져야 한다는 것이다. '문화유산'은 1975년에 '유럽 건축유산의 해(European Architectural Heritage Year)'를 계기로 하여 널리 쓰이게 되었다.[3] 문화자원(Cultural Resource)은 1970년대 초반에 미국에서 처음 쓰기 시작한 말이며,[4] 문화자원관리(Cultural Resource Management)라는 것이 주로 고고문화재(Archaeological Heritage)에 한정적으로 쓰이는 말이기는 하지만 문화재 일반에 대한 용어로 쓰기도 한다. 미국 국립공원관리공단에서 펴낸 '문화자원 관리지침'[5]에는 문화자원을 다음과 같이 정의하고 있다.

"문화자원이란 유형, 무형의 여러 요소들로서 현존하거나 이미 사라진 것들이 있을 수 있고, 특정 문화를 대표하거나 가치있는 것으로 평가되며 문화에 대한 정보를 담고 있는 것들이다. 문화자원에는 유적, 유구, 유물, 역사지구, 그리고 역사기록물들이 포함되며 사람들의 행위, 역사적 사건들과 관련되는 것들이며 현재나 혹은 과거에 있었던 것들이 모두 포함된다. 문화자원은 또한 유형의 자원을 해석하고 이해하기 위한 구전자료와 역사기록들도 포함된다."[6]

한편 문화자원관리에 대한 정의를 살펴보면 문화자원을 보존하고, 활용, 보호하며 보존여부를 판단하고 문화자원을 보호하기 위한 기록활동과 법적 장치를 마련하는 것들을 말한다.

112. 문화재 - 사람, 자연, 문화

문화재는 사람과 자연이 어우러져 빚어낸 것으로 사람이 주체가 되고 자연 또는 자연물이 객체가 되어 이루어진 문화의 산물이다. 각 나라와 민족이 전통가치에 따라 각기 독특한 문화를 가꾸고 이어오면서, 전통에 따라 문화재에도 민족정서와 가치관이 들어 있게 된다. 따라서 문화재는 전통 문화의 산물이며, 역사의 증거로서 위로부터 물려받은 것이며, 다시 아래로 물려주어야 하는 것이므로 보존 가치가 높은 것이다.

문화재는 점차 그 영역을 넓혀가고 있다. 유네스코(UNESCO)는 2002년을 문화유산의 해로 선포하면서 문화재에 대한 정의를 새롭게 내리고 있는데 그에 따르면 문화재는 유적, 경관으로부터 일반 생활유산에 이르기 까지 대상을 확대하기 시작했다. (그림 1-1)

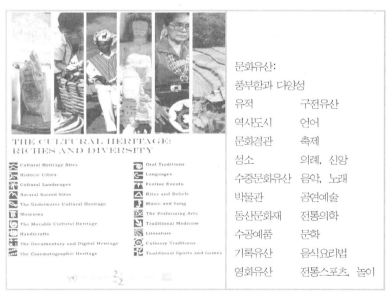

문화유산:
풍부함과 다양성

유적	구전유산
역사도시	언어
문화경관	축제
성소	의례, 신앙
수중문화유산	음악, 노래
박물관	공연예술
동산문화재	전통의학
수공예품	문학
기록유산	음식요리법
영화유산	전통스포츠, 놀이

〈그림 1-1〉 문화재의 범주

113. 문화국가 원리와 문화재 향유권

문화재를 법으로 보호하는 것은 문화재를 보존하고 활용할 수 있도록 하여 국민의 문화향상을 돕고, 인류문화 발전에 이바지하기 위한 것이다.[7] 문화재는 공공의 소유로서 행정법상 공물(公物)이며 국민의 공유재산으로서 공공의 목적으로 사용되어야 하는 것이다. 따라서 일반 사법의 적용을 받는 사물(私物)과 달리 특별법의 규제를 받게 된다.

우리나라 헌법은 다른 나라들과 마찬가지로 문화국가를 지향하고, 문화민족 이념을 바탕으로 하고 있다. 헌법 전문(前文)에 유구한 역사와 전통계승을 강조한 것은 우리 헌법이 우연히 형성된 사회공동체를 전제로 한 것이 아니라 역사와 전통에 의해 가꾸어졌고 앞으로도 영원히 이어져 나갈 문화공동체의 통치질서라는 점을 뚜렷이 한 것이다.[8] 나아가 헌법 제69조에는 대통령이 취임선서에서 국민의 자유와 복리의 증진 및 민족문화 창달에 노력할 것을 국민앞에 엄숙히 선서하도록 되어 있다.

헌법 제9조에서 국가는 전통문화의 계승·발전과 민족문화의 창달에 노력하여야 한다고 하여 전통문화의 산물인 문화재를 보존하는 것이 국가의 책무임을 밝혀 놓았다. 또한 모든 국민은 건강하고 쾌적한 환경에서 생활할 권리를 가지며 국가와 국민은 환경보존을 위하여 노력하여야 한다(헌법 제35조)는 것도 들어 있다. 여기에서 쾌적한 환경이란 생활환경의 여러가지를 담고 있는 것으로 문화에 대한 향유권을 포함하여 역사문화환경이 보장되는 것까지를 말하는 것으로 해석된다.[9]

문화재 향유권(享有權)이란 문화재를 보존하고 활용하는 것을 기본으로 한다. 문화재가 지니고 있는 가치를 영구보존하고 그것을 활용함으로서 국가의 문화발전과 국민의 생활이익을 추구하는 권리를 말한다.[10] 따라서 문화재는 원형대로 보존되어야 하고, 문화재보호법에 따라 문화재를 지정 관리하며 문화재의 현상이 변경되는 것을 막고 있다. 또한 문화재를 적극 활용하여 전문가의 연구수단이 되는 것 뿐 아니라 일반 국민들도 문화재를 느끼고 즐길 수 있게 해야 한다.

12. 문화재와 정보

121. 문화재의 역사성

문화재는 한 시대의 산물이지만 시대에 따라 변화를 거듭하는 역사성이 함께 있다. 문화재가 변화하는 속성은 문화재의 원형을 판단하는데 적지 않은 어려움이 있기도 하다. 그림, 조각, 공예작품과 같은 단위 문화재들은 제작 당시의 모습을 그대로 지니고 있는 것들이 많지만 때로는 역사의식의 변화에 따라 변형되는 경우도 볼 수 있다. 미켈란젤로의 그림 〈최후의 심판〉은 처음에 등장 인물 10여명을 나체로 그린 것이었으나 카톨릭교회에서 외설성에 문제를 제기하여 미켈란젤로의 제자 다니엘 다 볼테라에 의해 주요 부분에 천을 덧그린 것으로 알려진다.[11] 문화재의 변화과정은 특히 실생활과 관련된 것들에서 자주 볼 수 있다. 민속마을이나 마을 숲과 같은 사람과 환경이 함께 관련되는 것들은 유기적 진화과정을 이어가고 있다.

122. 문화재의 학술성

문화재는 역사와 전통의 산물이다. 따라서 문화재는 역사연구에 없어서는 안될 자료가 된다. 역사가들은 문헌기록을 1차 사료로 이용하여 연구하지만 옛 문헌자료가 남아있는 것들이 많지 않기 때문에 유적과 유물 형태로 남아 있는 문화재들이 역사연구에 중요한 구실을 하게 된다. 삼국시대를 연구하는데 삼국사기와 삼국유사를 기본으로 하지만 역사기록이 매우 한정되어 있고, 역사기록의 주관성을 검증하기 위해서는 비문을 비롯한 금석문, 옛무덤에서 나오는 토기, 금관, 성터에서 발견된 기와, 전돌 등이 모두 역사연구에 중요한 자료가 되며 이들은 모두 귀한 문화재들이다.

옛터에서 나오는 유물을 찾고 연구하는 것은 고고학의 몫이다. 그래서 역사학은 고고학과 밀접히 관련되며 서로 함께 연구하게 된다. 고고학 발굴에서 나온 유물, 유적들도 문화재의 중요한 부분을 차지한다. 특히 역사기록 이전의 선사시대를 연구하는데 고고학 유적들은 유일한 자료가 된다. 그래서 땅속에 들어 있는 문화재들은 모두 법에서 정한 국가자산으로 관리하는 것이다. 한편 현대 사람들이 만들어가고 있는 유적들도 앞으로의 연구를 위해 중요한 문화재로 보존할 가치가 있다. 서울 사람들이 남긴 난지도 쓰레기터는 남산에 묻어둔 타임캡슐 못지않게 중요한 유적으로 평가를 받게 될 것이다. 따라서 현재 만들어지고 있는 유적들도 관심 있게 보존되어야 한다.

123. 문화재의 예술성

문화재에는 회화, 조각, 건축, 공예 작품들이 많이 있다. 이들 작품에는 한 시대를 대표하는 장인들의 솜씨와 더불어 시대정신, 예술사조, 표현양식의 변화들을 알 수 있는 정보가 들어 있게 된다. 이를 통해 전통의 맥을 이어오고 있는 과정을 이해함은 물론 문화재는 감상의 대상으로서 큰 기능을 하고 있다.

문화재의 예술성은 전통정원이나 명승지에서도 찾을 수 있다. 창덕궁 후원이나 담양 소쇄원에서 볼 수 있듯이 자연경관을 적절히 이용하여 예술감각을 발휘한 정원 가꾸기는 감상의 대상으로서 충분한 가치가 있다. 이처럼 문화재는 시민들에게 문화욕구를 채워주고 문화향유권의 일부를 제공하는 것으로서도 중요하다.

124. 문화재의 상징성

문화재는 역사성, 학술성, 예술성과 함께 상징으로서의 뜻을 갖고 있다. 고인돌은 단순히 큰돌을 세워 만든 것이 아니라 적어도 청동기시대 족장을 상징하는 기념물로서 많은 사람들에게 다가간다. 종묘와 사직단은 조선시대 국가통치를 상징하는 유산이다. 마니산 참성단에서 성화에 불을 당기는 것은 단군이 하늘에 제사를 지내던 곳으로서 예로부터 태양을 숭배하던 전통을 간직하고 있는 곳이라는 데에서 비롯된 것이다. 이와 같이 문화재에 깃들어 있는 상징성은 사회에서 중요한 의미를 갖게 되고 많은 사람들이 문화재를 찾게 만든다.

문화재의 상징성이 때로는 사회구성원들 사이에 갈등요인이 되기도 한다. 단군관련 단체와 기독교 단체와의 사이에 벌어지는 논쟁은 문화재의 상징성을 둘러싼 이념 대립의 수준을 넘어 문화재 파괴로 이어지는 사회문제가 되기도 하였다. 양주 회암사지를 발굴하여 철저히 파괴된

〈사진 1-1〉 바미얀 석불 파괴모습

모습을 남기고 있는 것을 확인하고 파괴 행위를 한 사람들이 조선시대 유생들이었을 것이라는 추측을 가능하게 하고 있으며, 최근에 아프카니스탄 바미얀 불상들이 파괴된 것도 유일신을 믿는 이슬람교도들이 불교도의 숭배대상이 되는 우상을 파괴한다는 것이 명목상의 이유인 것으로 알려지고 있다.

13. 문화재 속성

문화재는 다음과 같은 몇가지 특성이 있다. 먼저 시대성으로서 문화재는 특정 시대의 산물이다. 한 시기에 만들어진 것이 많지만 여러 시기에 걸쳐 만들어진 것도 있다. 또한 문화재는 일정 지역에 존재하는 지역성이 있다. 지역 분포는 유적, 기념물, 건축문화재에 의미가 있다. 동산문화재와 같이 생산지와 소비지가 다르거나, 움직이는 천연기념물들은 지역기준이 어려운 것도 있다. 또한 목적성으로서 문화재는 일정한 쓰임새가 있으며, 이는 제작 의도와 관련된다. 문화재는 쓰임새에 따라 알맞은 물질로 만들어지며 일정한 생김새가 있다. 하나의 물질로 이루어진 것도 있지만 여러가지 물질로 만든 것도 있다. 이를 복합성이라고 하며 형태는 재질과 밀접한 관계를 이룬다.

14. 문화재 - 누구의 것인가?

문화재는 사회구성원 모두의 것이며 나아가 인류 공동의 유산으로 받아 들여지고 있다. 1972년에 나온 유네스코 세계유산협약에서는 인류의 유산이 세계 공동의 것이며 인류 공동의 유산을 보호하는 책임도 우리 모두에게 있다는 것을 전제로 하고 있다. 우리나라 문화재보호법에서도 문화재는 국가, 민족, 세계유산으로서 가치가 큰 것이며(법 제2조), 문화재를 보존하여 국민의 문화적 향상과 인류문화 발전에 이바지한다는 목적을 뚜렷이 하였다(법 제1조).

그러나 어느 사회나 다양한 구성원들과 서로 이익을 달리하는 집단들이 모여 있게 마련이다. 이들은 지역에 따라, 나이와 직업에 따라, 인종과 국가에 따라 같은 문화재를 놓고 서로 다르게 인식하고 다른 가치를 부여하는 경우를 보게된다. 이를테면 영국의 스톤헨지(Stonehenge)는 서로의 이해 관계에 따라 다르게 가치를 부여하는 것을 볼 수 있다. 드루이드교도(The Druids)들은 그들의 사원으로 여기며, 천문학자들은 선사시대 천문관측기구로 생각한다. 건축가들과 공학자들은 정교한 구조에 관심을 갖고, 고고학자들은 청동기시대의 독특한 문화현상으로 받아들인다. 일반 방문객들은 그저 유명한 관광지로서 호기심의 대상일 뿐이다.[12]

이처럼 문화재에 대한 인식과 반응은 다양하게 나타날 수 있지만 그것이 그들만의 소유일 수는 없으며, 우리 모두의 것으로서 길이 지키고 가꾸어나가야 한다는데에는 서로 다른 생각이 있을 수 없을 것이

〈사진 1-2〉 스톤헨지

다. 그것이 바로 문화재가 공물로서의 성격을 갖는 것이며 사유재산이라도 법에 의해 일정한 제한을 받아야 하는 까닭이다.

15. 문화재를 위협하는 것들

151. 문화재 재난

문화재에 미치는 재난으로는 자연재해로서 지진과 화산폭발, 홍수, 산사태, 태풍에 의한 피해가 있고, 전쟁에 의한 피해, 그리고 도굴을 비롯한 사람에 의한 문화재 파괴현상들이 있다. 자연재해는 예측가능한 것이 아니므로 어쩔 수 없는 경우가 많으며 피해의 규모가 아주 큰 편이다. 1925년 이른바 을축년 대홍수로 풍납토성 북쪽 벽이 잘려 나가고, 암사동유적이 큰 피해를 입은 것이 좋은 예라고 할 수 있다.

〈사진 1-3〉 이라크 전쟁과 문화유적 도굴 파괴현장

전쟁으로 인한 문화재 파괴도 경우에 따라서는 치명적인 피해를 입히게 된다. 몽골 침입으로 불타 없어진 황룡사9층탑이나, 6.25전쟁에서 사라진 조선왕조실록 등 전쟁으로 인한 문화재 파괴는 매우 심각한 것이 사실이다. 유고슬라비아 내전에서 종교시설이나 건축문화재들까지 파괴하고, 이라크 전쟁에서 파괴 약탈된 문화재들을 보면서 이념 갈등과 전쟁으로 인한 귀중한 문화재 파괴가 그치지 않고 있는 것을 알 수 있다.

도굴은 사람에 의한 유적과 유물 파괴 행위로서 유물만 건져냄으로서 문화재의 출처를 확인하기 어렵다는 것도 큰 문제이다. 문화재의 출처는 학술가치를 평가하는데 기본이 되는 가장 중요한 것이므로 도굴로 나온 문화재는 그만큼 가치가 줄어들게 된다. 또한 문화재 불법거래의 원인행위로서 시민경제에도 좋지 않은 영향을 미치는 일이다.

〈사진 1-4〉 밀양 고법리 벽화무덤 - 도굴로 무덤 내부가 흩어진 모습

〈사진 1-5〉 낙서로 가득찬 경복궁 아미산의 굴뚝

152. 문화재 훼손

문화재 훼손은 자연현상에 의한 것도 있지만 그보다 더욱 문제가 되는 것은 산업화에 따른 각종 개발로 위험에 처한 문화재들이 많아지는 것이다. 길을 새로 내고, 공장을 짓고, 새 도시를 만들면서 가능한 문화재를 보존하는 정책을 펴고 있지만 주변 경관과 역사배경이 바뀌면서 문화재가 생명력을 잃게 되는 것이 많다. 국토개발과 문화재보존 문제는 이제 인류 생존의 문제와도 직결되는 것으로 인식의 폭을 넓혀 가는 추세이다.

환경오염에 따른 문화재 피해도 날로 심각한 현상으로 나타난다. 산성비는 석조문화재까지도 견딜 수 없을 정도가 되었고, 집밖에 있는 문화재는 모두 덧집을 씌워야 할 정도로 보존에 어려움이 있다. 그밖에도 농사를 지으면서 없어지는 유적들도 있고, 나아가서는 유적을 찾는 방문객들 때문에 알게 모르게 압박을 받게되는 경우도 나타날 수 있다. 사람에 의한 문화재 훼손은 자연훼손 못지않게 심각한 경우도 있다.

16. 문화재 용어

161. 문화재 다루기

문화재 다루기(Management)의 첫 단계는 문화재를 찾고 그 가치를 확인(Identification)하는 것이다. 문화재를 찾는 방법은 학술조사와 연구 분석 과정을 거쳐 자료화하고 문화재의 성격과 가치에 따라 적절한 관리방법을 만들게 된다. 문화재관리는 나라마다 법적, 행정적 조건이 다르고 관리방법도 다를 수 있다. 문화재 관리 방법으로는 지정(Designation), 등록 (Registration), 목록작성(Scheduling) 등이 있다. 일반으로는 국가에서 지정관리하는 방법을 많이 쓰고 있으나, 등록제도를 도입하거나 단순히 목록화하여 관리하기도 한다.

162. 문화재 지키기

유적을 현상대로 지키는 것은 보호(Protection), 또는 보존(Preservation)이라 한다. 현상보존이 어려운 경우, 기록보존 또는 이전보존의 방법을 사용한다. 댐 수몰지역의 유적을 옮겨놓은 승주 고인돌공원은 이전보존의 한 예이다. 유적보존을 위해 일정한 지역을 보호구역 또는 완충지대로 지정하여 현상변경 행위 등을 금지하고 있으며, 보호 관리를 위한 법과 제도상의 장치가 필요하다. 문화재보호구역은 문화재와 그 주변환경을 보호하기 위한 지역이다. 완충지대(Buffer zone)는 문화재지역과 일반 개발가능지역 사이에 설정하여 문화재 주변경관이 급격하게 변하지 않도록 조절기능을 하는 지역으로 설정할 수 있으며 세계유산등록 문화재에 대해서는 완충지대를 정하도록 하고 있다. 보존과 보호는 유적 가꾸기의 전단계로 유적 성격에 따라 그 보호범위가 정해진다.

163. 문화재 가꾸기

문화재 가꾸기(Presentation) 단계에는 일정한 간섭이 필요한데 간섭 정도에 따라 수복(Restoration), 강화(Consolidation), 세척(Cleaning)의 방법이 있다. 유적을 가꾸는 일은 수복-복원-재현의 과정이며 이때 기초 연구조사가 중요한 관건이 된다. 수복 또는 복구는 유적, 유물을 본 모습대로 복구, 수선, 수리하는 일이다. 무너진 성터를 다시 쌓고, 무너진 탑을 일으켜 세우는 일, 깨진 토기를 수리하는 것 등이 이에 해당한다. 모자라는 재료는 새로 보충하기도 한다. 본 모습대로 수복하는 것이 이론상 불가능한 일이기는 하지만 기술 개발에 따라 나날이 발전하고 있다. 강화는 문화재를 구성하고 있는 재질이 약해진 것을 단단하게 만드는 것이다. 문화재는 시간이 흘러가면서 약화되기도 하지만, 최근에는 자연환경의 변화와 더불어 침식과 부식을 받아 강화처리가 필요해지고 있다. 강화에 필요한 약품과 보충재료에 대한 연구가 중요하다.

문화재에 때가 많이 낀 경우에는 깨끗이 닦아내기도 하는데 이를 세척이라고 한다. 도자기 표면에 얼룩진 것을 벗겨내거나, 옛그림의 바랜 곳을 깨끗하게 하는 일 등을 말한다. 로마의 원형경기장은 공해에 찌든 때를 벗겨내기 위한 작업을 하였다. 때를 벗겨낼 때에는 지나치게 없애기보다는 옛 흔적을 남겨두어 문화재의 역사성을 느낄 수 있도록 하는 것도 필요하다.[13]

164. 문화재 살리기

문화재 살리기(Culturalization) 단계에는 복제(Replicate), 복원(Reconstruction, Rebuilding), 재생, 재현(Rehabilitation, Revitalization)이 있다. 복제는 유물을 똑같이 만들어 내는 것이다. 박물관에 전시를 위해, 문화재교육을 위해 또는 문화상품으로 쓰기 위해 같은 크기와 빛깔로 만들며 때로는 같은 재질로 만들기도 한다. 복제유물을 만드는 것은 높은 기술을 요구하며 문화재 복제를 국가에서 허가를 받아야만 할 수 있도록 규정하고 있는 나라도 있다.

복원은 터만 남은 곳에 옛모습대로 새로 세우는 것이다. 익산 미륵사 동탑을 새로 만들어 세운 것이 하나의 예가 된다. 이때 유적의 원모습에 얼마나 가까운지에 대한 논란이 있을 수 있다. 재생 또는 재현은 유적 주변경관을 본디 모습대로 살려내는 것과 유적을 해석하고 설명하기 위한 여러가지 시설을 하는 것을 말한다. 지형, 토양, 식생, 동물상 등을 되살려 그때 살았던 사람들의 삶터를 다시 만들어 내는 일은 무엇보다도 중요하다. 역사공원, 역사재현 단지들을 만드는 것을 재현이라고 할 수 있다.

〈주〉

1) 일본사람들이 중일 전쟁 당시 남경에 남아있던 고궁박물원 유물을 정리하면서 중국의 '문물' '고물'의 의미로 '문화재'라는 말을 사용했다는 설이 있으나 일본에서 문화재보호법 제정 당시 중심역할을 맡았던 참의원 문부위원장 山本有三과 참의원 조사실 岩村忍 두 사람이 의논하여 만든 말이라고 한다.
兒玉幸多, 仲野浩 編. 1979. 『文化財保護의 實務(上)』(柏書房)
2) 오세탁, 1982. 『문화재보호법연구- 문화재향유권의 법리를 중심으로-』(단국대학교)
3) English Heritage, 1996. *A Future for our Past?*
4) Fowler P. J. 1992, *The Past in contemporary Society.* Routlege.
5) National Park Service, 1981. *Cultural Resource Management Guidelines*
6) Kerber J. E. ed. 1994. *Cultural Resource Management.* Bergin & Garmey
7) 우리나라 문화재보호법 제1조(목적)에 그렇게 정의하고 있다.
8) 허영, 1999. 『한국헌법론-신정 11판』(박영사)
9) 椎名愼太郎, 1978. 「伊場訴訟ド文化的環境權」, 『考古學研究』99號.
10) 오세탁, 1982. 위 책.
11) 김주삼, 2001. 『문화재의 보존과 복원』(책세상)
12) English Heritage, 1996. ibid.
13) 김주삼, 2001. 위 책.

2. 문화재 유형과 분류

21. 문화재 유형
211. 문화유산과 자연유산
212. 유형문화재와 무형문화재
213. 유적, 기념물, 건축물
214. 동산문화재
215. 수중문화재
216. 근대문화재

22. 문화재 분류의 실제
221. 유럽연합(EU)의 분류 방식
222. 여러 나라의 분류 방식

23. 문화재 분류 일반
231. 분류체계
232. 분류방안

21. 문화재 유형

211. 문화유산과 자연유산

문화재는 사람과 자연이 어우러져 빚어낸 문화의 산물이라고 정의할 때문화적 속성과 자연적 속성을 분리하는 것은 매우 어려운 일이다. 유네스코(UNESCO)에서는 1972년부터 「세계문화 및 자연유산 보호에 관한 협약」에 따라 세계유산 등록사업을 시작하였다.[1] 이 협약에서는 문화적 자산을 문화유산과 자연유산으로 명확히 나누었는데, 인류유산으로서 동등한 가치를 지닌 것이지만 자연과 문화를 구분한 것은 발전된 개념으로 보아야 한다. 세계유산협약에서는 문화유산과 자연유산을 다음과 같이 분류하고 정의한다.

◇ 문화유산 (Cultural Heritage)

·기념물(Monuments) : 건축물, 기념조각 및 회화작품, 고고자료, 금석문, 동굴주거, 복합유구 등 역사상, 예술상, 학술상 현저히 보편적 가치를 지닌 것.

·건축물군(groups of Building) : 독립된 또는 서로 연관된 건물들로서 건축기술상, 또는 배치상태로 보아 균일한 것들로서 역사상, 예술상, 학술상 현저히 보편적 가치를 지닌 것.

·유적(Sites) : 사람이 이룩한 것 또는 사람과 자연이 어우러져 빚어낸 것, 그리고 고고유적을 포함하고 있는 지역으로서 역사상, 관상상 또는 민족학, 인류학의 견지에서 현저히 보편적 가치를 지닌 것.

◇ 자연유산 (Natural Heritage)

·물리적, 생물학적으로 형성된 자연생성물로서 관상상, 학술상 현저히 보편적 가치를 지닌 것.

·지질 또는 자연지리적 형성물 그리고 위험에 처한 동식물의 특정 서식지로서 학술상 현저히 보편적 가치를 지녔거나 보존가치가 높은 곳.

·자연 지역이나 특정지역으로서 학술상, 보존상, 또는 자연미가 현저히 보편적 가치를 지닌 곳.

자연유산은 천연기념물을 비롯하여 명승 또는 자연경관들이 있다. 천연기념물 가운데에는 노거수, 당산목, 큰 바위 등과 같이 믿음과 의례의 대상이 되는 것들도 있어 인간의 행위와 관련하여 역사 문화적 가치가 큰 것들도 많이 있다. 속리산 정이품송 소나무, 예천의 석송령 소나무는 나무에 인격이 들어 있기도 하다. 따라서 이러한 것들은 오히려 민속자료로 다루어 관리할 필요가 있다.

문화경관은 자연 배경의 특성에 맞게 경관의 자연가치를 지키면서 문화행위에 의해 이루어진 것을 말한다.[2] 문화경관은 의도적으로 고안된 계획경관(Defined Landscape), 유기적으로 진화된 경관(Organically evolved Landscape), 그리고 복합 문화경관(Associated Cultural Landscape)로 나누기도 한다. 경주 남산은 계획 경관, 필리핀의 계단식논은 진화경관으로 볼 수 있다.

〈사진 2-1〉 문화경관(필리핀-계단식논)

212. 유형문화재와 무형문화재

문화재는 전승 방법에 따라 크게 유형문화재와 무형문화재로 가르게 된다. 유형문화재는 물질로 전해지는 것이며 무형문화재는 언어를 수단으로 전승되거나 사람의 행위를 통해 나타나는 것으로 인간문화재라고도 한다. 유형문화재는 유적, 기념물, 건축물 등과 같이 일정한 장소에 고정되어 있는 것과, 필요에 따라 여러 곳으로 가지고 다닐 수 있는 것들이 있다. 이와같은 것들을 일컬어 동산문화재라고 하는데 동산문화재에는 회화, 조각, 공예 등 예술작품들과 도서 전적류들이 있다.

무형문화재는 공예기술, 음악, 무용을 비롯한 기·예능 분야, 그리고 무예, 놀이 등 민속 분야로 나뉜다. 전통 공예기술은 생활환경이 바뀌고 자원가치가 달라지면서 차츰 사라지는 경향이 있으므로 전승에 많은 문제를 안고 있다. 2003년 유네스코 총회에서 채택한 「무형문화유산보호협약」에 따르면 무형문화재는 공동체, 집단, 또는 개인이 그들의 문화유산으로 인식하고 있는 행위, 기술, 표현양식, 지식, 그리고 그와 관련되는 도구, 유물과 공간을 일컫는 말이다. 무형유산은 특히 문화다양성과 창의력의 바탕이 되며 공동체간 상호 존중의 정신으로 보호해야 한다.[3)]

무형문화재 – 공예기술　　　무형문화재 – 예능

〈사진 2-2〉 무형문화재

213. 유적, 기념물, 건축물

기념물은 역사상 훌륭한 인물이나 사건을 기리기 위한 것으로 형태에 따라 건축기념물, 조형물 등이 있고, 전통정원은 건축과 조경의 복합체로서 기념물로 분류할 수 있다. 건축물은 사람들이 활동하기 위한 공간으로 마련한 것을 말한다. 건축물은 터와 쓰임새, 재료에 따라 다양한 구성과 형태를 보인다. 건축물이 일정한 지역에 서로 닮은 형식의 것들이 모여 있는 것을 건축물군이라고 한다. 건축지구에는 지방특유의 양식을 보존하고 있는 곳이 많다.[4]

유적은 역사의 자취가 남아 있는 곳이다. 옛 사람들의 생활 모습을 엿볼 수 있는 곳으로 역사유적과 고고유적이 있다. 고고유적은 땅위에 드러나 있지 않은 것이 많아 고고학 발굴과정을 통하여 확인되는 것들이다. 역사지구는 유적, 유물들이 집중되어있는 지역단위를 일컫는 말이다. 역사도시안에서도 여러 곳에 역사지구 단위로 구분이 가능하다.

전통정원은 건축과 조경의 복합체로서 역사상, 예술상 공공가치가 있는 것이며, 주요구성이 식물로 이루어져 사라지기도 쉽고 새로운 모습으로 바뀌기도 한다. 한마디로 살아있는 기념물이라 말할수 있다. 전통정원을 기념물로 보면 베니스헌장의 정신에 따라 보존되어야 하지만 살아있는 기념물로서의 특징에 따라 특별관리가 필요하다. 전통정원의 건축적 구성요소로는 조경계획과 지형, 식생(식물종, 종비율, 공간배치, 빛깔, 나무높낮이 등), 구조물과 장식물, 개천과 연못 그리고 물에 비친 그림자 들이 있다. 전통정원에는 그들의 이상향이 들어 있기도 하다. 전통정원의 보존관리는 원상을 지키면서 식생환경은 자생종을 유지하도록 해야 한다. 수복, 복원을 위해서는 충분한 연구가 바탕이 되어야 하며 완전히 사라진 것들이나 전설속에 남아 있는 것들은 복원하지 않는 것이 좋다.[5]

〈사진 2-3〉 기념물 - 이스터섬 모아이 석상

〈사진 2-4〉 전통정원 - 일본 고라꾸엔

〈사진 2-5〉 건축물군 - 월성 양동마을

〈사진 2-6〉 역사지구-경주

214. 동산문화재

동산문화재는 이동이 손쉬운 것들로서 훼손 위험에 노출되기 쉬울 뿐 아니라 국내 또는 국제사회에서 불법거래 대상으로서 많은 문제를 안고 있다. 동산문화재 보호를 위한 권고문에서 동산문화재의 정의는 다음과 같으며, 각 나라는 이를 바탕으로 나름대로의 가치기준에 따라 그 영토안에서 보호해야 할 동산문화재에 대한 적절한 기준을 채택하도록 하였다.[6)]

> 동산문화재는 인류 창작 능력을 표현한 것, 또는 자연 진화를 증거하는 모든 움직일 수 있는 자산으로서 고고학상, 역사상, 예술상, 학술상, 기술상 가치를 갖는 다음의 것들을 말한다.
>
> 1) 땅에서, 그리고 수중에서 이루어진 고고학 발굴조사에서 나온 것들.
> 2) 각종연모, 토기, 비문, 동전, 인장, 보석, 무기, 장례유물(미이라)
> 3) 역사기념물로 부터 떨어져 나온 것들.
> 4) 인류학, 민족학상 가치있는 것.
> 5) 역사와 관련된 것들(과학기술사, 군사, 사회사 포함),
>   국가지도자(사상가, 과학자, 예술가)와 관련되는 것.
>   국가적으로 중요한 사건과 관련된 것.
> 6) 예술상 가치가 있는 것들, 바탕이나 재질에 관계없이 손으로 제작된 유화, 도화(산업도안이나 손으로 제작했더라도 공업생산품은 제외), 인쇄원본, 포스터, 사진 가운데 원 창작품, 예술 조립 및 합성품의 원작, 조상이나 조각(재질에 관계없음), 유리, 세라믹, 금속, 나무 등으로 만든 응용예술 작품.
> 7) 원고, 판본, 고서 필사본, 책, 문서, 특수 목적으로 만든 인쇄물
> 8) 화폐, 우표 등 가치있는 것들
> 9) 각종 기록물, 서적, 지도, 사진, 영상물들
> 10) 가구, 수예, 돗자리, 옷, 악기 등
> 11) 동식물, 광물 표본 등

또한 문화재 불법 반출입을 막기 위한 국제협약에서는 동산문화재의 범위를 확장하여 다음과 같이 정의하고 있으며,[7] 이와같은 범주에 속하는 것으로 그 나라 국민 개인이나 집단이 창작한 것, 그 나라 영토 안에서 발견한 것, 자유 협의 과정을 통해 주고받은 것, 선물로 받았거나 정당하게 구입한 것 등은 소유권을 인정한다.

문화재는 각 나라가 종교적 또는 세속적 바탕에 따라 특별히 지정한 자산으로서 고고학, 선사학, 역사학, 문학, 예술, 학술상 중요성을 갖는 다음과 같은 것을 말한다.

1) 희귀 동식물, 광물, 해부 표본과 수집품 그리고 고생물학상 가치가 있는 것들.
2) 역사관련 자산(과학기술사, 군사, 사회사 포함),국가지도자, 사상가, 과학자, 예술가의 생애와 관련된 자산, 국가적으로 중요한 사건과 관련되는 자산.
3) 고고발굴 출토품(발굴, 도굴 포함) 또는 지표조사 출토 유물.
4) 예술 또는 역사기념물이나 고고유적의 구성요소에서 떨어져 나온 것.
5) 금석문, 동전, 인장 같은 것으로 100년이 넘은 것들.
6) 민족학상 가치있는 물건들.
7) 예술상 가치있는 자산으로서 다음과 같은 것들.
   i) 바탕이나 재질에 관계없이 손으로 그린 회화, 유화, 도화(산업용도안이나 손으로 장식한 공산품은 제외).
   ii) 재료와 관계없이 손으로 만든 조상 및 조각품의 원작.
   iii) 목판, 동판, 석판의 원작.
   iv) 재료와 관계없이 예술조립 및 합성품의 원작.
8) 진귀한 필사본, 간행본, 고문서 및 출판물로서 역사상, 예술상, 학술상, 문학적 가치가 있는 것으로 단행본 또는 전집류.
9) 우표, 인지 등으로서 단일품 또는 수집품.
10) 녹음, 사진, 영화로 된 기록물.
11) 100년이 넘은 가구와 옛악기.

회화

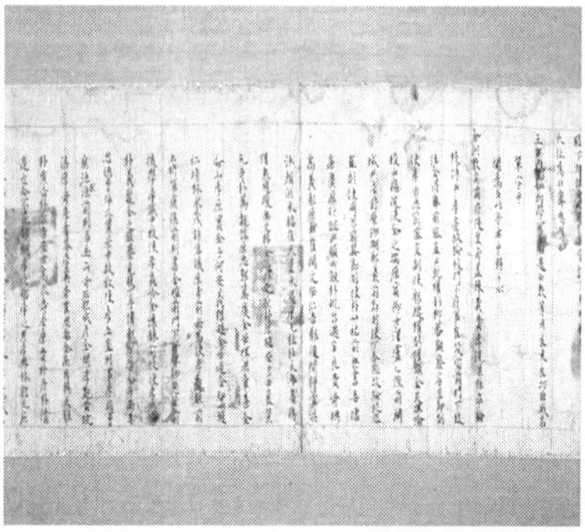

서적, 전적

공예 - 청동향로

조각 - 금동 반가사유상

공예 - 상감청자

조각 - 석조 불상

〈사진 2-7〉 동산문화재 - 여러가지 유형

215. 수중문화재

수중문화재는 깊은 바다, 강, 또는 늪지에 들어있는 문화재를 말한다. 문화재가 놓인 자리의 특수성 때문에 별도의 범주로 분류한다. 바다에 들어있는 수중문화재는 소유권이 문제가 될 수 있다. 유네스코는 영해상에 있는 수중문화유산을 보호하고 유산과 관련된 법적 문제를 해결하기 위해2001년에 「수중문화유산 보호에 관한 협약」을 채택하였다. 협약에서 수중문화유산은 다음과 같이 정의하고 있다.

1) 수중문화유산은 전체 또는 일부분이, 한동안(periodically) 또는 계속해서 적어도 100년 동안 수중에 들어있던 문화적, 고고학적 또는 역사적 성격을 지닌 인류의 모든 자취로서 아래와 같은 것을 말한다.
   (i) 유적, 구조물, 건축물, 유물 및 인류 유해(human remains)와 함께 그것들이 놓여있는 고고학적, 자연적 상황(together with their archaeological and natural contexts)
   (ii) 선박, 항공기, 그밖에 운송 수단이나 그것들의 어떤 부분, 그들의 화물이나 다른 내용물들과 함께 그들이 놓여있는 고고학적, 자연적 상황.
   (iii) 선사시대 유물들
2) 해저에 놓여 있는 관로와 전선은 수중문화유산으로 보지 않는다.
3) 해저에 놓인 관로, 전선 이외의 시설물이라도 아직 사용되고 있는 것은 수중문화유산으로 보지 않는다.

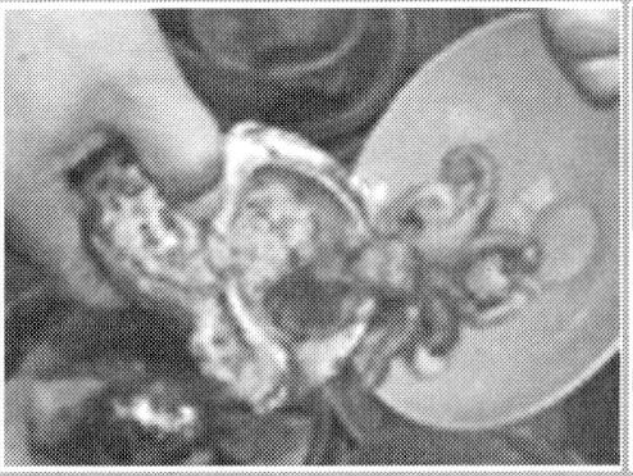

〈사진 2-8〉 태안 앞바다에서 건져올린 수중문화재

216. 근대문화재

근대문화재는 우리 역사에서 개화기 이후 근대화 과정을 거치면서 나타난 역사의 산물이다. 서구 문물이 도입되면서 전통문화와 단절되는 현상이 보이면서, 한편으로는 동서양의 문화가 복합적으로 뒤섞이면서 양식과 기법이 다양하게 나타나는 특성이 있다. 전통문화유산은 국가에서 보존할만한 가치가 있을 경우 지정관리하는 방식을 채택하지만, 근대문화재들은 등록제도를 도입하여 관리하고 있다.[8)]

등록문화재들은 적어도 50년 이상된 것들을 기준으로 하며, 건축물, 산업구조물, 생활유산, 역사인물 유적 등 다양한 분야의 유산들을 대상으로 하고 있다. 우리나라 문화재보호법에서 정한 등록문화재 선정기준으로는 ① 우리나라 근대사에 기념이 되거나 상징적 가치가 있는 것, ② 지역의 역사문화적 배경이 되거나 그 가치가 일반에게 널리 알려진 것, ③ 한시대의 조형의 모범이 되는 것, ④ 건설기술이나 기능이 뛰어난 것, 의장 및 재료 등이 희소하여 학술적·예술적 가치가 큰 것, ⑤ 전통건조물로서 당시의 건축사를 이해하는데 중요한 가치가 있는 것 등이다.

구 보성여관

남제주 비행기 격납고

〈사진 2-9〉 근대문화재

22. 문화재 분류의 실제

221. 유럽연합(EU)의 분류 방식

유럽연합에서는 회원국들 사이에 문화재 보존정책을 수립하고 기준을 제시하기 위한 활동을 펼치며 각 나라에서 지켜야 할 내용들을 협약 또는 헌장으로 제정하고 있다. 유럽에서는 문화유산을 건축유산과 고고유산으로 가르는데, 1985년에 제정한 「유럽건축유산보호협약」과 1992년에 제정한 「고고유산보호협약」에 나와 있는 정의와 분류기준을 보면 다음과 같다.[9)]

건축문화유산이란 다음과 같은 항구적 자산(부동산문화재)을 말한다.

① 기념물 - 건축물, 구조물 등 역사상, 고고학상, 예술상, 학술상, 사회적 또는 기술상 뚜렷한 가치를 지닌 것으로 그 부속물과 가구를 포함한다.

② 건축물군 - 도시 또는 농촌의 건축물군 가운데 동질의 것들이 모여 있는 것으로 역사상, 고고학상, 예술상, 학술상, 사회적 또는 기술상 뚜렷한 가치를 지닌 것으로 동일한 지형단위안에 밀접히 관련되어 있는 것을 말한다.

③ 유적 - 사람과 자연이 어우러져 만들어낸 것, 부분적으로 개조되었으나 지형상 뚜렷이 구분되는 동일성이 보이며 역사상, 고고학상, 예술상, 학술상, 사회적 또는 기술상 뚜렷한 가치를 지닌 것을 말한다.

고고유산이란 다음의 것을 말한다.

① 보존하고 연구함으로서 인류역사와 함께 사람과 자연의 관계를 추적 해 볼 수 있는 것.

② 발굴, 발견, 그밖의 방법을 통한 연구로 사람, 그리고 사람과 환경의 관계를 밝히는데 정보의 원천이 되는 것

③ 각 나라의 법적 영토안에 있는 모든 지역에 있다.

고고유산에는 유구, 구조물, 건축물군, 도시, 동산문화재, 그밖에 여러가지 기념물들이 있고 땅위에 있는 것과 수중에 있는 것을 포함한다.

222. 여러 나라의 분류 방식

1) 일본

일본의 「문화재보호법」에서는 문화재를 다음과 같이 5가지로 구분하고 있다. 민속문화재를 유형과 무형으로 나누어 놓은 것이 독특하다.

◎ 유형문화재 : 건조물, 회화, 조각, 공예, 전적, 고고역사자료
◎ 무형문화재 : 연극, 음악, 공예기술
◎ 민속문화재 : 무형 민속문화재(의식주, 생업, 신앙, 풍속습관)
　　　　　　　유형 민속문화재(무형에 사용된 의복, 기구, 가옥)
◎ 기 념 물 : 사적, 명승지, 천연기념물
◎ 전통적건조물군 : 숙박촌, 읍성, 농어촌
◎ 문화적 경관 : 지역의 생활, 생업, 풍토에 의해 형성된 경관

2) 중국

「중화인민공화국문물보호법」에서는 역사, 예술, 과학 가치가 있는 것을 국가에서 보호하도록 하고 있으며, 전통문화의 산물 못지않게 사회주의 혁명과 관련한 현대사 자료들을 중점 보호하고 있다. 인류 기원과 관련되는 시기의 유적에서 발굴한 고척추동물화석과 인류화석들도 문화재범주로 들어와 있다. 문화재 분류기준은 다음과 같다.

◎ 역사, 예술, 과학가치가 있는 고문화유적, 옛무덤, 고건축, 석굴사, 석각
◎ 중요 역사사건, 혁명운동, 저명인물과 관련있는 기념할만한 교육 및 사료 가치가 있는 건축물, 유적, 기념물들
◎ 역사상 각시대의 희귀한 예술, 공예미술
◎ 중요한 혁명 문헌자료, 역사 예술 과학가치가 있는 고도서자료
◎ 역사상 각시대 각민족의 사회제도, 사회생산, 사회생활을 대표하는 실물자료
◎ 과학가치가 있는 고척추동물화석과 고인류화석

3) 타이완

타이완 「문화자산보존법(1997)」에서는 문화자산을 다음과 같이 구분한다.

◎ 고물 : 역사 예술 가치
◎ 고적 : 고건축, 유적, 그밖에 문화유적
◎ 민족예술 : 민족 및 지방특유의 예술
◎ 민속 및 유관문물 : 의식주, 직업, 신앙, 풍속, 관습 자료
◎ 자연문화경관 : 역사문화 환경, 희귀동식물

4) 북한

「조선민주주의인민공화국 문화유물보호법(1994)」과 「천연기념물의 보호관리에관한 규정(1990)」, 그리고 「명승지의 보호관리및 리용에관한 규정(1990)」에서 각각 문화유산 및 자연유산에 대한 정의를 하고 있다. 문화유물은 역사유적과 역사유물로 크게 가르는 방법을 쓰고 있다.

◎ 문화유물
- 역사유적 : 원시유적, 성, 봉수, 건물, 건물터, 무덤, 탑, 비석, 가마터
- 역사유물 : 생산도구, 생활용품, 무기, 조형예술, 고서적, 인류화석

◎ 천연기념물
- 자연물 가운데 우리나라에만 있거나 독특하며 학술 교양 및 풍치상 의의가 있는 것.
- 동식물, 화석, 광천, 동굴을 비롯한 자연물.

◎ 명승지 : 경치가 뛰어난 곳

5) 우리나라 문화재 분류

우리나라 「문화재보호법」에서는 문화재에 대한 정의와 분류기준을 제시하고 있는데, 법 제2조에 '문화재라 함은 인위적·자연적으로 형성된 국가적·민족적·세계적 유산으로서 역사적·예술적·학술적·경관적

가치가 큰 다음의 것을 말한다.'고 하여 다음과 같이 유형문화재, 무형문화재, 기념물, 그리고 민속민속문화재로 분류하고 있다.

◎ 유형문화재 : 건조물·전적·서적·고문서·회화조각·공예품 등 유형의 문화적 소산으로서 역사적·예술적 또는 학술적 가치가 큰 것과 이에 준하는 고고자료들.
◎ 무형문화재 : 연극·음악·무용·공예기술 등 무형의 문화적 소산으로서 역사적·예술적 또는 학술적가치가 큰 것
◎ 기념물 : 특별히 기념이 될만한 시설물로서 역사적·학술적 가치가 큰것, 경승지로서 예술적·경관적 가치가 큰 것, 동물식물광물·동굴지질·생물학적 생성물 및 특별한 자연현상으로서 역사적·경관적 또는 학술적 가치가 큰 것
◎ 민속문화재 : 의식주·생업·신앙·년중행사 등에 관한 풍속·관습과 이에 사용되는 의복·기구·가옥 등으로 국민생활의 변화를 이해하는데 필요한 것

23. 문화재 분류 일반

231. 분류체계

문화재 분류는 '문화'의 개념으로부터 출발하여 문화 구성요소를 첫째 단위로 구분하고 각 구성요소를 전승방법 및 수단에 따라 물질전승, 행위전승, 언어전승으로 분류하는 방안이 있다. 문화의 구성요소는 생업 또는 생계양식을 하부구조로 하고 사회조직이나 종교 신앙 등 관념체계를 상부구조로 하는 기본체계를 바탕으로 구성한다. 전승방법에 따라 행위, 물질, 언어로 구분할 때 기존의 문화재 분류체계를 재구성하면 다음과 같다.[10)]

물질전승 문화재 - 유형문화재, 기념물, 민속자료 일부
행위전승 문화재 - 무형문화재 일부, 민속자료 일부
언어전승 문화재 - 무형문화재 일부

232. 분류방안

분류체계에 따라 분류방안을 두 가지로 구성할 수 있다. 하나는 문화의 구성요소를 대분류로 하고 전승방법에 따라 중분류하는 방안이며, 거꾸로 전승방법에 따라 대분류체계를 작성하고 구성요소를 중분류 기준으로 삼는 방안이다. 구성요소를 대분류 기준으로 삼는 것이 보다 원칙에 맞을 것이나, 그 경우 중분류에서 혼란이 생길 수 있다. 제도와 관념부분에서 모호한 분류가 생길 수 있는 것이다. 전승방법을 대분류기준으로 삼을 경우 에도 마찬가지 문제가 있으나, 기존 문화재분류체계를 상당 부분 수용할 수 있는 장점이 있다. 두 가지 분류체계를 정리해보면 다음과 같다.

□ 구성요소 중심 문화재 분류 방안

대분류	중분류	소분류
(구성요소)	(전승방법)	(속성별)
생활	물질	의 식 주, 산업생산
	행위	기능, 예능
	언어	전설
제도	물질	정치국방, 교육, 교통토목
	행위	제례, 의식
	언어	
관념	물질	종교신앙, 예술
	행위	굿, 영산재
	언어	신화, 무가, 범패
문화배경	자연경관	
	인위적 경관	

□ 전승방법 중심 문화재분류 방안

대분류	중분류	소분류
(전승방법)	(구성요소)	(속성별)
물질	생활	의 식 주, 산업생산
	제도	정치국방, 교육, 교통토목
	관념	종교신앙, 예술
행위	생활	기능, 예능
	제도	제례, 의식
	관념	굿, 영산재
언어	생활	전설
	제도	
	관념	신화, 무가, 범패
문화배경	자연경관	
	인위적 경관	

〈주〉

1) Convention for the Protection of the World Cultural and Natural Heritage, 1972.
2) 장호수, 2002. 「문화경관에 대한 새로운 인식」, 『문화유산포럼 3』(문화재청)
3) Convention for the Safeguarding of the Intangible Cultural Heritage 2003.
4) Recommendation concerning the Safeguarding and Contemporary Role of Historic Areas, 1976.
5) The Florence Charter (Historic gardens and landcapes, 1982)
6) Recommendation for the Protection of Moveable Cultural Property, 1978.
7) Convention on the Means of Prohibiting and Preventing the Illicit Import, Export and Transfer of Ownership of Cultural Property, 1970.
8) 문화재청, 2006. 『근대문화유산 보존 및 활용사례』
9) Convention for the Protection of the Architectural Heritage of Europe (text version) (3 Oct 85) (European Treaty Series No. 121)
European Convention for the Protection of the Archaeological Heritage of Europe (Revised. 16 Jan 92) (European Treaty Series No. 143)
10) 장호수, 2004. 「문화재 분류체계 시론」, 『인문콘텐츠 4』(인문콘텐츠학회)

3. 문화재보호 – 법, 제도, 정책

31. 유럽의 문화재보호 정책

311. 법(法)과 행정체계

312. 국가 수준의 문화재 보호정책

32. 미국의 문화재관리 체계

321. 문화재관리 제도

322. 문화재 지정기준

33. 아시아 국가들의 문화재보호 체계

331. 일본

332. 중국

333. 타이완(臺灣)

31. 유럽의 문화재보호 정책

311. 법(法)과 행정체계

1) 법적 보호

유럽연합의 27개 나라들은 역사와 전통을 함께 하며 이루어온 유산들이 많은 곳이며, 그와 함께 경제공동체를 구상하면서 사회문화 통합체를 구성하기 위한 노력이 계속되고 있다. 1975년 "유럽건축유산의 해(Year of the Architectural Heritage of Europe)"를 계기로 하여 유럽의회는 문화유산 보호에 공동의 노력을 기울이기 시작하였다. 1996년 유럽의회 정상회담에서는 유럽공동의 유산보호 정책이 필요하다는데 의견을 같이 하고, 1999년 제2차 정상회담에서 유산보호를 위한 국가위원회 구성과 국가 또는 지역간 활동을 장려하기로 하였다.

유럽 여러나라의 문화재보호를 위한 공동 노력은 이미 협약의 형태로 두 차례에 걸쳐 기본방향이 제시되었고, 그것을 바탕으로 나라마다 실행계획을 세우고 있다.[1] 그러나 나라마다 법과 행정체제가 다르고 중앙집권형과 지방분권형 등 통치방법이 다름에 따라 차이가 있기도 하다. 독일, 스위스, 오스트리아 등 연방제 나라들에서는 연방법 체계에서는 기본법만을 갖고 있으며 지방정부에서 직접 관리하는 곳이 많고, 문화재의 종류에 따라 개별법 체계를 갖고 있는 나라(프랑스, 그리스)들도 있다. 문화재를 중앙정부에서 직접 관리하는 곳과 지방정부에 권한이 있는 곳이 다르고, 중앙부처에서 관리할 경우에도 관리부서는 나라마다 다르다.[2]

문화재 지정방법은 국가지정 단일체계(이탈리아, 스페인, 오스트리아, 독일, 스위스), 단일체계안에서 등급화(영국), 국가지정과 지방지정을 구분하는 곳(스칸디나비아 지역, 포르투갈, 동유럽지역 국가들) 등이 있다. 지정문화재 선정은 자동선별 방법과 지정기준에 의한 선별

방법이 있다. 자동 선별은 연대 또는 시대를 기준으로 일정한 기준이 되면 문화재로 지정하는 것이다. 그리스에서는 1830년 이전의 기념물들은 지정대상이 되며, 특히 1453년 이전의 기념물들은 주변경관을 포함하여 지정 보호한다. 덴마크에서는 1536년 이전의 부동산문화재는 모두 지정대상이며, 노르웨이에서는 1537년 이전의 문화재와 랩(Lapp)족의 기념물과 유적, 100년이 넘는 난파선들을 모두 지정하게 되어 있다.[3)] 말타(Malta)에서는 50년이 넘는 건축물과 유적은 모두 보호하며, 아이슬란드에서는 1939년 이후의 건축물은 문화재지정에서 제외되는 규정도 있다. 이와같이 지정문화재 선정은 문화 중심지역과 주변지역에 따라 다른 기준이 적용되는 것을 볼 수 있다.

유럽 건축유산보호협약 제7조에는 문화재와 함께 주변경관을 보호하는 것이 중요하다는 것을 강조하고 있다. 문화재 주변경관은 문화재

〈사진 3-1〉 체스키 크롬로프 - 체코 공화국 남부 몰타강변에 있는 유럽 중세도시. 유럽에서는 중세 이래의 다양한 건축유산이 남아있는 도시들을 유럽연합 공동으로 보호하고 있다.

법으로 다스리는 것보다는 도시계획과 건축법으로 규제하는 것이 많다. 그러나 프랑스에서는 「기념물보호법」에서 다루고 있으며 스위스에서는 「연방자연보존법(1987)」에서 지정기념물 주변과 역사상 중요한 경관보호를 위해 보호지역으로 지정할 수 있도록 하였다.

2) 행정 조직

프랑스는 문화부와 환경부 사이에서 문화재관리 권한을 몇 차례 주고 받았고, 1995년부터 건축문화재와 문화유산 보호지역에 대해서는 문화부(Ministre de Culture)에서 관장하고, 자연유산 보호는 환경부(Ministre de Environment)에서 책임을 맡고 있다. 문화부에서는 건축유산국(Architectre et Patrimoine Directorate)이 주무부서로서 역사기념물, 고고유적, 도시건축물들에 대한 정책을 수립하고 지방행정기관의 문화재국과 협력하여 일하고 있다. 환경부에서는 자연경관과 유적을 보호하는 일을 하며 해안과 산악지역 보존에 관한 일, 도시계획, 공공사업, 도로 등 기반시설 건설에 따르는 정책을 세우는데 필요한 일을 한다.

영국의 문화행정은 중앙행정기관으로서 문화매체체육부(Department for Culture, Media and Sport)에서 맡고 있다. 문화매체체육부는 예술, 스포츠와 오락, 국가복권, 도서관, 박물관 및 미술관, 문화자산 수출허가, 방송, 영화, 출판, 문화유산, 왕궁재산, 관광 등의 업무를 관장하는 곳이다. 문화재 업무 주무부서는 건축물기념물유적관리과이다. 장관은 잉글랜드 지방의 문화재에 대한 보존관리와 영국의 유네스코 세계유산에 대한 관리 책임이 있으며, 행정자문기관으로 잉글랜드유산위원회(English Heritage)를 두고 있다. 영국안에서도 웨일즈 지방은 웨일즈 국회에서, 스코틀랜드 지방은 지역장관에게 각각 문화재에 대한 책임이 있다.

잉글랜드 지방에서는 환경교통지역부(Department of the Environment,

Transport and the Regions)에서 토지이용계획을 수립하는데 지역개발계획을 세울 때에는 문화재와 지역 특성에 맞는 계획을 세우도록 하여 계획의 질을 높이고 지속가능한 개발이 될 수 있도록 하고 있다. 잉글랜드유산위원회는 정부의 법정 자문기구로서 잉글랜드 지방의 역사환경 보존과 관련하여 자문하고, 역사건축물, 고대기념물, 보존지역, 고고학, 종교 건물 등에 대한 기금을 마련하여 400여개의 공공 소유 문화재를 보존관리하고 있다. 잉글랜드유산위원회는 1984년에 의회의 승인을 받아 설립되었다.

노르웨이에서는 환경부가 문화재관리 책임을 맡고 있다. 환경보호에서 자연환경과 인공환경을 함께 고려하며 국가차원에서 문화재보호는 자연과 인간행위의 관계를 강조하고 있다. 환경부 문화유산국(Riksantikvaren)이 주무부서로서 정책 결정과 실행을 맡고, 지방정부에서는 국가 시책에 따라 움직인다. 문화유산국에서는 「계획건축법」에 따라 지역개발계획 수립시 문화재의 국가적 가치를 고려하도록 하고 있으며, 「문화유산법」에서 문화재 보존관리에 관한 사항을 다루고 있다. 노르웨이 문화재연구소는 자연및문화유산연구재단 안에 있는 하나의 기구로서 1994년에 설립되었다. 문화유산국에서 하던 실무적인 일을 맡아 하고 있으며, 문화재보존기술실험실, 사진부, 고고학발굴단 등이 있다.

312. 국가 수준의 문화재 보호정책

1) 영국

영국의 문화재보호 방법은 중앙정부와 지방자치단체 그리고 민간단체의 3원조직에 의해 운용된다. 지방자치단체는 보존실무를 총괄하고 문화재지정 및 보존계획 수립과 건축허가 업무를 관장한다. 국민신탁

기금(National Trust)을 비롯한 민간단체들은 전문가와 시민으로 구성되며 교육, 홍보, 정책자문을 맡고 있는데 민간단체 운영은 정부보조금과 회비, 기부금 등 각종 재원으로 운영하고 있다.[4] 중앙정부에서는 환경부(Department of Environment)가 주관하였으나, 국가유산부를 거쳐 지금은 문화매체체육부(Department of Culture, Media and Sports)에서 관리한다. 문화매체체육부 문화재관광담당실(G3) 문화유산과(Heritage Division)에서는 역사유물과 건축물의 보존관리, 역사건축물, 역사유물의 보존 및 이용에 관한 정책업무를 담당한다. 문화부 산하 집행기관으로 왕궁관리청과 국립공원관리청이 따로 있기도 하다.[5]

영국의 문화재보호법은 1882년에 제정된 「고대기념물보호법(Ancient Monuments Protection Acts)」에서 비롯된다. 이 법으로 고고유적을 등록(Scheduling)하게 되었고, 1900년에는 법을 개정하면서 역사기념물평의회를 구성하여 등록심의를 하도록 하였다. 영국은 일찍이 산업혁명의 과정을 겪으면서 산업화로 인한 자연경관의 파괴와 생활환경의 오염에 대한 반성에서 보존운동이 일어나게 되었고, 1877년에는 모리스(W. Morris)가 「고건축보호협회」를 창립하여 민간활동이 시작되면서 문화재에 대한 인식이 일찍부터 싹트게 된 것이다.

그 뒤를 이어 1913년에 고대기념물통합개정법이 나왔고, 1931에 일부 보완되어 현행법인 「고대기념물과고고유적법(Ancient Monuments and Archaeological Areas Acts, 1979)」의 기초가 되었다. 또한 건축물과 기념물보존을 위한 「역사건축물과 고대기념물법(Historic Buildings and Ancient Monuments Act)」이 1953년에 제정되어 중요건축물의 유지, 수리를 위한 보조금 지급제도를 만들고, 1944년에는 특별보호대상 건축물목록을 작성하여 도시지방계획장관은 건축·역사적으로 중요한 건축물 보호목록을 작성하도록 지방계획청에 지시(등록과 동시에 지도에 표시 도시계획에 기본도면 제시)하고, 1급과 2급은 법정목록에 기재하여 현상변경이 필요한 경우에는 지방계획관청에 2개월 전에 보고

하도록 하고, 3급은 보충목록에 등재하도록 하였다.

교회건축물 보존을 위해 1924년에는 「교회보존 중앙심의위원회」를 조직하여 교회가 본래 목적으로 사용될 경우에는 보호대상이 아니라 자체로 보존하도록 하고, 심의회는 전통기법 유지, 숙련기술자 확보 등에 노력하며 1951년에 「교회수리위원회」로 개칭하고 역사적 교회 보존을 위한 신탁(Trust) 조직, 교회수리자금 조달업무를 맡고 있다.

영국의 문화재정책은 1967년에 제정된 「시민쾌적생활환경법(Civic Amenities Act)」을 바탕으로 크게 변화되었다. 이제까지 단위문화재 중심 보존에서 지역단위 보존으로 정책의 방향이 바뀌게 되고, 개별 건축물보존에서 역사지구 보존으로 보존범위가 확대되는 계기를 마련하였다. 이 법은 1971에 「도시전원계획법(Towns and Country Planning Act)」으로 통합되었고, 1974년에는 「도시전원생활환경법」으로 개정하여 개발에 대한 규제를 강화하고, 지방정부의 보호행정을 적극 시행할 수 있도록 하였다. 역사지구 보존원칙으로는 보존지구내 차량 통행을 금지하고 지구내 거주제한은 없으며 환경 훼손이 없는 범위안에서 지구내 건축물은 변경이 가능하고, 건물 내부는 어느 정도 구조를 바꿀 수 있도록 하고 있다.

한편 1895년에 영국에서 처음으로 시작된 국민신탁(National Trust) 운동은 산업혁명으로 전원지역이 황폐화될 것을 걱정하는 사람들이 모여 만들었는데 보존이 필요한 토지와 건물을 매입 보존하는 순수 민간운동으로서 1907년과 1937년에 정부에서 「국민신탁기금법」을 제정하여 민간운동을 뒷받침하고 있다.[6]

2) 프랑스

프랑스는 문화부가 중심이 되어 문화재를 중앙에서 관리하고 있다. 문화부 건축국에 문화재보호부와 공공건축부(국유건축 관리와 공사

담당)가 있고 역사기념물 보존수리는 주임건축가들이 담당한다. 주임건축가는 국가시험으로 선발한다. 역사기념물 연구센타에서는 실측도와 사진자료를 보유하고 있으며 문화재 역사지도 등을 작성한다.

프랑스에서 문화재 보호 활동은 1830년에 내무부에서 미술품과 고건축조사를 하면서 시작되었고, 1841년에 지정제도를 도입하였다. 1905년에 국가와 교회가 분리되면서 대회당은 국유, 기타 교회당은 지방공공단체 소유가 되었다. 역사기념물 보존을 위한 「역사기념물법」이 1913년에 제정되어 역사상, 예술상 가치가 높은 건축물, 미술공예품은 문화부장관이 역사기념물위원회의 심의를 거쳐 지정하도록 하였다. 위원회는 건축, 미술품, 고고유적 등 3개 분과로 구성되고 지정문화재 목록을 작성하였으며, 국가는 건축물과 유적의 훼손을 막기 위해 노력하며 현상변경을 규제하였다. 보존을 위해 소유자에게 총액의 40%까지 보조금을 지급하고, 1914년에는 「문화재금고법」을 제정하고 1921년에 문화재금고(金庫)가 발족되었다.

1943년에는 역사기념물 주변을 보호하기 위해 1913년의 법을 고쳐 유적과 역사기념물 주위 500m를 경관보존지구로 지정하고, 곳에 따라서는 500m 이상 지역까지 현상변경 허가를 받도록 하였다. 또한 자연유산과 풍치보존을 위해 1930년에 「천연기념물 및 풍치에 관한 법률」을 제정하고 미술, 역사, 과학, 전설, 미관 등 관점에서 보편가치가 있는 자연유산 및 풍치를 지정보호하며 주변경관보호 허가제도와 지정구역 주위에 보호대를 설정하였다. 역사지구 보존을 위해 1962년에는 「역사지구보존법」을 만들었다.[7] 역사지구보호 국가위원회를 만들고 전체지역의 문화재가치를 판단하여 개발계획을 세울 때에는 생활환경 향상을 위해 건설부 시가지 개발부문과 공동작업을 하도록 하였다. 건축, 도시, 경관유산 보전지구를 보존하기 위한 문화유산보존지구(ZPPAUP) 제도는 1993년에 나타난 것으로 문화재보존을 국가에서 지방으로 이양하여 시도지사가 최종 승인을 하게 하였다.

3) 이탈리아

이탈리아는 문화재보호에 지방분권적 전통이 강하고, 문화행정이 관광과 밀접한 관련을 맺고 있는 것이 특징이며, 교육부에서 문화재보호를 담당한다. 교육부 고대유물미술국에 고대유물미술심의회를 두고 심의회 산하에 보호감독 사무소를 전국에 설치하고 있다. 중요미술관이나 유적은 국가에서 관리하며 기념물의 외관은 보존하고 내부개조는 가능하여 박물관 등으로 활용한다. 역사광장에서 오페라와 오케스트라 공연을 자주 볼 수 있을 정도로 역사유적 활용에 중점을 두고 있다.

이탈리아는 1939년에 역사적, 예술적 재산의 보호에 관한 법률을 제정하여 예술, 역사, 고고학, 민속 가치가 있는 부동산과 동산 문화재를 보호대상으로 지정하기 시작하였다. 특히 중요한 것을 지정 고시하여 보존책임을 국가에서 맡고 국가는 보존문화재를 사들여야 하는 책임이 있고, 소유자는 지정후 2개월 이내에 매취청구권을 갖게 된다. 지정문화재 파괴, 이동, 개조, 보수 등에 관해 허가를 받아야 하며, 유적 발굴도 허가제이다. 또한 1939년에 자연미, 풍광미 보호에 관한 법률을 제정하여 각지방에 보호위원회를 두고 목록작성과 등록제를 도입하고 등록 부동산에 대한 현상변경 허가제와 옥외광고물 및 공공사업에 대한 규제, 중세도시 보존을 위해 시의회에서 도시보존 계획 또는 재개발계획 형태로 보존할 수 있도록 하였다.

4) 독일

독일은 바이마르(Weimar)공화국 헌법에서 "미술적, 역사적 기념물은 국가에서 보호"하도록 하였고 연방법에서는 「독일문화재의해외유출방지에관한법(1955)」만 제정하고, 주법에서 문화재 보호에 관한 규정을 담고 있다. 바이에른주 「기념물보호및관리에관한법(1973)」을 보면 기념물 목록에 등록하여 공고하면 기념물로 지정되며, 지정은 주정부 기념물관리청이 지방행정기관과 협의하여 직권으로 지정하거나 기념물권리자(소유자 등)와 해당지역 향토보호원이 등록을 제안하는 경우도 있다. 건축기념물 보존, 수리, 재난예방은 소유자의 의무이며 보상기금에서 경비를 부담하는 경우도 있고, 기금은 주정부와 지방기관에서 함께 부담한다. 현상변경허가제도와 유적 기념물에 대해서는 발굴허가제와 타목적 이용시 허가제가 있다. 토지에 유적이 있는 것으로 알고 있거나 인정되는 경우, 주변 상황으로부터 판단하여 존재가능성이 있는 경우 등 지방행정기관은 유적기념물이 있는 것으로 추측되는 경우 발굴보호지역으로 지정이 가능하다. 발굴보호지역은 토지이용계획안에 표시하고, 유적기념물 발견시 지방관청이나 연방 기념물관리청에 신고해야 하며, 신고후 일주일간 현상변경이 금지된다.

32. 미국의 문화재관리 체계

321. 문화재관리 제도

미국은 1889년에 의회에서 대통령에게 유적과 그 주변에 대한 보존 권한을 부여함으로서 문화재를 보호하기 시작하였다. 미국은 역사가 오래되지 않아 독립기념 건축과 남북전쟁 전적지에 대한 보호가 주된 관심이 되고 있으며, 아울러 독립 이전의 유적과 천연기념물 보존을 위하여 노력하고 있다.

미국의 문화재보호 책임은 내무부 산하 국립공원관리공단이 맡고 있으며 중앙정부에 대통령 자문기관으로 "역사보존자문위원회"가 있다. 위원회 사무국은 내무부 국립공원국에 있고 대통령 교서 형태로 문화재 보호정책이 제시된다. 역사보존자문위원회는 대통령의 자문기관으로서 구성원은 내무부, 주택도시개발부, 경제부, 행정부, 재무부 등 각부의 장, 법무장관, 내셔널트러스트 위원장 등 7인과 연방정부 이외에 주정부와 지방정부 직원, 학계전문가 중에서 대통령이 지명하는 10

명의 위원으로 구성하며, 위원회는 연보를 의회에 제출하고 의회의 결정을 받아 시행한다.

미국의 문화재관련법으로는 「고대유물법(Antiquities Act, 1906)」, 「사적법(Historic Sites Act, 1935)」, 「국가역사보존법(National Historic Preservation Act, 1966 개정)」이 있다. 「고대유물법」은 공유지에 있는 국유기념물을 보존하기 위한 규정이며, 「사적법」은 중요 역사자산 보호를 위해 내무부에서 만든 것인데 국유 이외에 사유의 기념물도 내무부에서 관리하도록 하였다. 「국가역사보존법」은 미국의 역사, 건축, 고고, 기술, 문화와 관련되는 유산을 주정부와 지방의 문화재로 보존하기 위한 것이다. 미국 역사상, 건축상, 고고학상, 문화상 현저한 가치가 있는 것은 국가지정을 확대하고, 공공의 복지를 위해 국민신탁(내셔널트러스트)이 그 책임을 갖도록 하고 적절한 보조를 할 수 있도록 하였다. 국가지정 역사유적은 국립공원관리공단에서 관리하고 있다. 「국립공원국법(1916)」에서는 연방 내무부가 국립공원과 국립기념물 보존사업에 책임이 있음을 밝히고 있다.[8)]

322. 문화재 지정기준

미국의 문화재 지정에서 중요한 요소는 평가 범위와 평가시 고려사항에 관한 것이다. 국가지정문화재 평가 범위는 ①역사 발전에 넓게 이바지한 사건과 관련된 것, ②과거 역사에 중요한 인물의 삶과 관련된 것, ③형식, 시대, 제작 수법에서 현저한 특징을 담고 있는 것, 예술상, 기술상 대표되는 것, ④역사 또는 선사시대에 중요한 정보를 담고 있는 것들이다.

문화재 지정 평가에서는 몇가지 고려사항이 있다. 공동묘지, 역사적 인물의 탄생지와 무덤, 종교기관 소유 자산, 종교 목적으로 사용되는 건물, 제자리를 떠난 건축물, 복원된 건축물, 단순한 기념물, 그리고 만든지 50년이 넘지 않는 것들은 국가지정문화재로 지정하지 않는다.

그러나 이와같은 것들이 역사지구안에 들어 있거나 ①종교재산이라도 건축, 예술, 역사상 중요한 것, ②제자리를 떠난 건축물이라도 건축상 가치가 중요하거나 역사 인물과 관련된 것, ③역사 인물의 무덤이나 탄생지라도 다른 적절한 유적이 없을 경우, ④공동묘지가 역사 사건과 관련되거나 독특한 문양과 구조를 갖고 있는 경우, ⑤복원된 건축이라도 충분한 고증을 거쳐 적절한 장소에 자리잡고, 그와 유사한 건축이 남아 있지 않을 때, ⑥단순기념물이라도 도안, 시대, 전통, 또는 상징 가치가 특히 중요한 것, ⑦연대가 50년이 되지 않았어도 특히 중요한 것 등은 국가지정 대상으로 고려할 수 있다. 미국의 문화재 지정 범주는 아래와 같다.[9)]

범주1 : 건축물 - 여러 가지 삶의 현장으로써 사용된 것들, 살림집, 헛간, 교회, 호텔, 학교, 극장, 우체국 등. 그리고 그와 비슷한 건물들, 법원, 교도소 등 기능적인 건물도 포함. 건축물이 국가지정이 되려면 기본구조가 모두 남아 있어야 하고 부분이 아닌 전체를 지정한다. 구조가 남아 있지 않고 터만 남은 것은 유적으로 지정한다.

범주2 : 구조물 - 삶터가 아닌 다른 쓰임새의 건축물을 구조물이라 한다. 비행물체, 탈 것, 다리, 운하, 댐, 정자, 도로, 풍차 등. 구조물도 터만 남아 있으면 유적이 된다.

범주3 : 동산문화재(object) - 건축물이나 구조물과 비교해 예술작품의 성격이 크고 규모가 작고 단순한 구조이다. 동산문화재라고 할 수도 있으나 특정한 장소를 배경으로 하고 있다. 장소와 관련하여 역사성, 특징, 역할이 있다. 특정장소와 관련이 없는 작은 것들은 지정대상으로 다루지 않는다. 이정표, 기념물, 조각 작품 등이 있다.

범주4 : 유적(사적) - 역사, 선사시대의 활동, 중요한 사건과 관련되는 곳, 건축물, 구조물이 있던 자리로서 역사, 문화, 고고학상 가치가 큰 곳. 전쟁터, 무덤군, 계획 경관(명승, 정원) 바위그림, 난파선, 마을 유적 등이 있다.

범주5 : 역사지구 - 건축물, 구조물, 유적, 동산문화재들이 역사적으로 예술적으로 서로 계획성 있게 모여 있거나 발전과정을 보여 주는 곳. 주거복합, 대학교정, 산업지구, 관개시설, 마을, 교통체계 등이 있다.

문화재 평가단계는 ①문화재 분류 : 역사지구, 유적, 건축물, 구조물, 동산문화재-유물(object), ②역사적 맥락에서 문화재의 가치 결정 : 역사, 건축, 고고, 기술, 문화상 어느 정도 중요성을 갖고 있는가, ③국가지정문화재 범주안에서 중요성 판단, ④국가지정 대상에서 제외되는지 여부판단, ⑤문화재의 보전성(integrity) 판단의 순서로 이루어진다.

역사문화재의 지정범위는 무형문화재는 따로 지정하지 않고 유형문화재와 관련되어 있는 경우에는 함께 지정하며, 유형문화재 가운데 부동산의 문화재를 주로 지정한다. 개별 지정보다는 큰 단위로 묶어 통합지정을 원칙으로 하며 문화재 범주는 상식과 이성적 판단에 따른다.

33. 아시아 국가들의 문화재보호 체계

331. 일본

1) 문화재보호법 연혁

1-1) 1945년 이전의 문화재관련법

일본에서는 메이지(明治) 유신 이후 서구화에 따르는 전통문화 경시풍조로 옛문화에 대한 파괴행위가 많아지면서 태정관(太政官)이 〈고기구물보존방(古器舊物保存方)〉을 마련하여 미술공예품을 비롯한 31종의 중요한 유산을 보호하게 하면서 소장자들에게 계몽활동을 전개하였는데 이때부터 문화재 보호가 시작된 것으로 보고 있다. 또한 메이지 13년(1880)에서 27년(1894)까지 내무성(內務省)에서 〈고사사보존금(古社寺保存金)〉을 전국에 있는 사사 539개소에 지원하고 보존금을 적립하여 이자로 사사건축물 수리에 사용할 수 있도록 하였다.

메이지 21년(1888)에는 궁내성(宮內省)에 〈임시보물취조국(臨時全國

寶物取調局)〉을 두고 고문서, 회화, 조각, 공예품, 서적 등 보물 21만 5천점을 조사하여 우수한 유물에 대해서는 감사장을 주고 등록을 시행하였다. 메이지 30년(1897)에는 내무성에서 「고사사보존법(古社寺保存法)」을 제정, 사사 소유 건축물과 보물을 보호하고 내무대신은 특별보호건축물 또는 국보로서 자격이 있는 것을 정하고 사사에 관리의무를 지워주며 보존금을 보내는 일 등을 결정하였다. 대정(大正) 2년에 이 법률에 의한 사무는 문부성(文部省) 종교국으로 이관되었다.

문화재와 직접 관련되는 법은 1919년에 제정한 「사적명승천연기념물보존법(史蹟名勝天然記念物保存法)」이 처음이라고 할 것이다. 메이지 이후 토지개간, 도로건설, 철도부설, 공장건설 등 개발에 따라 국토변경이 확장되면서 보존대상을 정하는 목적으로 제정되었다. 이 법의 주요내용은 내무대신이 사적명승천연기념물을 지정하고 긴급한 경우 지방장관이 가지정할 수 있으며, 현상변경 및 보존에 영향을 미치는 행위는 지방장관의 허가를 받아야 한다. 보존을 위한 행위 규제, 자문기구로서 사적명승천연기념물 조사회 설치 등의 조항이 있다. 이 법에 의해 사적 603건, 명승 206건, 천연기념물 781건을 지정하였고, 소화 3년에는 이 법에 의한 사무를 문부성 종교국으로 이관하였다.

소화(昭和) 4년(1929)에 만든 「국보보존법(國寶保存法)」은 「고사사보존법」을 확대한 것이다. 「고사사보존법」에서 특별보호 건축물이나 국보의 자격이 있는 것을 문부대신이 지정하는 국보로 통일시키고, 그밖에 국유, 사유, 공유의 것들도 추가 지정하였다. 국보의 수출, 이동 및 현상변경 행위는 문부대신의 허가를 받아야 하고 국보는 필요할 때에 언제든지 박물관에 대여할 의무가 있다. 이 법에 따라 미술공예품 5824건, 건조물 1109건이 지정되었다.

소화 8년(1933)에는 「중요미술품등의보존에관한법률」을 제정하여 국보로 지정되지 않은 중요 미술품들이 해외로 나가는 것을 막을 수 있도록 역사상, 미술상 가치있는 것들은 문부대신의 허가없이 수출하거나 이동할 수 없도록 하였다. 이 법에 따라 미술공예품 7983건, 건조물 299건을 지정하였고, 이 법은 소화 25년 문화재보호법 제정 이후 폐지되었으나 부칙으로 살아 있고 현재까지도 문화재 해외유출 방지에 효력이 있다.

1-2) 문화재보호법 제정 이후

일본의 현행 「문화재보호법」은 소화 25년(1950)에 제정된 것이다. 세계제2차대전 이후 사회 경제의 혼란속에서 문화재 황폐화에 대한 대책으로 문화재보호법을 제정하였다. 앞선 법들을 바탕으로 종합하고 무형문화재, 민속자료, 매장문화재 들을 보호대상에 포함시키는 등 문화재 보존, 활용에 대한 제도를 체계화한 것이다. 소화 25년 4월 참의원 문부위원회에서 발의하고 같은 해 5월 제정, 8월부터 시행하였다. 법 집행기구로서 문부성 외국(外局)인 〈문화재보호위원회〉를 설치하고 위원으로 5명을 선임하였다.

일본의 「문화재보호법」은 제정 이후 여러차례 개정이 있었다. 소화 29년(1954) 개정은 문화재보호법 시행과정에서 나타난 문제점들을 보완하기 위해 정부 발의로 이루어진 것이다. 주요내용은 중요문화재에 대한 관리단체 지정(소유자가 관리하기 어려운 경우), 중요무형문화재 지정제도 신설, 보유자 인정제도, 민속자료 보호제도를 신설하여 유형문화재에서 분리, 유형의 민속자료에 대해서는 중요민속자료로 지정, 매장문화재 보호를 위해 토목공사시 매장문화재 포장지역에 대한 사전 발굴제도, 사적명승천연기념물의 무단 현상변경에 대한 원상회복 명령, 지방공공단체의 문화재보호업무를 명확히 하였다.

소화 43년(1968) 개정은 행정기구를 간소화하기 위해 문화재보호위원회와 문부성 문화국이 통합되어 〈문화청〉이 발족되면서 「문화재보호법」도 일부 개정되었다. 문화재 지정 및 해제 권한은 문부대신이 갖고, 그밖의 권한은 문화청장관이 갖게 되었다. 〈문화재보호심의회〉를 설치하여 문화재 보존과 활용에 관한 문제에 대하여 문부대신과 문화청장관의 자문에 응하고 건의하는 일을 하게 되었다.

소화 50년(1975)에는 1954년 개정 이후 전면적인 개정작업이 이루어졌다. 1974년 5월 중의원 문교위원회에 〈문화재보호에 관한 소위원회〉를 구성하고 법개정을 연구검토하여, 1975년 5월 〈문화재보호법 일부를 개정하는 법률안〉이 의원입법으로 제출되었고, 같은 해 6월에 법안을 마련하여 10월부터 시행하였다. 고도 성장사회로 진입하면서 사회정세 변화, 개발사업 증가에 따라 문화재 보호에 관한 문제점들이 드러나면서 보호대상 문화재의 확대, 매장문화재 보호강화, 전통건조물 보호제도 신설, 문화재보존기술 보호제도 신설, 지방공공단체의 문화재보호행정 체제 정비 등이 새로운 내용이다.

매장문화재 보호제도를 크게 바꿔 문화재보호와 더불어 개발과의 조정을 매끄럽게 할 수 있도록 하였다. 국가 및 지방공공단체, 공공법인은 토목공사 등 토지의 형질변경이 있는 사업을 할 경우 사업계획을 문화청장관에게 통보해야 하고, 문화청장관의 요청이 있을 경우 사업계획의 확정, 시행에 대해 사전에 협의하도록 하였다. 또한 공사중 유적이 발견되는 경우 발견자는 바로 공사를 중지하고 문화청장관이 조사가 필요한 것으로 인정할 경우 일정 기간동안, 일정한 지역을 정하여 현상변경을 금지할 수 있도록 규정하였다. 발견자가 국가기관 등일 경우에는 문화청장관에게 통지하고 협의할 수 있도록 하는 특례조항도 있다. 이 경우 국가기관 등은 문화청장관이 고시한 기관들을 말한다(251개 기관, 1975년 문화청장관 고시). 그밖에 〈민속자료〉를 〈민속문화재〉로 이름을 바꾸고 중요무형민속문화재 지정제도를 신설하였고, 유형문화재 가운데 학술상 가치가 높은 역사자료에 대한 명확한 규정, 중요문화재의 보존에 영향을 미치는 행위도 규제대상으로 하였고, 중요무형문화재 지정은 보유자 뿐 만 아니라 보유단체도 지정할 수 있도록 하였다.

평성 8년(1996)에는 건조물 등록제도를 신설하고 지방자치단체의 문화재보호권한을 명확히 하였다. 등록제도는 근대건조물이 개발사업으로 인하여 사라질 위기에 대비하고 긴급히 보호할 필요에 따른 것이다. 등록제도는 지정제도를 보완하고 문화재 보호수단을 다양화하는 것이며 지역문화를 보존하는 뜻이 있다. 지정도시와 중핵도시에 권한을 위임하여 지방자치단체의 역할을 분명히 하고 중요문화재의 활용을 촉진하며 국가와 지방자치단체의 역할 분담과 지방에 권한위임, 규제완화에도 초점을 맞추었다.[10]

2) 문화재 등록제도

2-1) 등록제도 도입 과정

일본은 1950년에 「문화재보호법」을 제정한 뒤 문화재 지정제도를 중심으로 문화재 보호와 활용을 추진해 왔으나 최근 문화재를 둘러싼 환경의 급격한 변화로 인해 지정제도만으로는 효율적인 문화재 보호에 한계가 있어 1996년부터 문화재 등록제도를 도입하였다.[11] 1992년 부터 '문화재보호기획특별위원회'를 설치・운영하면서 문화재보호에 관한 새로운 과제에 대응하고 향후 문화재 보호의 바람직한 방향에 관해서 중·장기적인 관점에서 종합적이고 전문적인 연구를 실시하여 동 위원회에서 1994년에 최종보고서를 제출하였고,[12] 문화청에서는 이를 근거로 「근대문화유산 보존・활용에 대한 조사 연구협력자 회의」를 설치・운영하였다.

근대문화유산의 적절한 보호를 강구하기 위한 보존과 활용의 바람직한 방향에 대한 조사・연구를 하기 위해 건조물, 기념물, 미술・역사자료, 생활문화・기술 등 4개 분과로 나누어 조사한 결과는 1996년에 보고서로 나타났다. 이와 같은 각종 보고 등의 광범위한 제언을 근거로 1996년 문화재등록제도 도입 등을 주요 골자로 한 문화재보호법을 개정・시행하고 있다.

고베 이진관 - 카페로 활용

고베 영국영사관 - 혼례식장

〈사진 3-2〉 일본 근대문화재 활용 사례

2-2) 등록제도의 목적

각종 개발사업과 생활양식의 변화로 역사성이 있는 근대문화유산이 없어질 위기에 처하게 됨에 따라 이와 같은 상황 변화에 대응하기 위해서는 종래의 지정제도만으로는 충분치 못하여 문화재보호 방법을 다양화할 필요가 있게 됨에 따라 지정제도의 보완제도로서 도입하게 되었다. 문화재 지정관리제도가 문화재를 중점적으로 엄선해서 극히 가치가 높은 것을 강한 규제와 함께 강력한 보호에 의해 영구적으로 보존하고자 하는 것이라면 등록제도는 신고제와 지도, 조언, 권고를 기본으로 하여 완만한 보호조치를 취하는 관리제도라고 할 수 있다.

2-3) 등록기준

등록제도에서 「등록 유형문화재 등록기준」은 건축물, 토목구조물 및 기타 공작물 중 원칙적으로 건설 후 50년을 경과한 것으로서 다음 해당하는 것을 등록의 요건으로 하고 있다.

① 국토의 역사적 경관에 기여하고 있는 것 - 국토를 형성하고 있는 지방 독자의 역사적 경관을 인식하기 위해서 특히 필요한 존재가 되고 있는 것으로서 예를 들면 회화, 사진, 영화, 문학, 가요 등에 그 존재가 인용되고 있는 것, 지명의 유래가 되는 등 토지의 이해와 밀접한 관계를 갖고 있는 것, 특별한 애칭 등으로 당해 지방에서 폭넓게 친숙해 진 것 등이 있다.

② 조형(造形)의 규범이 되고 있는 것 - 현재 또는 과거의 어느 시점에서 건축의 규범으로서 인식되고 있는 것으로서 예를 들면 건축물을 구성하는 각 부분의 비례나 의장이 뛰어난 것, 이름있는 설계자 또는 시공자가 참여한 것, 후세에 유형화된 것의 초기의 작품, 각 시대 또는 유형의 특색을 보이는 것 등이 있다.

③ 재현하는데 어려움이 있는 것 - 건설 후 상당한 세월이 지난 것 가운데 현재 같은 모습으로 건설하기에는 막대한 경비가 필요한 것 또는

같은 모양의 것을 건설하는 것이 곤란한 것으로서 건설시 채용된 기술이나 기능의 수준이 높은 것, 현재에 있어서 희소한 기술이나 기능을 이용하고 있는 것, 형태나 의장이 특이해서 유례가 적은 것 등이 있다.

2-4) 등록제도에서의 규제 내용

등록제도의 규제는 주로 신고제에 의한 것으로 지정제도에서의 허가제에 비해 크게 완화되어 있다. 등록제도는 국가 또는 지방공공단체에 의해 지정을 받지 아니한 문화재를 등록에 의해서 보호의 단서를 확보하고 당해 문화재 소유자의 의사를 존중하면서 자발적인 보호에 기대하는 제도로서 등록의 중심이 된다고 생각되는 근대 건조물에 대해서는 현재도 여러가지 용도로 사용되고 있고 또한 앞으로도 계속 사용이 예상되는 것이 많기 때문에 규제의 내용은 지정제도와 비교해서 아주 약한 편이다. 등록문화재로서 문화청장관에 사전 또는 사후에 신고해야할 의무가 있는 것은 건축물의 현상을 변경할 경우이거나 멸실 또는 훼손되었을 때, 관리책임자를 선임 또는 해임한 때, 소유자 또는 관리책임자가 변경된 때, 소유자 또는 관리책임자가 그 성명 또는 주소를 변경한 때 등이다.

2-5) 등록문화재 공개

등록건조물의 공개라는 것은 당해 건축물의 외관을 공공 공간으로부터 조망하는 것이 가능하면 적절한 공개가 행해지고 있는 것으로 간주하며 공개는 원칙적으로 소유자가 스스로 행하도록 하며 소유자에 의한 자주적 공개가 적절하게 행하여지지 않는 경우에 문화청에서는 공개가 적절히 행해지도록 지도와 조언을 할 수 있도록 하였다. 공개시 당해 건축물의 보존에 지장이 생기지 않도록 공개에 관련된 관리에 대해서도 지도, 조언이 가능하고 소유자 등에 대해서 등록건조물의 현상 또는 관리 · 수리의 상황에 대해서 보고를 요구할 수 있다.

2-6) 등록제도와 지정제도

문화재 등록제도와 지정제도의 다른 점을 비교해 보면 아래와 같다.

구 분	등록제도 - 등록유형문화재	지정제도 - 중요문화재(건조물)
목 적	지정문화재 이외의 것을 대상으로 문화재로서의 가치를 보존활용하기 위하여 필요한 것을 폭넓게 등록. 완화된 보호조치로서 소유자의 자발적 보호에 기대.	문화재를 중점적으로 엄선해서 극히 가치가 높은 것을 강한 규제와 함께 강력한 보호에 의해 영구적으로 보존
보 호 대 상	유형문화재 건조물 가운데 문화재로서 보존활용을 위한 조치가 필요한 것.	유형문화재 가운데 중요한 것(각 시대 또는 유형의 전형이 되는 것)
기 준	건축물, 토목 구조물 그밖에 공작물로서 원칙적으로 건설 후 50년을 경과하고 다음 각호에 해당하는 것 - 국토의 역사 경관에 기여하는 것 - 조형의 규범이 되고 있는 것 - 재현이 쉽지않은 것	건축물, 토목구조물, 그밖에 공작물로서 시대 또는 유형의 전형이 되는 것 - 의장(意匠)이 우수한 것 - 기술이 우수한 것 - 역사가치가 높은 것 - 학술가치가 높은 것 - 유파 또는 지적 특색이 뚜렷한 것
지정등록주체	문화청장관	문화청장관
심 의 회	문화재보호심의회의 조사・심의	문화재보호심의회의 조사・심의
소유자 동의	제도상 필요 없음. 운용상 동의를 얻어야 함.	제도상 필요없음. 운용상 동의를 얻어야 함
절 차	(동의)→관계 지방공공단체 의견 들음→문화재보호심의회 자문・답신→문화재등록원부에 등록→관보고시→소유자통지	(동의)→문화재보호심의회자문・답신→관보고시→소유자통지
현 상 변 경	신고 필요한 지도, 조언, 권고	허가 필요한 지시, 행위정지, 허가취소

구 분	등록제도 - 등록유형문화재	지정제도 - 중요문화재(건조물)
보존에 영향을 미칠 행위	규정 없음	허가(경미한 것은 제외) 필요한 지시, 행위 정지, 허가취소
환 경 보 전	규정 없음	지역을 정하여 일정한 행위제한, 금지, 필요한 시설의 명령
소유자에 의한 공개	지도 또는 조언 관리에 관한 필요한 지도 또는 조언	관리에 관한 필요한 지시 공개의 정지 또는 중지명령
수리 등에 대한 국고보조	규정 없음	국고지원 근거 규정
세 제 지 원	ο 지가세(지가세법 시행령) - 등록된 건조물에 관계된 토지 등에 대해서는 지가 세액에 산입되어야 할 가액을 당해 토지 등의 가격 2/1로 함. ο 고정자산세(자치성 통달) - 등록 문화재인 가옥에 대해서는 세액의 2/10이내를 경감하는 것이 적당하다는 취지를 통달	ο 지가세(지가세법) : 비과세 ο 고정자산세(지방세법) - 가옥 또는 부지에 대하여 비과세 ο 법인세(조세특별조치법) - 국가 또는 지방공공단체에 양도한 경우의 토지에 관계한 소득을 2천만엔 공제 ο 소득세(조세특별조치법) - 국가 또는 지방공공단체에 양도한 경우의 토지에 관한 양도소득을 2천만엔 공제, 토지를 제외한 양도소득 비과세 ο 특별토지보유세(지방세법) - 가옥의 부지 비과세 ο 도시계획세(지방세법) - 가옥 또는 부지 비과세 ο 상속세(국세청장관 통달) - 오로지 주거용으로 제공되고 있는 민가에 대하여 그 가옥과 부지에 대해서 상속재산 평가액을 감액(100/60)
저 리 융 자	등록된 건조물의 활용 및 정비에 대한 저리융자	중요문화재 건조물의 활용 및 정비 사업에 대한 저리융자

332. 중국

중국의 문화재관련법은 「중화인민공화국문물보호법(中華人民共和國文物保護法)」이 기본이 된다. 문물보호법은 1982년에 제정하고 1991년에 개정하였으며 모두 33개조로 이루어졌다. 법에 근거하여 국가문물국이 제정한 50개조의 실시세칙이 있으며, 「고척추동물화석과고인류화석보호방법」, 「역사문화명승보호관리방법」, 「고고발굴관리방법」등을 따로 만들었다. 이 법을 만들면서 1961년부터 시행하고 있던 「문물보호관리잠행조례(文物保護管理暫行條例)」는 폐지되었다.

법 제정의 목적은 중국의 우수한 역사문화유산을 계승하여 애국주의와 혁명전통 교육을 실시하고, 사회주의 정신문명을 건설하기 위한 것이라고 하였다. 문화재관리 책임은 법에 따라 전국 문화재관리는 국가문물국에서 담당하며, 지방 각급 인민정부에서는 해당 행정구역안에 있는 문화재를 보호하도록 하였다. 국가문물국에서는 전국 문화재보호를 위하여 법에 따라 관리, 감독 및 지도를 하며, 문화재 관리의 실제 책임은 지방정부에 권한이 있는 것으로 보아야 한다.[13)]

중국 영토안의 지하, 수중, 영해에 들어있는 모든 문화재는 국가소유로 되어 있으나, 기념건축물 · 고건축물 · 전통문화재 등에 대해서는 집단이나 개인 소유를 인정하며 소유권은 법률로 보호되어 있다. 그러나 개인이 소장하고 있는 문화재는 반드시 문화재관리기관에 등록하여야 하며, 기관에서는 개인이 등록한 문화재에 대하여 비밀을 보장하도록 하고 있다. 기념건축물이나 고건축물을 사용하는 기관에게는 이들 건축물의 정비와 보수 책임이 지워진다.

문화재 지정은 문화재의 역사적, 예술적, 과학적 가치에 근거하여 등급화하고 국가지정 또는 지방지정으로 구분한다. 국가지정문화재는 전국중점문물보호단위(全國重點文物保護單位)로, 지방지정문화재는 각각

성·자치구·직할시급문물보호단위, 현·자치현·시급문물보호단위로 부른다. 문화재 보호를 위해 문화재보호단위 주위에는 통제지대(統制地帶)를 둘 수 있으며, 이때에는 지방정부 도시계획부문과 협의하여 정한다.[14)]

전국중점문물보호단위를 다른 용도로 사용하려고 할 때에는 지방 인민정부의 동의를 받아야 하며 또한 국무원의 비준을 거쳐야 한다. 이미 전부 훼손된 기념건축물이나 고건축물은 새로 짓지 못하도록 하는 것을 원칙으로 하며, 특별히 필요한 경우 반드시 다른 곳에 새로 짓거나 원터에 중건하도록 하고 있다.

333. 타이완(臺灣)

1) 문화자산보존법

타이완의 문화재관련법은 1982년 5월에 총통령으로 제정 공포한「문화자산보존법(文化資產保存法)」과 행정원 문화건설위원회에서 1984년 2월에 제정한 전문 77조의 시행세칙이 기본이 된다. 법은 모두 61조로 이루어졌고 1997년 1월에 제31조의 1과 제36조의 1이 추가되고, 같은 해 5월에는 제27조, 30조, 35조 및 36조 조항을 일부 손질하여 오늘에 이르고 있다. 법의 구성을 보면 제1조에서 8조까지는 총칙으로 법 제정의 목적과 문화재에 대한 정의, 문화재 종류와 종류별 주관기관 그리고 지방정부의 역할 등을 담고 있다. 제9조에서 26조는 고물(古物)에 관한 내용이다. 고물이란 주로 동산의 문화재를 일컫는 말이다. 제27조에서 39조는 고적(古蹟)을 다루고 있다. 제40조에서 44조는 민족예술(民族藝術)에 관한 조항이며 우리나라에서 무형문화재로 분류하는 것들이다. 제45조에서 48조는 민속 및 관련 문물에 관한 것이며, 제49조에서 54조는 자연문화경관에 관한 내용을 다루고 있다. 벌칙조항은 제

55조에서 59조, 제60조와 61조는 부칙이다.[15)]

타이완의 문화재관리제도는 구성원리에서 문화재 종류에 따라 주관 관리기관이 다른 것이 특징이며, 행정원 문화건설위원회에서 이들 기관을 통합조정하는 체제이다. 행정원은 타이완 정부의 최고 통치기관으로서 행정부서를 총괄하는 기구이다. 문화재 보호관리를 행정원에서 주관하는 것은 업무효율면에서 가장 바람직한 체제라고 할 수 있다. 또한 문화재관리 책임의 많은 부분을 지방정부에 넘겨주고 있으며 일반시민들이 문화재관리 보존에 적극 참여할 수 있도록 정책 배려를 하고 있는 것도 눈에 띈다. 대륙지구와 필요한 분야에서 교류를 하려는 노력도 눈여겨보아야 할 것이다. 타이완의 문화재관리 정책은 위와 같은 점에서 우리에게도 시사하는 바가 크다고 할 수 있다.[16)]

2) 문화건설위원회

타이완은 문화재 종류에 따라 주관 관리기관이 다른 것이 특징이며, 행정원 문화건설위원회에서 이들 기관을 통합 조정하는 체제이다. 행정원은 타이완 정부의 최고 통치기관으로서 행정부서를 총괄하는 기구이다. 문화재 보호관리를 행정원에서 주관하는 것은 업무효율면에서 바람직한 체제라고 할 수 있다. 한편 문화재관리 책임의 많은 부분을 지방정부에 넘겨주고 있으며 일반시민들이 문화재관리 보존에 적극 참여할 수 있도록 정책 배려를 하고 있는 것도 눈에 띈다. 문화건설위원회는 행정원 직속기관으로 국가 문화건설을 계획하고 우수한 전통문화를 발전시켜 삶의 질을 높이기 위한 목적으로 1981년에 조직되었다. 업무단위는 제1처, 제2처, 제3처가 있고, 행정원내 기관장과 학계전문가, 문화계인사로 구성되는 위원회가 최고의결기관이 된다. 위원회 담당업무는 문화건설의 기본방침과 중요시책 결정, 문화건설방안 심의, 문화자산 보존계획, 심의, 평가, 문화건설 인재양성, 국제문화교류

(대륙과의 교류 포함) 추진, 생활문화 정책수립, 문화건설 자료수집, 정리연구 등을 맡고 있다.[17]

문화자산 관련 업무는 제1처에서 담당하며 문화자산위원회를 따로 구성 운영한다. 문화자산위원회는 문화건설위원회 조직 조례 제12조에 의하여 설치규정을 만들었고, 19인에서 29인 사이의 위원을 두도록 하였다. 위원회는 고적고물분과, 자연문화경관분과 그리고 민속기예분과로 되고 주임위원은 학자, 전문가, 문화계 인사중 본회 회의를 거쳐 임명한다. 임기는 2년이며 연임할 수 있다. 위원회 위원들은 현지조사 연구를 수행하며, 필요한 경우에는 위원회에 관계전문가들이 나와 의견을 말할 수 있다.

3) 대륙과의 교류 정책

타이완과 대륙지구 인민관계 조례 제10조 제3항의 규정에 따라 행정원 문화건설위원회가 주관이 되어 대륙에서 민족예술 또는 민속분야에 탁월한 기능을 갖고 있는 인사를 초청할 수 있도록 하였다.[18] 문화건설위원회는 신청서를 받아 유관기관, 전문학계 인사로 구성된 소위원회를 구성하여 심사후 초청 허가를 하게 된다. 초청 인사는 1년간 체류가 가능하며 교육효과가 높다고 판단되면 1년 연기도 가능하다.[19]

한편 전통건축을 비롯한 문화재 보수를 위해 타이완에서 구할 수 없거나 희소한 건축재료를 대륙에서 수입 사용할 수 있는 근거를 마련하고 있다. 타이완과 대륙지구 무역허가 방법에 따라 수입신청 방법을 정하였다. 수입신청 대상물들은 와전(瓦磚), 석재, 목재, 그리고 회화원료 등을 비롯해 문화건설위원회에서 수입을 허가한 것들이다. 수입신청은 전통건축 소유자 또는 관리인, 박물관, 민속촌이나 관련 법인체, 학술단체, 문화기관들이 할 수 있다.[20]

〈주〉

1) Convention for the Protection of the Architectural Heritage of Europe (Granada, 3 Oct 1985) (European Treaty Series No. 121)
European Convention for the Protection of the Archaeological Heritage of Europe (Revised. Valletta, 16 Jan 1992) (European Treaty Series No. 143)
국가별 정보는 1998년부터 만들어지고 있는 유럽 유산정보망을 통해 볼 수 있다 (www. european-heritage. net)
2) Analysis of national policies on cultural heritage - Report on cultural heritage policies in Europe. Introduction and summary. Strasbourg 1996.
3) 덴마크에서는 루터 종교개혁을 계기로 1536년을 기준으로 하였고, 노르웨이는 노르웨이 종교개혁의 해를 근거로 1537년을 기준으로 하고 있다.
4) 김봉건, 1989. 「영국의 문화재보존정책」, 『문화재 22』
5) 한국행정연구원, 1997. 『영국의 중앙정부조직』
6) 영국(England and Wales)의 문화재관련법과 지침들은 다음과 같다.
Historic Buildings and Ancient Monuments Act 1953 (Part 1).
The Protection of Wrecks Act 1973.
Ancient Monuments and Archaeological Areas Act 1979.
Natural Heritage Act 1983. 1997.
Planning (Listed Buildings and Conservation Areas) Act 1990.
Planning and Compensation Act 1991.
National Lottery etc Act 1993.
Treasure Act 1996.
Environmental Protection Act 1990.
Statement of Intent on nature conservation and archaeology (signed in 1991 by the Nature Conservancy Council, English Heritage, historic Scotland,...)
DOE(Department of the Environment). 1994.
Planning Policy Guidance Note 15; Planning and the Historic Environment
Planning Policy Guidance Note 16; Archaeology and Planning.
7) 당시 문화부장관의 이름을 따 Marlo법이라고도 함.
8) 미국의 문화재관련법과 참고자료들은 아래와 같다.
US Department of the interior, National Park Service. 1983.
Archaeology and Historic Preservation ; Secretary of the Interior's Standards and Guidelines, *Federal Resister* 48(190) : 44716-42
US General Accounting Office. 1987.
Cultural Resources:problems protecting and preserving federal archeological resources. Report to Congressional Requesters. Washington(DC) :
US General Accounting Office
US General Accounting Office. 1988.
Cultural Resources: implementation of federal historic preservation program can be improved. Report to Congressional Requesters. Washington(DC) :

US General Accounting Office.
Archaeological Resources Protection Act. 1979. (amended in 1988)
National Historic Preservation Act. 1966.
Abandoned Shipwreck Act. 1987.
Native American Graves Protection and Repatriation Act. 1990.

9) How to apply the National Register Criteria for Evaluation, *National Register Bulletin* 15 (U.S. Department of the Interior, National Park Service Interagency Resources Division)

10) 文化廳, 2001. 『文化財保護法五十年史』

11) 일본의 문화재 등록제도에 대해서는 아래의 글을 참조 정리하였음.
고기석, 2000. 「일본의 문화재 등록제도」, 『문화유산포럼 2』(문화재청)

12) 文化廳文化財保護法研究會 編著, 1997, 『文化財保護法改正のポイント Q&A』 ぎょうせい

13) 성(省) 자치구(自治區) 및 직할시(直轄市), 그리고 문화재가 비교적 많은 자치주(自治州), 자치현(自治縣) 시(市)에서는 문화재보호관리기구를 설립할수 있도록 하였다.

14) 통제지대는 우리나라 문화재보호법에서 보호구역과 비교할 수 있겠으나 그보다 넓은 뜻으로 보이기도 한다. 건설통제지대안에서는 문화재 안전에 해를 미치는 시설을 설치할 수 없으며 또한 그 형식이나 높이, 체적, 색조 등이 문화재 보호단위의 환경미관과 서로 조화되지 않는 건축물을 세울 수 없다. 건설 통제지대에 건축물이나 구조물을 신축하려고 할때에는 설계내용을 문화재보호 단위등급에 따라 같은 급의 문물행정관리부문과 도시계획부문의 비준을 거쳐야 한다.

15) 「文化資產保存法」中華民國七十一年五月二十六日總統令制定公布全文第六十一條, 中華民國八十六年一月二十二日總統(一)義字第8600016240號令公布增訂第三 十一條之1及第三十六條之1一條文, 中華民國八十六年五月十四日總統華總(一)義字第8600 108280號令公布修正第二十七條, 第三十五條及第三十六條條文.
「文化資產保存法施行細則」中華民國七十三年二月二十二日行政院文化建設委員會(七三)文建壹字第452號.

16) 장호수, 1999. 「타이완의 문화재관리제도와 정책」, 『문화유산포럼 1』(문화재청)

17) 「行政院文化建設委員會組織條例」中華民國七十年七月三十一日總統令制定公布全文十四條.

18) 이 조례는 통일이 되기까지 타이완지구와 대륙지구 사람들 사이의 교류에 관한 것으로 조례 10조 1항은 대륙지구 사람들이 주관기관의 허가없이 타이완지구에 들어올 수 없다는 것이며, 2항은 허가를 받아 타이완지구에 들어온 사람들은 허가목적에 맞지않는 일에 종사할 수 없다는 것, 3항은 앞에 두 항의 허가방법을 주관기관에서 정하여 행정원에 보고한 뒤 발포시행한다는 것이다. 「臺灣地區與大陸地區人民關係條例」中華民國八十一年七月三十一日總統華總(一)義字3736號令公布幷經行政院臺八十一法字第31669號令自民國八十一年九月十八日施行.

19) 「大陸地區傑出民族藝術及民俗技藝人來臺傳習許可辦法」中華民國八十二年七月十二日行政院文化建設委員會(八十二)文建貳字第07849號令發布全文十三條.

20) 「臺灣地區與大陸地區貿易許可辦法」 제7조 제1항 제3절의 규정
「大陸地區傳統建築維修材料輸入申請作業要點」中華民國八十二年十一月十五日八十二文建臺字第12870號函發布. 行政院文化建設委員會, 1995. 『文化建設法規彙編』

4. 우리나라 문화재 보호관리 체계

41. 문화재 보호를 위한 법과 제도

411. 일제강점기 법령

412. 광복 이후 문화재관리 상황

413. 문화재보호법

414. 매장문화재 보호 및 조사에 관한 법률

415. 문화재 수리 등에 관한 법률

416. 문화재보호기금법

417. 문화유산과 자연환경자산에 관한 국민신탁법

418. 전통사찰 보존법

419. 고도보존에 관한 특별법

42. 문화재 행정

421. 문화재 행정 기구

422. 문화재위원회

423. 문화재행정 전개과정

41. 문화재 보호를 위한 법과 제도

411. 일제강점기 법령

우리나라에서 문화재를 대상으로 하는 근대 법령은 일제강점기인 1933년에 제정된 「조선보물고적명승천연기념물보존령(朝鮮寶物古蹟名勝天然記念物保存令)」으로 일본에서 1919년에 제정한 「사적명승천연기념물보존법(史蹟名勝天然記念物保存法)」을 식민지배 정책에 맞게 고쳐 옮겨 놓은 것이었다. 그에 앞서 1916년에 조선총독부령 제52호로 제정한 「고적및유물보존규칙(古蹟及遺物保存規則)」이 있었고, 그보다 앞선 1911년에는 「사찰령(寺刹令)」을 제정하기도 하였다.

일제강점기 이전에 융희4년(1910) 4월 23일 학부령(學部令) 제23호로 제정한 「향교재산관리규정(鄕校財産管理規定)」은 향교재산의 경제적 관리와 효율적 경영에 목표를 둔 것으로 향교를 보존재산으로 파악하거나 문화재로서의 가치를 우선한 것은 아니었으나, 향교재산을 자의로 처분하지 못하고, 향교재산 원부를 만들어야 한다는 등 일부 조항은 문화재 보호관리 차원으로 볼수 있다.[1]

1) 사찰령

「사찰령(寺刹令)」은 1911년 7월 총령 제83호 규정에 의해 같은해 9월 1일부터 시행되었고 1962년 1월 20일자로 폐지되었다.[2] 「사찰령」 제5조에는 사찰 소유의 토지, 삼림 등과 함께 불상, 석물, 고서화 들에 대해 함부로 처분할 수 없도록 하였고 또한 「사찰령시행규칙」(총령 제84호, 1911년 7월) 제7조에서는 사찰의 주지가 사찰에 속하는 불상, 석물, 고문서, 고서화, 범종, 불경, 불기, 불구, 그밖에 귀중품 목록을 작성해 주지 취임후 5개월 안에 이를 조선총독에게 제출토록 하였고, 이를 어긴 자는 50원 이하의 벌금 또는 구류에 처하도록 하였다.

이와 같이 사찰령은 조선총독이 사찰 조직을 이용하여 절들이 갖고 있던 중요한 유산들을 조사하는 수단이 되었던 것이다.[3)]

사 찰 령

제1조 사찰을 병합, 이전 또는 폐지하려고 할 때에는 조선총독의 허가를 받아야 한다. 그의 기지(基址) 또는 명칭을 변경하려고 할 때도 그러하다.
제2조 사찰의 기지 및 가람은 지방장관의 허가를 얻지 아니하면 전법, 포교, 법요 집행 및 승니 지주의 목적 이외에는 이를 사용하거나 또는 사용시킬 수 없다.
제3조 사찰의 본말관계, 승규, 법식, 기타 필요한 사법은 각 본사에서 이를 정하고 조선총독의 인가를 받아야 한다.
제4조 사찰에는 주지를 두어야 한다. 주지는 그 사찰에 속하는 일체의 재산을 관리하고 사무 및 법요집행의 책임을 지고 사찰을 대표한다.
제5조 사찰에 속하는 토지, 삼림, 불상, 석물, 고문서화 기타의 귀중품은 조선총독의 허가를 얻지 아니하면 이를 처분할 수 없다.
제6조 전조의 규정에 위반한 자는 2년 이하의 징역 또는 5백원(圓) 이하의 벌금에 처한다.
제7조 본령에 규정하는 것외에 사찰에 관해 필요한 사항은 조선총독이 이를 정한다
부 칙 본령 시행의 기일은 조선총독이 이를 정한다.

2) 고적 및 유물보존 규칙

일본은 우리나라에서 고적을 조사하고 1915년에 보고서를 발행하였으나, 조사 범위가 일부에 그쳐 1916년부터 다시 5개년 계획으로 조사에 착수하였고, 이를 뒷받침할만한 법제의 필요성을 느껴 「고적및유물보존규칙(古蹟及遺物保存規則, 총령 總令 제52호)」을 제정하게 된다. 또한 1916년 7월 총훈(總訓) 제29호로 제정된 「고적조사위원회규정」에서는 조선총독부에 고적조사위원회를 두고 고적, 금석문, 기타 유물 및 명승지의 조사와 보존에 관한 사항을 심사하도록 하였고, 위원장은 정무총감이 맡았다.[4)]

고적 및 유물보존 규칙

제1조 본령에서 고적이라 칭하는 것은 패총, 석기, 골각기류를 포유(包有)하는 토지 및 수혈(竪穴) 등의 선사유적, 고분, 도성, 궁전, 성책, 관문, 교통로, 역참, 봉수, 관부, 사우, 단묘, 도요 등의 유적 및 전적(戰跡) 기타 사실(史實)에 관계있는 유적을 말하며, 유물이라 칭하는 것은 년대를 거친 탑, 비, 종, 금석물, 당간, 석등 등으로서 역사, 공예, 기타 고고의 자료로 할 수 있는 것을 말한다.

제2조 조선총독부에 별기 양식의 고적및유물 대장을 비치하고 전조의 고적및유물 중 보존의 가치있는 것에 대하여 다음 사항을 조사해 이를 등록한다.

1. 명 칭
2. 종류 및 형상대소
3. 소재지
4. 소유자 또는 관리자의 주소, 씨명 혹은 명칭
5. 현 황
6. 유래 전설 등
7. 관리보존의 방법

제3조 고적 또는 유물을 발견한 자는 그 현상을 변용함이 없이 3일 이내에 구두 또는 서면으로 그 지역 경찰서장의(경찰서의 사무를 취급하는 헌병분대 또는분견소의 장을 포함한다. 이하 같다)에게 신고하여야 한다. 경찰서장이 전항의 신고를 받았을 때에는 즉시 전조의 사항을 조사하여 조선총독에게 보고해야 한다.

제4조 고적 또는 유물에 대하여 조선총독부에서 이를 고적및유물대장에 등록하였을 때에는 즉시 그 내용을 해당물건의 소유자 또는 관리자에게 통지하고 그 대장의 등본을 해당 경찰서장에게 송부해야 한다. 전조의 신고가 있은 고적 또는 유물에 대하여 고적 및 유물대장에 등록치 않은 것은 신속히 해당 경찰서장을 경유 그 뜻을 신고인에게 통지해야 한다.

제5조 고적 및 유물대장에 등록한 물건의 현상을 변경, 이전, 수선하거나 처분하려고 할때 또는 그의 보존에 영향을 미칠 시설을 하려고 할때에는 해당물건의 소유자 또는 관리자는 다음 사항을 밝혀 경찰서장을 경유 미리 조선총독의 허가를 받아야 한다.

1. 등록번호 및 명칭
2. 변경, 이전, 수선, 처분 또는 시설의 목적
3. 변경, 이전, 수선 또는 시설을 하려는 자는 그 방법 및 설계도와 비용의 견적
4. 변경, 이전, 수선, 처분 또는 시설의 시기

제6조 고적 또는 유물에 대하여 대장의 등록사항에 변경이 생겼을 때에는 경찰서장은 신속히 이를 조선총독에게 보고해야 한다.

제7조 경찰서장이 유실물법 제134조의 제2항에 해당하는 매장물 발견의 신고를 받았을 때에는 동법에 의한 신고사항 외에 동법 제13조 제2항에 해당한다는 것을 설명하기에 족한 사항을 밝혀 경무총장을 경유 조선총독에게 보고해야 한다.

제8조 제3조 또는 제5조의 규정에 위반한 자는 2백원(圓) 이하의 벌금 또는 과료에 처한다.

부 칙 본령은 대정 5년(1916년) 7월 7일부터 이를 시행한다.

3) 조선 보물 고적 명승 천연기념물 보존령

우리나라에서 처음으로 제정된 문화재 관련법은 「조선보물고적명승천연기념물보존령」으로 1933년 8월 9일 제령(制令) 제6호로 공표되었고, 전문 24조 및 부칙으로 이루어졌다. 보존대상으로서 고적, 유물뿐 아니라 명승과 천연기념물까지 확장하였고, 「고적및유물보존규칙」에서는 등록제도를 두었으나 보존령에서는 지정제도를 도입하여 소유자에게 일정한 의무를 주고 행위제한에 대한 규정을 강화하였다.

지정대상은 건조물, 전적, 서적, 회화, 조각, 공예품 그밖에 것으로서 역사의 증빙이 되거나 미술의 모범이 되는 것을 보물로 지정할 수 있다고 하였고 패총, 고분, 사지, 성지, 요지, 그밖에 유적, 경승 또는 동식물, 지질광물 그밖에 학술연구에 자료가 되는 것을 보존할 필요가 있을 때 조선총독이 고적, 명승 또는 천연기념물로 지정할 수 있도록 하였다. 지정된 문화재에 대해서는 현상변경이 금지되고 이전이 제한되며, 사적지안에서의 발굴 등 변경사항에 대한 모든 것을 조선총독의 허가를 받도록 되어 있다. 지정문화재를 훼손하거나 변경하는 행위에 대해서는 벌칙 조항이 있다.

지정 및 조사에 필요한 조선총독 자문기관으로 조선총독부 「보물고적명승기념물보존회」를 두고 지정 해제시 자문을 받았다. 보존회는 회장 1인과 40인 이내의 위원으로 구성되며 특별한 사항을 심의하기 위해 임시위원을 두기도 하였다. 회장은 조선총독부 정무총감이 맡도록 되어 있다. 보존회는 제1부와 2부로 나누고, 제1부에서는 보물과 고적에 관한 것을, 제2부에서는 명승과 천연기념물에 관한 것을 각각 관장하였다.

보존회 위원들을 살펴보면 제1부 위원으로는 회장인 정무총감을 비롯하여 총독부 내무국장, 경무국장 등 행정관료 13명, 후지다 교사꾸(藤田亮策) 경성제국대학 교수를 비롯한 학계인사 14명으로 구성되었고, 우리나라 사람으로는 김용진, 최남선이 들어 있다. 학계 인사들로는 이께우찌(池內宏), 구로자까(黑板勝美) 같은 식민주의 역사학자들이 있다. 제2부 위원들도 1부와 마찬가지로 행정관료들이 똑같이 참여하고 우리나라 사람으로는 이능화와 엄창섭이 들어 있다.

이와같이 보존회는 행정 편의를 위한 조직이었고, 조선총독이 전권을 갖고 있던 심의 자문기관이었다고 볼 수 있다. 보존규칙에 의해 등록된 것은 385점, 보존령에 의해 지정된 것은 248건으로 그중 보물이 경성(서울) 남대문, 동대문을 비롯한 208점, 고적으로는 경주 포석정지를 비롯한 24건, 천연기념물은 달성 측백수림을 비롯한 16건이었다. 1960년 말까지 보존령에 의해 지정된 문화재는 국보 107건, 보물 377건, 고적 114건, 고적 및 명승 3건, 천연기념물 5건 등 모두 606건이다.[5)]

412. 광복 이후 문화재관리 상황

1948년 정부수립후 문교부 문화국에 문화보존과를 두고 명목상 문화재 보호업무를 담당하였다. 「구왕궁재산처분법」[6)]과 「구황실재산법」[7)]에 따라 구황실재산사무총국을 설치하고 구황실재산과 서울 5대궁, 각 지방의 단능원묘(壇陵園墓)를 관리하고 있었다. 일제 시기부터 있었던 「조선보물고적명승천연기념물보존령」은 제헌 헌법 제100조 규정에 따라 그대로 효력을 유지하고 있었다. 1961년 10월 2일에 구황실재산사무총국과 문교부 문화보존과를 합쳐 문화재관리국을 두었고, 1962년 1월에 「문화재보호법」을 제정함으로서 비로서 문화재 관리를 위한 법적, 제도적 장치가 마련되었다.

「구황실재산법」 제 5조의 규정에 따라 구황실 재산관리를 위한 대통령 직속기관으로 「구황실재산관리위원회」와 사무총국이 설치되었다. 위원회는 관리에 관한 규칙제정, 예산의결, 결산인정, 사업계획 승인,

영구보존재산 심사, 구황실재산에 대한 불법 침해조사 및 손해회복 등에 관해 심의 결정하고, 사무총국은 위원회 의결사항을 집행하였다. (자료 1)

413. 문화재보호법

1) 문화재보호법 제정

「문화재보호법」은 1962년 1월 10일 법률 제961호로 제정되었다. 전 7장 73조에 부칙 3조로 구성되었고, 부칙 제2조에 '서기 1933년 8월 제령 제6호 「조선보물고적명승천연기념물보존령」은 이를 폐지한다.'라고 하였다. 법안 제안이유서에는 '본법안은 헌법 제100조에 의하여 문화재에 관한 법령으로서 현행되고 있는 「조선보물고적명승천연기념물보존령」에 대체될 법률안으로서 제안되는 것입니다.'고 하였다. 광복 이후 일제시기의 보존령을 그대로 사용하며 구황실재산처분에 관한 법을 만들어 일부의 문화재를 관리하다가 두개의 법을 통합하여 문화재보호법을 제정한 것이다.

2) 문화재보호법 개정 경과

문화재보호법 제정 이후 모두 20차례에 걸쳐 크고 작은 개정이 있었으며 주요 내용들을 살펴보면 다음과 같다. 1차 개정(1963. 2. 9. 법률 제1265호)에서는 문화재위원회 분과위원회의 분장 사항을 재조정하고, 문화재관리 특별회계제도 도입과 구황실재산법 폐지, 구황실재산 중 영구보존재산을 국유문화재로 정리하였다. 또한 발굴문화재에 대하여 국가가 발굴한 것과 기타의 자가 발굴한 것을 구분하여 처리하도록 하였다.

5차 개정(1970. 8. 10. 법률 제2233호)에서는 문화재위원회의 기능을

'의결기관'에서 '심의자문기관'으로 변경하고, 무형문화재 보유자 인정제도가 도입되었다. 비지정문화재 중 향토문화재 보존상 필요한 것을 지방문화재로 지정하고, 지정문화재 이외의 문화재에 관한 것, 동산문화재 등록제도 도입, 지정문화재 이외의 문화재에 대한 현상변경제한, 국가비상시 문화재보호에 관한 특별규정, 문화재매매업자 등록 규정 등이 추가되었다.

6차 개정(1973. 2. 5. 법률 제2468호)에는 각종 건설공사로 인하여 발굴, 훼손, 멸실될 우려가 있는 문화재의 이전 및 보존경비는 건설공사의 시행자가 부담하며, 문화재매매업자의 등록제를 허가제로 변경, 범법자를 제보, 체포한 사람에 대한 보상금 지급제도 신설, 지정문화재 보호구역내의 토지의 사용 수용에 대한 토지수용법 준용 등이 신설되었다.

한편 제5공화국 헌법에 제시된 문화국가의 이념을 구현하고, 1975년에 크게 개정된 일본의 문화재보호법 내용(민속문화재 분야 신설, 매장문화재 규정 정비, 전통건조물보존지구 지정, 문화재 보존기술 보호제도 신설, 지방자치단체의 문화재보호 행정 확대 등)을 참고하여 7차 개정(1982. 12. 31. 법률 제3644호)에서 많은 부분을 손질하였다. 문화재의 정의에서 '우리나라의'라는 말을 삭제, 문화재 보존관리 체계에서 지정문화재, 지방지정문화재, 지정문화재 이외의 문화재로 되어 있던 것을 국가지정문화재, 지방지정문화재, 문화재자료로 구분, 천연기념물 보호를 위해 동물 서식지와 도래지, 식물 자생지를 지정할 수 있도록 하고, 무형문화재 보유단체를 보유자로 인정하는 제도와 중요무형문화재 보유자는 전수교육을 할 수 있고 국가가 필요한 경비를 부담하며 전수자에게 장학금을 줄수 있도록 하였다. 문화재 매매업자의 자격요건을 명기하고 문화재 해외반출제도 현실화, 민원과 관련한 불필요한 규제사항 완화, 국제협약 가입당사자로서 외국문화재 보호에 관한 내용 신설, 문화재보호단체 지원육성에 관한 사항을 추가하였다.

8차 개정(1984. 12. 31. 법률 제3787호)에서는 1970년부터 시행하던 동산문화재 등록제도를 폐지하고 문화재 유통을 양성화하였다. 동산문화재 등록제도는 소유자들이 적극적으로 참여하지 않고 오히려 중요 문화재를 감추고 음성거래를 하는 등 부작용이 있었기 때문이다. 14차 개정(1995.12.29. 법률 제5073호)은 매장문화재 발굴경비를 공사시행자가 부담하는 내용 가운데 소규모 건설사업의 경우 국가에서 부담하는 내용을 보완하였고, 문화재 수리업무에 10년 이상 일한 6급 이상 공무원에게 문화재수리기술자 자격시험중 필기시험을 면제하였다. 문화재 관람료의 금액, 징수, 사용에 관한 사항을 문화재소유자 등이 정하도록 하고 문화재매매업의 허가 및 취소에 관한 권한을 시·군·구청장에게 위임하였다.

17차 개정(1999.1.29. 법률 제5719호)에서는 문화재 보존관리 및 활용에 원형유지를 기본으로 하고, 국가지정문화재의 보존관리 및 활용에 관한 기본계획을 수립할 수 있도록 하였다. 건설공사로 인한 문화재훼손을 방지하기 위해 건설공사 시행자가 사업계획 수립시 문화재 지표조사를 실시하고 그 결과에 대해 문화재청장과 협의를 거쳐 보존방안을 마련하도록 하였고 지방자치단체의 장은 문화재와 주변경관의 보호를 위해 필요할 경우 건설공사를 허가하지 않을 수 있도록 하였다. 또한 정부의 규제개혁 방침에 따라 문화재매매업의 허가제를 신고제로 바꾸는 등 문화재 행정절차를 일부 줄였다.

19차 개정(2000.1.12. 법률 제6133호)에는 문화재보호를 위한 보호물 또는 보호구역에 대해 적정성 여부를 판단하여 지정을 해제하거나 범위를 조정할 수 있도록 하였고, 매장문화재 출토 유물을 선별하여 관리할 수 있도록 하였다. 문화재보호구역의 외곽경계로부터 일정 범위안에서 이루어지는 건설공사에 대하여 사전에 문화재보존에 영향을 미치는지에 대한 검토를 할수 있도록 하였고, 문화재보존에 미치는 행위를 부령에서 구체화하였다. 그밖에 문화재관람료를 문화재 보호관리에 우선 사용할 수 있도록 하는 의무조항을 폐지하고, 천연기념물 동물

치료소를 지정하는 등 몇 가지 조항이 신설되었다. 20차 개정(2001. 3. 28. 법률 제6443호)에서는 중요무형문화재 명예보유자 인정제도, 문화재수리공사 평가 및 우수업자 지정, 근대문화유산 등록제도 신설, 시도지정문화재 가지정보호, 비지정문화재 손상·절취범에 대한 처벌 강화 조항 등이 개정되었다.

28차 개정에서 주요 내용을 보면(2007. 1. 26. 법률 제8278호) 보물·국보급 문화재가 훼손·멸실되는 것을 방지하기 위해 문화재의 가지정(假指定) 대상을 보물과 국보급 문화재까지 확대 적용하고, 매장문화재가 발견 신고되는 경우 그 소유권을 증명할 수 있는 기간을 충분히 부여하기 위해 소유권 주장 기간을 30일에서 90일로 연장하며, 문화재의 소유자임을 주장하는 자가 있는 경우 소유권 판정절차를 거쳐 정당한 소유자에게 반환하게 한다. 문화재매매업자의 난립과 문화재 불법 유통 증가를 방지하기 위해 문화재매매업을 신고제에서 허가제로 전환하고, 문화재 매매업자의 자격 요건과 결격 사유를 신설하며, 불법 문화재의 유통을 근본적으로 차단하기 위해 문화재청장이나 시·도지사가 지정한 문화재, 도난물품 또는 유실물인 사실이 공고된 문화재 등의 거래 행위에 관하여 「민법」상 선의취득에 관한 규정을 적용하지 않도록 하였다.

또한 29차 전면 개정(2007. 4. 11. 법률 제8346호)에서는 법의 목적을 올바르게 달성하기 위하여 법 문장을 일반 국민이 쉽게 읽고 이해하여 잘 지킬 수 있도록 하고, 국민의 올바른 언어생활을 위한 본보기가 되도록, 법적 간결성·함축성과 조화를 이루는 범위에서 법 문장의 표기를 한글화하고 어려운 용어를 쉬운 우리말로 풀어 쓰는 작업을 하였다.

한편 문화재보호법이 「문화재 수리 등에 관한 법률」, 「문화재보호법」, 「매장문화재 보호 및 조사에 관한 법률」로 분법화되면서 제35차 전부개정(2010. 2. 4. 공포 법률 제10000호)이 있었고, 2011년 2월 5일부터 시행되고 있다. 주요 개정 내용은 문화재 관련 기본계획 등의 수립·시행을 구체화하고, 문화재 주변 역사문화환경 보존지역의 범위 및 행위기준을 마련하였으며, 현상변경 무허가행위의 중지 및 원상회복 조치 근거 마련 및 문화재 재난예방 관련 규정을 강화하였다.

3) 문화재보호법 주요 내용

1962년에 문화재보호법이 제정된 이후 지난 40년 동안 여러 차례 크고 작은 개정이 있었으나, 그때마다 필요에 따른 일부 손질이 있었을 뿐 문화재보호법의 골격은 그대로 유지되고 있다. 현행 문화재보호법이 현 시대 상황에 비추어볼 때 불합리한 점이 없지 않고, 문화재 보존관리의 합리성과 효율성면에서 고쳐야 할 부분이 많이 있다. 문화재 종류에 따라 개별법으로 만들어야할 필요성도 있겠으며, 문화재 주변환경 보호를 위해 도시계획법, 국토이용 및 관리에 관한 법 등과 조화를 찾아야 할 것이다. 현행 문화재보호법의 주요 내용은 다음과 같다.

① 문화재 보호 방법 - 문화재의 보존·관리 및 활용은 원형(原形) 유지를 기본원칙으로 하며, 문화재 보호는 중요 문화재를 중점 보호하는 지정제도를 근간으로 한다. 지정문화재는 국가지정문화재와 시·도지정문화재가 있다. 국가지정문화재는 문화재청장이 지정한 문화재이며, 시·도지정문화재는 국가지정문화재가 아닌 것 가운데 시·도지사가 지정한 것이다. 또한 국가지정문화재와 시·도지정문화재가 아닌 것 가운데 보호가 필요한 것들에 대하여 시·도지사는 문화재자료로 지정할 수 있다. 문화재 지정 유형은 다음과 같다.

〈표 4-1〉 문화재 지정 유형

<table>
<tr><th></th><th>지정권자/유형</th><th colspan="2">유형문화재</th><th>무형문화재</th><th colspan="3">기념물</th><th>민속문화재</th></tr>
<tr><td>국가지정
문화재</td><td>문화재청장</td><td>국보</td><td>보물</td><td>중요
무형문화재</td><td>사적</td><td>명승</td><td>천연
기념물</td><td>중요
민속문화재</td></tr>
<tr><td rowspan="2">시·도지정
문화재</td><td rowspan="2">시·도지사</td><td colspan="2">시·도
유형문화재</td><td>시·도
무형문화재</td><td colspan="3">시·도
기념물</td><td>시·도
민속문화재</td></tr>
<tr><td colspan="7">문화재자료</td></tr>
</table>

지정문화재를 보호하기 위하여 필요한 경우에는 보호물 또는 보호구역을 정할 수 있다. 보물, 국보, 중요민속자료를 지정한 때에는 그 소유자에게 문화재 지정서를 교부한다. 지정문화재가 가치를 잃거나 특별한 사유가 있을 때에는 문화재위원회의 심의를 거쳐 지정을 해제할 수도 있다. 지정절차에 앞서 긴급한 필요가 있거나, 문화재위원회 심의를 거칠만큼 충분한 시간이 없을 때 문화재청장이 중요문화재로 가지정할 수 있다. 가지정문화재는 지정일로부터 6개월 안에 정식 절차에 따른 지정이 안되면 해제된 것으로 본다.

지정문화재가 아닌 문화재 중에서 보존과 활용을 위한 조치가 특별히 필요한 것을 등록문화재로 등록할 수 있다. 등록문화재는 보존보다는 활용에 중점을 두고 관리하므로 지정문화재보다 유연한 보존방식이다. 그러나 등록문화재를 관리하는 자는 등록문화재의 원형 보존에 노력하여야 한다. 등록문화재는 지방자치단체나 법인, 단체에서 관리할 수 있고, 문화재청장은 등록문화재의 관리 및 수리와 관련된 기술 지도를 할 수 있다.

② 문화재 보존 관리 - 문화재청장은 시·도지사와 협의를 거쳐 국가지정문화재의 보존·관리 및 활용에 관한 기본계획을 수립할 수 있다.

보존 관리계획에는 문화재 보수정비, 문화재 주변환경 보호, 활용에 필요한 사항을 포함한다. 문화재 소유자가 불명하거나, 소유자나 관리자에 의한 관리가 어려운 경우에는 지방자치단체 또는 적당한 법인이나 단체를 지정하여 국가지정문화재를 관리하도록 할 수 있다. 문화재 수리는 문화재청에 등록한 문화재 수리기술자, 수리기능자, 문화재 수리업자가 할 수 있다. 문화재청은 국가지정문화재의 기록을 작성 보존한다.

지정문화재 보존관리에 영향을 미칠 수 있는 행위는 허가를 받아야 한다. 명승, 천연기념물로 지정, 가지정된 구역과 보호구역안에서 동물 식물 광물을 포획 채취하거나 구역밖으로 반출하는 행위, 국가지정문화재를 탁본 영인하거나 보존에 영향을 미칠 우려가 있는 촬영을 하는 행위, 국가지정문화재의 현상을 변경하거나 보존에 영향을 미칠 우려가 있는 행위는 현상변경허가를 받아야 한다. 보물, 국보, 천연기념물, 중요민속자료는 수출 또는 반출할 수 없다. 국제 문화교류를 위한 목적으로 반출할 수 있으며 2년 안에 들여와야 한다.

③ 비지정문화재 보호 - 문화재보호법에 의해 지정되지 않은 문화재 가운데 동산(動産)에 속하는 문화재로서 역사상, 예술상 보존가치가 있는 것은 국가지정문화재와 마찬가지로 수출이 금지된다. 일반 동산 문화재는 문화재가치를 확인한 뒤 처리한다.

④ 외국문화재, 국외소재문화재 보호 - 인류의 문화유산을 보존하고 국가 간의 우의를 증진하기 위하여 대한민국이 가입한 문화재 보호에 관한 국제조약에 가입된 외국의 법령에 따라 문화재로 지정·보호되는 외국문화재는 우리 문화재와 마찬가지로 보호해야 하며, 국외소재문화재의 보호·환수 및 활용 등을 위하여 이에 필요한 조직과 예산을 확보하도록 하였다. 국외소재문화재의 현황, 보존·관리 실태, 반출 경위 등에 관하여 조사·연구를 실시하고, 문화재청장은 국외소재문화재 보호

및 환수를 위하여 필요하면 관련 기관 또는 단체를 지원·육성할 수 있도록 하였다.

414. 매장문화재 보호 및 조사에 관한 법률

「매장문화재 보호 및 조사에 관한 법률」은 「문화재보호법」이 분법화되면서 2010년 2월 4일 법률 제10001호로 공포되었고, 2011년 2월 5일부터 시행되고 있다. 이 법은 「문화재보호법」에서 매장문화재에 관한 내용을 따로 떼어 개별법으로 만든 것이다. 법의 주요내용을 보면 먼저 매장문화재는 조사·발굴보다는 보존·보호를 우선하도록 하고, 국가 및 지방자치단체는 모든 개발사업을 시행·계획할 때에 매장문화재의 훼손을 방지하도록 하는 책무를 지도록 하였으며 매장문화재의 보호·조사 및 발굴에 따른 원칙을 정함으로써 매장문화재의 보호·조사 및 관리가 체계적이고 전문적으로 이루어질 수 있도록 하였다.

매장문화재는 보존을 원칙으로 하며 건설공사 등 부득이한 사유로 매장문화재를 발굴할 필요가 있는 경우에는 매장문화재의 보호를 위한 절차 및 방법 등을 법으로 정하였다. 그리고 발견 또는 발굴된 매장문화재의 처리 방법과 매장문화재 조사기관의 전문성 확보 방안, 문화재 보존조치에 따른 토지 매입 방안 등을 법에서 정하였다. 따라서 지난날 「문화재보호법」체제에서 문제가 되었던 민원을 풀어줄 수 있는 내용을 담고 있다.

415. 문화재 수리 등에 관한 법률

이 법은 매장문화재에 관한 법률과 마찬가지로 「문화재보호법」이 분법화되면서 2010년 2월 4일 법률 제 9999호로 공포되었고, 2011년 2월 5일부터 시행되고 있다. 법의 주요내용을 살펴보면 먼저 문화재수리의 기본원칙으로 문화재수리는 원형 보존에 적합한 방법과 기술을 사용하여야 하고, 문화재를 수리하는 자는 성실의무를 준수하여 문화재를 수리하도록 하며, 문화재청장은 문화재수리 등에 관한 기본계획을 수립하고, 문화재수리 등에 필요한 기준을 정하도록 하였다.

문화재수리기술자 및 수리기능자는 정기적인 보수교육을 통하여 문화재수리 관련 기술자의 자질을 높이도록 하고, 문화재수리업자의 자격기준을 마련하고, 문화재수리 분야별로 업무의 종류와 업무 범위 등을 정하였다. 문화재수리업자, 문화재실측설계업자 및 문화재감리업자에 대한 등록 제도를 마련하고, 영업의 양도·승계 등에 따른 권리·의무 관계를 명확히 함으로써 문화재수리의 전문성이 향상되고, 영업질서의 투명성·공정성이 높아지도록 하였다.

또한 문화재수리의 품질을 확보하기 위하여 문화재수리업자의 책임을 정하고, 이에 따른 문화재청장의 지도·감독 권한을 마련하였다. 문화재수리 분야에 의무감리제도를 도입하여 문화재수리의 품질이 향상될 수 있을 것이다.

416. 문화재보호기금법

이 법은 문화재를 효율적으로 보존·관리하는 데 필요한 자금을 조성하기 위하여 문화재보호기금을 설치하고 그 관리·운용에 관하여 필요한 사항을 규정하는 것을 목적으로 2009년 6월 9일 법률 제9756호로 제정되어 그해 12월 10일부터 시행되었다. 기금은 정부 출연금, 기부금, 복권기금 전입금, 납부금 등으로 조성하며, 문화재 보존을 위한 예방적 관리, 훼손·유실 등으로 인한 문화재의 긴급 보수 또는 복원, 매장문화재의 소규모 또는 긴급 발굴, 손실보상, 민간의 문화재 보호활동 육성, 지원 등에 사용할 수 있다.

417. 문화유산과 자연환경자산에 관한 국민신탁법

이 법은 문화유산 및 자연환경자산에 대한 민간의 자발적인 보전·관리 활동을 촉진하기 위하여 문화유산국민신탁 및 자연환경국민신탁의 설립 및 운영 등에 관한 사항과 이에 대한 국가 및 지방자치단체의 지원에 관한 사항을 규정함을 목적으로 2008년 3월 28일 법률 제9037호로 제정하고, 2009년 1월 1일부터 시행하였다. 법의 내용을 살펴보면 문화유산을 취득하고 이를 보전·관리하기 위하여 문화유산국민신탁을, 자연환경자산을 취득하고 이를 보전·관리하기 위하여 자연환경국민신탁을 각각 설립하고, 기본계획 및 시행계획에 따라 전체 보전재산을 구성하는 각각의 문화유산 및 자연환경자산에 대하여 보전·관리계획을 수립한다.

418. 전통사찰 보존법

「전통사찰보존법」은 역사유산으로서 가치가 높은 전통사찰을 보존함으로서 민족문화의 향상에 이바지하는 것을 목적으로 제정된 것이다. 전통사찰은 문화체육관광부장관이 법에 따라 지정하고 있으며, 문화재로서 직접 관리대상은 아니지만 사찰지역안에 지정, 비지정문화재들이 많이 있으므로 문화재 보호와 관련되는 법률이라고 할 수 있다. 전통사찰에는 재산 목록을 만들어 두게 되어 있다. 재산목록에는 대지, 논밭, 임야, 건축물, 그리고 불상, 석물, 고문서 등 학예, 기예, 고고자료로 인정되는 것들이다. 따라서 이들 재산목록은 지정, 비지정에 관계없이 문화재로 분류될 수 있는 것들이며, 문화재관리와 같은 차원에서 다루어져야 하고, 목록작성 방법에서도 문화재 목록작성과 같은 기준이 적용되어야 할 것이다.

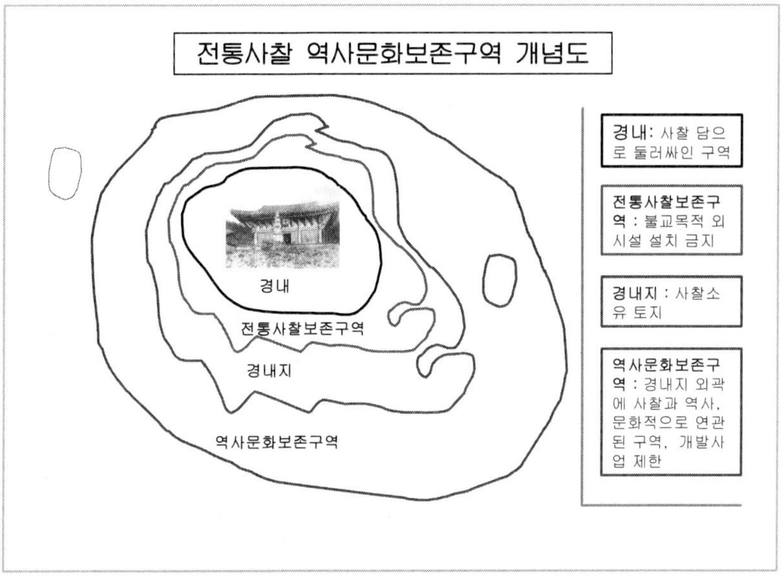

〈그림 4-1〉 전통사찰 역사문화보존구역 개념도[8)]

전통사찰보존법에서는 사찰의 존엄을 보호하고 풍치를 보존하기 위하여 전통사찰 역사문화 보존구역을 정할 수 있다. 보존구역안에서 이루어지는행위는 문화재보호법을 비롯한 각종 법률에 의한 행위제한이 있다. 또한 보존구역 주변을 보호하기 위하여 사찰 주변에서 현저히 부적절한 건축이라고 인정될 때에는 허가권자는 건축위원회의 심의를 거쳐 건축행위를 제한할 수 있도록 하고 있다. (그림 4-1)

전통사찰 역사문화 보존구역은 전통사찰 경내지 외곽 경계로부터 500미터 이내의 범위로 하며 위원회의 심의와 관계 행정기관의 장과의 협의는 지적이 표시된 지형도에 역사문화 보존구역을 명시한 도면에 의하여야 한다. 보존구역의 지정 효력은 도면을 공보에 고시함으로써 발생하며, 보존구역안에서 도로・철도의 건설, 건축물의 건축, 공작물의 설치, 토지의 형질변경, 토석의 채취, 「식품위생법」에 의한 식품접

객업 중 일반음식점 · 단란주점 · 유흥주점 영업, 「음반 · 비디오물 및 게임물에 관한 법률」에 의한 노래연습장업 등에 대한 심의를 받아야 한다.

419. 고도보존에 관한 특별법

1) 고도보존법 제정 경과

고도보존법 제정의 필요성은 1980년대 후반부터 경주지역을 중심으로 논의되기 시작하여 1987년 「경주도시계획 재정비 · 시민불편 해소를 위한 특별조치법」을 문화부와 건설부 공동으로 추진하였으나, 재원 조달 방법이 불투명하고 법 제정의 실효성이 없다는 이유로 유보되었다. 1997년에는 「'97 문화유산의해 조직위원회」에서 「옛도시보존법안」을 마련하였으나 지역 주민들의 반발과 관련 행정기관의 무관심속에 빛을 보지 못했다. 또한 1999년에 경주 출신 국회의원이 중심이 되어 「역사고도 보존 및 정비 촉진에 관한 특별법」을 발의하였으나 국회 임기 만료로 자동 폐기되기도 하였다.

이러한 과정을 거쳐 현재 시행되고 있는 「고도보존에 관한 특별법」은 2001년 11월 「고도보존 및 정비에 관한 특별법안」이라는 이름으로 의원 입법 형식을 빌어 발의되었으며, 2004년 2월 국회 본회의를 통과하여 같은 해 3월 5일 법률 제7178호로 공포되었다. 그러나 법 제정 추진과정에서 고도 지역 주민들이 많은 의견을 제시하였는데, 특히 보존사업 비용 전액 국가 부담, 행위제한으로 인한 손실보상 인정, 토지매수 기준 보완, 매장문화재 발굴비용 국가부담 특례 등의 요구가 있었으나 받아들여지지 않았다. 법 제정에 뒤를 이어 지역별 주민 설명회 개최, 관련 부처 협의, 공청회 개최를 통하여 의견을 수렴하고 규제 심사 등의 과정을 거쳐 하위 법령인 시행령 · 시행규칙을 완성하였다.[9]

2) 고도보존에 관한 특별법 주요내용

고도보존 법령에서 규정하고 있는 '고도'라 함은 우리 민족의 정치·문화의 중심지로서 역사상 중요한 지위를 가진 경주·부여·공주·익산 그 밖의 대통령령이 정하는 지역으로 하고 있으며 고도 지정, 고도보존계획 수립·시행 등에 관한 사항을 심의하고 고도보존사업을 효율적으로 추진하기 위하여 국무총리 소속하에 '고도보존심의위원회'(위원장 국무조정실장)를 두도록 하고 있다. 고도보존심의위원회 위원은 문화재청장을 포함하여 관계부처 차관과 외부 전문가로 구성하도록 되어 있으며, 고도보존심의위원회의 심의사항을 미리 협의·조정하기 위하여 실무위원회(위원장 문화재청장)를 둘 수 있다.

고도로 지정된 지역에 대해서는 지구(특별보존지구, 역사문화환경지구)를 지정하여야 하는데 역사적 문화환경의 보존상 중요한 지역으로 원형이 보존되어야 하는 지구를 '특별보존지구'로, 특별보존지구의 주변지역 중 현상의 변경을 제한함으로써 고도의 역사적 문화 환경을 유지·보존할 필요가 있는 지구를 '역사문화환경지구'로 지정할 수 있도록 하고 있다. 고도 또는 지구를 지정할 필요가 있다고 인정되는 지역에 대하여는 기초조사를 실시하여야 하며, 기초조사는 문화재 현황, 문화재의 분포예상지역 현황 등 다양한 측면의 조사가 이루어지게 된다. 기초조사를 토대로 지구지정을 한 때에는 시장·군수·구청장은 관할 시·도지사와 협의하여 당해지구에 관한 고도보존계획을 수립한 후 문화재청장에게 제출하여 승인을 얻어야 한다.

특별보존지구 안에서는 건축물 또는 각종 시설물의 신축·개축·증축·이축과 택지의 조성, 토지의 개간 또는 토지의 형질변경 등의 행위를 할 수 없도록 하고(예외적으로 문화재청장 허가시 가능), 역사문화환경지구 안에서는 시장·군수·구청장의 허가를 받아 행하도록 하고 있다. 또한, 특별보존지구 또는 역사문화환경지구의 지정으로 인하여 토지·건물 등의 소유자가 그 본래의 용도에 이용할 수 없게 된 경우로서 일정 조건을 갖춘 자 등은 토지·건물 등의 매수를 청구할 수 있도록 하는 '매수청구제도'를 인정하고 있다.

〈표 4-2〉 문화재보존 관련법 내용 비교[10)]

구 분	문화재보호법	국토계획법	고도보존특별법
규제, 행위제한	○	○	○
지구지정	문화재지정구역 문호재보호구역 영향검토구역	미관지구 고도지구 문화자원보존지구 경관지구	특별보존지구 역사문화환경지구
공간계획개념	×	△	○
공공투자조치	×	×	○
사유재산권 보장	×	×	○
주민지원	×	×	○

42. 문화재 행정

421. 문화재 행정 기구

우리나라의 문화재 행정을 맡고 있는 중앙정부기관은 문화재청이다. 문화재청은 1999년 5월 24일자로 문화관광부 문화재관리국에서 확대 개편되어 오늘에 이르고 있다. 문화재관리국은 1961년에 문교부 외국(外局)으로 출범하였고, 이듬해 1월에 문화재보호법이 제정 공포됨으로서 우리나라에서는 이때부터 명실상부한 문화재관리가 시작되었다고 할 수 있다. 그러나 그에 앞서 일제강점기부터 광복 이후 문화재관리국 출범에 이르기까지 문화재관리와 관련되는 제도와 조직들을 살펴볼 필요가 있다. 그 가운데 중요한 것들을 들어보면 아래와 같다.[11)]

문화재 행정 기구 - 문화재관리국 출범에 이르기까지

1916 고적및유물보존규칙 제정
1921 조선총독부 고적조사과 설치
1932 조선보물고적명승천연기념물보존회 설치
1933 조선보물고적명승천연기념물보존령 제정
1945 미군정청 구황실사무청 발족
1946 문교부 교화국 문화시설과(고적계, 박물관계) 설치
1948 문교부 문화국 교도과(명승, 천연기념물, 국보, 고적, 박물관 사무) 설치
1952 국보고적명승천연기념물 임시보존위원회 설치
1955 문교부 문화국 문화보존과 설치
1955 대통령소속하 구황실재산사무총국 설치
1960 문화재보존위원회규정 제정
1961 문교부 문화재관리국 설치(법률 제734호)

1961년에 문화재 행정기구로 출범한 문화재관리국은 이후 여러 차례에 걸친 정부기구 개편에 따라 소속을 달리하기도 하고, 내부 조직에서도 그때그때 필요에 따라 확장 또는 개편과정을 거쳐 왔다. 문화재 연구와 전시기능을 강화하기 위하여 1975년에 문화재연구소, 1992년에 궁중유물전시관, 1994년에 해양유물전시관을 열었다. 문화재관리국은 1999년 5월에 문화재청으로 승격되었으며, 2004년에 차관급 행정기관으로 발돋움하여 오늘에 이르고 있다. 2000년 3월에는 부여에 한국전통문화학교를 개설하여 문화재 전문인력을 기르는 일도 시작하였다.

422. 문화재위원회

문화재위원회는 문화재보호법 제8조의 규정에 따라 문화재행정 자문기구로 있는 것이며 문화재위원회 규정이 대통령령으로 따로 마련되어 있다. 문화재위원회 규정은 1962년 3월에 처음 제정되었고 그 뒤로 몇

차례 개정되어 오늘에 이르고 있다. 문화재위원회는 장관의 자문내용을 의결하는 의결기관이었으나, 1970년에 문화재보호법을 개정하면서 장관의 자문기관으로서 법체제상 심의기관으로 보아야 한다는 법제처의 의견에 따라 의결기관이 아님을 명확히 하였다. 문화재위원회는 현재 9개 분과로 이루어져 있다. 건축문화재분과위원회, 동산문화재분과위원회, 사적분과위원회, 무형문화재분과위원회, 천연기념물분과위원회, 매장문화재분과위원회, 근대문화재분과위원회, 민속문화재분과위원회가 있어 규정에 따라 각각 소관사항을 다룬다. 그밖에 세계유산분과위원회가 있다.

423. 문화재행정 전개과정

문화재 행정은 문화행정의 틀 안에서 함께 이루어지게 되므로 문화행정의 방향과 함께 살펴볼 필요가 있다. 우리나라 문화행정의 주무부서는 광복과 더불어 미 군정(軍政)의 학무국으로 부터 출발하여 대한민국 정부수립 이후 문교부와 공보처를 거쳐 오늘의 문화체육관광부에 이르기까지 50년이 넘는 역사를 갖고 있다. 문화와 예술을 주업무로 하는 문화행정은 다양한 분야를 대상으로 하지만 문화정책의 기본방향에 따라 움직이게 된다. 광복 이후 오늘에 이르기까지 문화행정의 한 분야로서 문화재 행정의 전개과정을 살펴보면 다음과 같다.[12)]

1) 광복 이후 혼란기의 문화재 행정

1945년 8월 광복이 되면서 미 군정하의 문화행정은 학무국이 맡게 되었다. 학무국 문화과에 예술계와 종교계가 있었고, 각 시·도에는 학무국 안에 사회교육과(서울시에는 문화과)에 문화재보호담당이 있었다. 이듬해 3월에 중앙행정기구를 개편하여 학무국을 문교부로 승격하고 사회교육과와 문화과를 합하여 교화국(敎化局)으로 만들었다. 교화국에는 교도과, 예술과, 문화시설과가 있었고 문화시설과 안에 도서관계, 박물관계, 고적계를 두어 문화재 행정이 보다 세분화되었다.

1948년 8월 대한민국 정부수립 이후에도 미 군정의 제도가 그대로 이어지고 있었으며 문화재관리는 문교부 교도과에서 관장하였는데 구황실재산관리를 위한 구황실재산사무총국을 1955년 6월에 설치하였다. 정부수립 이후 1960년에 이르기까지 정치, 사회의 혼란과 경제 불안, 그와 더불어 사상논쟁으로 점철된 시기로 모든 분야와 마찬가지로 문화정책에서도 무위방임시기로 표현되고 있다.[13] 문화정책에 필요한 재원은 말할 것도 없고, 문화에 대한 관심과 국민들의 문화욕구도 찾아볼 수 없었던 때였다. 문화재에 대한 관심은 더욱 적었고 문화재사업으로는 일제시기에 지정된 문화재에 대한 재지정과 문화재 해외전시 정도에 지나지 않았다.

2) 문화재관리 기반 구축

제3공화국이 출범하고 1961년 10월 2일에 문교부 문화보존과 업무와 구황실재산사무총국 업무를 맡길 수 있도록 외국(外局)으로 개편하여 문화재관리국을 새로 만들었다. 이어 1962년 1월 10일 문화재보호법이 제정 공포되면서 문화재관리를 위한 법적, 제도적 정치가 마련되었다. 이 시기의 문화행정은 처음에 공보부와 문교부가 나눠 맡고 있다가 1968년에 문화공보부가 발족하면서 일원화되었고, 이후 행정의 전문화를 위한 움직임이 있었다. 직제에서 담당부서의 신설 또는 세분화, 담당관 및 전문직 제도 도입, 일반직의 별정직화 등이 있었다. 담당관 제도는 1970년 정부조직법 및 각 부처 직제가 개정되면서 채택된 것으로 문화재 분야에서는 문화재연구관, 학예연구관, 유물담당관 등 전문화가 이루어지게 된다. 또한 1964년부터 문화재보수 5개년 계획을 수립 실시하고, 민속문화재 육성사업을 펼치는 등 문화재관리에 진전을 보이기도 하였고, 문화재관리국에 문화재보수과를 신설하여 전문부서로서 기능을 하도록 하였다.

그러나 당시의 문화행정 분야 정부예산을 보면 공보예산(국정홍보, 국영방송 경영)이 절대 우위를 차지하고 문화예술분야에 소홀한 점이 있었으며, 문화재부문 예산은 큰 비중을 차지하고 있기는 하나, 모두 특별회계로 운영되고 있었다는 점에 주목할 필요가 있다. 문화재관리 재원은 1976년까지 100%를 문화재관리 특별회계로 처리하였고, 1977년 이후부터 일반회계 예산이 편성되어 1988년에 와서야 완전히 정부일반회계로 넘어갔다. 문화재관리 특별회계는 우리나라 문화재행정 초기의 난맥상을 그대로 보여주는 것이다. 그 과정에서 구황실재산을 처분하여 특별회계로 충당한 것은 이제와서 보면 문화재보존관리에 치명적인 결과를 낳기도 한 것이다.

3) 민족문화 창달 정책과 문화재

1973년 10월에 발표한 '문예중흥 5개년(1974-1978)계획'에는 문예중흥을 위한 기본방향으로 전통문화의 계승과 이를 바탕으로 한 새로운 민족문화의 창조를 내세우며 정책목표로 올바른 민족사관 정립, 새로운 민족예술 창조, 국민 문화수준 향상, 문화한국의 국위선양 등을 꼽았다. 이를 위한 정책수단으로서 문화재의 전승과 계발이 가장 중요한 대상이 되었으며, 계획예산의 70%를 문화재, 전통예능, 국학 진흥에 사용하였다. 특히 문화재에 투자한 비용이 63.1%로 가장 많은 비중을 차지한다.[14] 국위선양을 위한 한국미술5천년전 해외전시 행사도 이때에 이루어진 것이다. 제2차 문예중흥5개년 계획은 1979-1983년까지 제1차 계획을 이어 건전 자주적인 정신문화의 개발을 내세우며 추진하려고 하였으나 제5공화국 출범으로 뜻을 이루지 못하였다.

문예중흥 5개년 계획은 1972년 10월 유신 이후 처음 공표됨으로서 독재정권의 체제유지 수단이라는 오해를 낳기도 하였으나, 실제로는 1971년부터 계획되고 있었다. 그동안 경제개발계획을 통해 일정한 정도의 경제성장을 이룩하였고 그에 따라 정신문화에 대한 계발 필요성에서 비롯된 것이라고 볼 수 있다. 당시의 문화재사업에 대한 평가는 따로 이루어져야 할 것이지만 긍정과 부정의 양면성을 갖고 있었던 것은 사실이다. 경주 개발사업과 신도시건설계획에서 볼 수 있듯이 역사도시의 보존과 관광개발이라는 두가지 목적을 함께 충족시키는 것은 쉽지 않은 일이었고, 그나마 짧은 동안에 이룩하려는 데서 오는 부작용은 어쩔 수 없는 것이었다.[15]

4) 문화 국가와 문화재 정책

1981년에 출범한 제5공화국은 헌법에서 '국가는 전통문화의 계승발전과 민족문화의 창달에 노력하여야 한다'고 규정하며 문화국가의 이념을 표방하였다. 이에 따라 문화정책이 국가정책에서 중요한 비중을 차지하게 되었으며, 1985년에는 문화발전장기정책구상(1986-2000)이 발표되고, 경제사회발전계획에 문화부문이 들어가기 시작했다. 전통문화와 문화재정책은 제4공화국의 정책기조를 지키면서 주체성을 강조하였다. 문화재 원형보수와 보존, 고도문화권 개발, 고궁능원 복원, 전통민속마을 보존, 무형문화재보존사업 등이 주요한 것이었다. 시민들의 문화향수권 보장을 위해 시설부문 투자가 많이 늘어났고, 중요무형문화재 전수회관이 지역마다 들어섰다.

5) 문화부 탄생과 문화주의 표방

문화부는 문화분야 행정부처로서 1990년에 출범하였고 문화주의를 표방하며 새로운 사업을 펼쳐 나가고 있었다. 이 시기의 문화정책은 문화발전10개년계획(1990-1999)에 나타나 있듯이 문화복지국가 실현을 위한 문화의 틀을 구축하는데 있었다. 문화재분야에서는 궁중유물전시관과 지방문화재연구소가 신설되는 등 인원 증가 요인만 있었다. 문화부는 1993년 문화체육부로 통합 개편되면서 정부의 문화주의 정책도 말로만 그친 결과가 되었고 문화체육부가 발족하면서 문화산업에 대한 관심이 높아지게 되었다. 1993년에 발표된 문화창달5개년계획(1993-1997)에서는 민족정기 확립, 지역문화 활성화와 문화복지 균점화, 문화창조력 제고와 문화환경 개선, 문화산업개발과 기업문화 활성화 지원, 한겨레문화 조성과 우리 문화의 세계화 등을 내세우고 있다.

6) 문화재 행정 전담기구 발족

1999년 문화재청이 문화재 행정 전담기구로 발족하고, 2000년에는 문화재 전문인력 양성을 위한 한국전통문화학교가 개설되는 등 문화재 행정에 일대 전기가 마련되었다. 문화재 행정의 전개과정을 살펴보면 전통문화의 계승과 발전이라는 대명제 아래 문화재에 대한 국가 차원의 관리와 예산투입 등 기본틀은 1974년에 나온 문예중흥 5개년계획에서 비롯되었고 그 뒤로 큰틀을 유지하면서 아직도 이어오고 있다고 할 수 있다. 한 나라의 문화정책은 문화국가로서 나아갈 방향을 제시하는 것으로 문화정책의 틀 안에서 분야별 실천계획이 나오게 되는 것이다. 그런 점에서 문화정책의 큰 틀을 유지하는 것은 좋으나 시대의 변화에 맞는 정책이 마련되어야 할 것이다. 문화재 정책은 문화정책의 틀 안에서 기본방향이 제시되고 있지만 문화환경의 변화에 맞게 현실적 방안이 마련되어야 할 것이다.

〈주〉

1) 충북대학교 법학연구소, 2002. 『한국 문화재보호법의 발전과정과 정비방향』(문화재청) 우리나라 근대 법령과 관련하여 광무 11년(1907) 7월 30일 제정된 성벽처리위원회에 관한 건은 내각령 제1호로 제정된 것이지만 그 내용이 성벽의 훼철에 관련된 것으로 성벽보호와 관련된 것은 아니라고 한다.
2) 오세탁, 1982. 『문화재보호법연구』(단국대 박사학위논문)
3) 1911년 2월부터 조선총독부 내무부에서 각도장관에게 훈령을 내려 각 사찰에 있는 고물, 고서적 등 보물을 하나하나 조사하여 보고하도록 하였다. 「每日新報」 1911. 02. 11.
4) 조선고적조사위원회 규정
5) 『조선총독부 및 문교부발행 문화재관계자료집』
6) 1950. 4. 8. 법률 제509호, 관보 제323호.
7) 구황실재산법(1954. 9. 23. 법률 제339호/개정 1961. 10. 17. 법률 제748호 /1962. 4. 10. 법률 제1050호).
8) 대한불교조계종총무원, 2006. 전통사찰보존법 시행안내
9) 문화재청, 2007. 『문화재연감』
10) 문화재청, 국토연구원, 2007. 『고도 보존을 위한 역사문화환경 관리방안』
11) 정재훈, 1985. 「문화재위원회 약사」, 『문화재 18』(문화재관리국)
12) 이 내용은 오양열, 1995.「한국의 문화행정체계 50년-구조 및 기능변천과정과 그 과제」『문화정책논총 7』(한국문화정책개발원)을 참고하여 일부 내용을 보충하였음.
13) 문화공부부, 1979. 『문화공보 30년』
14) 전체 예산규모는 485억 4,240만원이었고, 정부예산 78.3%와 민간자본 21.7%의 비율로 구성되었다. 이중 문화재 보수·정화를 위해 대통령 특별지시에 의해 확보된 것이 100억원이다.
15) 경주개발동우회, 1998. 『그래도 우리는 신명바쳐 일했다』(고려서적).
경주개발동우회, 1979. 『경주개발계획기본계획보고서』

5. 북한의 문화재관리 방법

51. 문화재의 개념과 용어

북에서는 전통문화 일반에 대해 "민족문화유산"이라는 용어를 사용하며, 이를 다시 '고전 문화유산'과 '혁명적 문화유산'으로 구분한다. 유형의 문화재를 '문화유물'이라 부르며, '문화유물'은 '력사유적'과 '력사유물'로 구분한다. 문화유물은 유구한 력사와 찬란한 문화전통을 실물로 보여주는 나라의 귀중한 재보로서 원시유적, 성, 건물, 건물터, 가마터 등 '력사유적'과 생산도구, 무기, 조형예술품, 인류화석, 유골 등 '력사유물'을 말한다. 북에서 사용하는 '문화유물'은 남쪽의 '문화재'보다 좁은 뜻으로 우리의 무형문화재에 해당하는 개념이 없고, '력사유적'에 명승과 천연기념물이 들어가지 않고, '력사유물'에 민속자료가 빠져 있다. 북쪽에서 문화유물 정책의 특징은 문화유물의 정치, 사상, 교양적인 이용에 큰 비중을 두고, 문화유물 자체로서의 가치 뿐 아니라 혁명과 사회주의 문화건설에 필요한 가치를 부여한다.

북에서는 천연기념물과 명승지를 문화유물과 별도로 구분한다. '천연기념물'은 자연물 가운데서 오직 우리나라에만 있거나 희귀하고 독특하며 학술상, 풍치상 의의가 있는 것으로서 국가가 기념물로 보호하는 동물, 식물, 화석, 광천, 동굴을 비롯한 자연물을 말한다.[1] '명승지'는 바위, 바다기슭, 섬, 명소 등 지질작용에 의해 만들어진 풍치 좋은 곳을 말한다.

천연기념물은 식물, 동물, 지리 및 지질로 나뉜다. 식물 천연기념물에는 혁명 사적이 깃들어 있는 역사적 의의를 가지는 것, 이를테면 지도자가 몸소 심었거나 이름을 지어준 것, 혁명투쟁의 사실이 깃들어 있는 것들이다. 풍치적 의의를 가지는 것으로서 미관상 보기 좋은 것, 학술상 의의를 가지는 것으로서 우리나라 특산식물, 경제성이 높은 것으로서 과실나무나 약용식물들이며 그 조상이 되는 식물들이 있다. 동물 천연기념물로는 학술상 가치가 있는 특산동물들과 보호대상 동물들 그리고 이로운

동물, 풍치를 아름답게 하는데 도움이 되는 철새와 원앙새 등이 있다. 그밖에 지도자들이 보내준 새로운 종이나 외국동물 가운데에도 천연기념물이 될 수 있다.[2] 지리 및 지질은 역사상 의의를 갖는 곳으로서 혁명사적과 관련되는 것, 학술상 풍치상 의의가 있는 곳들이다.

52. 문화재와 법

521. 각종 법률 규정

북한의 법체계는 헌법과 법률, 정령, 내각결정, 명령, 규칙, 그리고 로동당 지침, 강령, 원칙 등으로 이루어진다. 사회주의 헌법에는 민족문화유산을 보호하고 사회주의 현실에 맞게 계승발전시킨다는 선언적 규정이 담겨 있다. 북한의 각종 법률에서 문화재와 관련되는 조항들은 다음과 같다.

1) 조선민주주의인민공화국 사회주의헌법(1972.12.27. 최고인민회의채택 11장 149개조)
"조선민주주의 인민공화국은 사회주의근로자들을 위하여 복무하는 참다운 인민적이며 혁명적인 문화를 건설한다. 국가는 사회주의적 민족문화건설에서 제국주의의 문화적 침투와 복고주의적 경향을 반대하며 민족문화유산을 보호하고 사회주의 현실에 맞게 계승 발전시킨다."(제41조) "국가는 민족적 형식에 사회주의적 내용을 담은 주체적이며 혁명적인 문학예술을 발전 시킨다."(제52조) "국가는 정신적으로 육체적으로 끊임없이 발전하려는 사람들의 요구에 맞게 현대적인 문화시설들을 충분히 갖추어 주어 모든 근로자들이 사회주의적 문화정서생활을 마음껏 누리도록 한다."(제53조) "국가는 생산에 앞서 환경보호대책을 세우며 자연환경을 보존 조성하고 환경오염을 방지하여 인민들에게 문화위생적인 생활환경과 로동조건을 마련하여 준다."(제57조)
2) 토지법(1977.4.30. 최고인민회의 채택. 6장 80개조)

"국가는 토지보호, 토지건설사업 등 국토를 개변하며 자연을 정복하기 위한 사업을 국토건설총계획에 따라 전망성있게 조직 진행한다."(제5조)
"국가는 토지를 이용하는데 맞게 농업토지, 주민지구토지, 산림토지, 수역토지, 녹수토지로 가르고 관리한다."(제7조)
"조선민주주의인민공화국에서 토지는 국가 및 협동단체의 소유이다. 나라의 모든 토지는 인민의 공동소유로서 그것을 누구도 팔고 사거나 개인의 것으로 만들 수 없다."(제9조)
"특수토지에는 혁명전적지, 혁명사적지, 문화유적지, 보호구역, 군사용토지 등 특수한 목적에 이용되는 토지가 속한다. 특수토지의 관리는 해당 중앙기관과 지방행정위원회 및 그것을 이용하는 기관, 기업소, 군부대가 한다."(제75조)
"국토건설총계획에는 다음과 같은 내용이 포함된다."(제17조)

1. 혁명전적지, 혁명 사적지를 잘 꾸리며 보호하기 위한 대책.
7. 도시와 마을, 휴양지, 료양지의 위치와 규모, 명승지, 천연기념물 및 문화유적 유물의 보호대책

"국가는 혁명전적지, 혁명사적지가 있는 지역의 산림을 보호하기 위하여 특별보호림을 정한다. 특별보호림과 자연보호림구안에서는 나무를 벨 수 없다."(제37조)

3) 국토계획법(2002. 최고인민회의 채택)

"국토계획은 국토와 자원, 환경의 관리에 관한 통일적이며 종합적인 전망계획이어야 한다. 국토계획에는 전국 국토건설총계획과 중요지구 국토건설총계획, 도 직할시 국토건설총계획, 지역 군 국토건설총계획이 속한다."(제2조)

4) 도시계획법

도시계획의 기본원칙으로 모든 성원들에 대한 사상교양의 장으로서 도시, 즉 사상교양에 유리한 장소를 도시의 중심이 되도록 설계하고, 이에 혁명사적지나 혁명전적지를 건설하며 도시내의 필요한 곳에 어디에나 기념비적 건축물을 건설할수 있어야 한다. 도시내의 모든 건축물은 다양하고 비반복적인 방식으로 건설되어야 하며 동일한 형태의 건축물 건설을 지양하며 도시경관의 다양성을 제고한다.

5) 건설법(1993.12.10. 최고인민회의 채택)

"건설총계획을 세우는데서 다음과 같은 원칙을 지켜야 한다."(제11조)

1. 혁명전적지와 혁명사적들을 영원히 보존할수 있게 하여야 한다.
2. 역사유적, 유물과 천연기념물을 잘 보존할 수 있게 하여야 한다.
9. 민족적 특성과 현대성을 결합하여 입체성과 비반복성, 통일성을 보장할 수 있게 하여야 한다.
10. 조선식건물 보존구역에는 다른 형식의 건물을 배치하지 말아야 한다.

6) 환경보호법(1986.4.9. 최고인민회의 채택)
"기관, 기업소, 단체 및 공민은 명승지와 관광지, 휴양지에 탄광, 광산을 개발하거나 환경 보호에 지장을 주는 건물, 시설물을 짓는 것과 같은 행위를 하지 말며 동굴, 폭포, 옛 성터를 비롯한 천연기념물과 명승고적을 원상대로 보존하여야 한다."(제14조)
7) 형법(1987.2.5. 최고인민회의 상설회의 결정 제2호)
"국가에서 보존관리하는 문화유물, 명승지, 천연기념물을 고의적으로 손상시킨 자는 3년 이하의 로동교화형에 처한다."(제97조)
8) 금강산 관광지구법(2002.11.13. 최고인민회의 상임위원회 채택. 29개조, 부칙 3개조)
"개발업자는 관광지의 풍치림을 베거나 명승지 바다기슭의 솔밭, 해수욕장 기암절벽, 우아하고 기묘한 산세, 풍치좋은 섬을 비롯한 자연풍치와 동굴, 폭포, 옛성터 같은 천연 기념물과 명승고적을 파손시키거나 환경보호에 지장을 주는 건물시설물을 건설하지 말며 정해진 오염물질의 배출기준, 소음, 진동기준 같은 환경보호기준을 보장하여야 한다."(제11조) "관광객이 지켜야 할 사항은 다음과 같다."(제19조) 7. 혁명사적지와 역사유적 유물, 천연기념물, 동식물, 온천 같은 관광 자원에 손상을 주는 행위를 하지 말아야 한다.
9) 금강산관광지구 개발규정(2003.5.12. 최고인민회의 상임위원회 결정)
"관광지구를 개발하는 과정에 역사 유적 유물을 발견하였을 경우에는 즉시 중앙관광지구 지도기관에 알려야 하며 관광지도기관은 역사 유적 유물 해당기관과 합의하여 처리하여야 한다."(제21조, 역사유적 유물의 처리)
10) 개성공업지구법(2002.11.20. 최고인민회의 상임위 채택, 전문 총 46조, 부칙 3개조)
"공업지구 개발은 지구의 토지를 개발업자가 임대받아 부지정리와 하부구조 건설을 하고 투자를 유치하는 방법으로 한다. 공업지구는 공장구역, 상업구역, 생활구역, 관광구역 같은 것으로 나눈다."(제2조) "공업지구의 출입, 체류, 거주하는 남측 및 해외동포, 외국인은 정해진데 따라 개성시의 혁명사적지와 역사유적 유물, 명승지, 천연기념물 같은 것을 관광할 수 있다. 개성시 인민위원회는 개성시의 관광대상과 시설을 잘 꾸리고 보존관리하며 필요한 봉사를 제공하여야 한다."(제30조)
11) 개성공업지구법 정령(2002.11.13. 최고인민회의 상임위원회 채택)
'개성공업지구의 현 개성시가지는 관광구역으로만 하며 그에 대한 관리는 개성시 인민위원회가 한다.'(〈조선민주주의인민공화국 개성공업지구를 내옴에 대하여〉)

522. 문화재관련법

1) 제정 경과

북에는 조선민주주의인민공화국 정권 수립 이전부터 문화재관련법이 있었다. 1946년에 북조선림시위원회 위원장과 서기장 공동명의로 반포된 「보물고적명승천연기념물보존령(1946. 4. 29)」이 그것으로 이는 일제강점기에 조선총독부에서 제정한 「조선보물고적명승천연기념물보존령(1933)」에서 필요한 것만을 가려 뽑아 만든 것이다. 그 뒤를 이어 정권 수립과 함께 각종 법안을 만들면서 「북조선 중앙고적보존위원회 조직에 관한 결정서(1948. 2. 29)」와 1948년 11월 「물질문화유물보존에 관한 규정」을 채택하였다. 그 뒤로 필요에 따라 문화재 보존을 위한 행정조치들이 내각지시 형태로 나타난다. 「문화유물 및 천연기념물 보존사업을 강화할데 대하여」(1954. 내각지시 23호), 「각종 건설공사장에서 출토하는 유적유물을 과학적으로 처리할데 대하여」(1954. 내각지시 92호), 그밖에 「사회과학의 임무에 대하여(1954)」[3] 등 문건을 통하여 문화재 보존관리의 방향이 설정되어 왔다. 그 뒤를 이어 「명승지의보호관리및리용에관한규정(1990)」, 「천연기념물의보호관리에관한규정(1990)」, 「력사유적과유물보호에관한규정(1992)」등 몇 가지 규정을 만들어 관리하고 있었다.

북에서 현재 쓰는 문화재관련법은 1994년에 제정된 「조선민주주의인민공화국문화유물보호법」[4]과 「조선민주주의인민공화국명승지, 천연기념물보호법」[5]을 기본으로 하고 있다. 문화유물보호법은 1993년 12월 10일 최고인민회의 제9기 6차 전원회의에서 민족문화유산 계승사업을 강화하기 위한 새로운 원칙이 제시되었고,[6] 이에 따라 문화유산 보존관리에서 복원 및 보존관리 사업을 책임있게 추진하며, 력사유적과 유물을 보호관리하기 위한 국가의 법과 규정을 완성해야 한다는 방침을 세우고 구체적인 집행대책을 조선민주주의인민공화국 정무원에 위임함에 따라 제정된 것이다.

2) 문화재관련법 내용

① 물질문화 유물보존에 관한 규정 - 조선민주주의인민공화국이 창건되고 바로 1948년 11월에 내각결정 110호로 제정된 것이다.[7] 모두 8조로 이루어졌으며, 력사상의 기념물 및 학술연구상의 귀중한 자료가 되는 유적, 건조물, 회화, 공예품, 전적 등 유물은 '조선물질문화유물조사보존위원회'(아래에서'위원회'로 줄여 씀)에서 보존관리하도록 규정하고 있다. 주요내용으로는 출토품과 발견 유물은 모두 국가 소유이며, 유물을 임의로 국외로 반출할 수 없고, 고적이나 보물의 보존에 영향을 미치는 행위를 할 때에는 반드시 위원회의 허가를 받도록 하였다. 또한 유물의 발굴이나 현상변경, 또는 개인소유 유물을 전당하거나 양여할 때에도 위원회의 허가를 받아야 한다. 내용이 간략하고 기본원칙만을 제시하고 있다. 부칙에 '「보물고적명승천연기념물보존령」 중 보물고적에 관한 조항은 이를 폐지한다.'고 하여 규정은 보물과 고적에 대해서만 다루는 것이며 명승과 천연기념물에 대하여는 1946년 보존령을 그대로 적용하는 것으로 되어 있다. 규정의 내용 가운데 특이한 것은 '유물'의 정의에 관한 것으로서 유적과 유물을 함께 '유물'로서 정의하고 있으며 이러한 정의는 문화유물보호법에도 그대로 적용되고 있다.

위원회 설치에 관한 결정은 내각 수상 김일성과 문화선전상 허정숙 이름으로 「조선물질문화유물조사보존위원회에관한결정서(내각결정 제58호, 1948. 11. 5)」로 나왔고, 「조선물질문화유물조사보존위원회에관한규정(1948. 11. 1)」이 채택되었다. 내각 직속으로 위원회를 설치하고 위원회의 기구로는 (1)원시사 및 고고학부 (2)미술 및 건축부 (3)민속학부

(4)박물관지도부 (5)총무부로 구성하며, 앞서 '북조선고적보존위원회'에서 하던 사업[8]을 이어받기로 하였다. 명승지 및 천연기념물에 대한 사업은 각 도 및 평양특별시 인민위원회에 이관하고 그의 보존을 엄격히 단속하도록 하였다. 그밖에 특별한 사항으로 각 국립대학 총장 및 학장은 본 위원회 사업에 참가하는 교수에게 교과외 사업을 면제해주도록 하여 위원회 업무에 충실할 수 있도록 하였다.

규정에 따르면 위원회는 위원장 1명과 위원 14명으로 구성되며 위원장은 내각에서 임면하고, 위원은 위원장의 추천에 의해 내각 수상이 임면한다.[9] 위원회는 각 도에 위원장 1명, 위원 8명으로 도위원회를 둔다. 또한 필요에 따라 특수 지역에 5명에서 7명까지 유물관리위원회를 둘 수 있도록 하였다. 정기위원회는 매년 2회 위원장이 소집하고 필요시 임시위원회를 소집할 수 있다. 각 부장은 담당사업에 관한 책임을 지고 각부 사업을 집행한다.

② 문화유물보호법 - 1994년에 제정된 「조선민주주의인민공화국문화유물보호법(1994. 4. 7)」은 현재 북에서 쓰고 있는 문화재 보호관리에 관한 기본법이다. 최고인민회의 제9기 제7차회의 상설회의 결정으로 채택하였고 모두 6장 52개조로 되어 있으며, 문화재보호에 관한 기본원칙을 담고 있다. 문화유물보호법의 기본으로서 법 제정의 목적은 문화유물 보호관리에서 제도와 질서를 엄격히 세우고 문화유물을 원상대로 보전하여 민족문화유산을 옳게 계승발전시키며 인민들의 민족적 긍지와 자부심을 높여주는데 이바지하는 것으로 되어 있다. '문화유물'이란 유구한 력사와 찬란한 문화전통을 실물로 보여주는 나라의 귀중한 재보로서 원시유적, 성, 건물, 건물터, 가마터 등 력사유적과 생산도구, 무기, 조형예술품, 인류화석, 유골 등 력사유물을 포함하는 것을 말한다. 앞의 규정에서 보았던 '유물'에 대한 정의를 확대한 개념으로 볼 수 있다.

문화유물은 원칙으로 국가만이 소유할 수 있으나, 상속받은 역사유물에 대해서는 공민도 소유할 수 있다. 불법으로 해외에 유출된 력사유물은 소유권을 인정하지 않으며 그것을 돌려받도록 하였다. 이는 불법반출문화재의 반환에 관한 국제협약의 내용을 받아들인 것이다. 문화유물 보호관리에 력사적 사실과 발전하는 현실의 요구에 맞춰 나간다 원칙, 문화유물을 역사연구와 인민들의 애국주의교양 강화에 활용한다는 것, 문화유물 보호관리의 과학연구 사업을 강화한다는 것 등은 최고인민회의 제9기 6차 전원회의 결정 내용을 받아들인 것이다. 한편 문화유물 보호관리 분야에서 세계 여러나라, 국제기구들과 교류협력을 발전시킨다는 내용이 포함되었다.

문화유물의 발굴과 수집에 관하여 문화유물 발굴은 문화유물보존기관과 해당 전문기관만이 할 수 있으며, 등록된 문화유물[10]의 발굴은 중앙문화유물보존지도기관의 승인을 받아야 한다. 발굴보고서는 정해진 기간안에 내야 하고 발굴된 유물은 해당 문화유물보존기관에 넘겨주도록 하였다. 문화유물을 발견하면 바로 해당기관에 알리고 기관에서는 현지조사를 실시하여 필요한 대책을 수립해야 하며 필요한 대책을 세우지 않고서는 건설공사 등 작업을 할 수 없다. 력사유물에 대한 수집도 문화유물보존기관만이 할 수 있으며 국가에 유물을 기증하면 그 가치에 따라 보상을 한다.

문화유물의 평가 및 등록과 관련하여 문화유물은 력사적 의의와 조형가치에 따라 국보문화유물, 준국보문화유물, 일반문화유물로 평가한다. 국보문화유물과 준국보문화유물은 정무원이 평가하고, 일반문화유물은 중앙문화유물보존지도기관이 하도록 하였다. 문화유물을 평가받기 위하여 해당기관에 신청하면 바로 평가하여 정확히 등록하도록 하고, 국보와 준국보는 중앙에서, 일반유물은 지방에서 등록한다. 등록된 유물의 변동사항, 수복 및 보수, 폐기, 이관, 이름을 고칠 경우에는 정무원 또는 중앙문화유물 보존지도기관의 승인을 받아야 한다.

〈사진 5-1〉 국보유적 선죽교 안내판

문화유물의 보존관리는 보존기관과 보관기관이 책임지고 하게 되는데 특수지역안에 있는 유물은 그 지역을 관할하는 기관이 한다. 력사유적을 보존하기 위해 정무원에서는 력사유적보호구역을 정하기도 한다. 보호구역안에서는 현상변경이 금지되고 어떠한 시설물도 건설할 수 없다. 력사유적을 활용하여 박물관을 만들거나 보전목적에 이용할 때에는 중앙지도기관의 승인을 받아야 하며 구조를 변경시키는 일은 안된다. 중요한 력사유물은 손상되지 않아야 하므로 모조품을 만들어 이용하도록 하였다. 문화유물 보존에 영향을 미칠 우려가 있는 건설사업에 대해서는 보존기관의 합의를 받아야 한다. 력사유물을 팔고 사거나 다른 나라로 내가는 것은 금지되어 있다.

문화유물의 복구개건은 파손되었거나 없어진 문화유물을 재현하는 것을 말한다. 복구개건 사업은 문화유물존지도기관과 지방행정경제기관이 함께 한다. 고증자료에 기초하여 역사 사실과 해당 시기의 특성에 맞도록 하여 복구개건형성안을 만들어 정무원의 승인을 받는다. 복구개건 설계는 해당 설계기관이 하고, 중앙문화유물보존지도기관의 승인을 받는다.[11] 중요한 의의가 있는 력사유적은 국가계획에 따라 복구개건 대상으로 지정되기도 한다. 현재 남아 있지 않은 력사유물을 고증된 자료에 기초하여 복원할 수도 있으며 이는 중앙문화유물보존지도기관이 지정한 기관에서만 할 수 있다.

그밖에 문화유물보호에 필요한 지도통제에 관한 내용들이 있다. 지방행정기관과 문화유물보존지도기관들이 문화유물 보존관리에 협력하고, 과학연구를 통한 성과를 활용하도록 하며, 인민교육에 문화유물을 적극 활용할 것 등과 문화유물을 파손하거나 도굴, 매매에 관한 벌칙조항들이다.

③ 명승지, 천연기념물 보호법 - 명승지와 천연기념물은 남쪽에서는 문화재보호법에서 보호 대상으로 다루고 있으나 북쪽에서는 「조선민주주의인민공화국 명승지, 천연기념물보호법」을 따로 두고 관리한다. 1948년의 규정에서 이미 명승지와 천연기념물은 각 도에서 사업을 담당하고 보존에 대한 책임을 맡도록 하였으며, 사업 지도는 문화보존총국이 담당하고 있다. 명승지와 천연기념물보호법에서는 나라의 명승지와 천연기념물을 잘 보호관리하고 이용함으로서 인민들의 문화생활과 건강증진을 보장하는데 이바지하는 것을 목표로 하고 있다. 보호관리는 명승지, 천연기념물 관리 기관과 관리를 분담받은 기관, 기업소, 단체가 한다. 내각은 보호구역을 정하고, 보호구역안에서 행위는 보호지도기관의 승인을 받아야 한다.

북에서는 천연기념물에 대한 보호관리에 특히 많은 관심을 갖고 있다. 천연기념물은 자연물 가운데서 오직 우리나라에만 있거나 희귀하고 독특하며 학술상, 풍치상 의의가 있는 것으로서 국가가 기념물로 보호하는 동식물, 화석, 광천, 동굴을 비롯한 자연물을 말한다. 천연기념물의 대상을 식물, 동물, 지리 및 지질로 나누고 그 안에서 다시 자세히 나누고 있다.

식물 천연기념물에는 혁명사적이 깃들어 있는 역사적 의의를 가지는 것, 이를테면 지도자가 몸소 심었거나 이름을 지어준 것, 혁명투쟁의 사실이 깃들어 있는 것들이다. 풍치적 의의를 가지는 것으로서 미관상 보기 좋은 것, 학술상 의의를 가지는 것으로서 우리나라 특산식물, 경제성이 높은 것으로서 과실나무나 약용식물들이며 그 조상이 되는 식물들이다.

동물 천연기념물로는 학술상 가치가 있는 특산동물들과 보호대상 동물들 그리고 이로운 동물, 풍치를 아름답게 하는데 도움이 되는 철새와 원앙새 등이 있다. 그밖에 지도자들이 보내준 새로운 종이나 외국동물 가운데에도 천연기념물이 될 수 있다. 지리 및 지질은 역사상 의의를 갖는 곳으로서 혁명사적과 관련되는 것, 학술상 풍치상 의의가 있는 곳들이다.[12)]

한편 '유용동물'을 보호하기 위한 규정을 따로 두고 있다. '유용동물'은 인민경제와 인민생활에 이롭게 쓰이는 동물로서 사슴, 노루, 산토끼, 꿩 등을 말한다. 유용동물보호법(1999년 채택)과 시행규정(2000년 채택)에는 규정 적용대상, 유용동물 범위, 유용동물 보호특성, 유용동물 조사등록, 보호구 설정, 유용동물 사냥 등과 관련하여 전반적인 내용이 담겨 있다. 유용동물의 범위는 경제발전에 도움을 주는 동물, 주민들의 물질문화생활과 건강증진에 도움을 주는 동물, 학술적 중요성을 갖거나 북에만 서식하는 동물, 멸종위기 또는 감소되고 있는 동물, 국제적 보호동물 등으로 규정하고 있다. 해마다 3월에서 7월까지 유용동물 보호기간으로 정하였다.

53. 문화재관리 제도와 기구

531. 문화재관리 행정기구

1) 중앙 행정기관

조선노동당 선전선동부는 내각 문화성의 직상급 기관으로 통치체제를 당과 사회에 구현시키는 역할을 담당하는 사상기관이며 3개부와 그 아래 수십 개의 기관을 거느리고 있다. 선전선동부는 국가최고 주권기관, 정권기관, 군사부문, 사법안전부문, 행정경제부문을 모두 통괄하는 최고지도기관이다. 선전선동부는 1부와 2부로 문화예술 부문에 대한 당의 기본 정책 방향을 설정하고 각종 문화예술 선전 매체들에 대해 당적 지도를 담당한다. 그 가운데 5과는 사적지도과로 백두산 밀영, 어은동, 보천보 등 북한의 사적지에 대한 건립과 관리 및 답사를 지도하고, 주민 사상교양을 수행한다.

내각 문화성은 남쪽에서 문화체육관광부가 하는 역할 중 정책집행 기능을 담당하는 북쪽의 정부기관으로 보면 될 것이다. 내각은 1998년 9월 최고인민회의 제10기 1차회의에서 중앙인민위원회와 정무원을 폐지하고 새로운 정부조직으로 출범시킨 것이다. 내각으로 개편시 문화예술부는 문화성으로 바뀌게 되었다. 당 중앙위 선전선동부의 직접 지도와 감독을 받으며 당에서 정한 문화에 대한 기본 정책의 집행과정을 지도 감독하는 곳이다. 문화성은 인민대중에 대한 정치, 사상, 교양사업 활동도 수행한다.

문화성에는 계획국, 교시편찬국, 교육지도국, 군중문화지도국, 극장 및 회관관리 지도국, 대외사업국, 무대예술지도국, 문화유적유물보존관리국, 미술지도국, 생산 및 설비 지도국 등의 관리와 사업부서가 있고, 문화보존총국에 건설 및 보존처, 계획처, 박물관 및 천연기념물지도처 등이 있다. 문화유물관리를 담당하는 문하성 산하단체로는 동명왕릉문화유적관리소, 문화보존연구소, 문화유적관리소, 자강도 문화유적관리소, 칠보산 명승지관리소, 평안북도/함경북도/황해북도 명승지 및 문화유적관리소, 문화성 혁명사적관, 문화예술사적관 등이 있다.

2) 지방 행정기관

북의 지방국가기구는 지방인민회의와 지방행정경제위원회 등이 있다. 지방국가기구는 당과 수령의 외곽기구로서 민족주의 중앙집권제의 원칙에 따라 중앙당의 노선과 정책을 집행하는 역할을 담당한다. 지방인민위원회는 도(직할시), 시(구역), 군에 설치, 해당 인민회의 휴회 중의 지방주권기관이며, 해당 인민회의와 상급인민회의, 인민위원회 집행결정을 위한 대책을 세우고, 해당 행정경제위원회 사업을 지도하는 임무 권한을 갖는다. 지방 행정경제위원회는 지방주권기관의 집행기관으로서 행정적 집행기관이다. 모든 행정경제사업을 조직 집행하고, 해당인민회의, 인민위원회와 상급인민회의, 인민위원회, 행정경제위원회와 정무원의 결정, 지시를 집행한다.

532. 문화재 전문기관

1) 연구소

문화재전문기관으로 처음 등장하는 것은 과학원 '고고학 및 민속학연구소'이며 1957년에 설립되었다. 소장은 후보원사 도유호가 맡았고, 고고학연구실, 민속학연구실, 미술사연구실, 출토품편찬실 등으로 구성되었다. 사회과학원이 과학원에서 분리된 것은 1964년 2월 17일이며, 이후 사회과학원 고고학 및 민속학연구소를 고고학연구소, 민속학연구소로 분리하여 오늘에 이르고 있다. 또한 지방연구기관으로는 1964년부터 시 도에 문화유물보존사업소를 설치하였다. 그밖에 문화보존연구소(1982 개설), 조선 민족음악무용연구소, 평양건설건재대학 조선건축사

연구실 등을 문화재관련 전문기관으로 꼽을 수 있다.

2) 박물관

북의 박물관은 역사박물관, 민속박물관, 미술박물관으로 분류하고, 사회주의 혁명사적지에 건립한 혁명박물관이 있다. 역사박물관은 크게 두 가지 유형으로 나누어진다. 조선중앙력사박물관을 모범으로 하는 원시시대부터 근대까지 통사를 다룬 역사박물관이 있고, 다른 하나는 묘향산 력사박물관과 개성 고려박물관 처럼 특정시대에 국한된 역사박물관이다.

조선민속박물관은 민속유물과 보조 직관자료를 통하여 근로자들과 청소년학생들에게 민족의 민속전통과 미풍양속에 대한 옳은 인식을 주는데 이바지하기 위한 과학문화 교양기관으로서 1956년 2월 10일 창설

〈사진 5-2〉 개성 고려박물관

하였다. 조선민속박물관에는 지난 시기 여러 부문의 생산풍습자료들과 의식주 생활풍습, 가정의례와 인사예절, 민속놀이와 민족음악 등을 보여주는 수많은 민속유물과 민속관계의 직관자료들 전시하고 있다.

조선미술박물관에는 미술가들이 창작한 혁명적 작품을 진열하고, 혁명력사와 혁명적 전투내용의 현대미술, 조선로동당 대회 경축작품 등을 보충하고 있다. 혁명박물관은 조선혁명박물관, 당창건사적관, 3대혁명전시관 등이 있고 사회주의 건설에서 이룩한 창조물들이 전시되어 있다. 그밖에 혁명 또는 전적지와 관련되는 전시시설로는 보천보혁명박물관, 왕산재혁명박물관, 고산진기념관 등이 있다. 묘향산 국제친선전람관은 특수박물관으로 1978년 8월 26일 문을 열었다. 세계 170여나라에서 보내온 21만 여점의 선물들이 대륙별, 나라별, 연도별로 전시되어 있다.

54. 문화재 관리 방법

541. 문화재 지정관리

북에서도 문화재는 지정관리 제도를 기본으로 하고 있다. 국보급 문화유물, 준국보급 문화유물, 일반 문화유물, 국보유적, 준국보유적, 보존유적 등 등급을 정하여 관리한다. 국보유적으로는 평양성을 비롯하여 187개, 준국보유적은 1,700여개가 있는 것으로 확인된다.[13]

542. 문화재 정비

문화재 정비사업은 '문화유적유물 보존관리사업을 강화할데 대하여'(주석명령 제35호, 1985년 7월 11일)를 기본 방침으로 하며, 해마다

4월과 11월을 문화유적 애호월간으로 정하여 대대적인 보수정비사업을 시행한다. 고조선, 고구려, 고려 유적들에 대한 보수 정비에 중점을 두고 있다. 고조선 관련 유적으로는 단군릉 복구개건을 비롯하여 평양의 숭령전과 묘향산, 구월산의 단군사당에 단군초상을 그려 붙이는 등 유적 복원사업을 하였다. 고구려 관련 유적으로는 동명왕릉과 정릉사, 안학궁터와 대성산성 및 평양성, 그리고 대동강 나무다리, 장수산일대 고구려 유적들에 대해 복구 복원사업을 하였다. 왕건릉을 비롯한 개성일대의 고려시대 유적들도 중요한 복구대상이 되었다.

543. 문화재 보존관리의 방향

북에서 이루어지는 문화유산 보존관리의 방향을 살펴보면, 광복 이후 1970년대 전반에 이르기까지에는 학술조사를 근거로 객관적인 자료에 바탕을 둔 원상복구 차원의 정비사업이 진행되었다. 그러나 1990년대 초반에 이르러 문화유산을 복구하는 과정에서 새로운 모습으로 변형시키는 경우를 보여주고 있다. 그 대표적인 사례는 태조 현릉을 비롯하여 단군릉과 동명왕릉에서 볼 수 있다.[14]

북에서는 민족 문화유산 계승사업을 강화하기 위한 새로운 원칙이 1993년에 제시되었다.[15] 민족 문화유산은 민족의 넋과 슬기의 상징이며 조상 대대로 창조 계승되는 것으로 문화유산을 옳게 계승 발전시켜 애국주의 사상 교양 및 사회주의 민족문화 건설에 바탕이 되게 하고, 문화유산을 민족제일주의의 중요한 징표로서 민족의 단일성을 고수하고 민족화합의 수단이 될 수 있도록 한다. 민족 문화유산 계승은 앞 세대가 이룩한 유산을 디딤돌로 삼아 진보적이고 인민적인 것을 이어받아 새 생활 요구에 맞게 발전시키는 것이 사회주의 민족문화 건설이며, 이는 민족문화 발전의 일반 법칙이라고 하였다. 따라서 민족문화

〈사진 5-3〉 금강산 신계사 복원 불사

건설에서 복고주의와 허무주의를 배격하고 주체성의 원칙과 노동계급성의 원칙, 역사주의 원칙을 철저히 고수할 것을 강조하였다.[16]

북에서는 남쪽에서 사용하는 문화재 보수정비 또는 복원의 개념과 다르게 '복구개건'이라는 보다 적극적인 의미의 용어를 사용한다. 복구개건은 문화유산을 실물로 보여주어야 한다는 방침에 따른 것이다. 복구개건의 이론적 토대는 다음과 같은 말에서 찾아 볼 수 있다. "우리는 아직 발굴 복구하지 못한 문화유산을 발굴하고 원상대로 복구하여 우리 민족이 이룩한 우수한 문화전통을 실물로 보여줄 수 있도록 하여야 하겠습니다."[17]

복구개건은 문화유산에 대한 새로운 해석의 의미가 들어 있다. 이를테면 단군릉, 동명왕릉, 고려태조 현릉 등을 복구개건하면서 원모습에서 변형된 것이 많았는데, 이와 같은 과정은 역사해석에서 고조선-고구려-고려로 이어지는 정통성을 세우기 위한 상징행위가 들어있기 때문이다. 단군릉 복구방안에서는 "단군이 민족의 원시조인만큼 단군릉을 동명왕릉보다 더 크게 만들고 봉분을 흙으로 쌓을 것이 아니라 피라미드형무덤으로 잘 만들어야 한다."[18]는 논리가 적용되었다. 고려태조 현릉 개건비의 내용을 보면 그 마지막 부분에"하여 선조의 업적 빛나고 고려의 위용 비낀 듯 태조왕릉 웅장하게 꾸려졌으니 오랜 세월 묻혀있던 고려의 통일기상 로동당시대에 자랑 떨치게 되었어라. 전설같은 미덕과 탁월한 령도 비문에 새겨 후손만대에 길이 전하노라."[19]라고 쓰여 있다. 우리나라 최초의 통일국가인 고려의 기상을 이어 오늘에 다시 재현해 보자는 뜻으로 풀이된다.

〈사진 5-4〉 문화유산 복구 개건(단군릉)

〈사진 5-5〉 문화유산 복구 개건(동명왕릉)

55. 문화재 정책의 방향

551. 우리식 사회주의와 조선민족제일주의

북에서는 1990년대로부터 전통문화의 보존과 전승 방식에서 우리식 사회주의(또는 우리식 문화)와 조선민족제일주의를 앞세워 '우리식대로 살자'는 구호를 내세우며 주체사상에 기초한 우리식 사회주의를 강조하여 왔다. '조선 혁명을 하기 위해서는 조선 역사를 알아야 하며 조선의 지리를 알아야 하며 조선인민의 풍속을 알아야 합니다. .... 당 중앙위원회 제5차전원회의는 우리 인민의 투쟁역사와 귀중한 문화유산에 대하여 적극 선전하기로 결정하였으나 선전부문 일군들은 그것을 하지 않았으며 ... 사업에서 혁명적 진리, 맑스-레닌주의적 진리를 체득하는 것이 중요하며 그 진리를 우리나라의 실정에 맞게 적용하는 것이 중요합니다. ...어떤 사람들은 쏘련식이 좋으니 중국식이 좋으니 하지만 이제는 우리식을 만들 때가 되지 않았습니까?'[20] 이와같이 우리식사회주의는 사상사업에서 교조주의와 형식주의를 퇴치하고 주체를 확립하자는 것이다.

'조선민족제일주의'는 1986년 7월에 김정일의 당중앙위원회 책임일꾼들과의 담화 '주체사상 교양에서 제기되는 몇가지 문제에 대하여'에서 처음 등장하며, 1989년 12월 당중앙위원회 책임일꾼들에게 연설한 '조선민족제일주의 정신을 높이 발양시키자'에서 본격 강조되었다. 조선민족제일주의의 원천은 주체사상과 혁명전통, 우리식 사회주의 그리고 민족의 고유한 역사에서 나온다는 것이다.

552. 전통문화 되살리기 운동

우리식 문화와 조선민족제일주의는 사회주의권이 무너지면서 그에 대처하는 정당성 논리로 제시된 것이다. 민족문화 전통의 변화를 거부하는 듯한 모습으로 의생활에서 조선옷, 식생활에서 전통요리 개발보급, 주생활에서 현대적 미감의 조선식 건축 장려, 놀이문화에서 활쏘기, 씨름 등 민족 체육종목을 경기화하는 것 들이다.

북에서 말하는 '민족음악'은 우리고유의 전통음악뿐 아니라 전통음악을 기초로 한 창작음악까지 포함하는 말이다. "과거의 모든 민요를 그대로 부르는 것이 민족문화의 계승이라고 생각하는 사람들이 있는데 이것은 잘못입니다. 이러한 경향은 우리 민족문화 발전의 기본노선과 배치되는 것입니다. 민요, 음악, 무용 등 각 부면에서 우리 민족에게 고유한 우수한 특성을 보존하려는 동시에 새 생활이 요구하는 새로운 리듬, 새로운 선률, 새로운 률동을 창조하여야 하며, 우리 인민이 가지고 있는 풍부하고 다양한 예술형식에 새로운 내용을 담을 줄 알아야 합니다."[21]

또한 문학예술계의 전문가들에게 행한 연설에서, 판소리와 창극을 심하게 비판하면서 다음과 같이 말했다.[22] "남도창을 민족음악의 기본으로 삼아야 한다는 일부 동무들의 주장은 잘못된 것입니다. 남도창은 옛날 양반들의 노래곡조인데다가 듣기 싫은 탁성을 냅니다. 조선 사람 목소리가 원래 아름다운데 고운 처녀가 쐑소리를 내는 것은 정말 듣기 흉합니다. 춘향이 어머니가 쐑소리를 내는 것은 그래도 참을 수 있지만, 춘향이가 쐑소리를 내는 데는 질색입니다. 지금 춘향전을 비롯하여 우리나라 창극들이 인민들로부터 환영을 받지 못하는 중요한 이유의 하나는 쐑소리를 내는 남도창을 하기 때문일 겁니다."라고 하며 민요는 서도민요가 중심이 되어야 한다고 하였다. 창극도 민요를 바탕으로 해야 하며, 창극의 새로운 형태로서 '피바다식 가극'이 등장하고, 조선민족제일주의 정신을 깊이 간직하는데 민족음악은 중요한 자리를 차지하므로 민족음악을 장려하기 위하여 현대적 미감에 맞게 경음악으로 발전시켜 보급하고 있다. 민족악기를 현대화하고, 전통악기를 개량하여 민족악기와 서양악기를 적절히 배합 연주하며 대중음악으로 발전시키고 있다.

553. 문화재 국제교류

북한은 문화재 분야 국제교류 활동에 적극 참여하거나 뚜렷한 활동을 보이지 않고 있었다. 문화재 국제교류 활동은 일반적으로는 국제협약에 가입하면서 시작되는데, 1983년에 "문화재불법반출입및소유권양도금지협약", 1998년에 "세계유산보호에관한협약"에 가입하였다. 북한은 2004년에 처음으로 고구려벽화고분을 세계유산 목록에 등재하였으며, 잠정목록에 6건을 등록한 상태이다. 잠정목록에 등재한 유산들은 문화유산으로 '개성의 역사유산', '평양의 역사유산', 자연유산으로 '평안북도 구장군의 동굴군', '함경북도 명천 칠보산'그리고 복합유산으로 '묘향산과 주변역사유산', '금강산과 주변 역사유산' 등이다.

56. 남과 북이 다른 점

남쪽에서는 1962년에 문화재보호법이 제정되었고 그 뒤로 여러차례 고쳐 오늘에 이르고 있다. 처음 제정할 때 1950년에 만든 일본 문화재보호법을 모체로 하여 거의 비슷한 내용이었고 법 시행과정에서 문제가 있는 것들을 조금씩 손질한 것이다. 따라서 문화재 분류기준, 관리방법 들에서 일본과 크게 다르지 않다. 북쪽에서는 1994년에 문화유물보호법을 새로 만들면서 그에 앞서 있던 규정들을 통합조정한 내용들이다.

문화재 분류기준에서 남쪽은 지정대상으로서 유형문화재, 기념물, 무형문화재, 민속 자료 등으로 세분하였고, 북쪽에서는 역사유적과 역사유물로 크게 가르는 통합개념을 사용하고 있다. 역사유물은 우리의 동산문화재와 같은 것이고 역사유적은 사적과 같은 말로 보면 될 것이다. 평가기준에서도 국보, 준국보, 일반유물로 단순하게 가르고 있다.

북쪽에서는 무형문화재를 다루지 않고 있는 것도 우리와 크게 다른 것이다. 무형문화재는 문화예술의 한분야로서 사회주의에 맞게 현대화하는 대상이 되고 있다. 천연기념물과 명승을 따로 떼어 관리하는 것도 서로 다른 것이다. 이들을 북쪽에서는 자연물로 정의하며 자연환경보호 차원에서 다루고 있다.

문화재 지정과 등록은 서로 다른 용어이기는 하지만 법상으로는 같은 뜻으로 보아도 될 것이다. 관리방법에서는 크게 다른 것은 없다. 문화재 보호를 위해 보호구역을 정하고 보호구역안에서 이루어지는 현상변경 행위에 대해 허가를 받아야 하는 것도 같다. 문화유물보호법에서는 문화재관리에 중앙정부와 지방정부의 역할이 잘 구분되고 있는 것과 문화재복원 기본계획을 정무원에서 직접 관장하는 것도 눈여겨 보아야 할 것이다.

〈주〉

1) 리성대, 리금철, 1994. 『천연기념물 편람』(농업출판사)
2) 인민 경제와 인민 생활에 이롭게 쓰이는 동물로서 사슴, 노루, 산토끼, 꿩 등을 '유용동물'이라고 하여 특별히 관리하고 있다. 유용동물의 범위는 경제발전에 도움을 주는 동물, 주민들의 물질문화생활과 건강증진에 도움을 주는 동물, 학술적 중요성을 갖거나 북에만 서식하는 동물, 멸종위기 또는 감소되고 있는 동물, 국제적 보호동물 등으로 규정하고 있다.
3) 「사회과학의 임무에 대하여」(1954), 이것은 내각지시는 아니지만 그 내용 가운데 '고적이 있는곳에 공사를 할 때에는 먼저 고적발굴대를 조직하여 공사에 앞서 발굴을 하여 고적도 살리고 건설공사에 지장이 없도록 하여야 한다' 는 내용이 들어 있다.
4) 1994년 4월 7일, 최고인민회의 제9기 제7차 상설회의 결정으로 채택하였다.
5) 1995년 12월 13일 최고인민회의 살설회의 결정 제64호로 채택하였고, 1999년 1월 14일 정령 제350호로 수정하였다.
6) 최고인민회의 결정내용은 로동신문 1993. 12. 11. 1면 참조
7) 이 규정의 제정날짜가 1949년 8월 2일로 나타나는 문헌도 있다. 『문화유물 제1집』(조선물질문화유물조사보존위원회, 1949)
8) 북조선고적보존위원회는 북조선인민위원회 결정 제1116호에 따라 1948년 2월 29일 설치되었다.
9) 「조선물질문화유물조사보존위원회임명에관하여(내각지시 제49호, 1948년 11월 5일)」에 나타난 이름을 보면 위원회 위원장은 한흥수, 그리고 이여성, 도유호, 박시형, 이태진, 오인조 등 5명이 상무위원으로, 한길언 등 10명이 위원으로 임명되었다.
10) 등록된 문화유물은 우리법에서 말하는 지정문화재로 보면 된다.
11) 형성안은 기본계획이 되고, 설계는 기본 및 실시설계로 보면 될 것이다.
12) 리성대·리금철, 1994. 위의 책
13) 국보유적의 자세한 사항은 다음의 책을 참고할수 있음.
국립문화재연구소, 2005. 『북한문화재해설집 IV-북한의 주요박물관 소장품』
국립문화재연구소, 2006. 『사진으로 보는 북한 국보유적』
14) 동명왕릉은 1993년 5월14일, 왕건왕릉은 1994년 1월31일, 단군릉은 1994년 10월 11일 개건 준공하였다.
15) "민족문화유산을 옳게 계승발전시키기 위한 사업을 개선강화할데 대하여" - 최고인민회의 제9기 제6차회의 결정(1993. 12. 10) 내용 전문은 로동신문 1993. 12. 11. 1면 참조
16) 이와 같은 원칙은 이미 1970년대 초반에 "민족문화유산 계승에서 나서는 몇가지 문제에 대하여"(19670. 2. 17. 김일성연설문) 에서 제시되었고, 「조선민주주의인민공화국사회주의헌법」(1972. 12. 28. 최고인민회의)에 "국가는 사회주의적 민족문화건설에서 제국주의의 문화적 침투와 복고주의적 경향을 반대하며 민족문화유산을 보호하고 그것을 사회주의적 현실에 맞게 계승 발전시킨다."는 내용으로 수용되었다.
17) 〈김일성저작집〉 제5권
18) 류병흥, 1995. 「경애하는 김일성동지는 우리 민족의 원시조를 찾아주시고 빛내여주신 민족의 위대한 어버이이시다」, 『조선고고연구』1995-3
19) 김은택, 1996. 『고려태조 왕건』(과학백과사전 종합출판사)
20) 당 선전선동 일군들 앞에서 한 연설(1955년 12월 28일)
21) 〈우리 문학예술의 몇가지 문제에 대하여〉 (1951년 6월 30일)
22) 〈혁명적 문학예술을 창작할 데 대하여〉 (1964년 11월 7일)

6. 문화재 보호 기반

61. 문화재 보호 기금

611. 문화기금 확보방안

612. 문화재 보존기금 마련을 위한 국제권고

613. 문화재 보호 기금제도

62. 조세 제도

621. 역사보존을 위한 세제 우대

622. 문화재관계 세제 혜택

63. 손실보상 제도

631. 개발권 이전 제도

632. 과세 감면제도와 손실 지원

64. 문화재 전문인력 양성

641. 학교 교육과정

642. 한국전통문화학교와 전통문화연수원

643. 다른 나라의 문화재 교육기관

61. 문화재 보호 기금

611. 문화기금 확보방안

문화예술 활동을 지원하고, 문화기금을 확보하기 위해 각 나라는 중장기 계획을 마련하고 있다. 캐나다, 일본, 프랑스에서는 국가에서 예술기금을 마련하여 지원하고 있으며, 영국과 미국에서는 문화정책을 민간시장에 맡기는 경우가 많은 것으로 나타난다. 그러나 1990년대 이후에는 긴축재정정책으로 문화분야의 국가기금부터 줄여나가는 추세에 있고, 사회주의국가에서는 100%를 줄이는 경우도 볼 수 있다. 따라서 문화사업기금 마련을 위한 다양한 재원확보 방안들이 나타나고 있다. 민간의 기부금을 활성화하기 위한 재정전략과 정책들이 나오고 있으며, 문화유산 보호를 위한 조세 감면제도와 조세혜택 방안들이 확대되고 있고, 또한 복권사업으로 재원을 확보하는 방법도 나타났다.[1]

612. 문화재 보존기금 마련을 위한 국제권고

문화재 보존·보호에 관한 관심은 일찍이 국제기구를 통해 활발히 논의되었다. 특히 1960년대 이후 전 세계적으로 산업화, 도시화가 진행되면서 역사 문화유산의 파괴와 훼손이 심각한 상태에 이르게 되었고, 그에 따른 역사유산 보호 방안들이 여러 방향으로 제시되고 있었다. 유네스코 제15차 총회(1968년 11월 19일, 불란서 파리)에서는 「공(公)적 또는 사(私)적 공사로 위험시되는 문화재보존에 관한 권고」를 채택하였다.[2] 문화재를 소유한 나라의 국민들이 문화재 지키기에 앞장서는 것이 가장 중요하다는 것을 생각하며 권고안을 채택하고 각 나라들이 필요한 법조치를 하고 그 결과를 총회에 보고 하도록 권고하였다.

'권고'의 내용을 살펴보면 현대 문명과 앞날의 발전은 세계인들의 문화전통과 창조력 및 사회경제발전에 비탕을 두고 있으며, 문화재는 각기 다른 전통의 산물로서 세계 제국민의 개성을 보여주는 중요한 구성요소이고, 존엄성을 지키기 위해 보존하는 것이 매우 값진 일이며, 세계인들 사이에 서로 이해를 돕고 평화에 이바지하는 것이라는 점을 강조한다.

그러나 한편으로는 산업화, 도시화가 진행되면서 역사기념물과 유적들은 말할 것도 없고 예술상, 학술상 가치있는 현대 기념물들까지 공적, 사적 작업에 의해 위협을 받고 있다. 따라서 각 나라들은 사회경제개발 못지 않게 인류의 문화유산을 지키고 가꾸는 일에 의무를 다하여야 하며 개발과 보존의 조화를 이루는 일이 시급하게 되었다.

'권고'에서 제시하고 있는 일반 원칙으로서 문화재 보존조치는 일부 유적과 기념물에 한정하지 않고 전국가 영역을 대상으로 하며, 중요문화재는 지정 여부에 관계없이 보호 목록을 만들고, 목록이 없을 때에는 공사로 인해 위험에 처한 지역에 대해서 문화재 전반에 관한 조사를 한 뒤, 상대적인 중요성을 고려하여 보존방안을 결정하게 하였다.

또한 문화재 보존과 구제를 위해 각 나라는 법, 재정, 행정 조치와 구제보존 절차, 제재수단, 복구방법, 보상제도, 자문방법, 교육계획 등을 마련해야 하며, 재정상 보존 비용은 국가부담과 공사비에서 부담하는 두 가지 방법이 모두 마련되어야 하고, 필요한 경우 국가는 특별예산을 만들고 문화재관리기관은 이를 쓸 수 있는 권한을 가져야 한다고 하였다.

613. 문화재 보호 기금제도

1) 영국 - 국가복권기금

영국은 문화매체체육부에서 발행하는 복권 수익금을 문화, 체육활동을 지원하는데 쓰고 있다. 국가복권위원회(National Lottery Commission)에서 주관하며 기금 분배는 정부에서 직접하지 않고 지침만 마련하여 내려 보내면 해당 분야 위원회에서 적정 분배한다. 국가복권기금의 지원대상은 극장, 화랑 등 예술분야, 새천년위원회 활동, 삶의 질을 향상시키기 위한 기금, 과학·기술·예술분야 영재 기르기, 스포츠활동 지원, 자선단체 활동 지원, 문화유산복권 기금, 지역단체 지원, 영화 산업 지원 등에 쓰인다. (http://www. culture. or. uk)

문화유산복권 기금은 영국의 자연 및 문화유산을 보존하고, 시민들이 유산을 향유하는데 필요한 사업, 그리고 미래 세대에게 잘 물려줄 수 있도록 하는 사업들에 대해 보조금을 지급한다. 보조금을 신청할 수 있는 사람이나 단체는 개인소유이거나 상업적 목적의 유산이 아닌 것으로 공공기관이나 비영리단체(NPO)가 하는 사업에 지급한다. 사업 내용이 국가 또는 지역사회에서 관심이 크고 중요한 것이어야 하며, 종류별로는 자연 서식지, 도시녹지 지역, 고고학유적, 역사건축물 및 유적, 박물관 유물구입, 역사도서관의 자료수집, 산업 교통·유적 등 다양한 분야에 대해 지원하고 있다. 보조금은 실제 사업에 필요한 곳에 쓰여져야 한다. 토지, 건물 및 유물구입, 방문객을 위한 시설물 설치, 수집품 목록작성, 유적조사 활동 등이다. (http://www. hlf. org. uk) 2001년 4월 현재 문화유산복권 기금은 16억 5천 파운드가 넘어 우리 돈으로 3조원이 넘는 규모이며, 보조금 지급내용은 다음과 같다.

〈표 6-1〉 문화유산별 보조금 내용 (2001년 기준)

문화유산별	보조금지원 (수)	지원수 비율 (%)	지원액 (단위£)	지원액비율 (%)
역사유적, 건축물	1,822	44	473,999,337	29
산업, 교통유산	276	7	128,004,983	8
농촌, 자연보존	933	22	313,764,822	19
기록유산	309	7	107,380,150	7
박물관, 유물수집	809	19	627,155,629	38

* 농촌, 자연보존 항목에는 304개의 역사공원에 대한 보조금 £174,443,513이 포함된 것임.

〈표 6-2〉 지급대상별 보조금 내용

문화유산별	보조금지원 (수)	지원수 비율 (%)	지원액 (단위£)	지원액비율 (%)
중앙 정부	213	5	299,024,614	18
자선 단체	1,539	37	638,477,728	39
교회 기관	815	20	108,679,611	7
지방 정부	1,329	32	478,039,800	29
공공 법인	99	2	95,008,164	6
사설 기관 (Private Sector)	154	4	31,075,004	2

2) 프랑스 - 개발부담금 제도

프랑스에서는 개발부담금 제도를 운용하고 있다. 프랑스 구제고고학 관련법에 따르면 구제고고학 기금의 과세기준, 비율, 방식을 정하도록 되어 있다. 기금은 헌법 제34조에 규정된 세금의 범주로 간주되며, 도시개발법이나 자연환경보호법에 따라 국가의 허가를 받는 사업을 실행하는 개인이나 법인이 부담하는 것으로 국가평의회에서 그 기준을 마련하도록 하였다. 주택법상 소규모 또는 개인주택 등 5,000제곱미터 이하의 건축공사는 기금이 면제된다. 기금부담자는 납부에 대한 이의신청을 할수 있고 이런 경우에는 국가평의회, 정부대표자, 지방행정기관, 구제고고학 관련 법인들로 구성된 운영위원회에서 심의하도록 하였다.[3)]

법 제4조에 따르면 구제고고학 부과금은 도시개발법에 따라 사전 허가를 받아야 하는 공사를 실행하거나, 1976년 7월 10일자 76-629호 법령이나 환경 보호를 위한 분류된 설치에 관련된 1976년 7월 19일자 76-663호 법령의 적용에 따라 영향 연구를 할 계기가 되는 공사를 하는 개인, 법인에게 부과되는데, 이를 위해서 법 제1조의 2에서 예정된 명령들이 현 법령에 따라 규정된 조건 안에서 고고 유산을 찾고, 보존하고, 구제하기 위해서 공공기관의 개인이 필요하게 되는 경우에 부과된다.

지방 공공기관이 발굴 작업을 하고, 이 기관이 국가평의회의 법령에 따라 정해진 조건 안에서 국가가 인정한 고고학 발굴사업을 갖추고 있는 경우, 공공기관장의 결정에 따라서 부금 지급이 감면된다. 감면은 지방 공공기관의 지시된 작업에 따라서 실행에 비례하여 정해진다. 부금 납부자가 발굴 조사에 필요한 자재, 시설, 수단을 제공하거나, 공공기관이 실행한 조사, 진단, 발굴 실행에 연관된 일부 작업의 비용을 부담하면, 기관과 부담자 사이의 반대재정평가의 대상이 된다. 부담해야 될 부금을 바탕으로 해서, 부금 총액의 50%를 넘지 않는 범위에서 부금이 줄어든다. 부금 총액은 근본 작업을 구성하는 국가의 지시를 바탕으로 하여 공공기관의 결정으로 정해진다. 이 총액은 일정한 방식에 의해 결정된다.[4)]

3) 미국 - 역사보존기금

미국에서는 대륙붕지역 광물개발 이익금에서 역사보존기금(HPF : Historic Preservation Fund)을 마련한다. 1968년부터 10억 달러를 거두어 59개 주정부와 지방정부, 인디안종족, 그리고 역사보존국민신탁(National Trust) 등에 지원하고 있다. 기금지원 대상과 사업내용에 대해서는 주역사보존국(SHPO : State Historic Preservation Office)에서 검토하고 주정부에서 지원여부를 결정하고 있다. 기금지원 대상사업들은 건축·역사·고고학 조사, 사적 등록을 위한 조사, 역사보존위원회 활동, 도시디자인 지침 및 보존계획, 출판·전시·안내서 등 유적 소개자료 발간, 등록문화재 재생 및 수복 등이다.

4) 일본 - 아스카지역 정비기금

일본 나라현 아스카촌에서는 역사적 풍토를 보존하면서 주민생활을 향상시키기 위한 지역 차원의 사업을 하기 위한 기금(明日香村整備基金)을 운영하고 있다. 1980년부터 5년동안 31억엔의 기금을 만들었는데 이는 국가보조 24억엔, 나라현보조 6억엔, 아스카촌 자체로 1억엔을 조달하여 이루어졌다. 기금 31억엔은 연간 2억4천만엔 정도의 이자수익을 예상한 것이다.

기금 사업의 대상은 역사적 풍토 보존을 위한 일, 토지 형질 또는 건축물의 외부 형태 등을 주변경관에 알맞게 고치는 일, 주민생활 안정을 위해 필요한 보조 사업 등이다. 최근에 저금리에 따라 이자수익이 연간 1억엔대로 떨어짐에 따라 2000년부터 국가와 현에서 따로 교부금〔歷史的風土創造的活用事業交付金〕을 주고 있다. 한해에 주는 교부금은 국가에서 1억엔, 현에서 2,500만엔 정도이다.

5) 문화재 기금 유형별 비교

문화재 보호기금은 용도를 우선 정하고 조성 방법을 생각하는 것이 순서이다. 매장문화재를 보호하기 위해서는 개발부담금을 부과하는 방식이 되어야 하고, 문화재 보수정비를 위한 것은 문화재 입장료 수입으로 충당하는 것이다. 또한 기금이 필요한 경우를 예상하여 기금을 조성하게 되는데 매장문화재발굴 보존 비용 또는 등록문화재 소유자의 철거 의사에 대비한 매입 비용 등이다. 한편 문화재 보호 행위가 미래세대를 위한 보존이라면 현세대의 일정 부분 희생과 함께 미래 세대에게 일부 책임을 넘기는 의미에서 문화재보호 공채를 발행하는 방안도 검토될 수 있다. 문화재 기금 조성 방법을 유형별로 비교해 보면 다음과 같다.[5)]

〈표 6-3〉 문화재기금 유형별 비교

유 형	준조세형	정부출연형	국민참여형
사 례	(불)개발부담금	(일)고도정비기금	(영)국가복권기금
관련근거	구제고고학 관련법	지방자치법-기금	국민복권법
규 모	연 4억프랑(6백억원)	31억엔(300억원)	16억5천파운드(3조원)
책임기관	국가 구제고고학연구원	지방 정부기관	국가유산기금위원회
용 도	고고학발굴, 고고학지도 제작, 학술활동	역사적풍토 보존, 토지형질, 축물개선, 주민생활안정보조사업	동식물서식지, 도시녹지 고고유적, 건축물보존, 박물관 유물구입, 역사도서관 자료수집, 산업· 교통유적 보존
특 징	문화재 훼손 부담금 이용 매장문화재보존	정부지원 보조금에 의한 고도지역 역사환경 보존	국민 모금에 의한 문화재 향유권 보장

62. 조세 제도

621. 역사보존을 위한 세제 우대

미 연방정부에서 개인 소유의 역사유산을 보존하고 활용하기 위해 소유자 스스로 또는 시민단체(Private sector)에서 투자, 관리하는데 대해 세제혜택을 주는 제도로서 1976년부터 시작되었다. 대상 유산은 소유자 개인용이 아닌 상업적으로 사용되어야 하므로 역사유산을 재생하여 사무실, 임대주택, 소매점포 등으로 사용하고 있다. 재생작업을 할 때에는 내무부에서 제시한 기준에 따라야 한다. 이 제도를 시행한 이후 27,000개 이상의 역사유산이 재생되었고, 세제 혜택에 자극받아 180억달러 이상의 개인 자금이 재생작업에 유입되었으며, 149,000개 이상의 주택 사업자들이 다시 일어서고, 75,000개의 신규 주택사업이 발생했다.

1976년부터 국립공원공단은 국세청, 주역사보존국과 함께 이 제도를 시행해왔다. 1986년의 세제개혁법에 의하면 역사 건축물로서 자격있는 건축물을 공식적으로 재생할 때에는 20%의 세제우대가 적용되고, 역사건축물이 아니라도 1936년 이전에 지은 건축물을 재생할 경우에는 10%의 혜택이 주어진다. 이때 건물 재생이 실제로 이루어져야 하며 점점 퇴락되어가는 건물을 재생하는 것이어야 한다.

세제 우대는 세금 감면과는 다르다. 세금 감면이 소득세를 깍아 주는 것이라면 세제 우대는 과세대상액을 낮춰주는 것이다. 자격있는 건축물이란 국가사적등록부에 올라 있거나, 역사지구안에 있는 건물로서 국립공원공단으로 부터 역사지구의 중요성에 가치있는 것으로 인정받은 것을 말한다. 건축물 소유자가 신청서를 제출하면 내무부에서 정한 기준에 따라 심사를 거쳐 인정을 받을 수 있다.

622. 문화재관계 세제 혜택

일본에는 문화재로 지정된 자산에 대한 양도소득세 비과세, 상속세 경감, 지가세에 대한 비과세, 도시계획세 비과세 등 세제우대제도가 있다. 우리나라에서도 양도소득세, 상속세, 부가가치세 관련 세제 혜택 제도를 일부 시행하고 있다. 일본과 우리나라에서 시행하는 문화재관계 세제 혜택의 내용들은 다음과 같다. (표 6-4, 5)

〈표 6-4〉 일본의 문화재관계 세제 혜택

세제종류	내 용		시행연도
양도소득 비과세	- 중요문화재로 지정된 동산이나 건축문화재를 개인이 국가 또는 지방자치단체에 양도한 경우 비과세 - 중요유형민속문화재 또는 중요문화재에 준하는 문화재를 국가에 양도한 경우 양도소득의 1/2 과세	비과세(소득세)국가 비과세(소득세)지방자치단체 1/2과세(소득세)	1972.4.- 1975.4.- 1992.1.-
양도소득 특별공여	- 개인 또는 법인이 중요문화재로 지정된 토지 및 사적명승천연기념물을 국가나 지방자치단체에 양도한 경우 2,000만엔의 특별공여 또는 손금산입 인정	2,000만엔 특별공여(소득세) 2,000만엔손금산입(법인세)	1970.4.-
상속세 경감	- 중요문화재로 지정된 민가 및 그 부지 가운데 소유자 거주용으로 제공된 것의 상속세에 대해서 상속재산평가액을 감액	상속재산평가액의 50/100 감액	1985.1.-
지가세의 비과세 (지가세는 1998년이후 과세정지)	- 중요문화재, 중요유형민속문화재,사적명승천연기념물, 지방자치단체가 지정한 문화재에 포함된 토지, 전통건조물보존지구 내 일정한 토지는 지가세 부과되지 않음. - 등록유형문화재에 포함되는 토지 등에 대해서는 과세가격에 산입되는 금액을 감액 - 비과세로 된 문화재에 준하는 것 가운데 보존 및 활용할만한 문화재에 포함되는 토지, 과세가격에 산입되는 금액을 감액.	비과세 과세가격에 산입하는 금액을 토지 등의 가격의1/2로 경감	1992.1.- 1997.1.- 1992.1.-
고정자산세 특별토지 보유세 도시계획세 등의 비과세	- 중요문화재, 중요유형민속문화재, 사적명승천연기념물로 지정된 것, 중요미술품으로 인정된 가옥 또는 그부지,비과세. - 중요전통건조물보존지구의 전통건조물(민속영업에 사용된 것은 제외)로 문부대신이 고시한 것은 비과세. - 중요전통건조물보존지구의 전통건조물인 가옥의 부지는 해당 시군면의 실정에 따라 고정자산세 세액의 1/2감액. 또한 전통건조물 이외의 건조물 등의 부지에 대해 해당 시군면 실정에 따라 적정 감액. - 등록유형문화재인 가옥에 포함된 고정자산세에 대해서는 해당 시군면실정에 따라 고정자산세 세액의 1/2 이내에서 감면	비과세 비과세 1/2 이내 감액 1/2 이내 감액	1951.1.- 1988.1.- 1998.1.-(시군면에 따라 다름) 1997.1.-(시군면에 따라 다름)

〈표 6-5〉 우리나라 문화재관계 세제 혜택

관 련 법	내 용	비 고
토지초과이득세법 (제8조)	개인소유 토지 가운데 유휴토지 등의 범위 - 문화재보호구역 안의 임야는 유휴토지 범위에서 제외	비과세
토지초과이득세법 시행령 (제4조)	비과세 대상 토지의 범위 - 사적지, 지정문화재, 보호물의 부속토지와 그 보호구역안에 있는 토지(소유자가 사용·수익하는 토지는 제외)	비과세
상속세법 및 증여세법 (제12조, 제74조)	비과세되는 상속재산 - 국가지정문화재 및 시도지정문화재 문화재자료 등의 징수유예 - 문화재자료는 상속세액 징수유예	비과세 또는 징수유예
법인세법 시행규칙(제18조)	지급이자 손불금 산입 - 문화재보호구역 안의 부동산은 비업무용 부동산에서 제외	
지방세법시행령 (제94조의 7, 제94조의 15)	비과세 대상 토지의 범위 - 사적지의 토지(사용자가 사용·수익하는 토지는 제외)분리과세 대상토지 - 문화재보호구역 임야	비과세 분리과세
부가가치세법 시행령(제37조)	종교·자선·학술·구호단체 등이 공급하는 재화 등의 범위 - 문화재보호법의 규정에 의한 지정문화재(지방문화재 포함, 무형문화재는 제외)를 소유 또는 관리하고 있는 종교단체(주무관청에 등록된 종교단체에 한함)의 경내지 및 경내지내의 건물과 공작물의 임대용역은 부가가치세 면제	면세
소득세법 (제12조)	비과세 소득 - 문화재로 지정된 서화, 골동품은 양도소득 제외	
택지소유상한에 관한법률 (제20조)	부담금의 부과대상 제외 - 지정문화재	
택지소유상한에 관한법률시행령 (제26조)	부담금 부과대상 제외 택지 - 문화재보호물, 보호구역안의 택지	

63. 손실보상 제도

문화재는 공공의 목적을 위해 보존해야 하며 이를 위하여 국가는 필요한 제한을 할 수 있는데, 이를 공용제한이라고 한다. 그러나 한편으로는 보존에 필요한 토지나 건물이 사유의 것일 경우에는 국가에서 국민재산권 보장을 위해 정당한 보상을 하도록 되어 있다. 우리나라 헌법 제122조에는 국가는 국토의 균형 있는 이용, 개발과 보전을 위해 법률이 정하는 바에 의하여 그에 관한 필요한 제한과 의무를 부과할 수 있도록 하였고, 헌법 제23조에서는 공공의 필요에 의한 재산권의 수용, 사용 또는 제한 및 그에 대한 보상은 법률로서 하되, 정당한 보상을 지급해야 한다고 하였다.

국토계획에 의한 용도 지구는 전형의 공용 제한이라고 할 수 있으며 문화재보존을 위한 문화재지역과 문화재보호구역도 일종의 공용 제한 성격을 띠고 있다고 할 수 있다. 그런데 이러한 제한이 특별한 희생을 요구할 경우에 손실 보상이 필요하게 된다. 제한으로 인하여 토지 이용이 일부 제한되더라도 종전부터의 토지 이용을 계속하는 것이 가능하다면 굳이 보상이 필요치 않은 것으로 본다. 현재 농경지로 이용되는 곳에서 농경을 계속할 수 있다면 보상이 필요치 않다는 것이다. 그러나 다른 용도로 사용이 가능할 경우 용도 제한에 따르는 재산상 손실을 보상해야 한다.

손실 보상 방법으로는 매수청구권과 불허가 보상제도 등이 있다. 일본에서 「고도에 있어서 역사적 풍토의 보존에 관한 특별조치법」과 「도심녹지보존법」에서 인정하고 있는 제도이다. 우리나라에서는 도시계획법에서 손실보상 제도조차 마련되어 있지 않아 헌법재판소로부터 헌법불합치 판정을 받고 최근에 매수청구제도를 도입하여 2002년 1월부터 개발제한구역과 도시계획시설지구에서 시행되고 있다. 그러나 그밖에 보존지구와 미관지구에 대해서도 손실보상 제도가 필요하다는 의견이 제기되고 있다.[6] 보존지구 가운데 문화자원 보존지구는 문화재를 위한 시설 이외에는 모든 건축이 제한되며 미관지구에서 우리나라 고유의 전통 양식을 보존하기 위해 필요한 지구안에서는 전통건축 양식으로 건축이 가능하므로 건축 비용에 대한 지원이 필요하기도 하다.

도시계획 등 공용제한으로 인한 손실을 줄여줄 수 있는 정책이 필요하다. 여기에서 헌법재판소의 도시계획법 제21조(개발제한구역)에 대한 헌법불합치 판정의 내용을 살펴보면

> "개발제한구역의 지정으로 인한 토지재산권의 제한이 비록 헌법적으로는 재산권에 내재하는 사회적 제약의 범위내의 것이라 할지라도, 구역의 지정이 도시민의 건전한 생활환경을 위한 것임에도 불구하고 수익자인 도시민은 최소한의 부담도 하지 아니하고 오로지 구역내의 주민과 토지소유자들에만 그 부담을 전가하는 것은 형평과 사회 정의의 요청에 반하므로, 구역내의 주민이나 토지소유자들에게는 예컨대 각종 세금의 감면 등 다양한 혜택을 부여하는 한편 수익자로부터는 개발 이익을 환수하는 방법 등을 통하여 구역내 주민의 부담을 완화하고 형평을 회복하는 조치를 취하는 것이 바람직하다 할 것이다."[7]

공용 제한에 따른 손실을 줄이는 방법으로는 개발권 이전제도, 보유과세 감면, 비용지급 방법 등이 있다. 개발권 이전제도는 미국에서 시작되었다.[8] 지역단위 토지이용 종합계획을 수립할 때 지방지치단체 구역안의 토지 이용 최대량을 결정하고 이를 개발권 총량으로 계산하여 각 토지 소유자에게 분배한다. 종합계획상 개발이 허가된 토지에서 개발권 이상의 규모로 개발하고 싶으면 그만큼의 개발권을 사들이고, 개발제한지구로 묶인 토지에 소유자가 손실보상을 받을 수 있도록 하는 것이다. 개발비용을 사회로 일부 환원할 수 있는 방법이다.

631. 개발권 이전 제도

개발권 이전(TDR : Transfer of Development Rights)제도는 보전이 필요한 지역을 송출지역(sending areas)으로 하고, 개발을 유도하고자 하는 지역을 수용지역으로 하여 송출지역의 토지소유자가 자기 땅을 개발할 수 있는 권리, 즉 개발권을 팔 수 있도록 하는 것이다. 개발권은 수용지역의 토지소유자가나 개발업자가 사들여 법에서 정한 것보다 높은 수준의 밀도로 건축이 가능하도록 하는 것이다. 이렇게 하여 송출지역의 토지소유자는 현재의 토지 이용을 계속하면서 개발권을 팔아 개발 제한에 따른 손실을 보상받는 것이다. 이 경우 수용 지역의 과도한 개발을 인정함으로서 주변 지역에 좋지 않은 영향을 미치는 문제가 있을 수 있다.[9]

미국 뉴욕시에서는 1968년 역사보존법(Landmark Preservation Law)을 제정하고 역사보존위원회에서 문화재를 지정하면서 토지 소유자라 할지라도 이를 변경하는 행위를 할수 없도록 하고 그 대신 토지 소유자의 개발권을 가까운 지역으로 이전하여 사용할 수 있도록 하였다. 그 무렵 펜센트럴 회사에서 문화재로 지정된 역사(Grand Central Terminal))에 55층 규모의 업무용 건물을 증축하기 위해 위원회에 허가 신청서를 제출하였으나 허가를 받지 못하고 시를 상대로 소송을 제기하였다. 그 후 10년에 걸친 법정싸움 끝에 미연방대법원은 1978년 시의 승소판결을 내렸다. 이 사건을 계기로 개발권 이전제도는 새롭게 인식되었다.

우리나라의 경우 개발제한구역, 군사시설보호구역, 상수원보호구역, 국립공원, 문화재보호구역, 그리고 장기 미집행 도시계획시설 등이 있어 이들 지역안에서 토지의 변경이 어렵게 되어있다. 이들 지역에서는 대체로 토지소유권 행사가 현재 이용권에 한정되어 있으며 일부 지역에서 국가에 대한 매수청구권을 인정하고 있을 뿐이다. 요사이 국민들의 토지소유권에 대한 인식 확대와 헌법재판소의 사적 토지소유권 보호 강화 경향은 공익을 위해 재산권을 규제하는 것이 한계에 이르렀고 어떤 형태로든 보상이 필요한 것으로 보인다. 개발권 이전제도 도입에 대한 검토가 필요한 시점이 되었다. 문화재지역 보존을 위한 방안으로 보존이 필요한 소규모지역에서부터 적용해보고, 송출 지역과 수용 지역이 동일 행정구역에 있는 것이 바람직하므로 시가화지역보다는 미개발지에 적용해볼 필요가 있다.[10]

632. 과세 감면제도와 손실 지원

과세 감면제도는 여러나라에서 쓰고 있는 제도이며 제산세 부담을 줄여줌으로서 제한 지구의 계획 효과를 높일 수 있다. 비용 지급은 손실 비용의 일부를 지원하는 것으로 경주지역에서 하고 있는 전통한옥 건축물에 대한 비용 일부지원 같은 것들이다. 경주에서의 한옥 건축지원금은 경주시 건축조례에 따라 보조금으로 교부된다.[11] 시장은 미관지구 · 사적지 주변 및 주요 관광도로변 등에서 전통 한옥 건축물을 건축하여 전통 건축미와 주변 지역의 경관 유지 · 보전에 기여할수 있다고 인정되는 건축물에 대하여 보조금을 교부할 수 있도록 하였다. 보조금 교부 대상 건축물은 단독 주택으로서 전통 한옥 형태의 골기와지붕 건축물로 승인받은 것이어야 하며, 보조금은 지붕층 바닥 면적을 기준으로 200제곱미터 이하로서 1제곱미터당 15만원 이내로 지급한다.

64. 문화재 전문인력 양성

641. 학교 교육과정

우리나라 대학에서 문화재 또는 전통 문화와 관련되는 전공 교육을 하는 곳은 이루 헤아릴 수 없이 많지만 문화재관리를 전문으로 가르치는 곳은 드믄 편이다. 문화재 행정, 문화재 보존, 박물관학 등을 중점으로 가르치는 곳들은 이제 몇몇 대학에서 시작하고 있는 정도일 뿐이다. 전통 문화와 문화재관리 인재를 기르기 위해 한국전통문화학교가 2000년 부여에서 문을 열었고, 그에 앞서 경주대학교와 공주대학교, 한서대학교, 용인대학교 등에 문화재 관련학과들이 개설되어 있다. 또한 대학원과정에 박물관경영학, 고미술감정학, 문화예술경영학 등의 형태로 개설된 곳은 있으나 학부 과정과 마찬가지로 문화재 정책을 비롯한 문화재학을 전문으로 가르치는 곳은 아직 없다.

642. 한국전통문화학교와 전통문화연수원

한국전통문화학교는 1996년 4월에 제정된 학교설치령(대통령령 제 14982호)에 따라 설립된 특수목적의 국립대학으로 2000년 3월 부여에서 문을 열었다. 전통문화학교에는 설치령에 따라 전통문화사 과정 및 전통문화 연수과정을 둘 수 있도록 되어있다. 전통문화사 과정은 4년제 대학과정이며, 전통문화 연수과정은 문화재 수리기술 전문 교육과 국가 및 지방자치단체의 문화재 관계자 연수를 위한 것이다. 전통문화사 과정은 2000년에 문화재관리학과와 전통조경학과로 시작하여, 이듬해 전통건축학과와 전통미술공예학과, 2002년에 문화유적학과와 보존과학과에 신입생을 뽑아 모두 6개 학과에 학과별 20-40명씩 모두 560명을 정원으로 하고 있다. (www. nuch. ac. kr)

전통문화연수원은 전통문화학교 부설기관으로 2008년부터 문을 열었다. 문화재 관련 업무에 종사하는 기술자와 시도 문화담당관의 정기교육과 자격취득자의 신규 교육, 정규 교육으로 양성하지 못하는 전통문화 관련 기능인의 연수를 담당한다. 연수진은 이 학교의 전임교원과 석좌교수, 초빙연구원, 문화재위원과 전문위원, 문화재 관련 기관의 연구원, 행정직, 기능 보유자 등으로 구성한다. 교육 과정은 이론과 실습을 병행함으로써 균형과 전문성을 확보하며 이외에도 다양한 인접 분야의 지식을 습득케하여 실무에서의 활용도를 높인다. 학기중에는 연수원 시설과 이 학교의 실험 실습 장비를 활용하여 중소 규모의 연수를 실시하고 방학중에는 기존 학교의 시설을 활용하여 대규모 연수를 실시한다.

643. 다른 나라의 문화재 교육기관

1) 프랑스 - 국립문화유산학교

문화재 고급인력을 기르기 위한 목적으로 1990년 5월에 설립된 학교이다. 정원은 30명이며 교육기간은 18개월이다. 교육내용은 그림, 도자기, 조각, 금속공예, 사진, 가구 그리고 벽화 등의 감정 복원이며, 학교 교육과정을 마치면 국립 또는 지방박물관의 학예직으로 나갈 수 있다. 이 학교를 세운 목적은 기존 교육기관에서 길러낸 큐레이터들이 정치 경제 상황에 대한 인식이 부족하여 많은 문제점이 있으므로 이를 해결하기 위하여 종합적인 큐레이터를 만들어내기 위한 것이다. 역사, 예술사, 고고학 인류학 등에서 일반대학의 석사과정 이상을 교육받은 학생들을 뽑아 유적 발굴 및 보존업무, 복원기술 업무, 문화재관리 행정업무에서 전문가를 만들기 위한 것이다. 현재 전통건축분야 전문과정(교육기간 6년)을 준비하고 있다.[12)]

국립문화유산학교는 '문화유산 큐레이터' 단체와 협력하여 입학시험을 실시한다. 입학시험을 위한 참고서적이 있기는 하지만, 실제로 도움이 될 만한 참고서적은 극히 드물다. 왜냐하면, 새로운 교육기관 설립과 큐레이터 제도 개혁의 목표가 예술사 전반에 대한 폭넓은 지식과, 특정 분야 및 지역에 대한 전문 지식을 모두 갖춘 전문가를 양성하는 것이기 때문이다. 문화유산 큐레이터 자격을 얻기 위한 입학시험은 인류학, 역사 및 예술사 분야에서의 고도의 학문적 교육 수준을 요구한다. 필기시험은 문화 전반에 대한 이해를 필요로 하는 작문시험으로 치러지며, 구술시험은 미리 지정된 역사시대의 유적, 작품, 출품 등에 대한 상당한 수준의 분석적인 방법과 지식을 필요로 한다. 또한 2개의 외국어를 아주 정확하게 실용적으로 구사할 수 있어야 한다.

국립문화유산학교의 주된 기능은 견습 큐레이터들을 18개월 동안 기본적인 직업교육을 시키는 것이다. 교육과정은 실용단계 과정 6개월을 끝내고 전문 교육과정에 들어가도록 되어 있다. 전문 교육과정은 모두 3개의 과정으로 되어 있으며 각 과정은 ①문화행정 당국에서 하는 행정과정, ②박물관, 자료조사관 등 학생의 전문성에 맞춰 두 개의 문화유산 기관에서 하는 문화유산 과정, ③외국어 과정 등이다. 교육 방법은 세미나, 집단토의, 사례연구, 탐방으로 이루어지며, 교육 과목은 ①행정 및 문화유산 관련법, ②문화유산 경제학, ③공중 및 사회법과 그 관리, ④문화유산 건축물의 기능, 설비, 축조, ⑤문화유산의 보급, ⑥문화유산의 취급, 관리, 복구, ⑦현장 용어 등으로 구성된다.

국립문화유산학교 교육의 장점은 동료의식과 다양하고 폭넓은 공통교육을 통하여 전문분야에 대한 보다 넓은 시각을 갖도록 하여 문화유산의 세계에서 문화적 삶을 보다 잘 이해하는데 커다란 도움을 준다는 것이다. 그럼에도 불구하고 견습 큐레이터들은 이런 교육체계에 대해 어느 정도 문제의식을 가지게 되는데, 이런 교육 프로그램이 자신의 전문분야의 학문적 연구에 대한 욕구와 능력을 충족시키지 못하고 있다는 것이다. 이들은 나중에 박물관, 자료관의 특정 부서에 배치된 이후에도 자신의 전문분야에 대한 학문적인 연구를 지속하고 싶어한다.

국립문화유산학교는 또한 문화유산 큐레이터들에게 기초교육의 정신과 유사한 평생교육, 즉 실용적이고 다영역적인 교육을 담당한다. 이 교육은 큐레이터 뿐만 아니라 문화부와 지방에 속해 있는 문화유산과 관련된 학문적, 기술적 업무를 담당하는 요원들에게도 개방되어 있다.

1996년부터는 시, 도, 관구 소속의 문화 분야 책임자들과 관계자들을 받아 들이면서 민간부문으로 확대되었다. 이런 교육 프로그램은 '연구과정' 또는 세미나 성격으로서 대개 3일 정도의 기간으로 파리에서 개최되며, 지방에서 개최되는 경우도 있다. 1996년에 '국립문화유산학교'는 35번의 프로그램을 개최하였으며, 2,000여명 정도가 이 교육 프로그램에 참여하였다.

지식의 발전과 확대를 확고히 하고자 하는 목적으로 진행되는 이런 교육 프로그램은 해마다 그 목적과 내용이 조금씩 다르기는 하지만, 다음과 같은 5개의 목적과 내용으로 이루어져 있다. ①새로운 지식의 습득, ② 문화유산의 유지와 복구, ③문화유산의 설명과 전달, ④문화유산의 보급, ⑤문화유산 및 시설의 관리 등이다. 이 교육 프로그램은 현장에서 활동하고 있는 큐레이터, 박물관 관리자 및 기타 큐레이터 지식과 기술을 가진 전문가들을 대상으로 하고 있으므로, 전문적인 주제를 상당히 폭넓고 깊이있게 다루고 있다. 예를 들어 국립문화유산학교는 상당히 광범위한 문제들, 즉 모든 형태의 문화유적에서 제기될 수 있는 문제들을 주요한 건축물이나 기관에 대한 '행정적, 재정적, 사회적 책임' 차원에서, 혹은 '장애인 관객을 위한 특별 방안'(즉, 건축물이나 작품에의 접근을 용이하게 하는 것)으로 반영할 것을 제시하고 있다.

2) 이탈리아 - 복원 기술자 양성학교

이탈리아의 복원기술자 양성학교(중앙복원연구소)는 1939년에 세워졌으며 일반 과정과 전문화 과정이 있다. 일반 과정은 3년이며 금속관련 유물 보존처리 과정과 그림 및 건축물 관련 재료 보존과정 등 2개의 과정이 있다. 교육 과정을 마치면 복원전문가로 활동할 수 있는 자격이 주어진다. 입학 허가는 이탈리아 국민 10명과 외국인 5명에게 주어지며, 문화청이 실시하는 자격시험에 합격해야 한다. 교육 과정은 이론과 실기가 종합된 형태로 ①고대와 중세 그리고 현대 예술사, ②복원기법, ③화학, 물리학, 자연과학, ④회화 및 조각의 디자인과 기법, ⑤문화재관련법, ⑥실습 등으로 이루어진다. 중등학교 이상 학력이면 입학할 수 있으나 대학에서 고고학이나 미술사를 전공한 학생들이 입학하기도 한다. 전문화 과정은 일반대학의 석사 과정으로 일반 과정 졸업자들에게 입학이 허용된다.[13]

3) 일본 - 나라(奈良)대학 문화재학과, 세계유산과정

나라대학에는 일본에서 처음으로 문화재학과를 만들어 운영하고 있다. 전공은 고고학, 보존과학, 미술사, 사료학, 박물관학, 세계유산학 등 6개로 나뉜다. 교과과정은 이론과 실기가 복합된 형태로 구성되었다. 대학원 과정으로는 문학연구과 문화재사료학 전공을 두고 문학부 사학과와 문화재학과를 기초로 하여 사회, 문화, 예술 등 제분야에서 사료와 문화재 양쪽 방향에서 연구하는 전문가를 양성한다. 문화재학과 교과과정은 아래와 같다. (표 6-6)

또한 나라대학 문학부에 협동과정으로 세계유산과정이 있다.[14] 나라의 문화재가 1998년에 유네스코 세계유산에 등록된 것을 계기로 나라대학에서는 국문학, 사학, 문화재학 공동으로 세계유산학을 정립하기 위한 움직임이 있게 되었고, 그에 따라 세계유산과정이 설치된 것이다. 문학부 공동으로 세계유산학 개론을 두고, 학과에 따라 연습과정과 특수강의 과정을 두고 서로 선택적으로 이수할 수 있도록 한 것이다. (표 6-7)

〈표 6-6〉 나라대학 문화재학과 교과과정

	1학년	2학년	3학년	4학년
필수과목	문화재학입문 문화재학연구법1,2	사료취급, 관련언어학습 고고학강독1,2. 미술사강독1,2. 사료학강독1,2. 보존과학강독1,2, 문화재박물관학강독1,2	연구방법 학습과 실천 고고학실습1,2,3,4 미술사실습1,2,3,4 보존과학실습1,2,3,4 스스로 주제설정, 연구실천 고고학연습1,2 미술사연습1,2 사료학연습1,2 보존과학연습1,2 문화재박물관학연습1,2 세계유산문화재학연습1,2	과정종합 졸업연구 고고학연습3,4 미술사연습3,4 사료학연습3,4 보존과학연습3,4 문화재박물관학연습3,4 세계유산문화재학연습3,4
선택과목	A군 각분야 기초학습 고고학개론1,2. 미술사개론1,2. 사료학개론1,2 보존과학개론1,2			
	B군	전문성이 조금높은 지식 학습 고고학특수강의 미술사특수강의 사료학특수강의 보존과학특수강의 문화재박물관학특수강의 세계유산문화재학특수강의		
	C군	전문지식학습 문화재정보학1,2. 문화재수경학 문화재분석학 문화재환경학 문화재수복학 고고학연구법 선사고고학 역사고고학 불교고고학 세계고고학 동양미술사 일본조각사 일본회화사 공예사 문헌사료학 종교문화사 건축사		
문학부공동선택과목	세계유산학개론1 심리학개론1,2 법학개론 정치학개론 경제학개론 사회학개론 철학개론 윤리학개론 종교학개론 일본문화사1,2 문화교류론1,2 비교민족학1,2 문화인류학1,2 예능사1,2 민속학1,2 종교민속학 풍속사 민예론 민족음악론 비교언어론1,2 서지학 사상사1,2 사회경제사1,2 과학기술사1,2 자연사 현대사1,2 현대예술론 영상문화론 관광론 세계유산학개론2 일본사1,2 외국사1,2 인문지리학개론1,2 자연지리학개론1,2 지지(地誌)학개론1,2			

〈표 6-7〉 나라대학 세계유산과정

〈주〉

1) World Commission on Culture & Development, 1996. *Rethinking Cultural Policies. Our Creative Diversity*, Paris, Unesco Publishing).
2) Recommendation concerning the Preservation of Cultural Property Endangered by Public or Private Works. 1968.
3) 가결 법안 제453번 ≪작은 법≫ 1999-2000년 정규회기 1차 讀會에서 국회에서 가결된 법안(구제고고학 관련), 참조 번호: 1575, 2167(문화유산).
4) 총액을 결정화는 방법은 다음과 같다.
   1. 지표조사와 징후조사(시굴조사)의 경우: R(1m2 당 1프랑) = T/240 의 공식에 따라 계산한다.
   2. 지표조사나 징후조사를 근거로 한 발굴조사의 경우:
      a) 층위를 이룬 유적의 경우
         R(1m2 당 1프랑) = T×H, H는 개발작업으로 영향을 받는 고고유적 층위의 평균 높이를 나타낸다.
      b) 층위를 이루지 않은 고고학 유구의 경우

R(1m2 당 1프랑) = T×N/2000, N은 지표조사와 징후조사에서 찾은 유구를 헥타르 단위로 계산한 수를 나타낸다.

형질변형이 심한 주거 건축의 경우, 위의 2항에서 계산한 값을 T/3×S로 조정하게 되는데, 이때 S는 발굴작업을 제외한 건축계획의 총 면적을 나타낸다.

5) 장호수, 2006. 『문화재기금 국회공청회 자료집』
6) 권수철, 2001. 「도시계획제한에 대한 손실보상법제 고찰」, 『월간법제』 통권 제520호.
7) 1998. 12. 24. 97헌바78병합 1999. 10. 21. 97헌바26.
8) 박윤흔, 2000. 『행정법 강의』(박영사)
9) 서순탁·박헌주·정우형, 2000. 『국토의 합리적 관리를 위한 개발권 분리방안 연구』(국토연구원)
10) 서순탁·박헌주·정우형, 2000. 위의 책
11) 경주시 조례 제94호. 1995. 1. 3. 제정.
12) 한국교육개발원, 1997. 『한국전통문화학교 설립운영방안 연구』
13) 한국교육개발원, 1997. 위의 책.
14) 奈良大學文學部世界遺産を考える會 編, 2000. 『世界遺産學を學ぶ人のために』(世界思想社)

7-1. 고고유산 관리

7-11. 고고유산의 뜻과 가치
7-111. 매장문화재와 고고유산
7-112. 고고유산의 종류와 범위
7-113. 고고유산의 가치

7-12. 고고유산 보호 이념
7-121. 고고유산의 국유 개념과 보호
7-122. 발굴허가 제도

7-13. 고고유산 관리 방법
7-131. 고고유산 관리 원칙
7-132. 고고유산 관리와 GIS
7-133. 고고유산 관리 국제 기준

7-14. 고고유산 관리의 실제
7-141. 국토개발 사업과 고고유산 보호방법
7-142. 잉글랜드 - 개발정책 지침
7-143. 프랑스 - 진단평가 제도
7-144. 일본 - 사전협의제
7-145. 고고유산의 가치 평가
7-146. 우리나라의 고고유산 관리

7-15. 수중 문화유산과 수중고고학
7-151. 수중 문화유산의 뜻과 가치
7-152. 수중 문화유산 보호에 관한 국제협약
7-153. 우리나라의 수중 문화유산 관리

7-11. 고고유산의 뜻과 가치

고고유산은 선사시대로부터 오늘에 이르기까지 사람들이 살아오면서 남긴 자취로서 유적과 유물의 형태로 남아있어 고고학 발굴을 통해 드러나는 것을 말한다. 오래된 것일수록 땅속에 깊이 들어있고 시대의 선후에 따라 층위를 이루며 남아있기 때문에 일반으로 매장문화재라고도 한다. 그러나 때로는 일부 구조물들이 땅위에 드러나 있으나 발굴 과정을 통해 전모를 알수 있는 것들도 많이 있다. 따라서 정확한 뜻을 담아내기 위해 고고문화재, 또는 고고유산이라는 말이 더 올바른 것으로 볼 수 있다.

고고유산은 역사의 증거로서, 특히 고대 기념물들은 민족의 상징으로서 중요하며, 겨레의 역사를 가르치는데 유적 현장 교육은 효과가 매우 높다. 특히 어린이들에게 풍부한 상상력을 불러 일으키게 한다는 점에서 가치가 있으며, 또한 관광 자원으로서의 가치와 연구 자료로서 학술 가치도 높다.

7-111. 매장문화재와 고고유산

고고유산은 우리나라에서 그 동안 매장문화재(埋藏文化財)라는 이름으로 불리어왔다. 매장문화재의 어원을 찾아가 보면 매장물(埋藏物)에 문화재(文化財)를 더한 말이며, 일본에서 1950년 문화재보호법을 만들면서 '매장물인 문화재'라는 용어가 나타났다. '매장물'은 법률상 정의에 따르면 토지, 기타의 물건 또는 바다에 매장되어 있는 물건을 말한다.[1] 민법에서 매장물은 법률에 정한 바에 의하여 공고한 후 1년 안에 그 소유자가 권리를 주장하지 않으면 발견자가 소유권을 취득하며, 타인의 토지 기타 물건으로부터 발견한 매장물은 소유자와 발견자가 반씩 나누어 갖도록 하였다. 그러나 문화재로서 가치가 있는 학술,

기예, 고고 자료는 국유로 하며, 이 경우 습득자, 발견자 및 매장물이 발견된 토지와 물건의 소유자는 국가에 대하여 보상을 청구할 수 있게 하였다.[2]

매장문화재는 민법에서 말하는 매장물 가운데 문화재로서 가치가 있는 것이며, 일본 문화재보호법에서 '매장문화재란 토지에 매장되어 있는 문화재를 말한다.' 라고 정의한다.[3] 우리나라 현행 문화재보호법에서는 토지, 해저 또는 건조물 등에 포장(包藏)된 문화재를 '매장문화재'라고 하며 이를 발견하면 그 발견자 또는 토지·해저나 건조물 등의 소유자, 점유자 또는 관리자는 그 현상을 변경하지 말고 대통령령으로 정하는 바에 따라 그 발견된 사실을 문화재청장에게 신고하도록 하였다.[4] 최근 제정된 「매장문화재 보호 및 조사에 관한 법률」에서는 여기에서 한걸음 더 나아가 '매장문화재'라 함은 토지 · 수중 · 건조물 등에 포장되거나 분포되어 있는 유형의 문화재를 말한다. 이 경우 지표 · 지중 · 수중 등에 생성 · 퇴적되어 있는 화석 · 천연동굴 기타 지질학적 가치가 큰 것을 포함한다. 라고 정의하고 있다.[5]

'매장문화재'는 고고학 조사와 연구에서 얻어진 자료들을 일컫는 말로 우리나라와 일본에서 쓰이고 있으나, '매장물'의 뜻이 너무 한정적이며, 국제 사회에서 논의되고 있는 고고유산의 개념과는 많은 차이가 있다. 유럽 지역에서는 문화유산의 범주를 크게 둘로 나누어 건축유산(Architectual Heritage)과 고고유산(Archaeological Heritage)으로 분류한다. 고고 유산이란 고고학 방법에 의해 제공되는 물질 문화유산을 말하며, 인간의 생활흔적을 비롯해, 인간 행위의 증거를 보여주는 곳들, 폐기된 유구 등 땅속에 또는 수중에 들어 있는 모든 종류의 잔존물들이며 그와 관련된 동산문화재들을 포함한다.[6] 한편 유럽연합 국가들은 고고유산을 공동으로 보호하기 위하여 협약을 제정하였는데 협약에서 고고유산의 개념을 기념물이나 건축물까지 확장하였다.[7]

따라서 문화재의 개념 정리와 범주의 확장을 위하여 '매장문화재'는 '고고유산'으로 부르는 것이 알맞을 것이다. 고고유산의 뜻을 살펴보면 먼저 '고고(考古)'라는 말은 중국에서 문물(文物)과 함께 일찍부터 쓰던 용어로서, '고고'는 옛것을 연구하는 것, '문물'은 옛것을 연구하는 재료가 된다. 따라서 고고유산(考古遺產)은 고고학 방법에 의한 조사와 발굴에서 확인되는 것들을 말하는 것이 된다.

7-112. 고고유산의 종류와 범위

1) 고고유산의 종류

고고유산이란 인간 행위의 증거이며, 고고학 방법에 의해 제공되는 유적, 유구, 유물 등 물질 문화유산을 말하며, 놓인 위치에 따라서 땅에 또는 물속에 들어 있는 것들이 있다. 미국의 고고자원보호법[8]에서 고고자원이란 '과거 인간의 생활과 활동의 결과 남아있는 적어도 100년 이상된 물질자료로서 고고학의 대상이 되는 것이다. 토기, 바구니, 병, 무기, 도구, 유구, 움집, 바위그림, 세공품, 무덤, 인류 유해, 그리고 고고학 유적에서 함께 발견된 고생물자료들이 있다.' 라고 정의하여 고생물자료를 고고유산에 포함한다.[9]

고고유산은 수중(水中)에도 있다. 수중 유산은 다시 강, 늪지에 있는 것과 바다에 들어있는 것으로 나뉘며 조사 방법에 따라 잠수 조사를 필요로 하는 것과 그렇지 않은 것이 있다. 수중 유산에는 유적, 유구, 건축물, 유물과 인류 잔해들로서 고고학 발굴 또는 자연 상태로 발견된 것, 난파된 배, 비행물체, 그밖에 탈 것들 또는 그 부분, 거기에 실려 있던 물건들로서 고고학 발굴 또는 자연 상태로 발견된 것, 그리고 선사 시대 유물들이 있다.' 바다 밑에 있는 배관이나 전선, 그밖에 시설물로서 현재 사용하고 있는 것은 수중 유산으로 보지 않는다.[10]

2) 고고유산의 시간 범위

고고유산의 시간 범위와 관련하여 미국법에서는 100년 이상이라는 연대 기준을 제시하고 있다. 수중문화유산보호협약[11]에서도 수중 유산은 '인류가 남긴 역사, 문화, 고고의 성격을 갖는 흔적 모두를 일컫는 말로 적어도 100년 이상 전체 또는 부분적으로, 일시적으로 또는 계속해서 물속에 들어 있던 것들로 한정하여 마찬가지로 연대기준이 있다. 일본에서는 발굴과 기록 보존이 필요한 경우에 대한 상세 기준을 정하면서 시기적으로 매장문화재의 범위는 중세 시기까지로 하며, 근세에 속하는 유적은 지역에서 필요한 것, 근현대 유적은 지역에서 특히 중요한 것을 대상으로 한다고 하여 매장문화재 조사 대상을 중세시기로 한정하고 있다.[12] 프랑스에서는 구제 고고학 작업 수행 허가에서 허가의 성격과 조사 대상 시기를 구분하고 있는데 발굴 대상 시기는 구석기시대, 신석기시대, 원사/금속기시대, 골/로마시대, 중세, 근대, 현대로 구분하여 현대 시기까지 고고학 조사 대상으로 다루고 있다.[13]

따라서 고고유산은 인류가 남긴 과거의 흔적으로서 법률적으로 국가차원의 관리대상이 되는 것은 적어도 100년의 시간이 흘러간 것을 말하며, 근현대 유적들은 나라마다 선별적으로 다루는 경향을 볼 수 있다. 그러나 학문적으로 고고학의 연구 대상은 현대 시기까지 영역을 넓히고 있다. 영국에서는 산업혁명 시기의 유구와 유적을 발굴 조사하는 산업고고학이 고고학의 한 분야로 일찌기 자리를 잡았고, 일본에서는 오끼나와 지역 연구자들이 중심이 되어 제2차 세계대전의 흔적들을 고고학적으로 조사하였다.[14] 나아가 현대 생활유산인 쓰레기터를 발굴 조사하는 사례도 있어 고고학의 연구 대상은 과거에만 머무는 것이 아니라, 현재적 관점에서 연구 방법에 따라 그 대상은 넓어질 수 있는 것이다.

7-113. 고고유산의 가치

고고유산은 현대사회에서 중요한 문화자원으로 여기고 있다. 고고유산은 여러가지 가치를 담고 있는데 이를 존재가치, 사용가치, 선택가치로 나누어 살펴볼 수 있다. 고고유산의 사용가치(use value)는 중세 시기 이후 학문과 예술을 비롯하여 정치, 문화 등 현실에서 활용되었다. 역사 연구 자료로서, 예술 창작의 원천으로서, 교육 자료로, 여가와 관광의 대상물로, 상징물 또는 통치 수단으로서, 사회통합의 수단으로 소비되어 왔다.

고고유산의 선택가치(option value)는 소비재로서 보다는 생산재로서 갖고 있는 가치이며, 미래 세대를 위하여 보존할만한 가치를 말한다. 지금은 아니더라도 언젠가는 이를 사용하고 향유할 수 있다는 사실만으로도 가치가 있다는 것이다. 고고유산을 비롯하여 문화재와 환경재가 갖고 있는 가치들이다. 존재가치는 그것이 있다는 사실만으로도 만족할 수 있는 것을 말한다. 역사도시와 전통 마을과 같이 고고 유산이 많은 곳에 살고 있는 사람들이 갖고 있을 수 있는 자부심과 긍지같은 것이다. 이들은 변화에 대한 거부감이 있다. 보존론자들은 존재가치와 선택가치를 중요하게 여기며 활용론자들은 사용가치를 보다 중요하게 생각한다. 따라서 고고유산을 효율적으로 관리하려면 유산 하나 하나의 중요도에 대한 상대적 가치 판단의 기준을 마련할 필요가 있다.[15]

7-12. 고고유산 보호 이념

7-121. 고고유산의 국유 개념과 보호

고고유산은 일찍부터 나라에서 관리하였다. 스웨덴 왕실에서는 1667년 부터 '고대 유물은 모두 왕실의 것'이라고 선언하였다. 영국에서는

1882년 「고대기념물보호법」을 제정하였고, 미국에서도 1906년부터 「연방기념물법」을 제정하여 고고유산에 대한 국가관리를 시작하였다. 19세기 중반 이후 유적 발굴과 보존은 국가의 책임 아래 정부 예산을 투입하기 시작하였고, 고고학 전문가들이 행정기관에 고용되기 시작한다.

제1차 세계대전이 끝난 뒤 여러 나라에서 고고유산 보호를 위한 법률을 제정하고, 세계 제2차 대전 이후에는 고고유산을 사회경제 계획과 통합적으로 다루기 시작하였다. 오늘날에는 고고유산 보존 방식에서 유적을 현상대로 보호하는 것과 발굴하면서 보존하는 방법을 놓고 각 나라들이 서로 다른 전략을 보이고 있다.[16]

고고유산은 국가 또는 지역 공동체의 역사적 아이덴티티를 이루고 있으며, 유적 발굴과 보호 과정에는 행정기관, 연구자, 그리고 정치적 이념이 서로 얽혀 있다. 고고유산은 인류의 집합적 기억으로서 유적 경관에 그 내용이 담겨 있다. 따라서 고고유산 보호는 경관을 보존해야 하며 그런 까닭에 고고유산 보호의 책임이 국가에 있는 것이다. 유적을 발굴하고 박물관에 유물을 보관하는 것은 최소한의 보호행위일 뿐이다. 고고유산 관리는 '고고유산을 고유의 환경과 역사 및 현대사회와의 관계에서 적절히 보호하는 것'이며 고고유산 관리 행위에는 조사, 목록 작성, 발굴, 연구, 보호, 전시, 교육 활동 등이 모두 포함된다.[17]

7-122. 발굴허가 제도

고고유산은 대부분의 나라에서 국유 자산으로 인식하여 발굴 행위를 제한하는 방법으로 보호한다. 발굴 제한은 국가에 의한 발굴 허가 제도와 신고 제도로 나눌 수 있는데 우리나라는 허가 제도를 운영하며 일본은 신고 제도로 되어 있다. 고고유산 보호를 위한 사전 조사와 분포 지역을 확인하는 것은 매우 중요한 일이다. 일본 문화재보호법에는 '주지(周知)의 매장문화재 포장(包藏)지'라는 말이 있다. 이는 매장문화재가 포장되어 있을 가능성이 매우 높은 토지로서 널리 일반 사람들에게 이미 알려진 토지를 말한다. 고분처럼 외형으로 판단할 수 있는 것 이외에 전설, 구전 등에 의해 지역 사회에서 매장문화재를 담고 있는 토지로 널리 알려진 것을 말한다. 주지의 매장문화재 포장지역에서 토지의 형질이 변경되는 행위를 하려면 발굴 조사를 해야 한다. 따라서 꾸준히 조사하여 확인하고, 조사 결과는 누구나 알 수 있도록 정보를 제공해야 한다.

프랑스에서는 고고학적 가치가 있는 발견물을 행정기관에 의무적으로 신고하도록 하고, 국가는 보존을 위한 조치를 하며, 연구를 위하여 필요한 경우와 개발지역에서의 구제 발굴 등에 관하여 발굴 허가를 할 수 있다. 발견 유물은 발견자와 합의를 거치거나, 전문가의 평가를 거쳐 보상하는 조건으로 국가의 소유가 된다. 고고학상 중요한 건물이나 토지는 국가가 수용할 수 있다.[18] 미국에서는 연방 토지와 인디안 소유 토지는 발굴 허가를 받아야 하며, 연방 토지에서 발견된 고고자원은 국유로 한다. 위반 사항에 대한 벌금 제도가 있고, 유적 훼손에 대한 시민권 제한, 도난 유물 매매에 대한 처벌이 있다.[19]

중국에서 고고유산 보호는 문물보호법을 기본으로 하며, 구체적인 실행 방법은 「고고발굴관리방법」과 「수중문물보호관리규칙」에 따라 이루어진다.[20] 고고유산은 국가문물국의 통제에 놓여 있다. 지하에 매장된 문화재는 단체나 개인이나 모두 함부로 발굴할 수 없다. 출토된 문화재는 지방 문화 행정기관이 지정한 곳에 보관한다. 발굴기관은 발굴 계획을 제출하고 국가 문화행정기관의 비준을 받아 발굴한다. 건설 공사시 발굴은 기초 조사 내용에 따라 발굴 계획을 세워 국가의 허가를 받아 시행한다.

폴란드에서는 모든 고고학 발굴은 기념물 지역 감독관의 허가를 받아야 한다. 발굴 작업 허가 관련 규칙과 절차는 국가문화유산부 장관이 환경보호부 장관 및 농업부 장관과 협의하여 발표한다. 국가 소유가 아닌 부동산에서의 고고학 조사는 소유주나 이용자의 양해를 얻은 후 발굴할 수 있다. 고고학 기념물을 보호 및 연구하는 과정에서 발생하는 모든 피해는 보호 및 연구 작업을 명한 자가 보상한다. 고고학 발굴물은 모두 국가 소유이다.

7-13. 고고유산 관리 방법

7-131. 고고유산 관리 원칙

고고유산 관리는 유적을 확인하고 기록하는 것이 무엇보다도 중요하다. 정해진 순서에 따라 1) 현지 조사와 기록, 2) 발굴, 3) 경관 계획과 통합 관리, 4) 유적 복원 및 보수 단계로 이루어지며, 계획 초기부터 고고학자들이 참여하게 된다. 유적 복원과 보수를 어디까지 할 것인가에 대해서는 오랜 기간의 조사와 연구가 필요하다.

고고유산 관리는 일반 고고학연구와 다르게 문화자원 관리 전문가들이 담당해야 한다. 1970년대 이후 대학원 과정에 문화자원 관리(CRM: Cultural Resource Management) 과정이 도입되어 전문인력을 양성하기 시작하였다.[21] 고고학 전공자들을 문화재관리 현장에 바로 투입하면서 중요한 유산들이 제대로 관리되지 못하여 문화재관리 훈련 과정이 필요하게 된 것이다. 문화재관리는 재정 계획, 기금 확보, 인간 관리, 의사교환 방법, 연구계획서 작성에 관한 지식과 문화재보호법, 국토계획법, 환경법 등 정부 정책에 대한 이해도 필요하며, 의사결정 과정에 참여할 수 있는 지식기반을 구축하여 최고관리자로서 역할을 해야 할 것이다.

고고유산 보존에 좋지 않은 영향을 미치는 위협 요소들도 많이 있다. 방문객들에 의한 관광 압력, 대기 오염에 따른 기념물 부식, 자연 조건(지형, 수맥)변화에 따른 유적 주변 환경변화와 유적 훼손, 지진, 태풍 등 자연 재해, 도굴과 불법 거래에 의한 피해, 도시 건설이나 댐, 도로와 같은 기반 시설 설치로 무너지는 유적들, 부적절한 유적 관리 및 보존 방법에 의한 훼손, 그에 못지 않게 지나친 발굴 작업에 따른 유적 파괴 등이다.[22] 이와 같은 문제들을 해결하기 위해서는 나라안에서 스스로 법과 제도를 갖추고 보호하는 것과 함께 국제 협력이 필요하다.

7-132. 고고유산 관리와 GIS

고고유산은 겉으로 드러나지 않는 것들이 많아 유적을 찾는 일부터 기록하는 일에 이르기까지 작업을 체계화하는 것이 중요하다. 고고유산은 분포 범위를 찾는 것도 어렵지만 위치정보를 잃게 되는 경우도 많이 있다. 따라서 예측 가능한 정보를 확보할 수 있도록 지리정보체계(GIS)를 이용하여 관리하는 것이 필요하다.

GIS는 고고학 연구에서 이미 쓰이고 있는 도구이다. 유적 목록을 만들고, 연구 분석하는 일 뿐 아니라 이미 알려진 유적들을 이용하여 알려지지 않은 유적들을 찾아내는 예측시스템 개발에도 활용되고 있다.(그림 7-1-1) GIS는 유적 하나하나에 대한 연구 뿐 아니라 국가별 목록 작성에도 유용한 도구가 되고 있다. 또한 GIS는 유적 분포 지역에서 개발 계획을 세울 때 통제 수단으로서 현상변경 행위에 대한 판단 자료를 제공할 수 있다. GIS지도에 보호가 필요한 지역을 덧씌우면 토지 사용의 적정성을 판단할 수 있게 된다. GIS 자료에 바탕을 둔 예측 모델은 개발 예정지역에서 고고 유적에 대한 영향평가를 쉽게 할 수 있고, 보존 전략을 세우는데 도움이 된다. 유적 정비계획을 세울 때, 유적 복구 보존계획, 방문객 관리, 편의시설 설치에서도 GIS자료를 바탕으로 이루어진다.[23]

예측모델 작성의 실제 크로아티아(Crotia) Hvar.

GIS를 이용하여 크로아티아 달마시아 중부 해안에서 멀리 떨어진 하바섬의 유적분포 예측 모델을 만든 것이다. 그동안 조사에서 확인된 유적들의 고도, 토양 조건, 미세 기후에 관한 자료들과 유적의 문화층을 포함하는 자료들을 모아 GIS로 기록하였다. 언덕 위의 성에 대한 유적 범위와 자원 이용 지역에 대한 예측값은 성 방문회수, 토양 조건, 지세 등에 기초하여 만들었다. 이러한 자료들과 다른 변수들을 조합하여 로마시대에 가장 선호하는 조건들을 갖춘 지역들을 찾아낼 수 있었다. 이와 같은 분석 결과는 아래 그림과 같이 나타났다.

Paul Box, 1999. P. 71

〈그림 7-1-1〉 로마시대 주거유적 GIS 적용지도

7-133. 고고유산 관리 국제 기준

1) 고고학 발굴에 적용되는 국제 원칙

고고학 자료가 인류 문명을 이해하는 데 중요하며, 고고학 발굴이 날로 늘어가는 추세에 있고, 새로운 정보를 서로 공유하면서 고고유적을 보호 관리할 필요성이 있음을 인식하고 유적 보존 및 발굴에 관한 국제 기준을 마련하기 위하여 고고학 발굴에 적용되는 국제원칙[24]이 제시되었다. 주요 내용은 다음과 같다.

고고학 발굴이란 고고학에서 말하는 유물을 찾기 위한 연구 활동으로서 발굴 행위와 지표조사를 포함하는 것이며, 땅에서 이루어지는 것과 바다에서 이루어지는 것을 모두 말한다. 고고학적 방법에 의한 발굴조사에서 일반 원칙으로 제시된 것은 발굴은 전문가가 해야 하며, 발굴 결과는 가능한 빠른 시간안에 보고하고, 중요한 고고유산을 역사기념물로 인식하도록 한다는 것이다. 고고학 관련 행정은 중앙 정부가 담당해야 하며, 유적 보존 원칙으로는 발굴을 하되 유적의 일부를 남겨두어 뒷날에도 연구할 수 있도록 하고, 유적의 역사성과 내용을 언제라도 확인할 수 있도록 해야 한다는 것이다.

발굴 유물은 서로 비교 연구를 위해 지역 단위 또는 국가 단위로 모아 전시 연구할 수 있도록 하고, 중요한 유적은 유적전시관을 세워 방문자들에게 보여주는 것이 좋다. 유적 발굴에 학생들이 참여할 수 있도록 적극 권장하고 유적 소개 책자를 발간하며, 유적을 언제라도 방문할 수 있도록 국가기관에서 교육 방안을 마련해야 한다.

각 나라는 도굴을 막고, 도굴된 유물이 해외로 나가지 않도록 해야 한다. 박물관에서 고고유물을 살 때는 그 출처를 명확히 해야 한다. 불법으로 반출된 유물들은 본국으로 돌아갈 수 있도록 국제기관간에 협력해야 한다. 전쟁시에 점령 지역에서 발굴을 할 수 없다. 작전중에 우연히 발견된 유물들도 정확한 기록과 함께 원소유국에 넘겨주어야 한다.

2) 고고유산 보호관리 헌장

고고유산은 과거 인간 행위의 근원적 기록이다. 이를 보호하고 관리하는 것은 고고학자뿐 아니라 여러 분야의 전문가들이 연구하고 해석하여 현재와 미래 세대에게 과거를 이해하는데 도움을 주기 위함이다. 고고유산은 고고학 분야의 전문기술만으로 보호할 수 있는 것은 아니며 보다 넓은 분야의 학문으로부터 도움을 받아야 한다. 고고유산은 건축 구조물이기도 하며, 또한 토착 문화의 살아있는 전통을 간직하고 있기도 하므로 베니스헌장(자료 4)의 정신에 따라 보호해야 하며, 지역 문화집단이 보존에 참여해야 할 때도 있다. 또한 정부, 학계, 기업, 그리고 대중이 참여하는 보호가 필요하다.

「국제기념물유적협의회」는 고고유산 보호관리에 관한 행위 기준으로 삼을 수 있는 헌장을 제정하였다.[25] 이 헌장에서는 공공 기관과 입법의 책임, 중요 유적 지정문제, 유적 조사, 발굴, 기록, 연구, 보존, 복원, 정보제공 방법을 비롯해, 일반 시민들에게 유적에 보다 쉽게 접근할 수 있는 방법 등 활용방안에 대해 일반 원칙을 제시하고, 각 지역이나 나라에서 실정에 맞게 만들 수 있도록 권고하였다. 헌장의 주요 내용은 다음과 같다.

제1조. 고고유산의 정의 : 고고유산이란 고고학 방법에 의해 제공되는 물질문화유산을 말한다. 인간의 생활 흔적을 비롯해, 인간 행위의 증거를 보여주는 곳들, 폐기된 구조물 등 땅속에 또는 수중에 들어 있는 모든 종류의 잔존물들이며 그와 관련된 동산문화재들을 포함한다.

제2조. 보호정책 : 고고유산은 부서지기 쉽고 다시 만들 수 없는 것들이다. 따라서 고고유산 파괴를 최소화할 수 있는 토지 이용방안을

만들어야 한다. 고고유산 보호를 위해 토지 개발과 도시계획 정책과 함께 문화, 환경, 교육 정책이 종합 구성되어야 한다. 지속적인 관심과 새로운 정책을 제시해야 하며, 고고유적 보존지역을 정책적으로 정해야 한다. 지역, 국가, 나아가 국제단위의 개발정책안에서 보호 대책을 마련해야 하고 일반 시민들이 유산 보호 정책 결정과정에 참여하여 그들의 의견이 의사결정에 반영되도록 하는 것도 중요하다.

제3조. 입법과 재정 : 고고유산 보호는 전 인류의 책임이며 적절한 보호법제와 관리기금을 마련해야 한다. 나라마다 필요한 법을 제정하여 고고유산을 제자리에 보호하고 연구할 수 있도록 한다. 전문가의 동의없이는 유적과 그 주변 경관을 훼손해서는 안된다. 어쩔수 없이 파괴될 경우에는 완벽한 조사와 기록을 해야 한다. 법에는 고고유산의 유지, 관리, 보존에 관한 내용과 파괴 행위에 대한 처벌 조항이 들어 있어야 한다. 법으로 지정 보호되는 것 뿐 아니라 새로 찾은 유적과 임시 보호되는 유적들에 대한 보호 조항도 필요하다. 개발계획에 따른 고고유산에 미치는 영향을 최소화하기 위한 영향평가와 그에 대한 소요비용을 개발비용에서 부담하는 내용도 포함되도록 한다.

제4조. 지표조사 : 고고유산 보호는 유적 현상에 대한 정확한 지식을 바탕으로 하며 유적 지표조사를 통한 보존전략 수립이 매우 중요하다. 또한 유적 분포자료가 기초가 되어 학술조사와 연구를 하게 된다. 분포상황으로 부터 유적의 중요성과 상대가치를 판단할 수 있으며 보존조치의 출발점이 된다.

제5조. 정밀 학술조사 : 학술조사에는 표본조사와 발굴조사가 있다. 학술조사는 연구에 필요한 이상의 유적파괴가 있어서는 않된다. 전면 발굴조사를 하기보다는 유적을 파괴하지 안는 항공촬영, 표본조사 방법 등을 활용하는 것이 바람직하다. 유적이 개발계획에 의해 또는 훼손된 경우, 때로는 학술목적상 발굴을 하게 되는데 이때에도 유적의 일부만 발굴하고 미래를 위해 남겨 두어야 한다. 발굴은 전문가에 의해

이루어져야 하며 발굴이 끝나면 일정 기간안에 보고서를 만들어 학계에 알리도록 한다.

제6조. 유지와 보존 : 고고유산은 제자리를 떠나서는 안되며 발굴한 유적은 원상대로 복구되어야 한다. 원주민과 관련된 유적은 그들 스스로 보호관리할 수 있도록 한다. 유적의 성격에 따라 다양한 유적과 기념물들이 고르게 보존될 수 있도록 한다.

제7조. 전시, 정보제공, 복원 : 유적을 일반시민들에게 보이고 알리는 것은 역사 발전과정을 이해하는데 있어서나, 유적보호의 필요성을 인식시키는데 중요하다. 유적 정보 제공은 현재까지 확인된 사실을 근거로 하여 과거를 이해하기 위한 다방면의 접근방식으로 보여주고 새로 알려진 사실이 있을 때마다 새로운 정보를 제공하도록 한다. 복원은 실험적 연구이며 해석의 한 방법이다. 정확한 사실을 바탕으로 하여 진정성을 나타내야 하며 유적이 있는 자리보다는 다른 곳에 복원하는 것이 좋다.

제8조. 전문가 양성 : 고고유산 관리를 위한 전문가를 양성하기 위해 국내교육과 국제협력이 필요하다. 전문가는 발굴분야보다 현장보존에 필요한 인력을 길러내야 하며 전문인력이 충분한 시간을 갖고 연구할 수 있도록 대학원 훈련과정을 만드는 것도 필요하다.

제9조. 국제협력 : 고고유산이 전 인류의 공동유산이므로 국제협력을 통해 유산관리를 위한 표준안을 만들고 발전시키는 것이 필요하다. 전문가들이 정보와 경험을 함께 할 수 있도록 지역 또는 국제회의, 세미나, 훈련과정 등이 있어야 할 것이며 이를 위해 국제기념물유적협의회(ICOMOS)와 같은 전문 집단이 중장기 계획을 세우도록 한다. 그와 함께 전문가교류, 기술지도 과정 등도 발전시켜야 할 것이다.

7-14. 고고유산 관리의 실제

7-141. 국토개발 사업과 고고유산 보호방법

고고유산은 대부분 개발 사업과의 관계에서 문제가 발생한다. 개발 과정에 고고유산을 효과적으로 보호하기 위해서는 개발 사업자, 정부, 그리고 고고학 전문가의 관계 설정이 중요하다. 개발 사업자는 정부로부터 허가를 받아야 하며 그 과정에 유산 보호를 위해 필요한 방안을 마련해야 하며 고고학 전문기관과 계약 관계를 형성한다. 이때 고고학 전문기관은 정부와 또 다른 허가 관계가 설정된다. (표 7-1-2) 개발과 유산 보호를 위한 효율적인 방안은 허가와 계약 과정에서 서로간에 합리적인 조건을 제시하고, 조건을 신속히 충족시키는 것이 무엇보다도 중요하다.

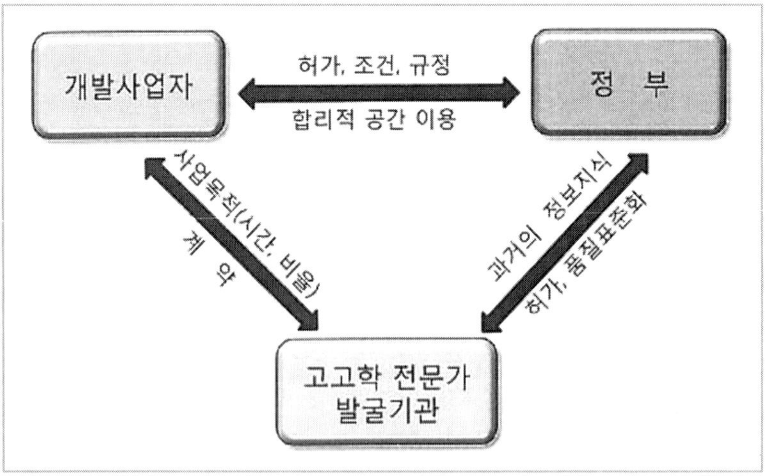

〈표 7-1-2〉 정부 · 발굴기관 · 사업시행자의 관계

7-142. 잉글랜드 - 개발정책 지침

잉글랜드는 개발 계획과 관련하여 역사 환경을 보호하기 위한 목적으로 「개발정책지침」을 만들었다.[26] 지침의 내용은 개발 지역에서 고고유산 보존을 위하여 현행법과 고고학 사이에 상충되는 부분을 조정하고, 분쟁을 줄이기 위해 시행청과 개발자와 고고학자들간의 사전 협의에 관한 것이다. (자료 7) 개발 사업 이전에 현장 조사를 실시하고, 고고학 영향 평가를 권고하는 것이 주된 목적이다. 이 지침은 고고유산을 법으로 보호하는 방식에서 벗어나 사전에 계획적으로 보존하려는 것이며, 법에 의한 보호는 지정된 구역을 벗어나 주변을 보호하는데 한계가 있으므로 개발과 관련되는 지역에서 고고유산을 주변 배경과 함께 보호하기 위하여 사전 계획 단계에서 필요한 절차를 이행하도록 하였다.[27]

개발 세부 계획에 고고학상 중요 유적과 그 주변 지역에 대한 보호, 보존, 정책을 포함하여 도면에 보존 지역을 표시하고 개발업자들은 계획 수립에 반영해야 한다. 개발 지역내 유적에 대한 평가를 근거로 개발 정책을 수립해야 하며, 국가적으로 또는 지방에서 중요한 보존 가치가 있는 것들은, 개발업자와 지방 정부가 만나 개발 초기에 고고학적 평가를 하고, 개발 허가를 받은 지역에서 중요 유적이 나타날 경우 중앙 정부의 승인을 받아 허가를 취소할 수도 있다.

개발 담당 행정기관은 개발 초기단계에 개발과 보존의 갈등 요인을 없애는 것을 목표로 하여 협의를 진행한다. 개발업자들은 주정부 고고학 담당 공무원, 유적 목록 담당자 또는 잉글랜드유산위원회(English Heritage)와 협의를 하는데, 유적을 현상대로 보존하기 어려운 경우에는 허가에 앞서 발굴과 기록 보존에 대한 조치를 이행하는데, 고고학자 및 개발 담당 부서와 발굴 결과와 기록 출판에 관한 논의를 거쳐야 한다. 개발업자가 비영리 단체이거나 자선 기금, 주택 조합, 개인업자 등 발굴 비용 부담이 어려운 경우에는 유산위원회에 재정 지원을 요청할 수 있다.

한편 고고학자와 개발업자들의 행동 강령에 따라 자발적 합의를 통해 유연하게 대처하도록 하고, 법적 수단에 의한 강제보다 서로 이로운 방향에서 개발업자가 부담해야 할 범위를 명확히 하여 재정 부담과 건설 지연 사태를 막고, 개발 담당 부서에서 충분한 정보를 확보하여 허가 여부를 결정하도록 하였다.

국가적으로 중요한 유적과 개발 계획상 주변 경관에 영향을 미치는 경우, 유적 보존은 세부 개발 계획상 고고학 조치 사항과 개발 사업의 필요성과 유적의 보존가치의 중요도 등을 비교 검토하여 결정하며, 개발 담당 부서는 개발 허가 이전에 갈등을 해결하고 개발업자와 합의를 이끌어내야 하며, 조건을 제시할 필요가 있을 때에는 지역 개발 담당 부서에서 고고학자를 지명하여 공사중 수시로 현장을 방문하여, 고고학 조사와 기록을 남기도록 한다.

공사 과정에 유적이 훼손되거나 발견될 경우에는 긴급 구제발굴을 실시하고, 개발 계획 허가시, 고고학 발굴과 기록을 위해 조사가 완료될 때까지 공사 중지를 지시할 수 있다. 사전 조사에서 알려지지 않은 유적이 나타날 경우에도 개발업자와 고고학자 사이에 갈등 요인이 있으며 새로 발견된 유적이 국가적으로 중요하고 보존가치가 있으면 정부에서 등록하고 개발 허가에 대한 재심의와 개발 손해에 대한 보상이 따르게 된다.

7-143. 프랑스 - 진단평가 제도

진단평가는 개발사업지구에서 사업시행자들이 자발적으로 진단 조사를 요청하여 구제 발굴의 필요성 및 범위 등을 확인하는 것이다. 본 발굴 조사에 앞서 시굴 조사를 하는 것과 마찬가지이다. 진단조사는 전체 사업면적의 5-10%에 해당하는 면적을 조사하는데 구제발굴 연구소 또는 국가의 허가를 받은 기관이 할 수 있다. 현장조사는 일정한 범위에 구덩을 설치하여 기계삽으로 작업을 하는데 구덩 크기는 대체로 너비 1.3-3m, 깊이 30cm(구석기 유적의 경우 깊이 4m까지 가능)를 기준으로 한다. 진단조사 결과는 4가지로 구분하여 유적이 확인되지 않으면 국가는 사업을 허가하고, 유적 보존 상태가 좋지 않은 경우에도 사업을 허가하면서 부분 발굴을 지시한다. 그러나 진단조사 결과 넓은 범위에 걸쳐 유구와 유물이 확인되면 발굴 또는 사업 계획 변경을 유도하며 중요한 유적이 확인되면 제자리에 보존할수 있도록 사업자는 사업 계획에서 유적 보존 방안을 제시해야 한다. 진단평가의 허가와 평가 결과에 대한 판단과 지시는 지방 도지사의 권한이다.

7-144. 일본 - 사전협의제

일본은 1975년 문화재보호법을 전면 개정하면서 매장문화재 조항도 크게 고치게 되는데 국가, 공공단체, 각종 공단이 시행하는 토목 공사에 사전협의제를 도입하고, 공사중 유적이 발견될 경우 발견자는 바로 문화청장관에게 보고하고, 유적이 중요하면 6개월까지 일정 기간 공사를 중지시킬 수 있게 하였다. 이 당시 발굴 허가제도 도입, 특히 건설 공사 지역에서 시행하는 구제 발굴을 허가제로 하자는 논의가 있었으나 문화청에서는 발굴 대상 유적 범위를 확인하기 어렵다는 이유로 받아들이지 않았다. 발굴 허가제를 시행할 경우, 불허가 처분에 대한 보상과 그에 따른 예산확보 문제도 걸림돌이 된 것으로

보인다.[28]

사전협의라는 것은 각종 개발 사업시 국가, 공공 단체 또는 각종 공단이 시행하는 대규모 사업에 대해서 사업 계획이 확정될 때까지의 사이에 지방자치단체 교육위원회 또는 문화청과 사업시행자 사이에 해당 사업 계획과 매장문화재 보호와의 조정이 이루어져 사업 계획이 확정되는 시점에서 매장문화재 보존을 위한 적절한 형태의 방안이 나올 수 있도록 하는 것을 말한다. 문화청에서는 지방자치단체 교육위원회에 대해 가능한 이른 시기에 개발 계획을 파악하고 사업 계획 확정 이전에 보존을 위한 대책을 세우도록 이끌어주어야 한다.

7-145. 고고유산의 가치 평가

고고유산은 발굴을 거쳐 유구와 유물을 확인하면서 참된 가치를 판단할 수 있다. 그러나 개발 예정지역에서 발굴 이전 단계에 유적의 중요도를 판단하여 필요한 조치를 할수 있다면 개발 과정에 불필요한 노력을 하지 않아도 된다는 점에서 유적의 가치 판단은 빠를수록 좋다. 일본에서는 1960-1962년에 전국 유적 분포조사를 실시하고 138,403개 유적을 확인하였고 이를 3등급으로 나누어 중요유적(A) 6,223개, 비교적 중요유적(B) 12,235개, 보통유적(C) 119,945개로 구분한 적이 있다.

고고유산의 가치 평가는 일정한 기준이 있어야 하는데 어떤 기준을 적용했는지 구체적인 내용은 알 수 없다. 네덜란드에서는 고고학 품질 표준화 작업을 하면서 가치 판단의 기준을 만들었다. 가치 판단의 범주와 그에 따라 점수화하는 방식이다. 개별 점수가 7점을 넘으면 보존 가치가 있는 것으로 판단한다.[29]

〈표 7-1-1〉 고고유산의 가치판단 점수표

가 치	범 주	점 수		
		높 은	중 간	낮 은
	예술 가치	점수 없음		
인식 가치	보전성	3	2	1
	보존 상태	3	2	1
물리적가치	희소성	3	2	1
	학술성	3	2	1
고유 가치	집단 가치	3	2	1
	대표성	점수 없음		

7-146. 우리나라의 고고유산 관리

우리나라 문화재보호법 체계에서 매장문화재는 지정문화재의 대상은 아니다. 국가 또는 지방자치단체에서 지정 관리하는 문화재는 유형문화재, 무형문화재, 기념물(사적, 천연기념물), 민속자료 등으로 매장문화재를 지정하는 법적 근거는 없다. 다만 매장문화재를 발굴하여 중요한 유적이 드러날 경우 사적으로 지정하거나 출토유물 가운데 중요한 것을 국보, 보물 등 유형문화재로 지정할 수 있다. 다시 말해서 매장문화재는 발굴조사를 하기 전에는 문화재로 지정할 수 있는 근거가 없는 것이다.

그런데 문화재보호법에서는 매장문화재를 원칙적으로 발굴할 수 없도록 하고 필요한 경우(연구 목적 또는 건설공사를 위하여 피할수 없는 경우 등) 국가의 허가를 받아 발굴하도록 하여 매장문화재를 원상대로 보존하는 것을 기본원칙으로 하고 있다. 발굴 소요경비는 공사 시행자가 부담하고, 개인 주택이나 개인 사업 등 일정 범위 이하의 소규모 건설공사에는 국가 또는 지방자치단체가 지원할 수 있도록 되어 있다.

한편 개발 예정지역에 대한 문화재 지표조사와 사전협의는 개발사업 지역에서 매장문화재를 보존하는 것을 주목적으로 하는 것으로 지표조사 단계에서 중요성이 드러난 유적에 대해서는 사전협의를 통해 사업지구에서 제외하거나 보존 조치를 취할 수 있게 되었다.

개발사업 지역에서 이루어지는 구제발굴 비용을 사업자가 부담하도록 하는 것은 이미 앞에서 살펴본 바와 같이 국제 기준에 따라 관례화된 것이다. 그러나 부담방식에서 개별 사업 단위별로 매장문화재 조사비용을 사업자가 부담하는 방식과 개발에 따른 문화재 훼손을 일괄로 보상하는 부과금 방식이 있을 수 있다.

사업자는 공사 예정지역안에 있는 문화재를 발굴하기 위해 필요한 경비를 부담하고 발굴기간 동안 사업이 중지되는 등 일방적으로 피해를 받는 것으로 생각되기 때문에 발굴이 끝난 유적을 현상대로 보존한다는 것은 매우 어려운 일이 되고 있다. 따라서 지표조사 또는 확인조사를 통해 중요한 유적이 분포하는 것으로 나타난 지역, 중요매장문화재 분포지역에 대해서는 발굴조사를 거치지 않고 현상대로 보존할수 있는 법적 조치가 필요하다. 그 방법의 하나로 중요매장문화재 분포지역을 문화재로 지정할 수 있는 제도적 보완이 필요할 것이다.

〈사진 7-1-2〉 도로예정구간의 고고유적 발굴현장(서천 봉선리 유적)
- 발굴조사후 보존이 결정되는 경우 보존방법에 어려움이 많다.

7-15. 수중 문화유산과 수중고고학

7-151. 수중 문화유산의 뜻과 가치

수중(水中) 문화유산은 인류가 남긴 수중의 흔적 모두를 일컫는 말로 유적, 구조물(유구), 건축물, 유물, 인류 잔해들과 그것들이 남아 있는 상황(context). 그리고 난파된 배, 비행물체, 그밖에 탈 것들 또는 그 부분들과 거기에 실려 있던 물건들, 그리고 그것들이 놓여있는 상황 모두를 말한다. 수중문화재들도 고고학 일반원리에 따라 발굴조사하게 되는데 이를 수중고고학이라고 하며 고고학의 한 분야로 자리 잡고 있다.

수중고고학은 여러가지 말로 불리며 수중고고학(Underwater Archaeology), 연해고고학(Maritime Archaeology), 항해고고학(Nautical Archaeology) 등으로 쓰고 있으나 바다밑 뿐 아니라 육지에서도 물에 잠긴 지역 또는 늪지에서 이루어지는 발굴도 수중고고학의 범주에 넣기도 한다. 물속에서 발굴을 하기 때문에 특수 장비가 있어야 하고, 유적을 찾는 일로부터 발굴, 인양, 기록에 이르기까지 복잡한 과정을 거치게 된다.

수중 문화유산은 과거 항해와 문화 교류의 역사를 증명하는 귀한 자료가 될 수 있으므로 인류의 공익을 위해 보존되어야 한다는 것이 공동의 인식이다. 특히 수중유산을 상업목적으로 인양하려는 움직임이 많아지면서 국제사회에서 수중문화유산 보존을 위한 움직임이 있어왔다. 수중문화유산 보호를 위한 국제 원칙이 처음 나타난 것은 국제연합이 제정한 「해양법에관한국제연합협약」 이다.

해양법에관한국제연합협약(United Nations Convention on the Law of the Sea. 1982년)

제149조(고고학적, 역사적 유물) '심해저에서 발견된 고고학적, 역사적 성격을 가진 모든 물건은 인류 전체의 이익을 위하여 보존하거나 처분하며, 특히 기원국, 문화적 기원국 또는 역사적·고고학적 기원국의 우선적 권리를 특별히 고려한다.

제303조(해양에서 발견된 고고학적 역사적 유물)

1. 각국은 해양에서 발견된 고고학적·역사적 유물을 보호할 의무를 지며, 이를 위하여 서로 협력한다.
2. 이러한 유물의 거래를 통제하기 위하여 연안국은 제33조를 적용함에 있어서 연안국의 승인없이 제33조에 규정된 수역의 해저로부터 유물을 반출하는 것을 제33조에 언급된 자국의 영토나 영해에서의 자국법령 위반으로 추정할 수 있다.
3. 이 조의 어떠한 규정도 확인 가능한 소유주의 권리, 해난구조법 또는 그 밖의 해사규칙, 또는 문화교류에 관한 법률과 관행에 영향을 미치지 아니한다.
4. 이 조는 고고학·역사적 유물의 보호에 관한 그 밖의 국제협정과 국제법 규칙을 침해하지 아니한다.

7-152. 수중 문화유산 보호에 관한 국제협약

수중 문화유산은 해양과학 기술이 발전하고 기업들이 영리를 목적으로 해저 탐사활동을 활발히 진행하면서 훼손될 위험에 노출되고 있다. 또한 유산을 둘러싼 나라간 관할권 다툼이 국제 문제로 대두되면서 수중유산 보호를 위한 국제협약의 필요성이 나타나게 되었다. 국제법협회(ILA)는 1988년에 문화유산법률위원회를 만들어 다음해 수중문화유산 보호를 위한 협약을 준비하기 시작하여, 1993년 11월에 완성하였다.[30] 해안국들이 중심이 되어 영해상에 있는 수중문화유산을 보호하고 유산과 관련된 법적 문제를 해결하기 위해 「해양법에 관한 국제연합협약(1982)」과 「고고유산 보호에 관한 유럽협약(1992)」을 참고하여 협약의 초안을 만든 것이다.[31]

협약 초안은 전문 및 23개 조문으로 이루어졌으며 제1조 제1항에서 수중문화유산이란 인류가 남긴 수중의 흔적 모두를 일컫는 말로 유적, 구조물(유구), 건축물, 유물, 인류흔적들로서 고고학 발굴로 또는 자연상태로 발견된 것, 그리고 난파된 배, 비행물체, 그밖에 탈 것들 또는 그 부분들, 거기에 실려있던 물건들로서 고고학 발굴로 또는 자연상태로 발견된 것이라고 정의하고 있다. 수중문화유산은 다음과 같은 경우 소유권을 포기한 것으로 보게 되는데, 적절한 탐사기술이 있으나 소유자가 25년 이상 탐사를 실시하지 않은 경우, 적절한 탐사기술이 없더라도 소유자가 지난 50년 동안 소유권을 주장하지 않고 있을 때 등이다.

한편 국제법상 자국 영해상의 전지역으로서 대륙붕 한계선까지를 포함하여 '수중문화유산지역'을 설정하였다. 이 초안에서 수중문화유산이란 적어도 100년전에 침몰한 것들을 다루지만 100년이 안된 것도 각 나라에서 보호할 수 있고, 전쟁관련 기구들과 국가소유의 비상업적인 것들은 제외하고 있다.

협약 초안에 대한 제2차 전문가회의에서는 몇가지 수정된 내용이 있었다. 수중문화유산의 정의에서 수중문화유산이 수중에서의 존재 형태에 대한 의문이 제기됨에 따라 정의를 더 명확히 하기 위해 부분으로, 전체로, 또는 일시적으로(partially, totally or periodically)를 모두 포함하는 포괄적 규정을 두기로 하고 100년 이하된 수중 물체에 대해 당사국이 수중문화유산으로 결정할 수 있게 한 재량과 관련하여, 그 범위를 자국관할권 내(within its jurisdiction)로 한정하고, 결정(decide) 대신 지정(designate)으로 어구를 수정하였다. 또한 유기(abandonment) 개념을 협약안에서 삭제키로 한 반면, 소유권에 관계없이 모든 보호대상 수중문화유산이 보호되어야 한다는 점을 강조하였다.

협약 적용 범위와 관련하여 협약의 군함 적용 배제 문제는 각 국간의 의견 대립이 너무 크고, 수중문화유산의 관할권문제 논의 결과 여부와 밀접한 관계가 있으므로 우선 관할권문제에 대한 합의를 진행시킨 후 토의키로 하였으며 동협약과 유엔해양법협약과의 관계를 명시하는 조항을 괄호안에 넣어 처리하기로 하였다.[32] 회의에서는 수중문화유산의 정의, 관할권, 헌장부속서 채택 문제 등이 주요 쟁점화됨에 따라 그 외 조항에 대해서는 충분한 토의가 이루어지지 않았다.

수중문화유산 보호에 관한 협약(Convention on the Protection of the Underwater Cultural Heritage)은 2001년 7월 파리에서 열린 제3차 전문가회의에서 협약 초안이 완성되고 그해 11월 제31차 유네스코 총회에 채택되었다. 협약은 전문, 35개의 본문, 36개 규칙의 부속서로 이루어졌다. 협약에서 강조하는 기본정신은 수중문화유산을 원위치에 보존하는 것이 최선의 방법이며 조사를 할 경우에는 반드시 학술적 방법으로 접근해야 하고, 사람 흔적에 대해서는 특별한 존중을 필요로 한다는 것이다.

7-153. 우리나라의 수중 문화유산 관리

우리나라는 수중 문화유산과 관련되는 법령으로 문화재보호법을 비롯해 민법, 유실물법, 그리고 「국유재산에 매장된 물건의 발굴에 관한 규정」이 있다. 「매장문화재 보호 및 조사에 관한 법률」에서는 수중문화재를 매장문화재로 관리하도록 되어 있으며 바다안에 들어있는 문화재 분포지역을 사적으로 지정관리하기도 한다. 그러나 육지에 있는 것과 달리 바다는 수역에 따르는 관할권 문제가 있고, 영해안에 있는 것만을 다루고 있는 것으로 볼수 있어 수중유산의 범위, 소유권 귀속문제, 수중유산 보호장치 등의 내용을 구체화한 것은 아니다.[33]

바다에 있는 수중유산은 영역에 따라 나눌 수 있는데 우리나라를 기준으로 세분하면 1.「내수면어업법」제2조 제1호의 규정에 의한 내수면, 「연안관리법」제2조 2호의 규정에 의한 연안 해역 및 「영해 및 접속수역법」제1조의 규정에 의한 영해에 존재하는 대한민국 기원, 기원국 불명 또는 외국에서 기원한 문화재 2.「영해 및 접속수역법」제1조의 규정에 의한 영해 이외의 기타 수역에 존재하나 대한민국 법령에 따라 대한민국의 국가 관할권 범위안에 있는 대한민국 기원, 기원국 불명 또는 외국에서 기원한 문화재 3.외국의 영해 이외의 국가관할권하의 기타 수역이나 공해에 존재하는 대한민국에서 기원한 문화재 등으로 나눌 수 있다.

「국유재산에 매장된 물건의 발굴에 관한 규정」에서는 바다에 들어있는 것에 대해서는 해양수산부장관이나 그 위임을 받은 지방해양수산청장이 책임을 맡고 있다. 따라서 바다밑에 들어있는 물건을 발굴할 때 문화재로서의 가치를 판단하기에 앞서 담당기관의 허가를 받아 발굴할 수 있는 것이다. 그러나 그것이 문화재로 판명될 때에는 문화재보호법의 규정에 따라 발굴허가를 받아야 할 것이다.

〈주〉

1) 〈국유재산에 매장된 물건의 발굴에 관한 규정〉 제1조
2) 〈민법〉 제254-255조
3) 일본법에서는 토지에 매장되어있는 것으로 표현되고 있으나 실제로 토지에는 육상과 수중을 포함하는 것으로 해석하고 있다.
4) 〈문화재보호법〉 제54조
5) 〈매장문화재보호 및 조사에 관한 법률〉 제2조
6) The "Archaeological Heritage" is that part of the material heritage in respect of which archaeological methods provide primary information. It comprises all vestiges of human existence and consists of places relating to all manifestations of human activity, abandoned structures, and remains of all kinds (including subterranean and underwater sites), together with all the portable cultural material associated with them.
   - ICOMOS Charter for the Protection and Management of the Archaeological Heritage (1990)
7) The archaeological heritage shall include structures, constructions, groupes of buildings, developed sites, moveable objects, monuments of other kinds as well as their context, whether situated on land or under water - European Convention on the Protection of the Archaeological Heritage (Revised, 1992)
8) Archaeological Resources Protection Act of 1979
9) 우리나라 문화재보호법에서는 '화석·천연동굴 기타 지질학적 가치가 큰 것을 포함한다.'고 하여 고고유적에서 나온 것 뿐 아니라 일반 고생물자료를 포함하고 있다.
10) Convention on the Protection of the Underwater Cultural Heritage (2001, Paris)
11) 주 11)
12) 〈埋藏文化財保護と發掘調査圓滑化について〉 (1999. 日本 文化廳次官 通知)
13) agrement pour la realisation d'operations d'archeologie preventive
14) 坂詰秀一, 2000. 「考古學と 近·現代史」, 『季刊 考古學』 第72號
15) Timothy Darvill, 1995, 'Value Systems in Archaeology', Managing Archaeology edited by M. A. Cooper, A. Forth, J. Carman, D. Wheater. Routledge
16) 장호수, 2002. 『문화재학개론』(백산자료원)
    Kristian Kristiansen, 1989, 'Perspectives on the Archaeological heritage: history and future', *Archaeological Heritage Management in the Modern World* edited by H. F. Cleere. Unwin Hyman Ltd
17) Margareta Biornstad, 1989, 'The ICOMOS International Committee on Archaeological Heritage Management (ICAHM)', *Archaeological Heritage Management in the Modern World* edited by H. F. Cleere. Unwin Hyman Ltd
18) Loi validee du 27.09.1941 portant reglementation des fouilles archeologiques (고고학 발굴 규정)
19) Archaeological Resources Protection Act of 1979

20) 중화인민공화국문물보호법(中華人民共和國文物保護法: 1982. 11. 19. 制定. 1991. 6. 29. 修正)
고고발굴관리방법(考古發掘管理方法. 國家文物局令 第2號. 1998. 4. 21)
수중문물보호관리규칙(水中文物保護管理規則. 國家委員會布告令 第42號. 1989. 10. 20)
21) 1972년 아리조나주립대학교에 CRM 과정 처음 개설된 것으로 알려지고 있다.
22) The Archaeological and Industrial Heritage @ Risk: Some Examples from the World Heritage List Henry Cleere, Heritage @ Risk: Special Report
23) Paul Box, 1999. GIS and Cultural Resource Management - *A Manual for Heritage Managers.* Unesco
김수미, 지리정보체계(GIS)와 문화자원관리. 2000. 『문화유산포럼 2』(문화재청)
김주용·양동윤, 2000. 고고유적지 GIS 적용방법-이천지역 고인돌유적 연구사례를 중심으로 『문화유산포럼 2』
24) Recommendation on International Principles Applicable to Archaeological Excavation(1956)
25) Charter for the Protection and Management of the Archaeological Heritage (ICOMOS, 1990)
26) Planning Policy Guidance 16, 1990. DOE-Archaeology and Planning
역사환경 보호를 위한 지침(Planning and Historic Environment 1994. DOE/DNH, Planning Policy Guidance 15)도 있다.
27) David Wheatley, 1995. The Impact of information technology *Managing Archaeology* edited by M. A. Cooper, A. Forth, J. Carman, D. Wheater. Routledge
28) 椎名愼太郞, 1982. 「埋藏文化財保護法制の構造と問題點」, 『環境評價と埋藏文化財と法』(日本土地法學會 編)
29) *Dutch Archaeology Quality Standard. 2004*
30) 박성욱, 1998. 수중문화유산 보호를 위한 해난 구조법의 적용 문제와 새로운 법제 검토 『해양정책연구』제13권.
31) Buenos Aires Draft Convention on the Protection of the Underwater Cultural Heritage, 1994
32) 이 협약의 어떤 내용도 해양법협약에 의해 보장되고 있는 국가들의 권리, 관할권, 의무를 저해하지 못한다. 이 협약은 유엔해양법과 일치하는 방법으로 해석되고 적용된다.
33) 박성욱, 2001, 우리나라 수중문화유산 보호정책 방향에 관한 연구 『문화재』제34호. (국립문화재연구소)

7-2. 역사도시와 경관 보존

7-21. 역사도시와 도시 경관

7-211. 역사도시의 정의와 범주

역사도시는 역사상 정치·문화·경제의 중심지로서 중요한 위치를 차지하고 있던 곳을 말한다. 일반으로 고도(古都)라고도 부르며 대체로 역사 단계마다 한 나라의 중심지로서 자리하였던 곳이다. 비슷한 뜻으로 쓰이는 다른 말들은 옛도시, 옛도읍, 고대 성시(城市) 등이 있다. 옛도시에는 고대 정치, 문화 중심 도시로서 기념물과 유적들이 남아 있다.

역사도시는 한동안 번성했던 자취를 남긴 채 이제는 역사의 뒤안으로 사라진 곳들도 있지만 역사의 흐름에 따라 흥망성쇠를 거듭하며 이제까지 변화를 이어오고 있는 곳도 있다. 세계 여러나라의 예를 살펴보면 이집트 사막에서 남아메리카 안데스 산맥에 이르기까지 과거 문명의 발자취를 더듬어 볼 수 있는 역사도시의 흔적은 헤아릴 수 없이 많다. 그러나 한편으로는 아테네와 로마, 베이징과 우리의 서울과 같이 아직도 역사의 자취와 현대 문명이 공존하고 있는 곳들도 많이 있다. 역사도시를 어떻게 다루어야 하는지에 대한 문제는 바로 역사와 현대 문화가 어떻게 조화를 이룰 수 있느냐에 대한 방법론의 문제이다. 이는 개발과 보존의 문제와도 직접 관련되는 것으로 현대 도시경관 형성 수법에서 중요한 과제가 되고 있다.

세계유산 등록을 위한 세계유산 협약 운영지침에는 도시(town)의 네가지 범주로서 다음과 같은 기준을 제시하고 있다.[1)]

① 특정 시기 또는 문화를 대표하는 것으로서 거의 제모습대로 보존되었거나 이후의 발전 과정에 큰 변화없이 남아 있는 곳. 이 경우 목록에 오르는 유산은 도시 전체와 함께 주변경관을 포함하며 모두 보존

되어야 한다.

② 독특한 전통을 따라 진화해왔고 보존되어 왔으며 흔치 않은 자연경관을 배경으로 역사 단계마다의 공간 배치와 특징을 보유하고 있는 곳. 이 경우 명확히 구분되는 역사 구역은 현재 상황에 우선한다.

③ 역사 중심지(Historic centres)는 고대 도시의 경계와 일치하는 곳으로서 현재 근대 도시로 둘러 쌓인 곳. 이 경우 유산의 한계를 최대한 명확히 하는 것이 필요하며, 주변 지역과의 경계를 적절히 할 필요가 있다.

④ 역사지구(Historic areas)는 이미 사라진 옛도시의 특징과 밀접한 증거를 남기고 있는 지역이나 단위들로서 위의 내용들을 충분히 증명할 수 있어야 한다.

한편 미국의 역사도시, 역사지구 보존헌장에서는 역사도시의 구성요소(물질, 무형, 정신요소)로서 다음과 같이 5가지를 들고 있다.[2)]

① 도시 형성 과정에서 역사 발전 양상
② 도시 건축과 그를 둘러싼 거리 경관(streetscape)과 지형 경관(landscape)
③ 건축물 내외부의 재질(건물의 외관, 구조, 비례, 그리고 내부 공간을 포함하여 규모, 재질, 양식, 장식물 등의 보존이 필요함.)
④ 도시와 그를 둘러싼 넓은 범위에 걸친 주변(도시 지역과 농촌 지역을 포함하여)
⑤ 도시의 다양한 기능(도시 특징을 보여주는 독특한 분위기, 무형 요소들)

유네스코 세계유산으로 등록된 역사도시들은 현재 140여 곳이 있으며, 도시의 역사·문화적 성격, 등록 유산의 범위 등이 도시마다 차이가 있기 때문에 일률적 기준에 의한 파악은 어려우나 도시의 오랜 역사 속에서 보존해 온 주요 역사건축물 등을 중심으로 하고 있다. 세계 유산에 등록한 역사도시들은 역사도시(historic city), 역사 중심지(historic center), 역사 지구(historic area, historic district, historic quarter) 등의 용어를 사용한다.

일본에서 1966년에 고도 보존을 위한 특별조치법을 만들면서 고도의 범위는 교토, 나라, 가마쿠라와 그밖에 법령으로 정한 지역으로 한정하고 있다. 우리나라에서 역사도시라고 하면 경주, 부여, 공주, 평양, 개성, 서울 등 역대로 수도의 기능을 맡았던 곳을 말할 수 있으며, 그밖에 짧은 동안 중심지 역할을 했던 익산, 강화, 그리고 김해, 창녕과 같은 도시들을 포함할 수 있을 것이다. 그러나 「고도보존에 관한 특별법」에서는 그 대상으로 경주, 부여, 공주, 익산, 그리고 법령으로 정한 도시를 말하고 있다.

7-212. 도시경관과 보존

경관(景觀)이란 눈에 보이는 풍경(風景)으로서 누군가에 의해 발견되는 것이며 일정한 사회집단에 의해 공감을 얻으면 객관화되는 것이다.[3] 그러나 경관은 단지 바라보는 것이 아니고 환경에 대한 인간의 평가와 관련이 있기 때문에 보는 이에 따라 주관적인 평가를 내릴 수도 있다. 경관에 대한 선호도는 사람에 따라 다르지만 사람들은 누구나 여유 있는 공간에서 살고 싶어 하며 아름다운 경관은 보는 이를 즐겁게 한다.

경관은 자연 경관(natural landscape), 문화 경관(cultural landscape), 계획 경관(designed landscape)의 세가지로 나누기도 한다.[4] 자연 경관은 산, 강, 바다를 비롯한 지형과 식생 환경에 의해 이루어지는 것으로 자연이 빚어낸 것들이며 이를 사람들이 어떻게 활용하느냐에 따라 달라진다. 문화 경관이란 자연에 순응하며 때로는 자연에 맞서 자연과 사람의 조화를 통해 이루어진 산물이다. 계획 경관은 전적으로 사람에 의해 고안된 것으로 계획 도시 등을 일컫는 말이다.

〈사진 7-2-1〉 역사도시 풍경 - 영국 런던

도시경관은 조망 경관과 생활 경관으로 구분된다. 보는 이의 입장에서 경관을 보는 것을 조망 경관이라고 하고 사는 이의 입장에서 보는 것을 생활 경관이라고 한다. 유럽의 도시들은 건물의 층고를 맞추거나 디자인을 통일하는 등 경관 요소에 강력한 규제를 통해 통일성을 유지하고 있다. 경관은 주변과 조화를 이루며 완성되어 가는 것으로 경관 인식의 틀이 있어야 조금씩 좋아질 수 있다. 경관을 규제하는 것만으로는 어렵고 일정한 기준을 제시하여 자발적으로 따르도록 유도하는 것이 중요하다.

사람들은 앞선 시대의 경관을 좋아하는 복고적인 특성을 갖고 있다고 한다. 오래된 도시에는 지역마다 각각 고유의 빛깔이 있다. 이러한 빛깔을 찾아 현대 도시에서도 같은 계통의 빛깔을 사용하여 지역성에 바탕을 둔 지역 개발이 필요할 것이다. 이것을 환경 색채라고 한다. 도시 이미지와 건축 재료 그리고 자연환경 색을 고려한 주제색을 정하는 것이 필요하다.[5] 도시와 건축에서 개발보다는 보존, 단일 건물에 대한 관심보다는 집합적 환경, 문화 전통의 의미를 전달해주는 형상에 대한 관심, 내부 공간보다 외부 공간의 중요성, 대규모 개발보다는 소규모 블럭에 의한 점진개발 방식으로 의식을 바꿔야 한다.[6]

7-213. 역사도시의 상징성과 문화재 경관 관리틀

역사도시는 도시 상징물(landmark)에 대한 인식과 상징성 보존을 위한 제도적 장치가 필요하다. 도시 상징물과 조망(vistas)을 위한 도시계획 차원의 장치가 있어야 한다. 경주의 경우 신라 왕경으로서 천년을 이어온 계획 도시로서의 도시 상징물은 각종 문화재를 비롯해 경주 주변의 자연 문화 요소들이 어우러진 것이다. 경주평야를 둘러싸고 있는 산과 계획 경관으로서의 숲, 평야 지역의 고분군, 우물 등 경관 요소들은 신성을 갖춘 도시로서 상징화하고 있는 것들이다.[7]

역사도시안에서 문화재를 중심으로 경관을 보전하기 위해서는 일정

〈사진 7-2-2〉 역사도시 풍경 - 오스트리아 비엔나

〈사진 7-2-3〉 경주의 도시상징물-고분군

한 기준이 있어야 할 것이다. 도시 상징물을 바라보는데 필요한 주요 조망점과 경관 회랑이 설정되어야 하고, 경관 관리 구역을 정해야 한다. 경관관리 구역은 문화재 특성에 따라, 특히 문화재가 있는 자리에 따라 달리 설정될 필요가 있다. 주변 도로 상황이나 건축물들에 따라서도 달라질 수 있다. 또한 문화재가 보이는 경관과 문화재로 부터 주변을 바라보는 경관이 함께 고려되어야 한다.[8)]

7-22. 역사도시와 경관 보존을 위한 일반 기준

7-221. 역사지구의 보전과 활용

역사지구의 보존과 현재의 역할에 대하여 제19차 유네스코 총회에서 권고안[9]을 채택하였다. 역사지구는 일상 생활환경의 일부이며 다양한 사회에서 삶을 풍요롭게 하는 살아 있는 과거이므로 도시 계획이나 토지 개발을 할 때에는 잘 보호하고 현대 사회 생활안에 끌어들여 활용할 수 있도록 해야 한다는 기본 뜻이 담겨 있다. 각 나라는 이와 같은 귀중한 자산을 보호하고 시민을 위한 책임을 다하기 위해 강한 정책을 채택해야 한다고 권고하였다.

역사지구 및 건축지구(지방 특유의 양식을 포함하여)란 건축물군, 구조물 그리고 개방 공간으로서 고고 유적과 고생물 유적이 포함된 것으로, 도시 또는 농촌 환경에서 인간 거주의 결과 나타난 것이며 고고학상, 건축학상, 선사 및 역사상, 관상상 또는 사회문화적으로 밀접히 관련된 가치가 인정되는 것들이다. 이러한 지구는 여러가지가 있을 수 있는데 선사유적, 역사도시, 옛주거지구, 크고 작은 마을들 그리고 그와 비슷한 기념물군들이다. 기념물군들은 현상대로 잘 보존되어야 한다.

역사지구는 그 주변 환경(Environment)과 더불어 보전(Safeguarding)되어야 한다. 주변 환경이란 자연 또는 인위적인 배경(setting)으로서 역사 지구와 공간 배치상 직접 연결되어 있으며 사회, 경제, 문화적 고리를 이루고 있는 것으로 역사 지구를 인식하는데 중요하다. 보전이란 역사지구와 그 환경을 인식하고, 보호, 보존, 수복, 재건, 재현, 유지하는 것들을 모두 이르는 말이다.

역사지구와 주변 환경은 하나로 인식하여 무분별한 훼손으로부터 보호해야 하고 수복 작업은 과학 원리에 따라 이루어져야 한다. 도시화 과정에서도 유적 주변 환경이 보존되도록 하고 현대 생활과 조화를 이룰 수 있도록 한다. 건축 양식과 기술의 보편화로 인한 획일화된 환경으로 부터 각 나라의 사회 문화를 지킬때, 유산은 큰 가치를 지닌다. 따라서 나라마다 역사 지구와 주변 환경을 지키기 위한 현지 사정에 맞는 정책을 수립 시행해야 한다. 이 권고안의 규정을 고려하면서 각 나라는 법과 규정을 제정해야 하며 도시계획법들도 이에 맞추어야 한다.

역사지구 보존 관리 계획은 관계 전문가들이 참여하여 도시 계획 수립 이전에 작성되어야 한다. 기념물들은 불가피한 경우를 제외하고는 제자리에 있어야 한다. 역사 지구와 주변 환경은 관광으로 인한 지나친 개발에 대처하는 규정을 만들어야 하고, 지역 문화의 중심지로서 기능할 수 있도록 한다.

7-222. 도시계획과 경관 보존

도시계획과 개발과정에 경관을 보호하고 유적의 특성과 미적 가치를 보전하기 위한 권고안이 제12차 유네스코 총회에서 채택되었다. 자연 경관과 유적들이 산업 발전에 따라 파괴가 가속화되며 미적 가치를 잃어가고 있으므로, 각 나라들이 지역 개발에 앞서 유적과 경관을 보호할 수 있는 조치를 취할 수 있도록 하고, 도시계획을 할 때 경관 보존을 위해 지역(Zone)단위로 지정하고, 자연 보존 지구와 자연 공원을 지정하는 등 회원국들에게 국내법에 반영하도록 권고하였다.[10]

유적과 경관은 사회경제적 삶의 중요한 부분으로서 정신 도덕적 재창조에 중요한 영향을 미치며 주민들의 건강한 삶에도 적지 않은 영향을 미친다. 그러나 기술의 발전과 진화 또한 공동체 생활에 필요한 것을 인정하며 유적과 경관의 특성 및 미적 가치를 보호한다는 것은 자연경관, 도시와 농촌 경관, 그리고 유적의 보존 및 복구를 말하며 자연적인 것이든 인위적인 것이든 문화상, 관상상 가치를 갖는 것으로서 특징있는 자연 환경을 보호해야 한다는 것이다.

7-223. 역사도시와 도시유산 보호

역사도시와 도시 지역의 유산을 보존하기 위한 원칙, 방법은 와싱톤 헌장에 잘 나타나 있다. 헌장은 개발과 유산 보존의 조화를 이루며 개인과 공동체 생활의 조화를 증진시킬 수 있는 방안을 제시하고 있다.[11]

역사도시와 역사상 중요 지역을 보존하는 것은 도시 및 지역 계획상 경제사회 발전 정책과 통합적인 틀 안에서 고려되어야 한다. 도시의 특성은 물질적인 것과 정신적인 것들로 표현되는데 특히 도시 구획과 거리 패턴, 건축물과 녹지 공간의 관계, 건축물의 내부와 외관, 도시 지역과 그를 둘러싼 주변 여건(자연적이든 인위적이든), 오랫동안 이루어져온 도시의 다양한 기능들에 의해 도시의 특성이 정해진다. 도시 보존 계획은 도시민들의 참여에 의해 이루어져야 한다. 도시 보존 계획을 세우려면 다양한 분야의 연구와 법적, 행정적, 재정적 조치를 확실하게 하고, 보존 계획은 지역 주민들의 동의가 있어야 한다. 주택 개량, 편의 시설, 교통 설비 등을 새로 건설한 때에는 도시의 역사성을 해치지 않는 범위에서 고려해야 한다. 도로 건설은 역사 지역에 접근 편의를 제공하는 선에서 할 수 있다.

7-224. 역사지구 보존계획

미국의 역사도시, 역사지구 보존헌장[12]에서 역사지구 보존계획 작성시 고려 사항을 다음과 같이 제시하고 있다.

① 보존계획은 도시의 역사적 맥락에서 고려하고 기초조사에 충실.
② 텍스트와 함께 그림 자료로 작성, 실행을 위한 법적, 제도적, 재정적 조치를 포함.
③ 역사지구와 주변 도시지구와의 조화.
④ 보존이 필요한 건물, 경관 등은 진화의 관점에서 보존가치 결정.
⑤ 현상이 변화되기에 앞서 현상에 대한 철저한 기록 보존.
⑥ 역사지구 주민의 실질적인 참여 보장, 의견 존중,
⑦ 보존계획 수립 이전에 필요한 보존작업은 국제기준에 맞게 진행.
⑧ 공공 또는 개인 자산과 거주자의 경제복리는 현상대로 유지.
⑨ 역사도시에 새로운 기능과 활동 도입시 지역 전반의 특성에 어긋

나지 않게 함.

⑩ 기본 방향은 주거개선과 가능한 주택 유지, 주민 완전이주 방법 지양.

⑪ 새로짓는 건물은 현존 건물들의 규모와 도시 공간 구조, 디자인과 잘 어울리게, 현대 건축이 역사 지구에 문화적 연속성을 줄 수 있도록 유도.

⑫ 고고학 발굴을 계속 진행하면서 도시 역사에 대한 지식 확보.

⑬ 역사지구에 교통 통제와 주차장을 만들때 경관에 저해되지 않도록 유도.

⑭ 도로체계는 접근 가능하면서 역사지구를 지나지 않는 최소한의 훼손 방안 강구.

⑮ 역사 지구와 지역 주민의 재난 방지 대책 마련.

⑯ 지역주민의 참여를 이끌어내기 위한 교육 프로그램 개발.

⑰ 보존기관 설립 적극 검토.

⑱ 보존에 필요한 다양한 재원 확보.

7-23. 역사도시와 도시경관 보존 수법

도시경관 보존을 위해 1910년대 미국에서 시작된 용도지역제(zoning)는 2차원 규제 수법으로서 지구별 토지이용 계획에 한정된 것으로 지역간의 관계에 대한 규정이나 사선(斜線)제한 등의 내용은 없다. 그러나 경관 문제는 도시 건축의 특성상 단일 건물만이 아니라 건축물들이 무리지어 있기 때문에 도시 스카이라인을 고려해야 한다. 또한 기념 건축물, 큰나무, 거리 풍경 등 도시를 특징짓는 기념물들의 풍경을 존중하는 경관 규제를 위해 2차원 조정만으로는 한계가 있다. 니시무라(西村幸夫)는 도시를 토지 이용이 다른 지역 집합체로서 3차원적 공간으로 바라보아야 하고 풍경으로 도시를 인식해야 한다고 하

였다.[13]

풍경의 의미는 영어의 landscape(전원 풍경), cityscape(도시 풍경), setting(건축물의 입지 환경), view(조망), 독일어의 Landschaft(눈에 보이는 풍경과 생태적 환경을 포함하는 말) 등에 해당하는 말로서 자연의 한 부분이면서 사람들이 인식하는 특정 지역의 모습으로서 경치 또는 경관과 같은 말이며 풍경이나 경치를 보존해야 하는 사람들의 책임이 들어있다. 풍경 보전은 영국에서 1938년 세인트폴 사원과 런던탑 주변에 대한 고도 제한으로 부터 시작되었다. 이탈리아에서는 1939년 「자연미보호법」에 의해 풍경 계획을 입안하고, 1947년 헌법에 국가의 풍경과 예술 유산을 보호한다는 내용을 담고 있다. 미국에서는 1900년 전후 건축물 높이 제한으로 도시 풍경 보전을 시작하고, 프랑스에서는 1780년대 파리에서 건축선과 건축 외관 규제, 1993년 「경관법」에서 토지점용 계획시 풍경과 경관을 배려해야 한다고 규정하고 있다.

7-231. 영국의 역사환경 보존

영국에서 도시 풍경을 조절하는 제도적 장치로는 일반개발 규제(계획허가 제도), 전략적 조망 보전, 보전지구 제도, 등록건축물 보전 제도, 광고물 규제 제도 들이 있다.[14] 아래의 표에서 보는 바와 같이 영국에서 경관 조절은 도시 계획 체계안에서 이루어지며 도시 계획은 계획 허가제도로서 개발 행위를 개별로 규제하고 있다. (표 7-2-1) 영국에서 역사환경 보전을 위한 제도로는 기념물 지정(scheduled monument), 등록 건축물(listed building), 보전 지구(conservation areas) 제도가 있다. 기념물 지정 제도는 1882년 「고대기념물 보존법」을 제정하면서 선사시대 유적과 고고학 기념물을 보존하기 시작하였다. 등록 건축물 제도는 세계 제2차대전 이후 역사 건축물을 보존하기 위한 것으로, 1944년 「도시농촌계획법」에서는 도시계획 수립 자료로 활용하도록 하였다.

〈표 7-2-1〉 영국의 역사환경 보존제도

	전략조망 보전 Strategic Views	보전지구 Conservation Areas	등록건축물보전 Listed Buildings	광고규제
제도의 목적	도시 원거리 조망보전	역사지구 환경보전	역사건축물 보전	거리환경 향상
경관조정의 의미		역사지구경관을 면단위로 보전	역사경관 구성요소로서 건축물 집단보전	거리경관구성요소로서 간판, 광고물 조정
제도화 과정	1976년 GLDP (Greater London Development Plan)	1967년 Civic Amety 법	1877년역사건축물보존협회 설립 1895년 내셔널 트러스트 설립	1907년 광고물규제법
현행제도 근거	환경부지침 1991	1990년도시전원계획(등록건축물및보전지구)법	1990년 도시전원계획법	1990년 도시전원계획법
목적실현 방법	개발규제시 협의	개발규제강화	개발규제시 일정한 제한	광고물허가제도
제도운영에서 중앙정부의 역할	조망 지정	운용지침서발행. PPG 15	등록건축물지정 PPG15	운용지침서 발행
지방정부의 역할	개발계획방침 명기. 개발규제	지구지정및지구보전방침 설정. 개발규제	등록건축물추천. 개발규제	광고물허가제도
운용실적	런던에 10개조망지정	잉글랜드에서 8000개구역지정	잉글랜드에서 45만건 지정	다수

1967년에는 「쾌적환경법(Civic Amenities Act)」을 제정하여 보전 지구 제도를 도입하였다. 보전 지구는 건축 또는 역사적으로 매우 중요하여 그 특징이나 경관을 보전 혹은 향상시킬 필요가 있는 곳을 말하며, 현재는 1990년에 제정된 「도시농촌계획(등록건축물 및 보전지구)법」을 기본으로 하고 있다.[15] 보전 지구 지정은 지방 계획 당국의 책임으로 되어 있다. 보전 지구내 외관에 영향을 미치는 행위는 현상변경 허가를 받아야 하며 이를 보전 지구 허가(conservation area consent)라고 한다.

7-232. 프랑스의 경관 보전

프랑스의 역사 환경 보전은 도시 계획의 틀안에서 이루어진다. 세계에서 처음으로 역사 환경 보전을 위한 제도로서 1962년에 말로(Marlo)법을 제정하였는데 이는 도시계획 제도였다.[16] 프랑스의 역사환경 보전과 도시계획을 이해하는데 무엇보다 중요한 것은 도시 미관 정비와 문화유산 보전이다. 최근에 제정된 경관보전제도(ZPPAUP : zone de protection du patrimoine architectural urbain et paysager, 1993)는 건축, 도시, 경관유산 보전지구를 보존하는 것이 주목적이 되고 있다.

1913년에 역사 기념물에 관한 법률 제정 이후 1930년에 명승지 보전제도, 1943년에는 기념물 주변 500m의 경관 규제지구(abords)제도, 1962년의 말로법, 그리고 1993년의 ZPPAUP에 이르기까지 역사환경 보전에 관한 제도들이 발전해왔다. 역사 기념물에 관한 법률에는 가치가 높은 것들에 대한 지정과 등록 제도가 있는데 현재 지정기념물이 13,500건, 등록기념물이 25,500건이 된다. 기념물 주변 경관 규제는 기념물에서 보이는 범위의 주변 지역을 보존하는 것으로 반경 500m는 고정된 거리가 아니고 시행령에 의해 연장이 되기도 하며 베르사이유궁의 경우 반경 5㎞ 까지 보전지구가 된다. 말로법에서는 보전지구

지정과 부동산 수복과 관련하여 부동산 수복 방법에 관한 것을 주로 하여 보전지구에서 우선 시행해야 한다는 내용을 담고 있다.

건축, 도시, 경관 유산 보전지구를 보존하기 위한 ZPPAUP는 원래 1983년에 지방 분권을 위한 법률에서 건축도시 문화유산 보존지구(ZPPAU)를 제도화하면서 나타나 1993년에 경관을 더하여 나타난 제도이다. 이 제도의 가장 중요한 특징은 문화재 보존조치 권한을 국가에서 지방으로 넘겨 시도지사가 최종 승인을 하도록 규정하였다는 점이다.

7-233. 이탈리아의 풍경 보존

이탈리아의 풍경 보존은 1985년 가라소(Galasso)법에 의해 제도화되었다. 도시 계획를 수립할 때에는 풍경 계획을 작성하도록 하여 도시 환경을 보호하기 위하여 개발을 제한하고 있다.[17] 1939년 자연미 보호법에 의해 풍경 계획은 명승지로 지정된 13개소에 대해서만 적용되고 있었으나 가라소법에서는 각주(州)에 풍경 계획 작성 의무가 있다.

로마시의 예를 보면 로마의 도시계획은 역사 도심지구(A zone)와 준역사 도심지구(B zone) 그리고 녹지(G, N zone)를 보존하기 위한 지구 지정을 바탕으로 개발가능지역에 대한 규제를 하고 있다. 건축물의 형태는 보전지구, 개발지구와 지구계획에서 규모를 조정하고 개발 행위는 허가제로서 전문위원회의 심사를 거치도록 하고 있다. 역사도심지구에서는 보존정비를 위해 건축 기초자료를 작성, 실시 과정에 선정된다. 현재 로마의 도시계획은 1979년 주정부에서 승인한 것이다.

① 역사 도심지구 보존 - 보존지구로서 전문가에 의한 조사 분석에 따라 수복과 재생을 위한 우선 순위 조정, 문화환경부 기념물국의 지도를 받아 계획을 세운다.

② 준역사 도심지구 보존 - 로마 교외의 주택 지구로서 독특한 경관을

형성하고 있다. B지구는 다시 두 개로 나뉘어 기존 건물의 크기와 위치, 환경을 보존하는 B1지구와 그밖에 옛 주택 지구인 B2가 있다. 건물 안팎에 대한 형태, 크기 규제, 녹지 보존을 통한 환경 규제가 있다.

③ 녹지지구 보존 - 녹지는 공공 녹지(N zone)와 사유 녹지(G zone)가 있다. 도심의 유적이나 공원은 공공 녹지로 되어 있고, 사유 녹지에 대해서는 건폐율을 낮추고 건축시 높이 제한 등 사유재산권에 대한 제한과 의무가 따른다.

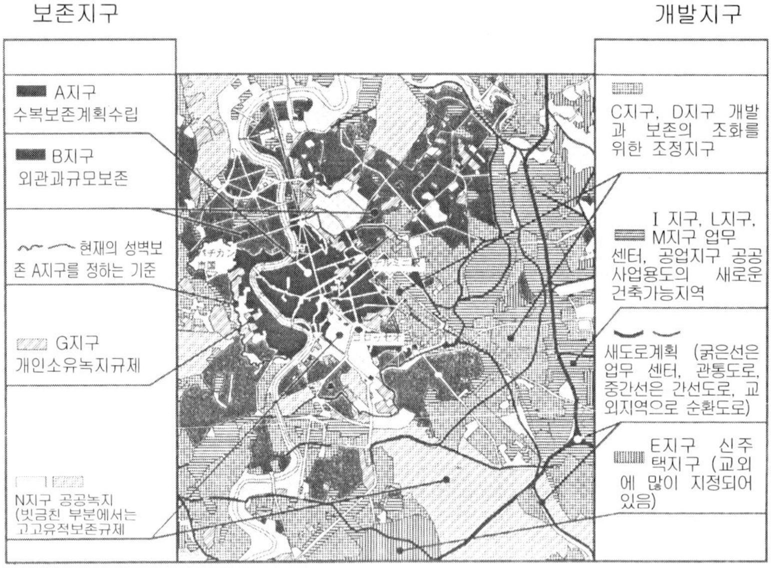

〈그림 7-2-1〉 로마 도시계획에서 도심부 지구지정

7-234. 독일의 도시풍경 계획

독일의 도시풍경 계획은 각 주(州) 또는 지방자치체가 독자성을 갖고 지역의 고유성과 도시 주변 경관을 적극적으로 보존하는 방향으로 제도화되어 있다.[18] 독일의 도시계획은 계획법과 건축법으로 이루어진다. 계획법은 연방 정부의 건설법전에 의해, 건축법은 개별 건축행위에 관한 것으로 주마다 다른 법으로 다루고 있다. 연방건설법전에서는 도시계획에 관한 법과 함께 도시 발전, 환경 보호, 역사건축물 보호 등에 관한 개별법들이 있다. 또한 주마다 문화재보호법이 있고, 연방과 주에 자연보호법이 있다.

독일에서는 역사 환경과 풍경 보존을 위해 역사건축물 보호를 위한 법률과 권한을 주마다 갖고 있다. 주정부의 문화재 보호조직은 내무부 문화재보호국, 행정구역 기관, 각 지방 정부의 3단계로 이루어진다. 바덴 뷰루템베르크주의 경우를 보면 문화재보호법에 의해 문화재 목록에 기재된 문화재와 지정문화재 목록에 등록된 중요 문화재가 있다. 일반 건축물은 문화재 목록에 올라 있고, 특히 중요한 것들이 문화재 목록에 등록되어 보존 대상이 된다. 현재 문화재 목록에는 약 80,000건이 올라 있고 전체 건축물의 5-6%가 된다. 건축물군을 문화재로 지정하는 면(面)단위 보존 방법도 있다.

1973년 바이에른주 문화재보호법에서는 도시 형태를 보전하기 위한 방안이 나왔다. 뮌헨 구시가지를 전체(Ensemble)로 보호하고 그 안에서 많은 건축물들을 문화재로 지정하였다. 베를린주에서는 도심 구시가지에서 역사적 보존 건축물과 중요 문화재가 주 문화재보호국에 의해 주변 환경을 포함하여 지정되었고 주변 보존규정이 있다. 보존 건축물 보존지구 주변에서 이루어지는 건축 행위는 허가를 받아야 한다. 한편 도시 디자인 심의위원회가 있어 건축가, 시의원, 교통계획가, 상공업자 등 시민 대표들이 모여 행정 자문기관으로서 도시 디자인에 대한 심의를 거쳐 의견을 제시한다. 도시 풍경 보존을 위한 도시 디자인은 매우 중요하다.

7-235. 미국의 역사환경 보존

미국의 역사환경 보존제도는 아메리카 대륙의 선주민인 인디언의 고고 유적 등을 보존하기 위한 「고대유물법(Antiquities Act 1906)」과 국가역사 상징물 이나 역사유적을 지정, 조사하기 위한 「사적법(Historic sites Act 1935)」을 기본으로 하여 현재 「국가역사보존법(National Historic Preservation Act 1966)」으로 정리되어 있다.[19)]

미국에서 역사환경 보존을 담당하는 행정 조직은 연방 정부, 주정부, 그리고 주정부 산하의 시, 구 등 지방 정부로 이루어졌다. 연방 정부 조직으로는 1916년 내무부에 설치된 국립공원공단(National Park Service)이 있으며, 「국가역사보존법」에 의해 대통령과 연방 정부의 자문기관으로서 역사보존자문위원회(Advisory Council on Historic Preservation)가 있다.

주정부의 역할은 연방법에 규정된 임무를 하는 것으로서 주지사가 임명하는 역사보존담당관(SHPO : State Historic Preservayion Officer)이 주마다 있다. 또한 주마다 독자의 보존 행정으로서 지방 정부에 대한 지원과 지도 감독을 한다. 주에는 주 역사위원회(Historical Commission)가 있어 심의 기구로서의 기능과 역사 보존 담당관의 사무국으로서 기능을 함께 하며 심의 위원은 전문가로 구성되나 일정한 보수는 없다.

지방 정부는 주법에 따라 정해진 일을 하지만 때로는 조례를 정하고 지방 역사위원회를 두기도 한다. 1980년에 「국가역사보존법」을 개정하여 역사환경 보존에 적극적인 지방 정부에 대한 인정제도(Certified Local Government)를 도입하여 이들에 대해서는 연방 보조금의 10% 이상을 주도록 하고 있다. 미국의 역사 보존 제도는 연방, 주, 지방 정부 등 행정조직에 따라 역할이 나뉘어 각 지역에서 지방 정부 주도로 이루어지고 있으며 기초 정보 자료로서 등록 제도가 충실히 이루어지고 있는 것이 특징이다.

〈표 7-2-2〉 미국 역사환경 보존

행정 단위	연방에서 (국립공원공단)	주에서 (주 역사위원회)	지방정부에서 (지방역사위원회)
조사	등록조사 국가등록문화재	주 전체 기초조사	지방단위 종합정밀조사 역사지구 지정을 위한 조사
등록. 지정	1) 국가문화재 등록 건축물,역사지구, 역사유적, 구조물 2) 국가역사상징물 (랜드마크)	1) 주역사 및 고고학 유산 기초목록작성 2) 주 문화재등록	1) 지방등록문화재 등록제도 2) 지방 역사지구 랜드마크
심사	법제106조에 의한 심사	주 문화재 등록심사	1) 파괴연기 조례 2) 역사지구 디자인 심사
세제우대	보수비용 20% 세금우대	보존규제(地役權)	역사자산 재산세 공제
보조금	역사보존기금	1) 조사, 계획, 보조금 2) 주 보존사업기금	

7-236. 캐나다의 역사도시 보존

캐나다는 미국과 마찬가지로 역사는 짧지만 도시경관 계획에서 역사환경 보전을 중요하게 다루고 있다. 연방 차원에서 역사유산 보존은 1910년대부터 시작된 국립공원제도로서 국립공원을 포함하는 자연유산과 문화유산을 담당하는 곳은 국가유산부(Department of Canadian Heritage) 산하 공원국(Parks Canada)이다. 자문기구로는 국가 지정 사적에 관한 조언을 하는 '캐나다 사적 및 기념물심의회'가 있다. 문화재관련법으로는 국립공원법의 제2부(Part II of the National Parks Act, 1930), 「사적및기념물법(Historic sites and Monuments Act, 1952- 53)」이 있다. 국가 지정 사적으로는 전쟁터, 요새, 교역 중심지(특히 식민지 시대 모피 교역 거점), 산업 유적, 역사상 인물의 주거, 원주민 거주지, 기념비, 초기 건축, 운하, 자연경관, 선박 등 그 대상이 다양하다. 전국에 약 800개의 사적이 있고, 그 가운데 연방 정부에서 사들여 직접 관리하는 것은 약

100여개이며 박물관으로 공개 운영하는 것이 많다. 그밖에 것들은 주와 지방 정부 또는 개인 소유이고 연방에서 관리비를 일부 부담한다.

또한 역사건축물을 보존하기 위해 1982년에 국유 역사 건축물 정책(Federal Heritage Buildings Policy)을 결정하여 공원국안에 심사 사무소를 두고 운영한다. 국유 역사 건축물은 건축된 지 40년이 지난 연방 소유 건축물 가운데 심사를 거쳐 중요한 것을 지정 등록하는 것이다. 등록 건축물은 현상 변경에 대한 허가를 받도록 하였다.[20]

주차원에서는 개인의 재산과 도시계획에 관한 권한을 갖고 있으며 지방 정부의 권한을 정할 수 있기 때문에 역사유산 보존 행정에서도 가장 중요한 역할을 한다. 주에서 지정하는 문화재가 있고 자치 정부에 권한을 부여한 것이 있다. 브리티시콜롬비아주의 경우 문화재 행정은 중소기업관광문화부(Ministry of Small Business, Tourism and Culture) 문화유산과(Heritage Branch)에서 담당하며 산하기관으로 유산 트러스트(Heritage Trust)가 있다. 트러스트는 지방 정부, 비영리 조직(NPO), 기업, 개인 등에 자금 지원 업무를 맡는다.

지방 정부에서는 주법을 기본으로 하여 상세한 내용의 조례를 제정하게 되는데 문화재 지정과 역사환경 보존 관련 업무를 주로 도시계획과에서 담당하며 도시계획과 관련하여 역사 건축물을 보존 이용할 수 있도록 하고 있다. 또한 지방 실정에 따라 계획의 상세 내용이 다르며 역사환경 보존에 관한 제도 운용에서도 지방 정부의 판단에 따르는 것이 많다. 예를 들면 보존을 이끌어내기 위한 방법으로 밴쿠버와 같이 대도시에 고층 건물이 많은 곳에는 용적률을 높여 주고, 빅토리아와 같이 소도시에 소규모 상점이나 목조 건축이 많은 곳에는 보조금을 지급하는 방식을 사용한다.

밴쿠버시의 역사유산 보존 제도는 크게 5가지로 되어 있다. 단일 건축물 등록 및 지정, 등록 건축물 보존 및 인센티브, 지구 지정에 의한 역사지구 보존, 역사 주거지구 정비, 보급 및 개발 등이다. 특히 주목할 만한 것은 1944년에 만든 역사유산재생협정(Heritage Revitalization Agreement)이다. 역사 유산에 대한 현상변경허가를 제한함으로서 소유자가 받게 되는 재산상의 피해를 보상하기 위해 그 인접 지역에 건축을 허가할 경우 용적률을 높여 주는 것이다.

시민 참여도 중요한 요소를 이루고 있다. 역사유산 보존 및 경관 조정에 시민들이 참여하는 위원회는 여러가지가 있으며 그 가운데 중요한 것들은 다음표와 같다. (표 7-2-3) 이들 위원회는 최종 결정권은 없지만 안건에 대한 지지 여부 또는 안건 보류를 투표로 결정할 수 있다. 위원회는 시민들이 방청할 수 있다.

뱅쿠버 시가지에서 조망경관 보호 지침은 랜드마크 조망 확보와 시가지 건물 스카이라인을 통일하는 2가지 기준에 의한 조망 콘트롤이 있다. 역사지구에서는 조례에 따라 역사, 건축, 문화 가치를 평가하여 건축물의 보존, 복원, 현상 유지 등 세가지 기준을 갖고 지침을 마련하였다. 지침에는 현존 건물을 증개축하거나, 신축할 경우 제한 규정으로서 건축물의 형태, 높이, 외관, 조명, 세부 디자인에 이르기까지 자세한 내용을 담고 있다.

〈표 7-2-3〉 캐나다 역사도시 보존정책

위원회 조직	하는 일	구 성 원
뱅쿠버 역사유산위원회	역사건축물 지정. 지정건축물 현상변경허가 관련 시계획부에 자문	시의원, 건축가, 건설업자, 부동산업자, 실내장식가, 역사유산 컨설턴트, 시민단체 대표 등 11인.
도시디자인 회의	중요 개발허가 신청, 지구 재지정 신청, 토목공사, 교통체계개선, 공공시설 등에 관한 개발허가심의회 또는 의회에 자문	건축협회 6인, 엔지니어협회 2인, 정원가협회 2인, 도시계획위원회 1인, 부동산개발업계 1인 등 12인
차이나타운 역사지구계획위원회	차이나타운의 특성을 보존. 보호하기 위해 도시계획부에 자문	중국인 단체 7인, 뱅쿠버 역사유산협회 1인, 건축협회 2인, 도시계획협회 1인, 일반시민 1인 등 13인

7-237. 일본의 역사도시 보존

일본은 고도(古都)지역의 역사적 풍토를 보존하기 위하여 문화재보호법, 도시계획법 등을 바탕으로 여러가지 정책을 시행하였으나 역사도시들을 보다 효과적으로 보존하기 위해 1966년에 「고도(古都)에 있어서 역사적풍토의 보존에 관한 특별조치법」을 만들었고, 1980년에는 「명일향(메닛코우)촌에 있어서의 역사적풍토의 보존 및 생활환경의 정비 등에 관한 특별조치법」에 따라 나라현 메닛코우에 대한 역사적 풍토 보존 계획을 수립하여 전지역을 도시계획상 제1종 역사적 풍토 보존지구(125.6ha) 및 제2종 역사적 풍토 보존지구(2,278.4ha)로 지정하여 옛도시의 역사문화 환경을 보존하기 시작하였다. (자료 2)

이러한 법에 따라 교토, 나라, 가마쿠라와 인근 6개 도시를 고도로 지정하여 보존관리하고 있다. 고도 지정기준은 1966년 제2차 역사적 풍토심의회에서 채택되었는데 ①오랜 동안 전국적인 정치의 중심지 또는 시대를 대표하는 역사상 중요한 문화의 중심지였던 도시. ②역사·문화적 자산이 집중되고 동 자산이 자연 환경과 일체가 되어 후대에 계승하여야 할 역사적 풍토를 형성하고 있는 도시. ③시가화 또는 그 밖의 개발 행위가 현저하여 역사적 풍토에 대한 적극적 유지·보존을 강구할 필요가 있는 도시 등으로 규정하고 있다. 고도지정 현황은 아래와 같다.[21] (표 7-2-4)

일본의 국토교통대신은 관계 지방자치단체 등과 협의하여 고도로 지정된 도시의 역사적 풍토를 보존하기 위하여 필요한 지역을 역사적 풍토 보존구역으로 지정하여 구역 내에서 건축, 토지 형질변경 등의 행위를 하고자 하는 경우에는 부현지사(府縣知事)에게 신고하도록 하고 있다.[22] 역사적 풍토 보존구역 내의 행위에 대하여는 도시계획법에 의하여 각 지방자치단체가 제정·운영하고 있는 풍치지구 조례에 따라 건축물의 높이, 의장 등을 제한하고 있다. 행위가 제한되는 역사

〈표 7-2-4〉 일본의 고도 지정 현황

지정일	지정도시	비 고
1966.1.13	京都(교토)市 奈良(나라)현 奈良市 神奈川(가나가와)현 鎌倉(가마쿠라)市	고도에 있어서 역사적 풍토의 보존에 관한 특별조치법 공포
1966.7.4	나라현 天理(텐리)市 나라현 橿原(가시하라)市 나라현 櫻井(사쿠라이)市 나라현 斑鳩(이카루가)町 나라현 明日香(아스카)村	동 법 제2조제1항의 市町村을 정하는 政令 공포
2000.1.19	가나가와현 逗子(즈시)市	동 법 제2조제1항의 市町村을 정하는 政令 개정 공포

적 풍토 보존구역을 지정하는 경우 사유지에 대하여는 소유자의 동의를 받아 지정하여 지정 및 향후 규제에 따른 마찰을 예방하고 있으며, 2001년 현재 역사적 풍토 보존구역 지정면적은 고도 전체면적의 13.6%에 해당하는 155.26㎢이다.

〈표 7-2-5〉 일본 역사적 풍토 보존구역 및 특별보존지구 지정(결정) 현황

도 시	인 구 (명)	도시전체면적 (㎢)	보존구역 (도시전체면적 대비)	특별보존지구 (보존구역 대비)
교 토	1,387,729	610.22	85.13 (14%)	28.61 (33.6%)
나 라	364,914	211.60	27.76 (13.1%)	18.09 (65.2%)
텐 리	69,494	86.37	10.60 (12.3%)	0.82 (7.8%)
가 시 하 라	124,366	39.52	4.26 (10.8%)	2.12 (5.4%)
사 쿠 라 이	63,309	98.92	12.26 (12.4%)	3.04 (24.8%)
이 카 루 가	28,904	14.27	5.36 (37.6%)	0.80 (14.9%)
아 스 카	7,017	24.08	-	24.04 (99.8%)
가 마 쿠 라	169,933	39.60	9.56 (24.1%)	5.70 (59.6%)
즈 시	59,127	17.34	0.33 (1.9%)	-
계 (9개 도시)	2,274,793	1,141.92	155.26 (13.6%)	83.22 (53.6%)

〈사진 7-2-5〉 일본에서는 역사적 풍토 특별보존지구에 대하여 지역에 안내판과 구역표시를 하여 누구나 알 수 있도록 한다.(가마쿠라 지역)

역사적 풍토 보존구역의 핵심부분은 부현지사가 도시계획으로 역사적풍토 특별보존지구로 결정하도록 하고 있으며, 역사적 풍토 특별보존지구는 현상변경을 엄격히 규제하고 있다. 역사적 풍토 특별보존지

구에서 건축, 토지형질변경 등의 행위를 하고자 할 경우 부현지사의 허가를 받도록 하고 있다. 허가기준은 고도보존법시행령으로 상세히 정하고 있는데, 건축물의 신축은 소규모 농업용 창고 등을 제외하고는 금지되며, 개축의 경우는 기존의 건축물의 규모 내에서만 허용하되, 역사적 풍토에 적합한 형태, 색채, 재료의 사용을 의무화하고 있다.

역사적 풍토 특별보존지구에 있어서 건축, 토지 형질변경 등의 허가를 받지 못함에 따라 발생한 통상적으로 인정되는 손실에 대하여는 보상하도록 하고, 허가를 받지 못하여 토지의 이용이 현저히 제한되는 경우에는 해당 지방자치단체에 토지매입 신청을 할 수 있도록 하고 있다. 아스카촌에서는 주민생활 향상을 위한 지역사업에 필요한 기금을 만들어, 지역 청소·순찰, 토지형질 또는 건축물의 의장형태 정비, 발굴 등 소규모 지역 사업을 지원하고 있다.

7-24. 우리나라의 역사도시 관리

7-241. 도시경관 관리 방법

우리나라에서 역사도시와 경관관리 정책은 문화재보호법에 의한 문화재보호구역 지정과 보호구역 주변의 경관 보존을 위한 현상변경허가제가 있으며, 그밖에 도시계획법에 의한 지구 지정제도와 건축법에 의한 건축물 높이 제한이 있으나 도시계획법이나 건축법에 의한 제한은 매우 한정적으로 적용될 뿐이다. 서울시의 문화재 주변 건축조례에 의하면 문화재 높이로 부터 앙각 기준(앙각27°)을 마련하고 있으나 문화재에 대한 조망권 확보에 문제가 있다. (그림 7-2-3) 문화재 주변 건물을 환경의 일부로 인식할 수 있는 앙각기준은 앙각 12°를 기준으로 한다. (그림 7-2-2) 서울의 도심지역은 이미 역사성을

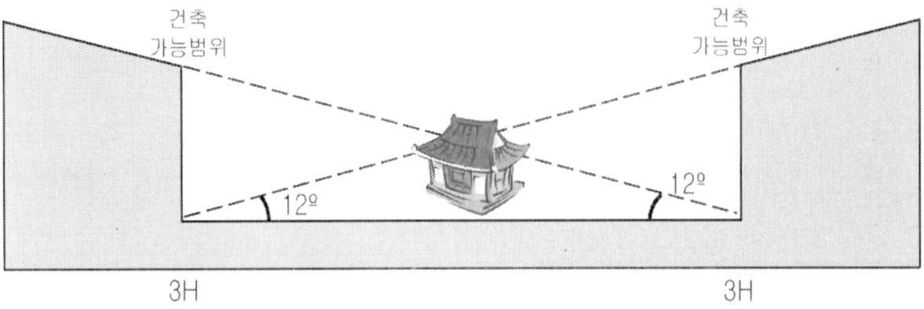

〈그림 7-2-2〉 주변 건물을 환경의 일부로 인식할 수 있는 앙각 기준

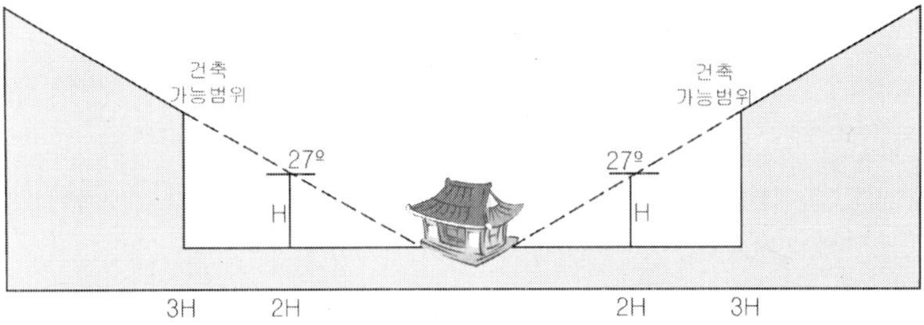

〈그림 7-2-3〉 서울시 문화재주변 경관관리 - 앙각 기준

〈사진 7-2-6〉 문화재 주변 앙각적용 사례 - 풍납토성 내부지역

〈표 7-2-6〉 문화재 주변 건축물 높이 기준(서울시 문화재보호조례)

<table>
<tr><th colspan="2">적용범위/대상 문화재</th><th>높이 기준</th><th>비고(문화재 높이)</th></tr>
<tr><td rowspan="2">4대문 안
국가
지정문화재</td><td>숭례문
흥인지문
우정총국
경복궁
창덕궁
창경궁
덕수궁
종묘
경희궁
운현궁
서울문묘
탑골공원
서울 사직단
및 정문
정동교회</td><td>문화재보호구역 경계 지표면에서 문화재 높이를 기준으로 하여 앙각 27° 선 이내</td><td>· 숭례문:19m
· 흥인지문:20m
· 우정총국:6.5m
· 경복궁, 창덕궁, 창경궁, 덕수궁, 종묘:3.2m
· 경희궁:12m
· 운현궁:7m
· 서울문묘:7m
· 탑골공원:12m
· 서울 사직단:6m
· 정동교회:2m (담장기준)</td></tr>
<tr><td>기타 문화재</td><td>보호구역경계(보호구역이 지정되지 않은 문화재는 외곽경계)지표에서 높이 3.6m를 기준으로 하여앙각 27° 선 이내</td><td>· 서울 성곽은 4대문 내·외 구분없이 적용</td></tr>
<tr><td colspan="2">4대문 밖
국가 지정문화재 및
서울시 지정문화재</td><td>보호구역경계(보호구역이 지정되지 않은 문화재는 외곽경계)지표에서 높이 7.5m를 기준으로 하여 앙각 27° 선 이내</td><td></td></tr>
</table>

※ 앙각 27° 선이란 보호구역 경계 지점에서 건축행위를 할 예정인 건축물 까지의 거리와 건축물 높이가 2:1에 해당하는 선을 말한다.

잃고 있기는 하지만 장기적으로 개선해 나갈 수 있는 기준이 있어야 할 것이다.

우리나라를 대표하는 역사도시 경주와 일본의 나라(奈良)시에서 행하는 경관관리 방법을 비교해 보면 다음과 같다.[23] 경주시는 일반 도시와 마찬가지로 문화재보호법과 건축법, 그리고 도시계획기본법에 의해 관리되고 있으며 역사도시의 경관 관리를 위한 법적 수단에 한계가 있음을 알 수 있다. 또한 행정 수단으로서 지방자치단체의 자발적인 보존 제도는 찾아볼 수 없고 주민들을 참여시킬 수 있는 제도적 장치도 없으며, 경관관리를 위한 심의 기구도 운영하지 않고 있다. 경주는 다른 어느 도시 못지않게 개발 압력이 상존하고 있지만 법적, 제도적 장치가 갖추어져 있지 못함으로서 역사 도시로서의 풍모를 지키는데 많은 한계를 보여주고 있다. 무엇보다도 역사 도시를 관리할 수 있고 주민들의 손실을 보상할 수 있도록 국토계획 차원의 특별법이 고려되어야 할 것이다.

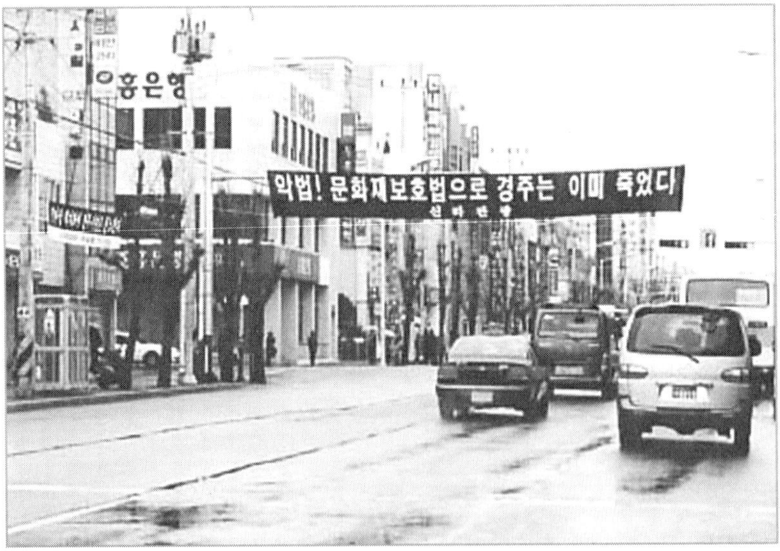

〈사진 7-2-7〉 경주시 문화재 보호와 시민의 갈등

〈표 7-2-7〉 경주시와 일본 나라시의 경관관리방법

내용/도시	경 주 시	나 라 시
경관관리 목표	자연환경보존. 자연경관보존. 역사경관보존. 쾌적한도시경관구성 주거환경, 공업지, 상업지환경 조성	도시미화. 도시개성을 형성. 아름답고 정취있는 시가지 조성. 역사적 자연경관보존. 고향같은 시가지형성
관련법	도시계획법 건축법 문화재보호법	도시계획법　　건축기준법 문화재보호법　건축협정제도 고도정비법　　도시녹지보존법 고도에있어서역사적풍토에관한특별조치법 나라국제문화관광도시건설법 경관형성조례
경관관련 계획	경주시 도시기본계획상의 지구지정	나라시 역사적풍토 보존계획 나라시 도시경관형성 기본계획 나라시 건축협정
시민 참여 형태		시민단체 조직, 심포지움 개최 등 시민활동 개발 및 경관에 대한 시민의식 향상과 시민참여를 촉진하는 계몽활동
경관 심의기구 및 조직	각종 도로시설물에 대하여 담당부서별 개별관리. 도시계획 입안시 도시차원의 정책 고려미비. 경관심의, 건축심의, 도시설계 심의 등을 통한 경관관리 행정이 약하고 경관에 대한 심의가 약함.	경관관련 조사에 따라 기본구상 및 기본계획 결정. 지구지정과 사례, 요강 등의 제정에 따른 규제 유도. 심의회, 자문회 등 자문기관과 경관담당 부서에 의한 경관심의 강화. 도시와 공원정비 등 경관관련 공공사업 추진.

7-242. 일본과 한국의 고도보존법

옛도시(고도:古都) 보존을 위한 특별법 형태의 법률과 제도적 장치로서 일본과 한국의 고도보존법은 입법 배경, 제정 목적, 운영 방법, 지원방법 등에 많은 차이가 있다. 주요 내용을 비교해 보면 아래와 같다.

〈표 7-2-8〉 일본과 한국의 고도보존법 비교

		일 본	한 국
법		고도의역사적풍토보존에관한특별조치법(1966.1.13) 아스카무라의역사적풍토보존및생활환경정비등에관한특별조치법(1980.5.26)	고도보존에관한특별법 (2004.3.5)
제정주체		건설성(국토교통성)	문화관광부
입법배경		가마쿠라, 교토지역 개발에 대한 우려 - 시민들의 고도보존 요청(여론 입법)	고도지역 주민과 지역구 국회의원 발의
제정목적		역사적 풍토보존을 위한 국가차원 강구 - 국토애 고양, 문화향상발전에 기여	고도의 역사적 문화환경 효율적 보존 - 전통문화유산 전승
용어정의	고도	오랜동안 전국적인 정치 문화의 중심지 - 교토, 나라, 가마쿠라 - 그밖에 정령으로 정한 지역 (이카루가, 텐리, 가시하라, 사쿠라이, 아스카, 즈지)	우리 민족의 정치 문화 중심지 - 경주, 부여, 공주, 익산 - 그밖에 대통령령이 정한 지역
	풍토환경	'역사적 풍토' - 건조물, 유적 등이 주위 자연환경과 일체를 이루어 고도의 전통과 문화를 형성하는 상태	'역사적 문화환경' - 유적과 주위 자연환경이 일체를 이루고 있는 것
	보존사업		고도의 역사적 문화환경 보존을 위하여 고도보존계획에 따라 시행하는 사업 - 보존사업시행자 지정
지구지정		'역사적풍토특별보존지구' - 역사상 중요한 문화적 자산과 주위의 자연환경이 조화를 이루어 역사적 풍토의 중요한 부분을 구성하고 있는 지역 '역사적풍토보존지구' - 고도로 지정된 도시의 역사적 풍토를 보존하기 위하여 필요한 지역	'특별보존지구' - 고도의 역사적 문화환경의 보존상 중요한 지역으로 원형이 보존되어야 하는 지구 '역사문화환경지구' - 특별보존지구의 주변지역중 현상변경을 제한하여 고도의 역사적 문화환경을 유지보존할 필요가 있는 지역

심의 기구	총리부 역사적풍토심의회에서 국토교통성 사회자본정비심의회로 이관 (2000.6.7) - 위원 16명 - 학식과 경험있는 민간인사로 구성 - 심의회에 전문위원	국무총리실 고도보존심의위원회 - 20인 이내 위원 - 관련 중앙행정기관 차관급, 고도 지역광역자치단체장, 문화재, 도시계획관련 전문가 각각 2인 이상(위원장 : 국무조정실장) - 소위원회, 실무위원회 설치
계획 작성	역사적 풍토보존에 관한 계획 - 행위규제, 역사적 풍토 유지보존 - 시설정비	고도보존계획 - 역사적 문화환경 보존 - 토지건물 보상, 시설 정비 - 보존사업을 위한 재원확보
의견 청취		보존계획에 대한 주민 의견청취 반영
손실 보상	특별보존지구내 토지 매수청구권 - 국가부담비율(50% / 70%)	지정지구내 토지건물매수청구권 - 국가부담비율(70% / 80%)

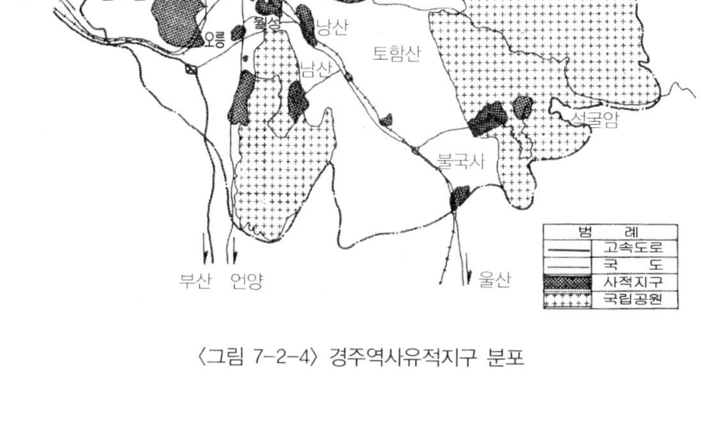

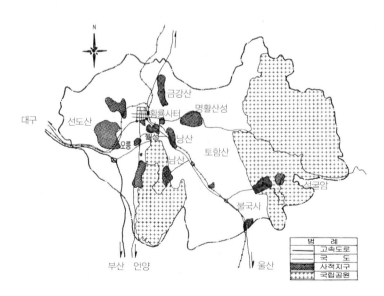

〈그림 7-2-4〉 경주역사유적지구 분포

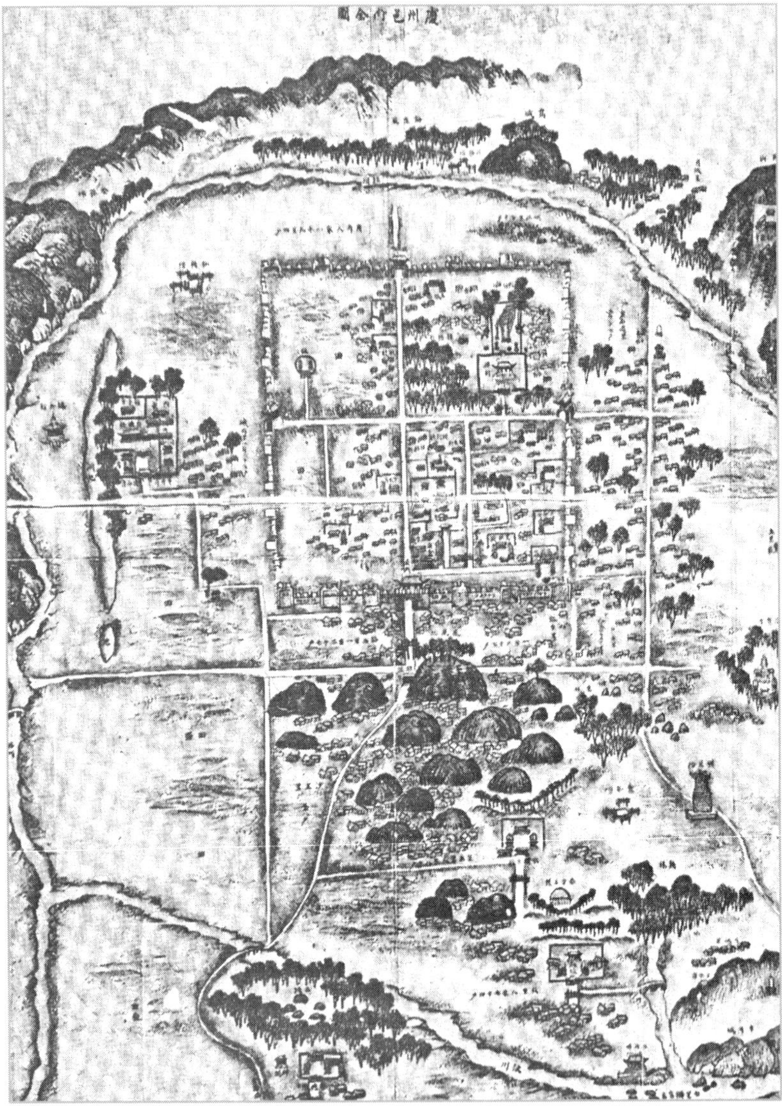

〈그림 7-2-5〉 경주 - 조선시대 그림지도

사례 7-2-1. 베이징의 구도시 역사문화보호구 보호계획

베이징의 역사문화보호지역은 모두 25지역으로 총 면적은 1038ha이며 구도시면적의 17%를 차지하고 있다. 그 가운데 중점보호지역은 649ha이며, 건설규제지역이 389ha이다. 그밖에 각급 문물보호기관의 보호지역과 건설규제지역을 포함하면 구도시의 38%를 보호지역으로 정하고 있는 셈이다. 25개 문화보호구역 가운데 14개는 구황성(舊皇城)안에 있고 7개는 구황성밖 내성(內城)안에, 그리고 4개는 외성(外城)에 분포한다. 역사문화보호구역은 구황성의 전통 풍모를 보여주는 곳으로 중요한 역사유적들이 분포하며 사합원(四合院 : 중국의 전통주거건축)이 보존되어 있다.

중점보호지역은 성격과 특징에 근거하여 해당보호구의 전체 면모를 지킨다. 거리의 역사적 사실성을 보존하고 역사유물과 원래의 면모를 보존한다. 건설은 점진적이고 단계적으로 개선해 나가며, 환경개선을 통하여 주민들의 삶의 질을 향상시키며, 보호사업에 시민참여를 적극 장려한다. 건설규제지역에서 신축이나 개축을 할 경우에는 중점보호지역의 전체 모습과 조화를 이루어야 하며 중점보호지역의 환경과 시각경관에 좋지 않은 영향을 미쳐서는 안된다. 건물신축시 대규모 철거나 건설은 피해야 한다. 가치있는 건축, 전통거리, 골목 등을 보호 보존해야 한다.

현재 25개 역사문화보호구역안에 살고 있는 주민은 모두 28만 5천명으로 인구밀도는 1ha에 275명으로 인구밀도를 낮추는 계획이 진행중이다. 베이징의 평균 거주수준에 맞추어 계획인구를 16만 7천명으로 정하고 번잡한 주택을 정리 철거하여 이주정책을 추진중이다. 건축물의 보호와 갱신을 위해 건축물의 구조 파손정도와 형태 및 역사가치를 평가하여 문화재로서 가치있는 것, 일정한 역사가치를 갖고 있는 근대건축물 등, 전통건축과 조화를 이룰 수 있는 일반 전통양식의 건축물, 전통과 조화를 이룰 수 있는 현대 건축물, 전통과 조화되지 않는 건축물로 나누어 보존할것과 새로 고쳐지을 것들을 구분관리한다. 갱신해야 할 건축물은 모두 34%에 이르는 것으로 나타났다. 갱신대상이 된 건축물은 상태가 나빠 우선 철거해야 할 것들과 최근의 고층건물들이 있다. 우선철거 대상건물은 바로 철거하여 역사보호구에 맞는 성격의 건축으로 대체하게 되며 최근의 고층건물들은 여건이 성숙되었을 때 철거하고 주변과 조화되는 건물을 신축하도록 한다.

역사문화보호구역안에 공공녹지는 총면적의 9.4%로 계획하며, 가로와 골목의 녹화를 주로 하고, 집중 녹지를 없애거나 새로 만들어도 않된다. 주택에는 전통 식재방식으로 한다. 도로교통은 전통의 가로를 유지하면서 주민들의 통행에 편리하도록 한다. 도심의 주요간선도로 이외에 역사문화보호구역안에서는 통과교통이 통행되지않도록 하고 병목현상이 일어나는 골목을 넓혀 교통현황을 개선한다.

杜立群, 2001. 北京舊城25片歷史文化保護區規劃(서울·북경의 역사지구 보전과 재생에 관한 국제세미나, 서울시정개발연구원)

〈주〉

1) Operational Guideline osof world cultural and natural heritage
2) A Preservation Charter for the Historic Towns and Areas of the United States of America(1992. US/ICOMOS)
3) 강영조 등, 1999. 경관의 동태성에 관한 연구『한국조경학회지』27-3.
4) 미국 경관건축위원회 역사보존분과에서 나누는 방법이다.
5) 나루미 구니히로, 1998.『도시경관의 형성수법』(대우출판사)
6) 임창복, 1992. 도심개발과 문화재 주변 경관의 재인식『대한건축학회지』36-1
7) 조세환, 1999. 신라 왕경의 도시상징성 연구 -토속신앙 관점에서 본 경관형식과 내용을 중심으로-『한국조경학회지』27-4.
8) 이정수, 2000. 시각구조 분석을 통한 문화재주변 경관관리 방안에 관한 연구『대한건축학회논문집』
9) Recommendation concerning the Safeguarding and Contemporary Role of Historic Areas (1976년 11월 30일, 케냐 나이로비).
10) Recommendation concerning the Safeguarding of the Beauty and Character of Landscapes and Sites(1962년 12월 11일, 불란서 파리).
11) Charter for the Conservation of Historic Towns and Urban Areas (The Washington Charter, 1987)
12) 주2)
13) 西村幸夫,『歐美の都市風景計劃から學ぶ.』8-23쪽 都市の風景計劃- 歐美の景觀ゴンドロル手法ど實際. 2000. 學藝出版社)
14) - 眺望の 確保ど 保全計劃. 中井檢裕, 西村幸夫, 五本孝幸. 24-38쪽.
15) Town and country Planning(Listed Buildings and Conservation Areas) Act.
16) - 歷史的環境の保全ど景觀計劃. 和田幸信. 鳥海基樹. 39-67쪽.
17) - ガラッソ法の風景計劃ど歷史都心の設計. 宮脇 勝. 68-91쪽.
18) - 環境施策ど融合しだ面的規制による都市風景の形成. 坂本英之. 112-134쪽.
19) - アバンデザインど歷史的環境保存. 岡崎驍行 須賀定邦 李 政炯 藤田文彦 135-161쪽.
20) - 多樣な都市文化オ背景どしだ風景のゴンドロル 岡崎驍行 大野 整 中井檢裕. 162-183쪽.
21) 조현중, 2002. 일본의 고도보존법 제정・운영현황.『문화유산포럼 3』(문화재청)
22) 일본에서 고도보존에 관한 것은 총리실 산하 역사적 풍토 심의회가 맡았으나 2000년 6월 7일 정부기관 재편시 국토교통성 산하 사회자본정비심의회 소속분과로 변경되었다. 사회자본정비심의회는 도시계획분과회를 비롯해 7개 분과가 있으며, 고도보존에 관한 사항은 역사적 풍토 분과회에서 담당하고 있다. 심의회 위원은 학식과 경험이 있는 사람 중에서 국토교통대신이 임명하며, 임기는 2년이다. 역사적 풍토 분과회는 16명의 위원으로 구성되어 있으며, 국토교통성, 총무성, 재무성, 문화청, 후생노동성, 농림수산성, 임야청, 경제산업성, 환경성의 관계국장이 간사로 참여하고 있다.
23) 정성태・조세환・오휘영, 2000. 한국과 일본의 역사도시 경관 관리 법규의 비교 -경주시와 나라시의 사례로-『한국조경학회지』28-3.

7-3. 건축문화재, 전통마을 유지 관리

7-31. 건축문화재의 뜻과 가치

7-311. 건축문화재의 종류

7-312. 건축문화재의 특성

7-313. 건축문화재 보존 방법

7-314. 건축문화재 보존 · 복원 원칙
- 아테네헌장, 베니스헌장, 나라문서

7-32. 전통마을 보존

7-321. 전통마을 지정 관리

7-322. 전통마을 유지 · 관리 방법

7-323. 전통마을 보존 방법

7-31. 건축문화재의 뜻과 가치

7-311. 건축문화재의 종류

건축은 사람이 활동하는 공간으로서 만들어진 구조물을 말하며 건축문화재는 건축물로서 역사상 가치를 갖는 것들을 말한다. 건축문화재는 유형에 따라 크게 기념물, 건축물군, 유적의 세가지 범주로 나누어 볼 수 있다.[1] 건축기념물은 건축물, 구조물 등 역사상, 고고학상, 예술상, 학술상, 사회적 또는 기술상 뚜렷한 가치를 지닌 것으로 그 부속물과 가구를 포함하는 것이다. 건축물군은 도시 또는 농촌 지역에 동질의 건축물들이 모여 있는 것으로 역사상, 고고학상, 예술상, 학술상, 사회적 또는 기술상 뚜렷한 가치를 지닌 것으로 동일한 지형 단위안에 밀접히 관련되어 있는 것을 말한다. 건축 유적은 부분적으로 개조되었으나 지형상 뚜렷이 구분되는 동일성이 보이며 역사상, 고고학상, 예술상, 학술상, 사회적 또는 기술상 뚜렷한 가치를 지닌 것을 말한다.

건축문화재는 특별한 가치를 지닌 건축물과 그 주변경관 뿐 아니라 역사문화 가치가 있는 도시와 농촌의 전지역을 포함하는 넓은 의미로 정의되기도 한다.[2] 또한 전통 정원은 건축과 조경의 복합체로서 역사상, 예술상 공공가치가 있는 것으로, 주요 구성이 식물로 이루어져 사라지기 쉽고 새로운 모습으로 바뀌기도 하지만 한마디로 살아있는 건축기념물이라 할수 있다. 전통 정원의 건축적 구성 요소로는 조경계획과 지형, 식생(식물종, 종비율, 공간배치, 빛깔, 나무 높낮이 등), 구조물과 장식물, 개천과 연못 그리고 물에 비친 그림자들이 있다. 전통 정원에는 그들의 이상향이 들어 있기도 하다.[3] 건축문화재는 돌, 흙, 나무, 풀 등 주 재질에 따라 나누어 볼 수도 있다. 건축 재료는 지역 환경에 의해 제한 요소가 많이 있기 때문에 건축 재료는 지방 양식을 형성하는데 중요한 구실을 하게 된다.

7-312. 건축문화재의 특성

건축문화재는 지역에 따라, 시대에 따라, 재료에 따라, 기능에 따라 다양한 구조를 이루며 변화 발전하여 왔다. 건축은 실용성과 더불어 장식성을 요구하기 때문에 건축의 진화 과정은 다양한 방향으로 전개되어 왔다. 따라서 건축문화재는 다른 어느 것보다 다양성을 특징으로 한다. 특히 목조 건축은 구조상 전체 또는 부분으로 변이가 많은 것을 볼 수 있다. 따라서 건축문화재는 교육 자료로서도 중요하다. 건축 형태와 양식과 응용방법들은 건축 당시의 문화를 이해하는데 중요한 실물자료가 되고 있다. 건축에 대한 이해를 통해 공동체 의식을 높이기도 한다.

건축문화재는 그 자리와 주변환경(natural and man-made settings)이 함께 어우러진 것이다. 따라서 문화재와 주변경관이 함께 보존되어야 참 가치를 갖게 된다. 예로부터 산 사람을 위한 집터와 마을터, 그리고 죽은 이를 위한 무덤터는 같은 맥락에서 중요시되었고, 집과 마을과 무덤은 바로 건축문화재의 주요 구성요소를 이루고 있다. 건축문화재는 도시화와 개발로 인하여 가장 큰 위협을 받고 있다. 토지이용이 집약화되면서 전통 마을의 구조가 바뀌고, 전통 건축이 생활의 편리를 쫓아 사라지게 되면서 건축문화재는 제모습을 간직하기에 어려움이 많다. 우리나라에서도 1960년대에 새마을운동을 일으켜 전통 마을과 전통 건축 양식이 짧은 동안 급격히 사라져 이제는 어디에서도 찾아보기 어려운 모습이 되었다.

7-313. 건축문화재 보존 방법

건축문화재 보존은 도시와 농촌계획에서 가장 중요한 내용이 되어야 하고 환경보존 정책과도 조화를 이루도록 해야 한다. 도시의 재생 과정에 전통 요소를 충분히 되살릴 수 있도록 계획되어야 한다. 건축문화재의 유지 보존을 위해 전통 기술과 재료를 사용하도록 하고 오래된 건축물을 새로운 용도로 사용될 수 있도록 권장하는 것도 중요하다. 근대건축물 등록제도를 도입하여 적극 활용하려는 것도 이와 같은 목적이다. 또한 현대 건축은 바로 내일의 문화재가 될 것이므로 현대 건축의 질을 높여 문화재를 새로 만들어간다는 마음 자세를 지녀야 할 것이다.

건축문화재를 보존하기 위해서는 장기 계획에 따라 접근하는 것이 중요하다. 건축문화재의 종류와 질에 따라 등급화하는 방안도 필요하다. 영국에서는 「도시계획법(등록건축물과 보존지역법, 1990)」을 기본으로 건축문화재를 보존한다.[4] 건축 또는 도시계획상 가치가 있거나, 사회경제적 가치가 있는 것들(산업시설, 철도, 학교, 병원, 극장 등), 그리고 기술 혁신 및 골동 가치가 있는 것들은 특별 건축이나 역사적 가치가 있는 건축물로서 목록을 작성하도록 하고 있는데 목록작성 대상은 다음과 같다.

· 1700년 이전 건축물 중 원형이 보존된 것들
· 1700-1840년대 건물은 선별적으로 목록 작성
· 1840-1914년대 건물은 건물 주요부가 완전히 보존된 것
· 1914-1939년대 건물은 가치가 높은 것만 선별적으로 목록 작성
· 1939년 이후 건물은 특별한 가치가 있는 것들만 선별

또한 건축물의 상대적 가치 평가와 등급을 만들어 1등급은 예외적 가치가 있는 것으로 전체 목록의 2%이내, 특 2등급은 특별히 중요한 것으로서 전체 목록의 4% 이내, 2등급은 보존 가치가 있고 특별한 관심이 있는 것 등으로 구분한다. 그밖에 건축 또는 역사 가치가 특별한 지역의 특징과 현상을 보존하기 위해 보존 지역을 정하기도 한다.

전통 정원의 보존관리는 원상을 지키면서 식생 환경은 자생종을 유

지하도록 해야 한다. 수복, 복원을 위해서는 충분한 연구가 바탕이 되어야 하며 완전히 사라진 것들이나 전설속에 남아 있는 것들은 복원하지 않는 것이 좋다.

7-314. 건축문화재 보존·복원 원칙 - 아테네헌장, 베니스헌장, 나라문서

역사건축물을 보존·복원하는데 필요한 원칙은 베니스헌장에 잘 나타나 있다. 베니스헌장은 1964년 국제기념물유적협의회(ICOMOS) 총회에서 채택하였다.[5] 베니스헌장은 역사건축물의 진정성(Authenticity)을 보존하여 후세에 길이 남겨질 수 있도록 보존 수단을 엄격히 제한하기 위해 만든 것이다. 역사건축물의 보존과 수복에 관한 일반 지침을 제공하고, 각 나라에서 그들의 고유한 문화와 전통의 틀안에서 적용할 수 있도록 한 것이다. 베니스헌장은 아테네헌장의 정신을 이어받아 만들어 졌다.

아테네헌장은 1931년 아테네에서 열린 역사기념물 관련 건축가 및 기술자들의 첫 국제회의에서 채택한 것이다.[6] 아테네헌장의 앞부분에 나타나 있는 7개항의 결의안에는 유적을 보존하기 위해 각 나라에서 법에 의한 보호가 필요하며, 유적과 더불어 유적 주변지역에 대한 보호에 주의를 기울여야 한다는 것을 강조하였다. 또한 수복작업에 현대기술과 재료를 사용할수 있다고 하여 당시로서는 가장 좋은 재료인 시멘트 콘크리트를 사용하는 것을 부분적으로 인정하기도 하였다. 이와 같이 아테네헌장은 수복과 복원 작업에 다소 유연한 원칙을 제시하고 있다. (자료 3)

베니스헌장은 아테네헌장에 나타난 원칙들을 바탕으로 하면서 문화재 수복과 보존에 관한 연구 성과와 국제교류가 발전하면서 나타나는 문제들을 새롭게 인식하면서 보다 엄격한 기준을 마련한 것이다. 베니스헌장에서는 특히 기념물을 보존하는데 건축물의 외관과 장식을 바꿀

〈사진 7-3-1〉 나라 평성경 주작문 - 철저한 고증을 거쳐 복원한 것은 원형으로 볼 수 있다

수 없도록 하고, 주변 환경의 보존을 중요하게 보고 있다. 또한 수복 작업에 현대 재료와 기술을 사용하는 것은 전통 기술이 적절치 못한 경우로 한정하고 철저히 검증 과정을 거친 것만 쓸수 있도록 하였다. (자료 4)

나라문서는 1994년 일본 나라(奈郞)에서 개최된 세계유산의 진정성에 관한 회의에서 참가자들에 의해 채택된 것이다.[7] 베니스헌장에서 제시한 엄격한 규정은 각 나라 또는 문화 전통에 따라 달리 적용될 수도 있다는 것이다. 문화의 다양성과 유산의 다양성을 인정하고, 다양성은 존중되어야 하며 문화유산의 관리는 그 문화유산을 만들어낸 공동체에 책임이 있다고 하였다. 따라서 유산의 가치 평가는 고정된 틀 안에서 이루어질 수 없으며 유산이 만들어지고 남아 있는 문화공동체의 역사전통(context) 안에서 평가해야 한다는 것이다. (자료 5)

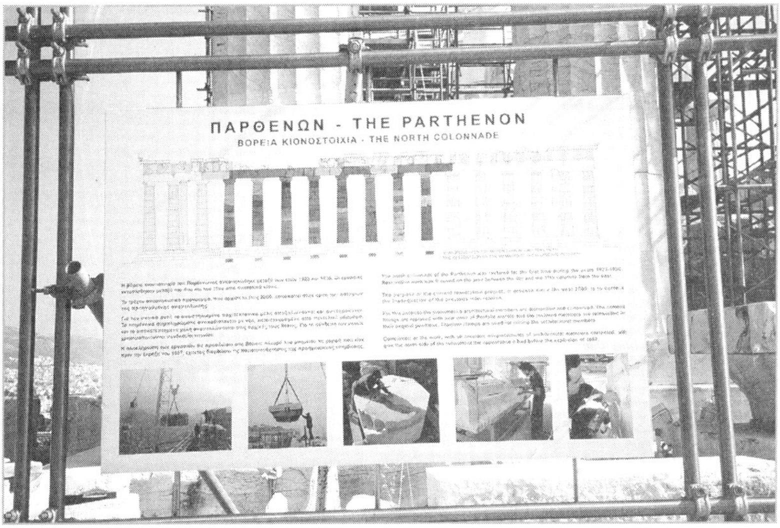

〈사진 7-3-2〉 아테네 파르테논신전 보수복원 과정(베니스헌장의 정신을 따른다)

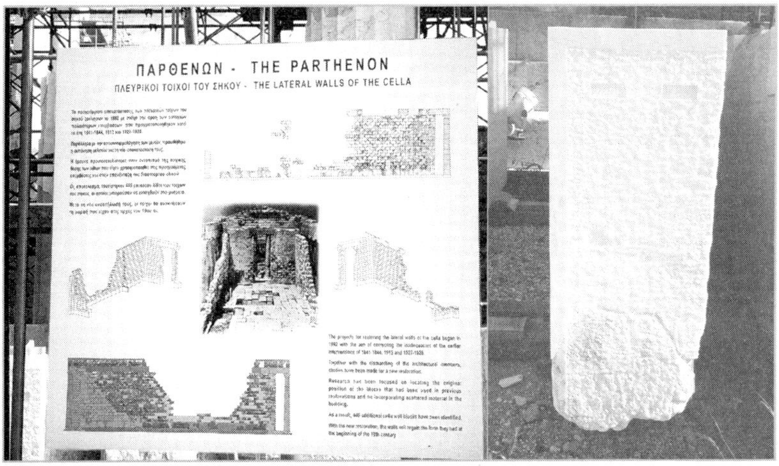

〈사진 7-3-3〉 파르테논신전 석재 보수방식

베니스헌장이 유럽의 석조문화재를 중심으로 하는 보존 원칙이라면 나라문서는 목조문화재가 많은 동양문화권에서 적용할 수 있는 또 다른 원칙이라고 할 수 있다. 기념물의 수복과 복원이 충분한 고증을 거쳐 이루어진다면 유산의 원형으로 볼 수도 있다고 하여 유산의 진정성에 대한 범위를 넓히고 있다. 나라문서는 포스트모던 시대에 맞는 문화재 보존원칙으로 문화다양성에 대한 인식에 바탕을 두고 있다.[8]

7-32. 전통마을 보존

7-321. 전통마을 지정 관리

우리나라에서는 「문화재보호법」에서 전통마을을 지정관리하고 있다. 승주 낙안읍성이 1983년 사적 제302호로 지정되었고, 뒤를 이어 안동 하회마을(중요민속자료 제122호, 1984.1), 제주 성읍마을(중요민속자료 제188호, 1984.6), 경주 양동마을(중요민속자료 제189호, 1984.12)이 중요민속자료로 지정되었다. 아산 외암마을과 고성 왕곡마을은 「전통건조물보존법」에 의해 1988년에 전통건조물보존지구로 지정되었으나, 「전통건조물보존법」이 1999년에 폐지되면서 외암마을과 왕곡마을은 2000년 1월에 「문화재보호법」에 따라 중요민속자료로 지정되었다.[9]

〈사진 7-3-4〉 일본 전통건조물군보존지구(나가노현)

일본에서는 전통마을 보존을 위한 제도로서 전통적건조물군보존지구(傳統的建造物群保存地區)가 있다. 1975년에 문

1 函館市元町末広町（港町　北海道）
2 弘前市仲町（武家町　青森）
3 金ヶ崎町城内諏訪小路（武家町　岩手）
4 角館町角館（武家町　秋田）
5 下郷町大内宿（宿場町　福島）
6 川越市川越（商家町　埼玉）
7 佐原市佐原（商家町　千葉）
8 小木町宿根木（港町　新潟）
9 高岡市山町筋（商家町　富山）
10 平村相倉（山村集落　富山）
11 上平村菅沼（山村集落　富山）
12 上中町熊川宿（宿場町　福井）
13 早川町赤沢（講中宿　山梨）
14 東部町海野宿（宿場町　長野）
15 南木曽町妻籠宿（宿場町　長野）
16 楢川村奈良井（宿場町　長野）
17 白馬村青鬼（山村集落　長野）
18 高山市三町（商家町　岐阜）
19 美濃市美濃町（商家町　岐阜）
20 岩村町岩村本通り（商家町　岐阜）
21 白川村荻町（山村集落　岐阜）
22 関町関宿（宿場町　三重）
23 大津市坂本（門前町　滋賀）
24 近江八幡市八幡（商家町　滋賀）
25 五個荘町金堂（農村集落　滋賀）
26 京都市上賀茂（社家町　京都）
27 京都市産寧坂（門前町　京都）
28 京都市祇園新橋（茶屋町　京都）
29 京都市嵯峨鳥居本（門前町　京都）
30 美山町北（山村集落　京都）
31 富田林市富田林（寺内町　大阪）
32 神戸市北野町山本通（港町　兵庫）
33 橿原市今井町（寺内町　奈良）
34 倉吉市打吹玉川（商家町　鳥取）
35 大田市大森銀山（鉱山町　島根）
36 倉敷市倉敷川畔（商家町　岡山）
37 成羽町吹屋（鉱山町　岡山）
38 竹原市竹原地区（製塩町　広島）
39 豊町御手洗（港町　広島）
40 萩市堀内地区（武家町　山口）
41 萩市平安古地区（武家町　山口）
42 柳井市古市金屋（商家町　山口）
43 脇町南町（商家町　徳島）
44 丸亀市塩飽本島町笠島（港町　香川）
45 内子町八日市護国（製蝋町　愛媛）
46 室戸市吉良川町（在郷町　高知）
47 甘木市秋月（城下町　福岡）
48 吉井町筑後吉井（在郷町　福岡）
49 有田町有田内山（製磁町　佐賀）
50 長崎市東山手（港町　長崎）
51 長崎市南山手（港町　長崎）
52 日南市飫肥（武家町　宮崎）
53 日向市美々津（港町　宮崎）
54 椎葉村十根川（山村集落　宮崎）
55 出水市出水麓（武家町　鹿児島）
56 知覧町知覧（武家町　鹿児島）
57 渡名喜村渡名喜島（農村集落　沖縄）
58 竹富町竹富島（農村集落　沖縄）

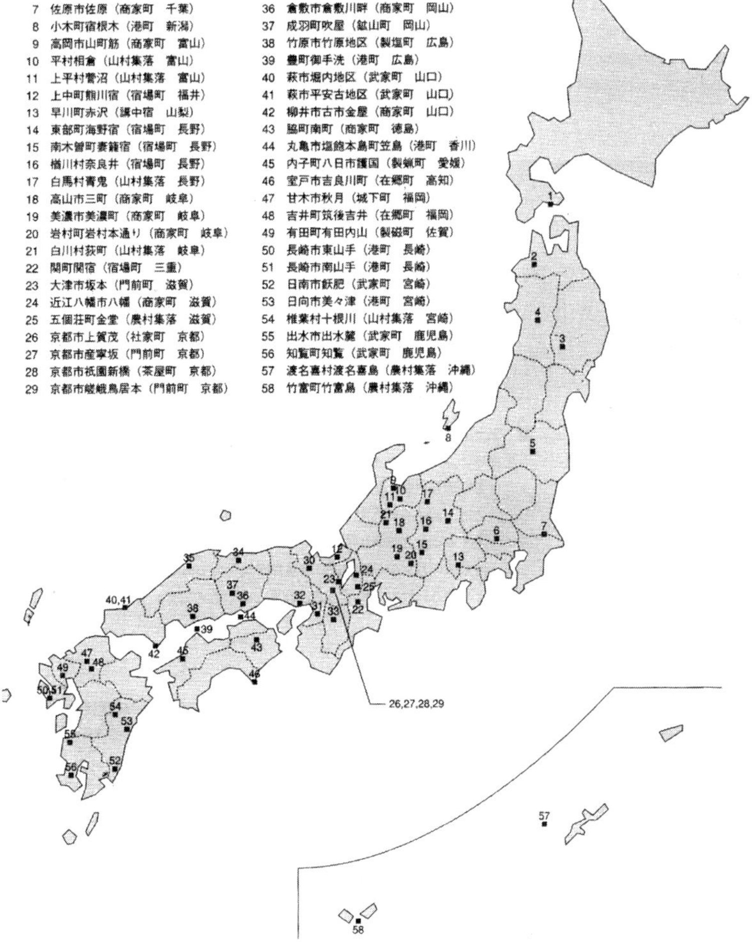

〈그림 7-3-1〉 일본 중요전통적건조물군보존지구

화재보호법을 개정하면서 건축물과 주변 환경을 하나로 보존하기 위한 목적에서 비롯된 것으로 성아래 마을, 숙박 마을, 산촌 마을, 농촌 마을 등 전국에 남아있는 역사마을과 거리들을 보존하기 위한 것이다. 시·정·촌(市町村)에서 전통적건조물군보존지구를 정하고, 국가에서는 그 가운데 가치가 높은 것을 중요전통적건조물군보존지구(重要傳統的建造物群保存地區)로 선정하여 시·정·촌에서 시행하는 보존사업에 재정 원조와 필요에 따라 기술지도 및 조언을 한다.

중요전통적건조물군보존지구에 대해서는 시·정·촌이 조례를 정하여 보존지구의 현상을 변경하는 행위를 규제한다.(자료 7) 중요전통적건조물보존지구에는 주로 목조건축물들이 있다. 따라서 재해 예방 특히 화재 대책이 필요하므로 시·정·촌은 경관을 거스르지 않도록 재해 예방시설을 하고 문화청장은 그에 대한 지도 조언을 한다. 2001년 8월을 기준으로 중요전통적건조물보존지구로 선정된 곳은 58개 지구(면적 2,378ha)이며, 그 안에 전통 건축 9,769건이 보존되어 있다. 또한 시·정·촌의 자치단체장들이 모여 「전국전통적건조물군보존지구협의회」를 구성하고 정보를 교환하며 각 지방이 중심이 되어 보존하고 있다.[10]

7-322. 전통마을 유지·관리 방법

전통마을은 건축물군으로 이루어진 곳이 많으며 현재 살고 있는 사람들과 직접 연관되므로 보존에 어려움이 많다. 지방행정기관에서 관리계획을 세울 때에는 마을 주민들과 의견을 충분히 나누고, 그들의 의견이 계획에 반영될 수 있도록 하는 것도 필요하다. 또한 마을 주민 스스로 자치규약 등을 만들어 유지·관리하는 방향으로 이끌어가는 것도 필요하다.

전통마을의 유지·관리는 전통이 살아있는 마을을 제대로 관리하여 마을 주민들의 생활과 생산 활동을 보장하고 마을이 갖고 있는 가치를 활용하여 자원화하도록 하기 위한 것이다. 마을 원형을 지키고, 전통 마을의 다양한 가치를 찾아내며, 마을의 역사, 문화, 생활, 생산, 경관 등에 대한 종합 관리가 필요하다.[11]

전통 마을의 유지 관리 구성 조건은 다음의 세가지로 나누어 볼 수 있다. 첫째, 공간 유지·관리체계로서 전통마을의 외형 조건이 되는 환경을 유지하고 관리하는 것으로 마을이 갖고 있는 각종 역사 자원과 관광 및 주민들을 위한 여러가지 시설물의 유지 관리를 말한다. 둘째, 연출 유지·관리 체계로서 마을 관광과 관련하여 운영 프로그램을 만들고 관리하는 것이다. 셋째, 공동체 유지·관리 체계로서 마을주민들과 관련하여 갈등을 최소화하고 마을을 유지·관리하기 위한 기반을 마련하는 것이다. 이에는 주민들의 자긍심을 높이고 지원 및 보상 그리고 주민들의 참여를 높이는 것들이 있다.[12]

7-323. 전통마을 보존 방법

전통마을 보존 방법은 마을단위 종합 보존이 중요하다. 전통마을 보존에서 가장 문제가 되는 것은 현지 주민의 생활 환경과 전통의 보존에 대한 갈등이다. 주민들은 생활의 편리함을 추구하지만 전통에 관심을 갖고 찾아가는 일반 사람들은 원모습을 담고 있기를 바라고 있다. 이들 사이에서 서로 공통 의식을 찾아낼 필요가 있을 것이다.[13]

전통마을 보존과 관련하여 우리나라와 일본의 경우를 비교하면 우리나라는 문화재 차원의 지정 보존이 우선되며 건축물 보존이 주가 되고 있다. 보존 관리는 실제로 국가 또는 지방행정기관 주도로 이루어지고 주민들은 객체화되므로서 보존에 대한 실제 역할이 적은 편이다. 따라서 공공기관과 주민들 사이 또는 주민과 방문객들 사이에 갈등 관계가 있으며, 주민들의 삶의 방식이 바뀌는데 대한 배려가 없다. 마을 자체를 정주 환경 단위로 이해하지 못하고 건축물만을 대상으로 과거의 유산을 보존하는데 머물고 있다. 일본의 전통마을 보존은 주민들 스스로 자치에 의한 보존 위주로 주민과 공공기관 사이에 공공 단체 성격의 관리 기구를 만들어 국가 기금과 자체로 만든 기금을 조성하고, 관광 프로그램을 개발하는 등 주민이 주체가 되는 방식으로 꾸려진다.

전통마을 유지보존 사례 1 - 일본 시라가와 고가야마의 산촌마을(白川郷・五箇山の 合掌造り集落)

시라가와는 일본 중부지방에 있는 산촌으로 가쇼(合掌)형식의 일본 전통건축이 잘 남아있는 곳이다. 오기마치, 아이노쿠라, 스가누마 세 마을로 이루어졌다. 가쇼형식의 전통건축은 오기마치에 59채, 아이노쿠라에 27채, 스가누마에 8채가 남아 있고 이들은 대체로 에도시대(19세기초) 이후에 지은 집들이다. 마을안에는 19세기 말 이후에 나타난 가쇼형식에서 변형된 집들과 목조가옥들도 있으며 이들은 마을의 역사가 변해온 과정을 보여주고 있다. 마을마다 공동체조직으로 쿠미가 있고 마을 협력체로서 위와 코리악이 남아있어 의례와 집짓기 등을 공동으로 행한다. 집집마다 전통 생산도구들을 갖추고 있는 등 생활터전, 마을경관, 사회관습 등 전통생활 모습이 잘 보존되어 있는 곳이다.

시라가와의 전통마을과 가쇼형식 건축들은 18세기 이후 마을 경제활동이 바뀌게 되면서 조금씩 사라지기 시작하였고, 1950년대 이후 일본 경제 부흥기에 현대 건축양식으로 탈바꿈하면서 가쇼형식의 집들이 일본 각지의 박물관으로 이전되거나 도시지역으로 옮겨져 음식점으로 활용되는 등 19세기말에 1,800여채나 남아있던 것이 90%이상 사라지고 말았다. 이에 따라 문화청에서는 긴급 학술조사를 실시하고 1951년

〈사진 7-3-5〉 초가지붕 고치기 마을공동 작업. 스가누마

에서 1958년까지 5채를 중요문화재로 지정하였고, 그 뒤를 이어 마을 전체를 보존해야 할 필요성이 있음을 알게 되어 1970년에는 아이노쿠라와 스가누므마을을 사적으로 지정하였다. 한편 오기마치에서는 마을 주민들이 나서 1971년에 오기마치 자연환경보호협회를 만들고 주민자치헌장을 만들어 마을전체를 지키기 위한 보존운동이 일어나고 있었다. 1975년에 일본 문화재보호법이 개정되고 전통적건조물군보존지구 지정제도가 만들어지면서 세 마을을 모두 중요중요전통적건조물군보존지구로 지정하였고, 1996년에 세계유산목록에 등재하게 되었다.

보존정비사업은 지붕을 고치는 있는 일이 많고 소유자들이 스스로 고치거나 때로는 마을 공동작업(쿠미)으로 이루어지며 국가와 지방정부에서 예산을 보조하기도 한다.[14] 집을 해체 수리할 때에는 원형 보존을 위해 전문가의 도움을 받기도 한다. 건축들이 화재에 약한 구조를 갖고 있어 화재 예방시설이 잘 갖추어졌고 해마다 한차례씩 있는 소방훈련은 관광객들에게 볼거리를 제공해 주고 있다.

전통마을 유지보존 사례 2 - 안동 하회마을

하회마을은 낙동강의 한 줄기인 화천이 마을을 돌아 흐르고, 강건너에는 부용대 바위가 둘러있는 뛰어난 자연경관을 배경으로 자리하고 있다. 마을은 조선시대 중기 1,600년대부터 풍산 유씨들이 모여살던 집성촌으로 초가와 기와집 등 전통가옥, 하회별신굿을 비롯한 민속전통, 그리고 독특한 음식문화가 남아있어 전통사회의 삶의 모습을 두루 볼 수 있는 곳이다. 마을의 동북쪽에서 남서쪽으로 뻗어있는 큰길을 가운데 두고 남촌과 북촌으로 크게 나뉘어 있으며 북촌에는 양진당과 북촌댁, 남촌에는 충효당과 남촌댁이 대표건축물로 남아 있으며, 마을안에는 양반집, 노비가 살던 가람집, 그리고 병산서원과 원지정사 등 독특한 건축물들이 자연에 아울리는 마을구성을 이루고 있다.

하회마을은 1984년에 중요민속자료 제122호로 지정되었고, 현재 남아있는 집은 200여채가 있으나 살고 있는 사람들은 100여호에 200여명이며 그 가운데 60세 이상이 40%를 넘고 있다. 마을을 찾아오는 사람들이 늘어나면서 마을안에서 상행위로 인한 훼손, 생활편의를 위해 건물을 안팎으로 고치면서 나타나는 원형변경 등 문제점이 있는 것으로 지적되고 있다. 마을 유지관리는 국가에서 지원하는 정비사업 위주로

〈사진 7-3-6〉 안동 하회마을

이루어지고 있다. 중요민속자료로 지정된 이후 사업내용들은 초가 이엉잇기, 담장고치기와 같이 집을 고치는 일이 주로 많았고, 마을안에 있던 학교를 철거하고, 공중화장실과 관리사를 짓는 등 공공시설을 만드는 정도이다. 마을 주민들이 보존회를 만들어 활동하고 있으나 주민들 스스로 움직임에 의한 유지관리는 제대로 이루어지지 못하는 것으로 나타난다. 최근 관광객이 많이 늘어 나면서 마을 입장료 수익이 높아지고 있으나 한편으로 마을 자체의 수용능력에 한계를 드러내고 있으므로 앞으로는 관광객을 적정 수준에서 통제하는 장치가 필요할 것이며, 또한 전통 생활공간에서 삶을 체험할 수 있는 활용계획을 세우는 것도 필요할 것이다.

〈사진 7-3-7〉 하회 별신굿 상설공연장

〈주〉

1) Convention for the Protection of the Architectural Heritage of Europe (text version) (3 Oct 85) (European Treaty Series No. 121)
2) Declaration of Amsterdam (Congress on the European Architectural Heritage, 21-25 October 1975)
3) The Florence Charter, Historic gardens and landcapes, 1982.
4) 1971년에 제정하고 1988년에 보완된 '도시전원계획법'을 보강한 것으로 1991년에는 '도시계획 및 보상법'을 제정하여 보완하였다.
5) 기념물 및 유적의 보전과 수복을 위한 국제헌장(베니스 헌장).
International Charter for the Conservation and Restoration of Monuments and Sites (The Venice Charter, 1964)
6) 역사기념물 수복(修復)을 위한 아테네 헌장
The Athens Charter for the Restoration of Historic Monuments, 1931.
7) 유산의 진정성에 관한 나라문서.
The Nara Document on Authenticity (Nara Conference on Authenticity in Relation to the World Heritage Convention, held at Nara, Japan, from 1-6 November 1994).
8) K. E. Larsen, 1995. Preface. *Nara Conference on Authenticity in Relation to the World Heritage Convention.* UNESCO World Heritage Convention).
9) 「전통건조물보존법」은 1984년 12월 31일, 법률 제3777호로 제정되었으나, 1999년에 폐기되었다. 전통건조물의 별실과 훼손을 방지하여 그 원형을 유지하고 전승 보존할 수 있도록 하는 것을 목적으로, 법에 따라 원형 보존이 필요한 건축물들에 대한 조사가 있었고, 그 가운데 1,349건이 보굴 대상으로 선별되었다. 법에는 '보굴대상 전통건조물'과 '전통건조물보존지구'를 지정할 수 있도록 하였다.
10) 文化廳, 2001. 『文化財保護法50年史』
文化廳, 2001. 『我が國の文化財保護施策の概要』
11) 강동진, 2001. 지속가능한 전통마을의 유지와 관리방법론의 개발 -한국과 일본의 비교연구- 『한국조경학회지』 29-5
12) 강동진, 2000. 일본 전통마을의 유지관리방법 분석 『한국조경학회지』 28-4.
13) 아산군, 1990. 『아산 외암마을 보존방안 학술조사연구보고서』
14) Hidetoshi Saito and Nobuko Inaba, 1996. *The Historic Villages of Shirakawa-go and Gokayama - Traditional Houses in the Gassho Style*

7-4. 동산문화재 보호

7-41. 동산문화재의 뜻과 성격

7-42. 동산문화재 관리 기준
7-421. 문화재 국제교환에 관한 권고
7-422. 동산문화재 보호를 위한 권고
7-423. 지정 관리, 등록 제도와 목록 작성
7-424. 동산문화재 보존관리

7-43. 동산문화재 감정

7-44. 문화재 매매
7-441. 문화재 매매 허가제
7-442. 문화재 경매

7-45. 동산문화재 안전 관리
7-451. 문화재 범죄 예방
7-452. 문화재 해외 유출 방지
7-453. 문화재 도난 및 불법 거래 예방

7-41. 동산문화재의 뜻과 성격

동산문화재(動產文化財)는 움직일 수 있는 문화재라는 뜻으로 건축물이나 유적 등과 같이 한곳에 머물러 있는 부동산 성격의 것이 아닌 것들을 말한다. 예술 장르로서 회화, 조각, 공예 작품들과 옛서적들을 동산문화재의 범주에서 다루고 있다. 동산문화재를 정의하는 기준은 유네스코 문서에서 자세히 밝혀 놓았고[1] 각 나라는 이를 바탕으로 나름대로의 가치 기준에 따라 그 영토안에서 보호해야 할 동산문화재에 대한 적절한 기준을 채택하도록 권고하였다.

동산문화재는 인류 창작 능력을 표현한 것, 또는 자연 진화를 증거하는 모든 움직일 수 있는 자산으로서 고고학상, 역사상, 예술상, 학술상, 기술상 가치를 갖는 다음의 것들을 말한다.

1) 땅에서, 그리고 수중에서 이루어진 고고학 발굴조사에서 나온 것들.
2) 각종연모, 토기, 비문, 동전, 인장, 보석, 무기, 장례유물(미이라포함) 등 골동품들.
3) 역사기념물로 부터 떨어져 나온 것들.
4) 인류학, 민족학상 가치를 지닌 것.
5) 역사와 관련된 것들(과학기술사, 군사, 사회사를 포함하여), 국가지도자(사상가, 과학자, 예술가)와 관련되는 것, 국가적으로 중요한 사건과 관련된 것.
6) 예술상 가치가 있는 것들, 바탕이나 재질에 관계없이 손으로 제작된 유화, 도화(산업도안이나 손으로 제작했더라도 공업생산품은 제외), 인쇄원본, 포스터, 사진 가운데 원 창작품, 예술 조립 및 합성품의 원작, 조상이나 조각(재질에 관계없음), 유리, 세라믹, 금속, 나무 등으로 만든 응용예술작품
7) 원고, 판본, 고서 필사본, 책, 문서, 특별한 목적으로 만든 인쇄물들
8) 화폐, 우표 등 가치있는 것들
9) 각종 기록물, 서적, 지도, 사진, 영상물들
10) 가구, 수예, 돗자리, 옷, 악기 등
11) 동식물, 광물 표본 등

- 동산문화재 보호를 위한 권고, 1978. UNESCO

동산문화재는 이동이 쉽기 때문에 도난과 훼손 위험에 노출된 것이 많고, 시간이 흐름에 따라 또는 환경의 변화에 따라 재질이 약화되어 보존에 어려움을 겪게 되기도 한다. 따라서 동산문화재는 보존과 수리에 특수기술을 필요로 하게 된다. 또한 문화재 불법 거래와 약탈의 대상이 되어 국제간 분쟁의 원인이 되기도 한다. 동산문화재 보호를 위한 조치로 재난 방지와 재난 대비가 있다. '재난 방지(prevention of risks)'는 포괄적인 보호체계 범위안에서 동산문화재를 무력 분쟁, 폭동 그밖에 사회적 무질서로 일어날 수 있는 위험 요소들로 부터 보호하기 위해 필요한 모든 조치를 말하며, '재난대비(risk coverage)'는 동산문화재가 무력 분쟁, 폭동 그밖에 사회적 무질서로 인하여 파괴, 손상, 변형될 염려에 대한 배상을 보장하는 것으로 정부에 의한 보증과 보험 등 배상에 관한 것들이다.

7-42. 동산문화재 관리 기준

7-421. 문화재 국제교환에 관한 권고

제19차 유네스코 총회에서 채택한 권고안이다.[2] 인류 문화유산의 서로 다른 다양한 특성을 이해하는 것이 문화를 풍부하게 한다는 점에서 문화교류를 확대하고 정당한 방법에 의한 문화재 국제 유통을 활성화하기 위하여 문화재 관련기관 사이에 문화재를 서로 주고받는 것이 널리 이루어질 수 있도록 하는데 목적이 있다. 문화재 관련기관이란 공공의 이익을 위해 문화재를 보존, 연구, 발전시키기 위한 상설기구로서 각 나라의 주무기관으로부터 공인된 기관을 말한다.

문화재는 인간의 창조적 표현물과 자연 진화를 증명할 수 있는 것으로 각 나라의 주무기관이 역사상, 예술상, 학술상 또는 기술적 가치를 갖는 것으로 인정하는 것들을 말하는데 동물, 식물, 지질종, 고고유물, 민족학상 가치있는 유물, 기록물, 순수 예술작품과 응용 예술작품, 문학, 음악, 사진, 영화작품, 기록문서와 고문서 등을 말한다.

국제교환이란 나라 또는 서로 다른 나라의 기관 사이에 문화재 소유권을 이전하거나 사용 및 관리를 주고받는 것으로 대여, 기탁, 판매, 기증의 형태가 있으며 쌍방간에 합의가 이루어진 것을 말한다. 문화재는 인류공동의 문화유산으로서 모든 나라는 국제공동체를 위해 책임이 있으며, 문화재 국제교류를 위해 상속, 조세, 관세 등에 관한 적절한 조치를 취해야 한다.

7-422. 동산문화재 보호를 위한 권고

동산문화재 보호를 위한 권고안은 제20차 유네스코 총회에서 채택하였다.[3] 문화재에 대한 관심이 높아지면서 박물관이 날로 늘어나고 유적 방문객이 많아지고, 문화재 국제교류가 활발히 일어나면서 문화재가 위험에 노출되는 경우도 많아지게 되었다. 또한 문화재 시장가격이 높아지면서 나라마다 보험 부담이 일정치 않아 문화재 거래와 전시에 박물관이 어려운 부담을 안게 되었다.

이 권고안은 무력분쟁시 문화재보호에 관한 협약(1954), 고고학 발굴에 적용되는 국제원칙(1956), 박물관설립을 위한 가장 효과적인 방법에 관한 권고안(1960), 문화재 불법 반출입 및 소유권 양도 금지에 관한 권고안(1964), 문화재 불법 반출입 및 소유권 양도 금지에 관한 협약(1970), 자연 및 문화유산의 국내수준에서의 보호에 관한 권고안(1972), 세계문화 및 자연유산보호에 관한 협약(1972), 문화재 국제거래에 관한 권고안(1976) 등의 내용을 확장 보충한 것이다.

권고안에서는 '동산문화재'와 '보호'라는 용어에 대한 정의로부터 시작된다. '동산문화재'는 인류창작 능력을 표현한 것, 또는 자연진화를 증거하는 모든 움직일 수 있는 자산으로서 고고학상, 역사상, 예술상, 학술상, 기술상 가치를 갖는 것들을 말하며, 각 나라는 이를 바탕으로 나름대로의 가치기준에 따라 그 영토안에서 보호해야 할 동산문화재에 대한 적절한 기준을 채택하도록 하고 있다.

동산문화재는 보관, 전시, 이동 과정에서 손상을 입을 수 있고 기후변화에 민감하기 때문에 적절한 보존 환경을 유지할 수 있도록 해야 한다. 공공기관, 개인소장자, 박물관, 행정기관 등의 관계자들이 협력하여 보존방안을 수립해야 한다. 동산문화재의 불법 유통을 막는데 법적 조치가 강화되어야 한다. 문화재는 한번 손상되면 다른 재화로 대체할수 없는 것이므로 재난에 대비하여 철저한 보호가 필요하다. 일시적 전시(특별전)를 위한 포장, 해체, 이동 과정에서 훼손 우려가 높기 때문에 주의 깊은 처리가 필요하며 손실회복 비용을 줄일 수 있도록, 박물관이나 보험기관은 관리에 철저하고 정부는 이를 보증하는 것이 필요하다.

각 나라에서는 이와 같은 원칙에 따라 동산문화재를 보호하기 위한 조치를 단계적으로 마련해 나가야 하며 관련기관들에게 필요한 조치를 하도록 권고해야 한다. 박물관과 공공기관에서는 유물 목록과 유물에 대한 최대한 상세 정보를 작성하도록 한다. 훼손 가능성 등 만약의 사태에 대비하여 유물 사진과 마이크로 필름을 만들어 두는 것이 중요하며, 이들 목록자료는 문화재 불법유통 단속기관에 제공될 수 있도록 한다. 공정한 방법으로 유물 감정을 할수 있도록 한다. 박물관과 관련기관에서 유물 손상을 막기 위한 안전장치, 기계 설비 등을 갖출 수 있도록 정부에서 지원한다. 유물 보존을 위한 방법에 유물 특성에 따라 전통기술을 적용할 수 있도록 하고 최신 기술을 사용할 수 있어야 하며 정부는 적절한 교육훈련 체계를 갖추어야 한다. 보호, 보존, 안전관리 담당자들에 대한 정기 훈련체제를 갖추고 지침서를 만들어 정보를 공유할 수 있도록 한다.

개인 소장자와 사설기관들은 소장품 목록을 만들어 공공기관 소장품들과 정보를 교환할 수 있도록 하고 정부는 소유자들에게 필요한 지원을 할 수 있어야 한다. 개인 소장자들이 공공기관에 유물을 기증할 때에는 보상이 필요하며 정부 관련기관에서는 개인 소장품들이 안전하게 보관될 수 있도록 화재 예방 등 보호조치를 해야 한다. 종교 시설이나 고고유적에 있는 동산문화재들은 특히 약탈이나 도난에 대비하여 보존, 보호되어야 한다. 특히 보호 시설과 안정 조치를 강구해야 하며, 이를 위하여 정부에서 재정 보조와 기술 지원을 해야 한다.

문화재의 가치와 보호의 필요성에 대한 교육을 위해 각국 정부는 국가, 지역 단위로 모든 이들에게 동산문화재에 대한 지식을 얻을 수 있도록 교육과 정보를 제공해야 한다. 다양한 수단을 통하여 일반 시민들이 관심을 가질 수 있도록 문화재를 단순히 재산 가치로서가 아니라 그 의미와 중요성을 깨우칠수 있도록 하고 문화재 보호 활동에 참여할 수 있는 기회를 넓혀 주어야 한다. 문화재 도굴, 도난, 모조 등을 막기 위해 국내 예방기구를 만들고 강화해 나가야 하며 국제 협력을 통하여 도난과 불법 거래를 방지할 수 있도록 한다.

7-423. 지정 관리, 등록 제도와 목록 작성

문화재 지정 관리제도는 여러 나라에서 사용하는 문화재관리 방법으로 국가에서 중요한 문화재를 중점 관리하며 보존·수리 비용을 국가에서 부담할 수 있도록 하는 것이다. 동산문화재는 보관에서 공개·전시에 이르기까지 비용 부담이 크기 때문에 개인 소장 문화재일 경우 국가에서 일정 부분을 담당하지 않을 수 없게 된다. 그러나 지정 문화재는 관리에 어려움이 크기 때문에 한정될 수 밖에 없고 지정되지 않은 일반 문화재는 관리에 소홀할 수 밖에 없다는 한계가 있다. 따라서 지정 제도를 보완하기 위한 방법들이 나타나게 된다. 등록 제도는 지정 제도를 보완하는 한 방안으로서 몇몇 나라에서 채택하고 있다. 일본의 문화재 등록제도는 동산문화재 뿐 아니라 요사이에는 근대 건축문화유산에 까지 범위를 넓혀가고 있다.

우리나라에도 일반 동산문화재 등록 제도가 있었다. 문화재보호법에 의한 지정문화재 이외의 문화재를 보호 관리하기 위한 수단으로 유형문화재 또는 유형의 민속자료중 동산에 속하는 문화재는 소유자(또는 점유자)가 대통령령이 정하는 바에 의하여 문화재관리국에 등록하도록 한 것이다.[4] 등록 대상 문화재는 전적, 서적, 판목, 회화, 조각, 공예품, 고고자료, 민속자료로서 일정한 범위와 기준에 따라 소유자는 취득한 날로부터 30일 안에 등록 신청서를 내도록 되어있다.[5] 등록 제도에 따라 1971년 1월에서 10월까지 개인 소장 문화재 등록을 받아 모두 402,103점에 대한 등록이 있었다.

일반 동산문화재 등록 제도의 입법 취지는 전국에 소재한 문화재의 실태를 파악하여 적절한 보호 대책을 마련하고 지금까지 사장되어온 문화재를 찾아내 양성적으로 관리하려는 것이었다.[6] 그러나 시행 과정에서 소유자들이 사유 재산의 침해라는 인식을 갖게 되고, 도난 문화재 또는 불법 거래에 의한 문화재를 감추려는 생각에 등록을 꺼려함으로서 실제 효과를 거두지 못하는 것으로 나타나 1984년 문화재보호법 개정 과정에 폐지되었다. 등록 제도는 문화재 현황을 파악하는데 유용한 제도이며, 특히 동산문화재는 이동이 자유롭기 때문에 등록 원부를 만들어 관리할 필요가 있다.[7] 등록 제도와 함께 문화재 경매 제도를 도입하여 건전한 유통 질서를 만들어 나간다면 동산문화재 관리에 좋은 효과를 거둘 수 있을 것이다.

목록작성(Scheduling) 방법은 전체 문화재를 조사하여 목록화하고 관리하는 것을 말한다. 문화재 목록을 만들고 이동 상황이나 보존 상태들을 모니터하여 체계있게 관리하는 것이 필요하다.

7-424. 동산문화재 보존관리

문화재는 시간이 지날수록 변형되고, 손상되는 경향이 있다. 더구나 동산문화재는 이리저리 움직이는 과정에 훼손되기도 하여 동산문화재 보관, 관리 문제가 매우 중요하다. 동산문화재는 재질에 따라 보관 관리방법이 다른데 일반으로 동산문화재 보존환경도 중요하다. 동산문화재 보존관리에 미치는 영향 요소들은 온도, 습도, 빛, 공기, 오염물질, 각종 생물들이 있다. 우리나라는 철따라 온도, 습도 등 자연변화가 크게 나타나 문화재 보존에 어려움이 큰 편이다. 문화재를 보존하는데 필요한 적정 온도와 습도를 유지하고, 예방조치를 하는 것이 무엇보다도 중요하다.[8)]

동산문화재는 다룰 때에도 조심해야 한다. 동산문화재를 다룰 때에는 전문가의 지도를 받아 손상되지 않도록 한다. 동산문화재를 다루는 일반 요령은 다음과 같다.

- 손을 깨끗이 씻고 말린 뒤 만지며, 손이 더러워지면 다시 씻는다.
- 문화재를 만질 때에는 반드시 두 손으로 다루고, 필요한 만큼만 움직인다.
- 손잡이, 테두리와 같이 구조적으로 약한 곳을 들어 올리지 않는다.
- 습기와 기름기에 약한 것들을 다룰 때에는 면장갑을 낀다.
- 서로 다른 재질의 유물을 함께 두지 않는다.

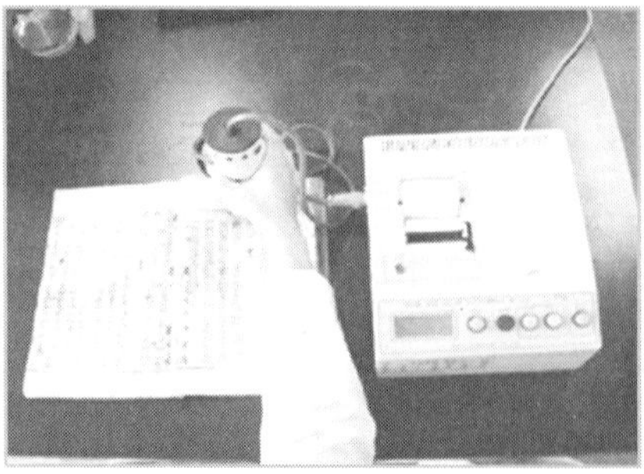

빛, 온·습도 변화에 의한 광산화반응으로 발생한 표면의 변·퇴색정도를 측정하여 유물보존 및 수리복원에 이용한다. (www.nricp.go.kr)

〈사진 7-4-1〉 종이문화재 색도 조사

7-43. 동산문화재 감정

문화재 감정(鑑定)은 진품과 모조품을 가리는 것과 문화재의 가치를 판단하는 것이다. 감정을 통해 문화재의 상품가치를 정하기도 하므로 감정은 문화재를 사고파는 과정에 반드시 필요한 수단이 되기도 하는 것이다. 문화재 감정은 아주 전문화된 분야이므로 오랜 기간의 훈련과 연구 과정이 필요하다. 문화유물에 대한 직접 관찰 경험과 함께 학술 논문 작성 경험이 있어야 하고, 학술상 예술상 가치가 높은 유물뿐 아니라 거짓 작품에 대한 관찰 경험까지도 함께 갖고 있어야 참다운 감정을 할수 있게 된다. 올바른 감정을 위해서는 깊이 있는 학문 경력과 오랜 실물 경험, 그리고 수준 높은 감식 안목을 두루 갖추고 있어야 한다.[9)]

문화재 감정 방식은 국가 공인기구를 운영하거나, 경매회사를 통한 방식, 전문가에 의한 방식 등이 있다. 프랑스에서는 국가 공인기구로 "국립 미술품 골동품 전문 감정연맹(The French National Federation of Antiques and Fine Arts Experts)"이 있어 미술품이나 유물을 감정하여 감정인증 보증서를 발급한다. 경매 회사의 경매를 주관하는 경매사들이 미술사, 법률 등의 시험을 거쳐 자격증을 갖고 있는 경우도 있다. 개인 감정 체계에 의해 이루어지는 것은 각 분야의 권위있는 전문가들에 의해 이루어지는 감정을 말하며 교수, 미술관의 전문 인력이나 작가, 유족, 작가의 관계자 등에 의해 증명할 수 있다.

문화재 감정은 전문가들을 양성하고, 감정 관련 과학 기자재를 갖추어야 하며, 문화재 감정연구소를 설립하여 과학적 검증을 할수 있어야 한다. 프랑스처럼 국가 공인 감정기구와 감정사를 두거나 전문 단체를 두는 것도 필요하다. 또한 문화재 수복 전문가와 관련 분야 전문가들이 참여하도록 하고, 감정 관련 자료를 데이터베이스화하는 것도 중요하다.

우리나라 문화재보호법에서는 문화재 지정 절차로서 문화재위원회에서 보물·국보를 지정할 때 문화재 가치를 판단하는 감정 절차가 있고, 발견 매장문화재를 평가하여 소유자에게 보상금을 지급하기 위한 절차로서 감정과정, 그리고 일반 동산문화재를 판단하기 위한 수단으로 문화재 감정이 있다. 일반 동산문화재는 국가 또는 시·도에서 지정하지 않은 것 가운데 문화재로서의 가치를 판단하는 것이다. 일반 동산문화재도 지정된 문화재와 마찬가지로 수출이 금지되고 있으므로 나라밖으로 허가를 받아 갖고 나가기 위하여 감정 절차를 거쳐 문화재가 아님을 확인하는 절차이다. 일반 동산문화재의 감정 자격이 있는 사람들을 감정위원으로 위촉하고 있는데 감정위원이 될 수 있는 몇 가지 기준이 있다.[10] 감정 전문가로서의 자격기준이 엄격하게 적용될 필요가 있다.

개인 소장 문화재를 감정하여 감정서를 주는 민간 단체로는 한국고미술협회와 한국화랑협회, 한국동산문화재진흥원이 있다. 이들 기관은 사단법인체로 운영되며 개인 소장가들에게 유료 감정을 하고 있다. 그러나 감정 담당자들이 문화재 매매업에 관여하는 사람들로서 개인의 이해관계에서 자유롭지 못하며, 학문에 전문성이 약하여 객관성을 확보하지 못하고 있다. 그에 따라 공공법인체를 만들어야 한다는 의견이 제시되기도 하였고,[11] 「한국미술품감정협회」가 출범하여 공정성을 확보하기 위한 노력이 있게 되었다.[12]

한국미술품감정협회는 미술품 감정학의 토대를 구축하고 미술품 감정 질서를 확립하여 한국 미술문화 발전에 이바지할 목적으로 출범하였다. 그동안 미술품 감정 업무는 학문적 축적 없이 일과성 감정만 해오던 상황으로 그 한계를 느끼고 감정에 관한 더 깊이 있는 연구와 자료 축적을 통해 미술품 감정학이라는 학문으로 자리매김 하기 위한 목표를 두고 있다. 미술품 감정을 위한 객관적 증빙 자료들을 체계적으로 수집, 분석하고, 기준작을 자료화하며, 차세대 감정가를 양성하기 위한 감정학교 설립 등을 위하여 각 분야의 전문가들이 중심이 되어 만든 것이다. 또한 공신력있고 차별화된 감정 업무를 위하여 (주)한국미술품감정연구소와 제휴하여 감정에 필요한 제반 업무를 지원받고 있다.[13] (www. gamjung. net)

7-44. 문화재 매매

7-441. 문화재 매매 허가제

우리나라에서 문화재 매매업은 신고제도로 운영되었으나 매매 업체의 난립으로 인한 문화재의 도난 및 불법 거래가 늘어나면서 이에 대한 대책으로 문화재보호법을 개정하고 2007년 8월 29일 부터 전국 시·군·구에 문화재 매매업 시행 지침을 시달하여 "문화재 매매업 허가제"를 시행하고 있다. 문화재 매매업은 시장·군수·구청장이 허가권자이며, 문화재 매매업 자격 요건 등이 신설되고, 허가를 받은 매매업자는 문화재 보존 상황 및 매매 실태를 해마다 신고할 의무가 있고, 문화재 매매 장부에 매매 내역을 기록할 뿐 아니라 문화재의 사진을 부착할 의무가 있으며, 허가를 받지 않고 영업하는 자는 5년 이하의 유기징역 또는 5천만원 이하의 벌금에 처하는 등 문화재 매매업체에 대한 관리를 강화하였다. 문화재 매매업 허가제 시행에 맞추어 사단법인 한국고미술협회는 문화재 매매업 윤리강령을 제정하였다.

7-442. 문화재 경매

문화재 건전거래 질서를 세우기 위한 수단으로서 경매제도는 유럽지역에서 활발히 이루어지고 있다. 소더비(Sothebys)와 크리스티(Christy) 경매회사는 우리에게도 잘 알려졌고 우리나라에 지사를 두

문화재 매매업 윤리강령(2007.8.29)

우리 겨레의 삶의 예지와 숨결이 깃들어 있는 문화재는 미래 세대에 물려줄 소중한 보배이자 인류 공동의 자산이다. 문화재 매매업에 종사하는 우리는 바람직한 유통 문화를 조성하여 박물관·미술관 및 미술 애호가들이 문화재를 고이 간직할 수 있도록 함으로써 전통문화의 보존과 창달에 기여하는 것을 사명으로 여기며 이 강령을 준수하기로 결의한다.

1. 문화재는 원래의 모습대로 보존하여 거래한다.
   문화재를 훼손하거나 변형하여 거래하지 아니한다. 단, 보존을 위해 불가피한 경우에는 문화재 수리업자가 다루어야 하며 수리 사실을 기록한다.
2. 불법적인 것으로 의심되는 문화재를 거래하지 아니한다.
   도난품이거나 도굴 된 것 또는 출처를 은폐하기 위해 훼손한 것으로 의심되는 문화재는 거래하지 아니하며 매도자의 대리인 또는 중개인으로서 거래를 알선하지도 않는다.
3. 문화재 거래 과정을 투명하게 기록한다.
   문화재의 거래 및 소유자 변경 과정에서 그 역사적 가치가 멸실되는 것을 방지하기 위하여 문화재의 취득·보관·매매 등의 거래 사실을 기록하여 유지한다.
4. 문화재를 허위로 평가하거나 매매하지 않는다.
   부당하게 영리를 취할 목적으로 위조된 문화재 등을 허위로 평가하거나 매매하지 아니하여 문화재 거래 시장에 대한 사회적 신뢰를 회복한다.

고 있기도 하다. 소더비의 경우를 살펴보면 경매를 준비하는 과정과 경매 이후의 과정이 있다. 경매될 물건의 목록에는 전문가의 감정을 받아 내정 가격, 조건, 보증서 등 자세한 내용이 실리고 거기에 해설까지 붙게 된다. 물품 목록은 경매 3-4주전에 희망자는 누구나 받아볼 수 있다. 목록 작성에 참여하는 전문가들은 각 분야에서 최고 전문가들이며 모두 70여개 부문에 200명이 넘는 전문가가 참여한다. 개인 소장가들의 유물을 감정받기 위해서는 직접 소더비 회사로 가져가거나,

사진을 보내거나, 전문가가 직접 고객을 찾아가 감정하기도 하는데 감정 비용은 받지 않는다. 경매를 한번하기 위하여 몇 달 동안의 준비과정이 필요하며 전문가들은 물건의 진위, 제작 연도, 평가 금액을 꼼꼼히 따진다. 소더비 회사는 경매에 나온 물건이 경매되거나 유찰되어 반환되어도 모든 그 기간동안 모든 책임을 지게 된다. 경매 이후 작품의 위작이 판명되면 구입가를 돌려 받을 수 있다.[14]

7-45. 동산문화재 안전 관리

7-451. 문화재 범죄 예방

1) 문화재 범죄현황

문화재 범죄는 문화재보호법의 형사벌칙 조항에 의해 규율되는 것을 말하나 넓은 뜻으로는 그밖에도 형법상의 절도, 장물 취득 등을 포함하여 문화재의 안전관리를 저해하는 것을 모두 일컫는다.[15] 문화재보호법에서 정한 범죄 행위에는 무허가 수출, 문화재 허위 지정 유도, 손상 또는 은닉, 도굴, 무허가 반출, 행정 명령 위반, 관리 행위 방해 등이 있다.

문화재 도난은 문화재 범죄에서 가장 많이 볼 수 있는 유형으로 특히 동산문화재는 도난의 표적이 되고 있다. 최근 몇 년간 문화재 도난 및 회수현황은 다음과 같다. 비지정문화재 도난이 대다수를 차지하며 회수 비율은 10%를 넘지 못하는 것으로 나타난다. 비지정문화재 도난이 많은 까닭은 도난 문화재들이 불법거래 대상이 되고 있기 때문이다. 위 통계자료는 도난 신고된 것만을 보여주며 비지정문화재 가운데 신고되지 않은 것도 많을 것으로 예상된다. 사람들의 발길이 뜸한 곳

〈사진 7-4-2〉 유적 도굴 현장 확인작업

〈사진 7-4-3〉 도난의 표적이 되는 무덤앞의 석물들

에 있는 무덤앞의 석물들도 도난의 표적이 되며, 특히 사찰 소장문화재들은 현황 파악조차 잘 되어 있지 않아 보관실태를 알기도 어렵게 되어 있다.[16] 문화재를 많이 갖고 있는 전통 사찰, 서원 등에 있는 문화재는 목록을 만들어 공개하는 것이 필요하며, 일반 동산문화재들은 국가차원에서 목록을 만들어 두는 것이 필요할 것이다.

2) 문화재 범죄 예방 기구

문화재 범죄를 막기 위한 수단으로는 문화재청에 문화재 사범단속반을 두고 검찰, 경찰, 세관 등 관련 기관과 수사 공조체제를 유지하고 있으며, 서울을 비롯한 6개 지방 검찰청에 문화재 담당검사를 지명, 운용하고 있다. 또한 시·도 문화재담당 공무원들을 특별 사법경찰관으로 지명하여 자체로 예방 단속 활동을 하도록 하였다. 경찰기관에서는 문화재범죄를 적극 막기 위해 문화재지킴이 조직을 발족하였다.(사진 7-4-4)

〈사진 7-4-4〉 경찰청 우리문화재지킴이 발대식

전국 경찰관서에 문화재 전담 수사관으로 245명을 지명하고 관련 분야 문화재 전문가들로부터 문화재 감정 등 전문 교육을 받게 하면서 수사 역량을 강화해 나가기로 하였다. 또한 전담 수사관과 전국 사찰 승려가 함께 1:1로 문화재지킴이를 편성하였으며, 경찰관서와 855개 전통 사찰 사이에 유무선 방범 비상연락망을 구축하였다. 국내 수준에서는 사이버 경찰청과 문화재청을 연결하여 도난 문화재 관련 정보를 교환하고, 국제 수준에서는 중요 도난문화재를 국제경찰(Interpol) 및 미연방 수사국 도난 예술품 사이트에 국제 수배하여, 밀반출 및 국제 거래를 차단하기로 하였다.[17]

우리문화재 지킴이 헌장

우리는
선인들의 얼과 정성이 담긴 민족문화유산을 지키고 보존하여 후손에게 고이 물려주는 일이 우리 모두의 막중한 책무임을 명심하고 문화재를 보호하는 지킴이로서의 소명을 완수하기 위하여 다음과 같이 다짐하고자 한다.

우리는
문화재가 조상들의 숨결이 깃든 소중한 자산이며 길이 후대에 물려주어야 할 위대한 유산임을 명심한다.

우리는
소중한 우리 문화재의 훼손과 도난에 대해 우리 문화재를 지키고 보호하는 문화재지킴이로서의 역할을 성실히 수행한다.

우리는
문화재보호에 대한 사회의 관심을 촉구하고 시민의식을 일깨우기 위해 부단히 노력한다.

우리는
평소 품위있는 생활자세를 견지하고 문화적 소양 함양에 힘써 고품격 생활문화 창달에 앞장선다.

7-452. 문화재 해외 유출 방지

문화재 해외 유출을 막기 위해 문화재청에서는 문화재감정관실을 운영하고 있다. 문화재의 국외 반출을 막기 위한 조치로 국제공항과 국제여객부두에 문화재감정관실을 두고 문화재 감정위원이 비문화재를 확인하여 국외반출 대상을 가리는 일을 하고 있다. (표 7-4-1)

〈표 7-4-1〉 연도별 비문화재 확인 현황[18]

연도별	감정 점수	가치없음 (해외반출)	가치있음 (반출불가)
1968-1980	301,471	293,350	8,121
1981-1990	90,563	89,656	907
1991	10,988	10,886	102
1992	7,738	7,636	102
1993	9,186	9,092	94
1994	9,027	8,938	89
1995	9,584	9,529	55
1996	8,441	8,394	47
1997	9,214	9,061	153
1998	12,398	12,279	119
1999	12,440	12,388	52
2000	12,231	12,161	70
2004	21,338	21,157	181
2005	24,724	24,667	57
2006	18,677	18,619	58
2007	19,465	19,289	176
2008	13,175	13,128	47
2009	16,309	16,285	24
2010	13,269	12,999	270
2012	24,972	24,584	388

7-453. 문화재 도난 및 불법 거래 예방

문화재 도난 및 불법 거래를 막고 도난 문화재의 출처를 정확히 확인하기 위해 공공기관이나 개인 소유의 문화재와 예술품 정보관리를 표준화하는 방안으로 문화재보호를 위한 문화재 정보관리 국제표준안이 만들어졌다. 이것은 1993년 3월 미국 게티(Getty)정보연구소에서 주관하여 유럽안전보장협력기구(Organisation for Security and Co-operation in Europe), 유럽회의(Council of Europe), 유네스코, 인터폴, 국제박물관협의회(ICOM), 그리고 미국해외정보국(United States Information Agency) 등의 관계자들이 참여하여 만든 것이다.[19] 각 기관의 참가자들은 문화재를 효과적으로 인식하는데 필요한 정보의 표준안을 만든다는 목표를 세우고 기본조사 자료를 바탕으로 다섯 차례에 걸친 국제전문가회의에서 논의되고 합의된 사항을 기본으로 하여 문화재보호를 위한 문화재 정보관리 국제표준안을 완성하였다.

국제표준안은 유물확인증(Object ID)으로 부르기로 하였다. 유물확인증을 완성하기 위하여 국제전문가회의가 여러 차례 열렸는데, 보존과학전문가회의, 박물관정보공학전문가회의, 미술품보험업계회의, 미술품·골동품 거래업계 및 감정전문가회의 등이 있었다. 그러나 유물확인증은 어디까지나 도난되어 없어지거나 소재를 알 수 없는 문화재를 확인하고 인식하기 위한 점검 목록으로 제공되는 것이며, 이미 쓰이고 있는 박물관 유물카드 등 정보관리체계를 대신하는 것은 아니다. 유물의 정보 교환을 위해 여러 단체와 기관들이 신속하게 연락할 수 있는 수단일 뿐이다.[20]

유물 확인증에는 사진을 붙이게 되어 있다. 전면 사진과 명문, 표식 등 특징을 알 수 있는 부분, 손상되거나 수리한 부분에 대한 확대 사진도 있어야 하고, 크기를 알 수 있도록 눈금자 등을 넣으면 좋다. 그리고 유물의 유형과 종류, 재질, 제작 기법, 크기와 무게, 명문이

Object ID 유물확인증 점검목록 (Object ID Checklist)

(1) 사진 (Photograph)
(2) 유물의 유형 (Type of Object)
(3) 재질 / 제작기법 (Materials & Techniques)
(4) 크기 / 무게 (Measurements)
(5) 명문 / 표시 (Inscriptions & Markings)
(6) 구별할 수 있는 특징 (Distinguishing Features)
(7) 제목 / 명칭 (Title)
(8) 주제 / 내용 (Subject)
(9) 제작일자 / 시대 (Date or Period)
(10) 작가 / 제작자 (Maker)
(11) 서술 (Description)

나 특징있는 표시 등을 기록한다. 유물을 구별하는데 도움이 될만한 외관상 특징, 유물의 고유 명칭이 있는 경우에는 명칭과 번역문, 회화 작품의 경우에는 묘사된 내용과 주제, 유물의 제작 일자 또는 유물의 연대추정치, 작자 또는 제작자, 그밖에 유물을 확인하는데 필요한 부가 정보 등을 기술한다.

〈주〉

1) Recommendation for the Protection of Moveable Cultural Property, 1978.
2) Recommendation Concerning the International Exchange of Cultural Property (1976년 11월26일, 케냐 나이로비).
3) 주 1)
4) 문화재보호법, 법률 제2233호. 1970. 8. 10.
5) 문화재보호법시행령(대통령령 제5358호. 1970. 10. 10) 등록대상 범위와 기준은 문화재보호법 시행규칙에 나와 있으며 제작된 지 50년이 되지 않았거나 현존하는

사람의 작품은 제외되었다.
6) 문화공보부 문화재관리국, 1970. 『개정문화재보호법 해설』
7) 비지정문화재에 대한 조사결과는 『비지정문화재목록』(문화공보부, 1969), 『동산문화재목록』(문화재관리국, 1978) 이 있다.
8) 국립문화재연구소, 2004. 『동산문화재의 보존과 관리』
9) 한국미술사학회, 1996. 『동산문화재 감정제도 개선연구』
10) 문화재보호법 시행규칙 제84조에 감정위원의 자격기준으로 문화재위원회의 위원 및 전문위원, 문화재청·국립중앙박물관·특별시·광역시·도 또는 특별자치도의 동산문화재 관계 분야 5급 이상의 학예연구직 공무원 또는 이에 상당하는 별정직 공무원, 동산문화재 분야 학사 이상 학위 소지자로서 그 해당 문화재 분야의 경력이 3년 이상인 자, 대학의 동산문화재 또는 천연기념물 관계 분야 학과의 전임강사 이상인 자이거나 대학의 동산문화재 또는 천연기념물 관계분야 학과에서 2년 이상 강의를 담당한 경력이 있는 자, 동산문화재 관계 분야의 저서가 있거나 3편 이상의 논문을 발표한 자, 동산문화재 관계 분야에서 5급 이상의 국가공무원 또는 지방공무원으로 3년 이상 계속 근무한 경력이 있는 자, 동산문화재 관계 분야에서 5년 이상의 경력과 공인될 수 있는 업적이 있는 자 등이 있다.
11) 한국미술사학회, 1996. 위책.
12) 중앙일보, 2001. 12. 11.
13) http://www.gamjung.net
14) http://www.sothebys.com
15) 문화재청, 2000. 『동산문화재 관리와 보존』
16) 이분희, 1999. 불교 문화재 도난 현황과 추이 분석 『불교 문화재 도난 백서』(대한불교조계종 총무원)
17) 경찰청, 2001. 『우리문화재 지킴이』
18) 문화재청, 위책. 『문화재연감』 2004-2007, 「주요업무통계자료집」 2010.
19) Robin Thornes, 1997. *Protecting Cultural Objects in the Global Information Society - The Making of Object ID.* The Getty Information Institute.
20) 김종석, 1999. Object ID:문화재보호를 위한 문화재정보관리 국제표준안 『박물관학보』 2 (한국박물관학회)
Robin Thornes, 1999 *Introduction to Object ID: Guidelines for Making Records that Describe Art, Antiques and Antiquities.* Getty Information Institute

7-5. 무형문화재 전승 보존

7-51. 무형문화재의 뜻과 가치

7-52. 무형문화재 전승 보존방법

7-521. 무형문화재 보존방법론

7-522. 무형문화유산 보호협약

7-53. 무형문화재 관리 방법

7-531. 일본 – 중요무형문화재

7-532. 타이완 – 예사(藝師)

7-533. 루마니아 – 전통예술원

7-534. 타일랜드 – 국가 예술가

7-535. 필리핀 – 국가예술가상

7-536. 프랑스 – 예술명장(Maitre d' art)

7-54. 우리나라의 무형문화재 전승 제도

7-541. 중요무형문화재와 시·도지정 무형문화재 지정

7-542. 중요무형문화재 보유자·보유단체·명예보유자 인정

7-543. 무형문화재 전수교육 내실화

6-544. 무형문화재 정책의 방향

7-51. 무형문화재의 뜻과 가치

무형문화재는 전승 방법으로 보면 행위 전승과 언어 전승에 의해 전해오는 것이며, 행위 전승으로는 공예 기술과 예능이 있고, 언어 전승은 신화, 전설, 구비 등 언어를 통해 전해오는 것을 말한다. 언어 전승은 문자를 쓰지 않는 원주민문화에서 아직도 많이 볼 수 있다. 공예 기술은 전통 생활 문화의 소산이며 각 지역마다 자연 조건에 따라 또는 자원을 다루는 기술에 따라 다양하게 나타난 것들이다.[1]

오늘날까지 남아있는 민속 공예는 역사적으로 발전 과정을 거쳐 전통 시대로부터 이어져 온 것들이다. 조선 초기에 편찬된 경국대전에 나타난 경공장(京工匠)은 모두 138가지가 되며, 조선 후기 기록인 대전회통에는 106가지가 나타난다. 이들은 옷감짜기, 벽돌, 기와 만들기, 질그릇, 종이 만들기 등 의식주에 관한 기본 물품을 만드는 사람들이었다. 그러나 물질 문화와 생활 양식이 달라지면서 그 가운데 오늘날까지 명맥을 이어오고 있는 것은 몇 가지에 지나지 않으며 그나마 맥이 끊길 지경에 이르렀다. 이제는 살림살이에 꼭 필요한 것이 아닌 장식품이 되었고, 호사가들의 수집품들이 된 것이다. 따라서 민속공예는 유산으로서의 가치만 남게 되었다고 생각할 수도 있으나 우리는 전통 생활 문화 안에서 삶의 슬기와 과학을 배울 수 있고 그를 통해 새로운 물질 문화를 창조하는 밑거름이 될 수도 있다.

7-52. 무형문화재 전승 보존방법

7-521. 무형문화재 보존방법론

1996년 서울에서 열린 무형유산 보존방법론 개발을 위한 정책회의에서 참석자들은 무형유산 보존을 위한 방법론을 새로 개발하는 것이 필요하며 각 나라는 문화 정책으로 무형유산에 대한 관심을 높이고 무형유산 보존체계를 도입하여 문화 다양성을 높일 것을 권고하고, 유네스코는 무형유산을 위한 예산 확보와 무형유산보호협약을 제정할 것을 권고하였다.[2)]

유네스코가 1989년 제24차 총회에서 채택한 「전통문화와 민속보호에 관한 권고(Recommendation on the safeguarding of Traditional Culture and Folklore)」는 회원국들에게 전통문화와 민속을 보호하는데 많은 노력을 기울이도록 힘을 실어 주었으며, 또한 1993년 제142차 실행위원회에서 채택한 「인간문화재에 관한 결정(Dicision Concerning the "Living Human Treasure")」을 되새기며, 무형유산이 모든 민족의 문화적 정체성을 풍부하게 하는데 꼭 필요하지만 여러가지 원인으로 특히 개발도상국에서 개발과 도시화로 인하여 위협받고 있다는 것을 알고, 빠른 사회변화에 따라 무형유산 보존이 긴급히 필요함에도 불구하고 국제사회에서 이 분야에 대한 노력이 필요를 따라가지 못하며 이는 유형유산 보호에서 이룬 성과에 비교하면 많이 부족하다는 것에 주목하였다.

*** 유네스코 아리랑상(Arirang Prize)**
유네스코는 우리나라의 제안을 받아 1998년에 '세계구전무형문화유산시상제도'를 도입하기로 하였고 상 이름을 「아리랑상(Arirang Prize)」으로 하여 우리나라에서 제공하는 기금으로 시상하고 있다. 유네스코에서 무형문화재 보존제도를 회원국들에게 장려하기 위한 것으로 구전 및 무형유산을 보존하는데 이바지한 개인이나 단체를 2년마다 선정하여 상을 준다.

7-522. 무형문화유산 보호협약

무형문화유산 보호협약(Convention For the Safeguarding of the Intangible Cultural Heritage)은 2003년 10월 17일 프랑스 파리에서 열린 제32차

유네스코 총회에서 채택하였고, 2006년 4월 20일부터 발효되었으며, 우리나라는 2005년 2월 9일에 가입하였다. (자료 10)

협약 서문에 따르면 무형문화유산은 문화적 다양성의 원동력이자 지속가능한 개발의 보장 수단으로서 중요하며, 세계화 및 사회 변화의 과정이 공동체간 새로운 대화를 위한 조건을 조성할 필요가 있으며, 특히 무형문화유산은 사라질 위험이 많아 인류의 무형문화유산을 보호하기 위한 목적으로 협약을 채택한 것이다. 협약은 무형문화유산의 보호, 관련 공동체·집단 및 개인의 무형문화유산에 대한 존중의 보장, 지방·국가 및 국제적 수준에서 무형문화유산의 중요성 및 이러한 유산에 대한 상호 존중을 보장하는 것의 중요성에 대한 인식 제고, 국제적 협력 및 원조 제공을 목적으로 한다.

협약에서 "무형문화유산"이라 함은 공동체·집단과 때로는 개인이 자신의 문화유산의 일부로 보는 관습·표상·표현·지식·기능 및 이와 관련한 도구·물품·공예품 및 문화 공간을 말한다. 보다 구체적으로는 무형문화유산의 전달수단으로서의 언어를 포함한 구전 전통 및 표현, 공연 예술, 사회적 관습·의식 및 제전, 자연과 우주에 대한 지식 및 관습, 전통 공예 기술 등이다. 세대간 전승되는 이러한 무형문화유산은 공동체 및 집단이 환경에 대응하고 자연 및 역사와 상호작용하면서 끊임없이 재창조되고 이들이 정체성 및 계속성을 갖도록 함으로써 문화적 다양성과 인류의 창조성에 대한 존중을 증진한다.

7-53. 무형문화재 관리 방법

무형문화재를 법으로 보호하는 나라는 우리나라를 비롯해 일본과 타이완에서 볼 수 있으며 그밖에 몇몇 나라에서 무형문화재에 대한 정책과 관리 방안들이 국가 차원에서 다루어지고 있다. 일본에서는 세계

제2차대전에서 패한 뒤 국민들의 사기를 높이기 위한 것과 극우파들이 천황을 숭상하고 대화정신(大和精神)을 회복하려는 뜻으로 무형문화재 제도를 추진하게 되었다고 하며, 타이완에서는 토착 종족인 고산족(高山族)을 내세워 관광 목적으로 활용하기 위해 민족예술을 지정하게 되었다.[3] 우리나라에서는 일본의 제도를 받아들인 것으로 시작되었으며, 1960년대 이후 경제성장을 위한 개발 위주 정책으로 전통 생활방식이 바뀌면서 전통 공예기술이 급격히 쇠퇴하고, 전통 민속예술이 사라지게 되면서 보존의 필요성이 더 높아지게 되었다.

7-531. 일본 - 중요무형문화재

일본 문화재보호법에는 연극, 음악, 공예기술, 기타 무형의 문화적 소산으로서 역사상·예술상 가치가 큰 것을 무형문화재라고 하며, 무형문화재는 인간의 「기·예능」이고, 구체적으로 기·예능을 체득한 개인 또는 단체가 구현할 수 있어야 한다고 되어 있다. 국가는 무형문화재로서 중요한 것을 중요무형문화재로 지정하고, 기·예능을 고도로 구체적으로 표현할 수 있는 보유자와 보유단체를 인정하여, 전통 기·예능을 계승할 수 있도록 하고, 보유자 등의 인정은 「개인 인정」, 「종합 인정」, 「보유단체 인정」의 3가지 방법이 채택되고 있다.

〈표 7-5-1〉 일본의 중요무형문화재 보유자 인정방식

구 분	인 정 대 상
개 인 인 정	중요무형문화재 지정종목에 대한 기·예능을 고도로 체득하여 구현할 수 있는 자
종 합 인 정	2인이상이 일체가 되어 예능을 고도로 체득하여 구현하는 경우와 2인이상이 공통적인 특유의 공예기술을 고도로 체득한 경우에 이들이 구성된 단체의 구성원
보유단체인정	기·예능의 성격상 개인적 특색이 희박하고, 또한 당해 기·예능보유자가 다수일 경우 그 보유자들로 구성된 단체

〈표 7-5-2〉 일본의 중요무형문화재 지정 보유자 인정건수(2013년 현재)

종 류		구 분		
		보유자		보유단체
		개인 인정	종합 인정	
예능 芸能	가가꾸 雅樂	1건 1인	1건 1단체	
	노-가꾸 能樂	8건 11인	1건 1단체	
	분라꾸 文樂	4건 4인	1건 1단체	
	가부끼 歌舞伎	5건 10인	1건 1단체	
	구미오도리 組踊	4건 4인	1건 1단체	
	음악 音樂	26건 30인	6건 6단체	
	무용 舞踊	2건 2인	0건 0단체	
	연예 演芸	2건 2인	0건 0단체	
	소 계	38건 55인	12건 12단체	
공예기술 工芸技術	도예 陶芸	12건 12인		3건 3단체
	염직 染織	22건 25인(16인)		7건 7단체
	칠예 漆芸	6건 7인		1건 1단체
	금공 金工	5건 11인		0건 0단체
	목죽공 木竹工	2건 6인		0건 0단체
	인형 人形	2건 2인		0건 0단체
	종이공예手漉和紙	6건 6인		3건 3단체
	재금 截金	0건 0인		0건 0단체
	소 계	39건 55인(56인)		14건 14단체
계		77건 110인(109인)	12건 12단체	14건 14단체

* 위 표 중, 예능의 단체란에 게재된 것은 종합인정, 공예기술의 단체란에 개제된 것은 보유단체인정에 의함.

국가는 개인 인정 보유자(인간국보라고도 함)에 대하여 특별 지원금으로 연 200만엔을 교부하고 있으며, 보유 단체, 지방 공공단체 등의 전승자 양성 사업 및 공개 사업 경비의 일부를 지원하고 있다. 이밖에 국립극장에서는 노-가꾸(能樂 : 고전 무대예술), 분라꾸(文樂 : 고전 인형극), 가부끼(歌舞伎 : 고전 극장예술), 연예(演藝) 등의 예능에 관하여 제각기 후계자 양성을 위한 연수 사업을 한다. 또한 중요무형문화재로 지정되지는 않았지만 국가의 예능이나 공예 기술의 변천과정을 아는 데 중요하여 기록 작성과 공개 등이 필요한 무형문화재에 대해 「기록작성 등 조치를 강구할 무형문화재」로 선택하고 국가가 스스로 기록 작성을 하고 있으며, 지방 공공단체의 기록 작성과 공개 사업에 대한 지원을 하고 있다.

〈사진 7-5-1〉 일본 중요무형문화재 - 가부끼

7-532. 타이완 - 예사(藝師)

타이완 문화자산보존법에서는 문화재를 고물, 고적, 민족예술, 민속 및 유관문물, 자연문화경관 등 다섯가지로 구분하고 있다. 그 가운데 무형문화재로 볼 수 있는 것으로는 민족예술과 민속및유관문물이 있다. 민족예술은 교육부에서 조사 정리하여 중요한 것들은 중요 민족예술로 지정하고, 보유자 가운데 탁월한 기예를 가진 사람을 예사(藝師)

로 선정한다. 예사는 우리나라의 중요무형문화재 보유자와 같은 것이다. 지방 정부에서도 민족예술을 지정 보호하며 정부는 기예를 보유한 개인 또는 단체에 보호 장려금을 지급한다. 예사는 교육부에서 심의위원회를 구성하여 선정한다.[4]

타이완 국민으로서 오랜동안 중요 민족예술에서 탁월한 기예를 갖고 있거나 특별한 작품 활동을 한 사람은 예사 후보가 될 수 있다. 예사 후보는 공사립 교육 문화기관, 전국 규모의 예술문화단체, 또는 해당 민족예술을 깊이 연구한 학자나 전문가의 추천을 받아야 한다. 심사위원회는 예사 후보들 가운데 역사성과 기예 성취도 등을 심사하여 심사에 합격하면 교육부에서 예사 증명서를 주며, 예사는 종신명예직으로 급여는 없다. 예사의 명칭은 심사위원회에서 정한다. 예사는 교육 문화기관이나 민족 예술 훈련기관, 또는 각급 학교 관련과정에서 교직을 맡아 가르치기도 한다.

민속 및 관련문물은 지방 정부에서 해당 지역의 특성이 있는 전통민속 관련 문물을 수집 조사하고 기관을 설립하여 보관 전시 및 보존 보호하고 있다. 정부에서는 우수한 전통 민속을 널리 알리고 배울 수 있도록 장려하고 있다.

한편 타이완과 대륙지구 인민관계 조례 제10조 제3항의 규정[5]에 따라 행정원 문화건설위원회가 주관이 되어 대륙에서 민족예술 또는 민속 분야에 탁월한 기능을 갖고 있는 인사를 초청할 수 있도록 하였다.[6] 문화건설위원회는 신청서를 받아 유관 기관, 전문학계 인사로 구성된 소위원회를 구성하여 심사 후 초청 허가를 하게 된다. 초청인사는 1년간 체류가 가능하며 교육 효과가 높다고 판단되면 1년 연기도 가능하다.

7-533. 루마니아 – 전통예술원

루마니아에서는 전통 공예기술을 보존하고 활성화시키며 젊은 세대에게 전승할 수 있도록 하기 위해 문화부에서 주관하여 루마니아 전통예술원(AATR: Traditional Academy of Arts of Romania)을 세웠다. 이 곳에서는 루마니아 전통 공예기술에 정통한 것으로 공식 인정되는 사람에게 명예증서를 주고 있다. 이 제도의 목적은 전통예술을 보존하고, 전통민속 창작활동에서 나타날 수 있는 변화들을 기록하며, 창조적 활동을 이끌어 나가고, 전통예술을 젊은 세대에게 전달하며, 국가유산의 가치를 국민들에게 알 수 있도록 하고, 루마니아 민속예술을 국제수준으로 끌어올리는 것이다. 선정 방법은 지역전통을 보존하고 있는 예외적인 민속 예술가이거나, 세명 이상의 전통예술원 회원이 추천한 사람이어야 하며 한해에 30명을 지명한다. 지명된 사람에게는 전통예술원 회원증서가 주어진다. 그들은 예술원의 목표를 잘 이해하고 갖가지 활동에 참가하며, 회원들이 힘을 모아 예술원의 발전을 위해 노력한다. 주요 활동으로는 학술회의, 전시, 기록 여행, 대중들과의 만남 등이 있다.[7]

7-534. 타일랜드 – 국가 예술가

타일랜드 국가문화위원회는 1985년부터 타이 예술 발전에 이바지하는 재능있는 예술가들에게 국가 예술가 지위를 주고 있다. 국가 예술가 사업은 교육부에서 후원하고 국가 예술위원회부에서 주관한다. 해마다 국가 예술가를 지명하고 국가 예술의 날 행사를 하며, 문화진흥기금을 조성하여 예술가들은 지원한다. 국가 예술가는 국가 예술가 선정위원회에서 경력 심사를 거쳐 해마다 선정한다. 선정 기준으로는 타일랜드 국적을 갖고 있으면서 선정 당시에 살아있는 사람이어야 하고, 창의력을 갖추고 있으면서 특정 분야에서 활동하며 다른 사람들과 교류하고 전승을 위한 교육활동을 하고 있어야 한다. 또한 사회봉사 정신을 갖추고 있어야 한다. 국가 예술가 선정 대상은 일반 예술 범주들이 대부분 포함된다. 회화, 조각, 건축, 사진, 연극, 악기연주, 성악, 작곡, 그리고 시와 산문, 소설, 희곡 등 문학작품에 이르기까지 다양하며, 고전과 현대를 망라하고 있다.

7-535. 필리핀 - 국가예술가상

국가 예술가는 음악, 춤, 놀이, 연극, 의례 등을 실행하는데 예술적 또는 역사적으로 뛰어난 가치를 표현하는 사람이며 필리핀 문화센터에서 공연을 했거나, 시민 단체나 관광부에서 상을 받은 사람들도 있다. 국가예술가상의 주관 기관은 필리핀 문화센터이다. 선정 방법은 세단계를 거친다. 첫번 심사는 문화센터 예술감독, 국가위원회 예술분과위원장, 대통령자문 문화예술위원회, 문화센터 시민자문단, 지역문화센터 의장 등이 담당한다. 두번째 심사는 문화센타 회원, 대통령자문위원회 조정관이 맡고 마지막으로 대통령의 승인을 얻어야 한다.

선정 범위는 필리핀 예술의 정체성과 권위를 지킬수 있도록 작품의 내용과 형식을 갖추고 있는 예술가, 필리핀 문화를 특징짓는 표현 양식을 갖춘 사람, 전통을 현대화시키는데 실험과 혁신을 표현하는 사람들, 새로운 분야를 개척하여 예술 창작 활동을 개발, 독특한 장르를 개척한 사람, 자기분야에서 다른 사람들로부터 폭넓게 인정받아 지역, 국가, 세계적으로 인정되는 사람들이다. 국가예술가들에게는 몇가지 특전이 주어진다. 생활연금 지급, 병원치료 제공, 보험제도, 각종 행사에 특별초대, 사망시 국장(國葬)으로 예우한다.

필리핀에는 또한 국가 장인상 제도가 있다. 1988년에 민간단체가 주도하여 시작되었으나 1992년부터는 국가의 지원이 필요하다는 것이 인정되어 법률(Republic Act 7355)로 제정되었고 인간문화재상(GAMABA : Gawad Manlilikha ng Bayan)이라고도 한다. 토착 전통을 보존하고 이를 젊은 세대에게 전달함으로써 필리핀 전통 문화예술을 매개로 정체성을 확립하고 현재의 삶을 윤택하게 할 수 있도록 하기 위한 것이다. 국가예술가는 현대성과 창작성을 중시하는 것이라면 국가장인은 전통의 보존과 전승을 중요한 기준으로 하고 있다.

7-536. 프랑스 – 예술명장(Maitre d' art)

명장(名匠)이란 수공예품을 만드는데 뛰어난 재능을 갖고 있어 희소한 가치가 있는 사람으로서 그 기술을 문하생들에게 전하여 계속 이어질 수 있도록 하는 사람들을 말한다. 동료들로 부터 방법이 우수하다고 인정되고 이러한 우수한 수공예 기술을 잃지 않고 보존될 수 있도록 하며, 프랑스의 살아있는 문화유산으로서 수공예를 발전시키기 위한 목적으로 이 제도가 도입되었다.

문화부에서 주관하는 사업으로 1994년에 처음으로 명장 20명을 지명하고 이듬해 다시 12명을 지목하였다. 문화부에서는 장인 위원회의 추천을 받아 명장을 지명한다. 장인 위원회에서 문화부에 전문 장인 명단을 제출하면 그 가운데에서 문화부장관이 지목하는 것이다. 명장이 되면 그 기술을 학생들에게 가르쳐 전승할 수 있도록 해야 하며 교육활동비로 100,000 프랑을 지원받게 된다.

7-54. 우리나라의 무형문화재 전승 제도

우리나라에서 무형문화재에 대한 관심은 1960년 「문화재보존위원회규정」(국무원령 제92호. 1960.11.10)이 공포된 때로 부터 시작된다. 규정 제1조에서 문화재라 함은 "국보, 고적, 명승, 천연기념물 기타 이에

〈사진 7-5-2〉 중요무형문화재 제1호 종묘제례악-헌가

준하는 것과 연극, 음악, 무용, 미술, 공예, 민속 등 유형, 무형의 문화적 소산으로서 특히 보존의 필요가 있다고 인정되는 것을 말한다." 고 하여 무형문화재의 개념을 분명히 밝히고 있다. 그 뒤 1962년에 「문화재보호법」이 제정되고 그에 따라 1964년 12월에 '종묘제례악'이 중요무형문화재 제1호로 지정되면서 문화재보호법에 의한 무형문화재 보존이 시작되었다.

7-541. 중요무형문화재와 시·도지정 무형문화재 지정

중요무형문화재는 연극, 음악, 무용, 공예기술 등 무형의 문화적 소산으로서 역사적·예술적 또는 학술적 가치가 큰 것으로서 문화재청장이 문화재위원회 심의를 거쳐 지정한 국가지정 무형문화재를 말한다. 시·도지사가 문화재보호법을 근거로 한 조례에 의하여 국가지정 문화재로 지정되지 아니한 문화재 중 보존가치가 있다고 인정되어 지정하는 것을 시·도지정 무형문화재라고 한다.

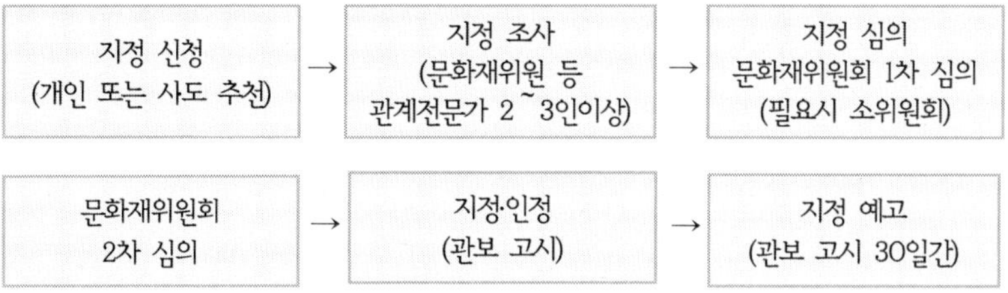
지정 신청
(개인 또는 사도 추천)
지정 조사
(문화재위원 등
관계전문가 2~3인이상)
지정 심의
문화재위원회 1차 심의
(필요시 소위원회)
문화재위원회
2차 심의
지정·인정
(관보 고시)
지정 예고
(관보 고시 30일간)

〈표 7-5-3〉 중요무형문화재 지정절차

7-542. 중요무형문화재 보유자·보유단체·명예보유자 인정

중요무형문화재 보유자는 예능 또는 기능을 원형대로 체득·보존하고 이를 그대로 실현할 수 있는 자를 말한다. 보유단체는 중요무형문화재의 예능 또는 기능을 원형대로 보존하고 이를 그대로 실현할 수 있는 단체를 말하며 예능 또는 기능의 성질상 개인적으로는 실현할 수 없거나 보유자로 인정할 만한 자가 다수인 경우에 한한다. 농악, 탈춤 등 여러 사람의 예능이 어울려야만 실연되는 단체종목을 말한다. 보유자와 보유단체는 그들이 갖고 있는 기능과 예능을 후계자에게 전수시켜야 할 권리와 의무를 지니고 있으며 그들의 책임아래 전수교육을 실시하고 있다. 보유자 또는 보유단체는 전수교육을 받은 사람을 대상으로 평가하여 그 기능 또는 예능이 상당 수준에 이른 자에게 이수증을 주게 되며 이들을 이수자라 부른다. 문화재청장은 이수자 가운데 보유자로 부터 복수로 추천을 받아 전수교육 조교[8]를 선정하여 보유자의 전수교육을 도울 수 있도록 하였다.

보유자가 기·예능 전수교육을 정상적으로 실시하기 어려운 경우에는 명예보유자로 인정할 수 있다. 명예보유자 인정제도는 2001년 3월부터 시행하고 있는 것으로 보유자 가운데 나이가 들어 전승활동이 곤란한 사람들은 명예보유자로 하고 기예능 수준이 상당한 교육보조자를 새로운 보유자로 인정하여 전승교육을 활성화시키려는 뜻에서 도입된 것이다. 보유자의 상당수가 기예능을 실현하기가 어려울 뿐 아니라 전수교육을 제대로 실시하지 못하는 경우가 많았다.

〈표 7-5-4〉 중요무형문화재 보유자 연령 분포(2000년 현재)

연령	40대	50대	60대	70대	80대이상	계
인원(명)	7(4%)	29(16%)	49(27%)	50(28%)	46(25%)	181(100%)

중요무형문화재 보유자와 전수교육 조교에게는 전수교육 활동에 필요한 경비로서 매월 전승지원금을 지원하고 있으며 전승자 가운데 전수장학생을 선정하여 일정액의 전승활동비를 지원하고, 취약종목의 보유자에게는 특별 전승장려금을 추가 지원하기도 한다. 명예보유자에게는 특별지원금을 줄 수 있다. 또한 「전수교육관」을 무형문화재 전승지별로 1973년부터 건립하여 운영하고 있다. 전승 교육방식은 법규상 명시되어 있지는 않으나 전통 기·예능 교육방식으로서 도제(徒弟)식 교육을 원칙으로 하고 있으며, 교육기간도 제한이 없다.

〈표 7-5-5〉 중요무형문화재 지정종목, 전승자, 명예보유자 현황(2013년 현재)/()는 중복 인정

구분	분야	예능종목					기능종목		계
		개인	단체	소계	놀리와 의식	무예	예술 기술	음식	
지정종목	지정번호	17	7	14	26	1	50	2	117
	세부종목	24	7	14	29	1	50	4	129
전승자	보유단체	14	4	13	28	1		1	61
	보유자	43	9	23	33	1	66	4	179
	전수교육조교	88	21(1)	61	70	2	48	1	291(1)
	이수자	2,283	822	497	707	57	513	22	4,901
	전수장학생	18	–	4	2		49	–	73
	계	2,432	852(1)	2,432	812	60	676	27	5,444(1)
명예보유자		4	3(1)	8	8		11	1	35(1)

7-543. 무형문화재 전수교육 내실화

교육인적자원부에서는 전통문화를 전승하고 능력위주의 학습사회를 이루기 위하여 「학점인정등에관한법률」을 일부 고쳐 중요무형문화재 보유자에게 대학졸업 학력을 인정하고, 전수교육 시설을 평가인정 대상 교육훈련기관으로 추가할 수 있도록 하였다. 보유자, 조교, 이수자, 전수생에 따라 각각 학점 인정기준을 정하고 나머지 학점을 얻어 대학 학력기준에 다다르면 대학졸업 학력을 인정한다는 것이다. 이를 위해 한국교육개발원에 학점은행제운영실을 두고 학습자가 등록한 뒤, '중요무형문화재 관련 표준교육과정'에 따라 과목을 이수하고 학점인정을 받으면 된다. 표준교육과정은 중요무형문화재 114개 전 종목에 대하여 세부내용을 만들어 놓았다.[9] 학력, 학점 인정 대상자는 고졸 이상의 학력을 갖고 있어야 한다.

〈표 7-5-6〉 중요무형문화재 학점 인정 기준

등급별	자 격	근거	학점인정 기준
보유자	중요무형문화재의 예능 또는 기능을 원형대로 체득보존하고 이를 그대로 실현할 수 있는 자	문화재보호법 제5조 시행규칙 제2조	140 학점
조교 (전수교육 보조자)	전수교육을 3년 이상 받고 기능 또는 예능이 상당한 수준에 이른 이수자 중 보유자 또는 보유단체를 보조하는 자	시행령 제19조	보유자 후보 : 60학점 전수교육조교 : 53학점 기타 전수교육 보조자: 50학점
이수자	전수교육을 3년 이상 받아 기능 또는 예능이 상당한 수준에 이른 자	시행령 제18조	30 학점
전수생	중요무형문화재의 보유자 또는 보유단체로부터 전수교육을 받고 있는 자	동법제24조	3년이상 이수자 : 21학점 2년이상 이수자 : 14학점 1년이상 이수자 : 7학점 6월이상 이수자 : 4학점

중요무형문화재 학점인정제도는 평생교육의 이념을 실현하고 경험학습을 널리 보급하려는 취지이다. 일본에서도 문화전승기능 보유자와 문하생에 대하여 '경력박사'와 대학졸업 학력을 인정하는 제도가 있는 것으로 알려지고 있다. 무형문화재는 전승 과정에 몇가지 특징이 있다. 주로는 행위와 언어에 의해 전승되므로 표준화된 법칙이 없다는 것이고, 전승방법에서 실기와 연희성이 강하며, 스승과 문하생 사이에 인간성과 윤리성을 바탕으로 이루어진다는 것이다.[10] 따라서 정규학교교육 방식으로는 목표를 이루기가 어렵고 전통 도제방식이 주를 이루게 된다. 따라서 경험학습을 교육과정으로 인정하게 됨으로서 무형문화재 전승에 좋은 효과가 있을 것으로 기대된다.

6-544. 무형문화재 정책의 방향

1964년에 종묘제례악이 중요무형문화재로 지정된 이후 40년 가까이 무형문화재 정책을 통하여 중요무형문화재는 대부분 지정되었고 단일계보 전승체제하에서 보유자 및 보조자 등 500여명이 전승활동을 하고 있다. 그러나 아직도 몇가지 점에서 고쳐 나가야 할 것들이 있다. 중요무형문화재 지정과 보유자 인정에서 지정과 인정이 동시에 이루어지게 되어 있으나 중요무형문화재는 마땅한 기·예능 보유자가 없더라도 종목지정만은 해놓음으로써 전승의 바탕을 마련해야 한다. 이를테면 고려청자 만드는 기술을 중요무형문화재로 지정할 수 있을 것이다.[11] 중요무형문화재 보유자가 모두 사망하면 종목지정을 해제할 수 있도록 한 것은 중요무형문화재의 전승이 중단될 수 있으므로 종목 자체를 해제하는 것은 재고가 필요하다.[12]

음악종목 가운데 〈산조〉나 〈판소리〉와 같이 사사계보에 따라 여러 유파(流波)가 있는 경우에는 전승과정이 뚜렷한 것들은 모두 지정하고 전수교육생들은 다른 유파의 음악을 함께 배울 수 있도록 하여 가락을

만드는 능력을 전수할 수 있도록 하는 것도 필요하다.[13]

또한 단체종목들은 마을공동체가 참여해야 하는 것들이 많기 때문에 보조자, 이수자 뿐만 아니라 마을 주민의 참여 없이는 실연이 불가능한데 전승지원금이 보유자에게만 돌아가는 것은 불합리하므로 지원방식을 바꿔야 한다는 지적이 있다. 보유자에게 지급되는 전승지원금을 단체가 쓸 수 있도록 보유단체지원금으로 바꾸어 지급해야 한다는 것이다. 단체종목은 당해 종목을 통해 전승활동을 유지해야 하며 보유자는 물론 보유단체의 전승자와 협력이 있을 때 비로소 실현이 가능하므로 보유자에게 지급되는 전승지원금은 보유단체 지원금으로 바꿔야 한다는 것이다.[14]

종목지정을 통합적으로 하는 것도 필요하다. 이를테면 상여소리와 상여, 그리고 장례풍습을 하나로 하여 예능, 기능, 유형을 일괄로 보존할 수 있도록 하는 것이다. 나아가 종묘제례와 종묘제례악 그리고 종묘건축을 묶어 제례, 복식, 음식, 건축물들이 하나로 되는 방법도 있을 것이다. 또한 중요무형문화재와 시·도에서 지정하는 무형문화재를 서로 격이 다른 것으로 보는 것도 문제이다. 그것은 격의 차이가 아니라 오히려 중앙문화와 지방문화의 차이에 따라 달리 지정하는 것이어야 한다.

중요무형문화재 제도는 산업화로 인하여 사라지는 전통을 지키기 위한 노력이다. 그러나 지키기에 머무를 것이 아니라 이를 현대화하고 상품화하는 것도 필요하다. 요즈음 일상생활에서 오히려 전통을 찾는 것은 옛사람들의 슬기를 이어가려는 것과 함께 생활환경에 대한 관심이 높아진 것도 작용하고 있다. 숨쉬는 질그릇이 이제 우리 곁으로 다시 돌아오고 있다. 따라서 전통공예기술을 상품화하는 것이 문화유산을 이용한 고부가가치 창출에 한 몫을 할수 있게 될 것이다. 무형문화재 전승방법을 제작기예의 경우 원형 전승과 상품개발을 서로 구분하여 이원화하는 것도 필요할 것이며, 기업에서 적극 참여할 수 있도록 이끌고, 전통공예 공방을 누구나 쉽게 찾아갈 수 있는 곳으로 내 놓아야 할 것이다.

〈주〉

1) 장철수, 1996. 무형문화재의 성격과 체계『중요무형문화재 효율적 관리방안연구』(한국정신문화연구원)
2) Recommendation on the Preservation of Intangible Heritage. (1996년 10월 25일, 서울)
3) 최종고, 1996. 무형문화재 제도의 법적 검토『중요무형문화재 효율적 관리방안 연구』(한국정신문화연구원)
4) 「重要民族藝術藝師遴聘辦法」 中華民國七十四年十一月十三日教育部臺(七四)參字第50539號令訂定發布.
5) 이 조례는 통일이 되기까지 타이완지구와 대륙지구 사람들 사이의 교류에 것으로 조례 10조 1항은 대륙지구 사람들이 주관기관의 허가없이 타이완지구에 들어올 수 없다는 것이며, 2항은 허가를 받아 타이완지구에 들어온 사람들은 허가 목적에 맞지 않는 일에 종사할 수 없다는 것, 3항은 앞에 두 항의 허가방법을 주관기관에서 정하여 행정원에 보고한 뒤 발포시행한다는 것이다.
「臺灣地區與大陸地區人民關係條例」 中華民國八十一年七月三十一日總統華總(一)義字3736號令公布幷經行政院臺八十一法字第31669號令自民國八十一年九月十八日施行
6) 「大陸地區傑出民族藝術及民俗技藝人來臺傳習許可辦法」 中華民國八十二年七月十二日行政院文化建設委員會(八十二)文建貳字第07849號令發布全文十三條.
7) Korean National Commission for UNESCO, Office of Cultural Properties of the Republic of Korea, 1996. *Methodologies for the Preservation of Intangible Heritage.*
8) 2001년 3월 법 개정 이전에는 '전수교육보조자'라고 하였다.
9) 한국교육개발원, 2000. 『중요무형문화재 관련분야 제2차 표준교육과정 개발연구』
10) 한국교육개발원, 2000. 앞의 책.
11) 김홍렬, 1999. 「무형문화재 정책 진단」, 『문화유산포럼』 1(문화재청)
12) 최종고, 1996. 앞글.
13) 김영운, 1996. 「음악·무용분야 전승유파의 성격과 인정범위에 관한 검토-음악·무용종목을 중심으로-」, 『중요무형문화재 효율적 관리방안 연구』(한국정신문화연구원)
14) 김홍렬, 1999. 앞의 글.

7-6. 자연유산 관리

7-61. 자연유산의 뜻과 종류

7-611. 천연기념물

7-612. 명승

7-62. 우리나라 천연기념물 관리방법

7-621. 천연기념물의 지정과 보호

7-622. 천연기념물 관리단체

7-63. 북한의 자연유산 관리

7-631. 보호구역 설정

7-632. 보호시설과 활용시설

7-633. 관리행정 체계

7-64. 자연유산을 관리하는 다양한 방법들

7-641. 보호지역의 의미

7-642. 자연보호지역 관리 범주

7-643. 생물권보존지역

7-644. 우리나라의 보호지역

7-61. 자연유산의 뜻과 종류

자연유산은 사람들의 삶의 배경이 되는 자연지역이거나 생태계의 동식물, 광물과 같은 개체 또는 단위지역, 그리고 관상의 대상이 되는 훌륭한 경치 등으로서 보존할만한 가치가 있는 것을 말한다. 유네스코에서 정한 「세계문화 및 자연유산협약」에 따르면 자연유산이란 학술가치와 경관상 가치가 있는 자연현상(natural features), 지질구조 또는 보존할만한 가치가 있는 멸종위기에 처한 동식물의 서식지, 학술상, 경관상 보존이 필요한 자연으로 형성된 지역들을 말하며, 세계유산 등재기준으로 다음과 같은 네가지를 들고 있다. ①지구 역사의 주요 발전단계를 대표할 수 있는 현저한 예로서 생명기록(진화), 지형발달이 진행중인 지질과정, 중요한 지형이나 자연지리 현상. ②육상, 민물, 해안, 바다 등 생태체계 진화과정에서 또는 동식물집단의 생태학상, 생물학상 진행과정에 중요한 증거가 되는 것. ③뛰어난 자연현상 또는 예외적으로 자연미와 관상상 중요한 지역. ④생물다양성을 제대로 보존하기 위해 가장 중요하고 의미있는 자연서식지. 학술상, 보존상 현저히 보편적 가치를 갖는 멸종위기에 처한 종들을 보존하기 위한 곳들이 대상이 된다. 어떤 대상을 자연유산으로 정하느냐 하는 것은 그 나라의 자연보호 정책과 관련된다.

7-611. 천연기념물

천연기념물은 프로이센의 훔볼트(A. von Humboldt 1769-1859)가 남미대륙을 탐험하면서 쓴 「신대륙의 열대지방 기행」이라는 책에서 자귀나무(Albizzia) 노거수의 아름다움과 장엄한 규모에 감동받아 자연에 대한 경외감으로 부터 만든 말이라고 한다. 당시 독일에서 자연유산에 대한 적극 보호를 위해 천연기념물 제도가 시작되었고 이것이 일본에 들어오고 다시 우리나라에까지 전해진 것이다.[1] 유럽에서는 19세기 이후 산업혁명의 여파로 자연이 파괴되고 생활환경이 급속히 나빠지면서 자연 및 문화유산 보호운동이 크게 일어났고 그것이 낭만주의 사조와 연결되어 향토문화의 상징으로서 천연기념물이 주목을 받게 되었다. 동양사회로 들어와서는 전통 자연관을 바탕으로 민속, 신앙 등과 결합되어 천연기념물이 문화재로서의 가치를 부여받게 된 것이다.

천연기념물을 문화재법으로 보존 관리하는 나라는 우리나라를 비롯해 일본과 타이완이 있다.[2] 일본은 우리와 비슷한 제도로 운영되고 있으며, 타이완에서는 자연문화경관이라는 용어를 사용한다. 자연문화경관에는 그 성격에 따라 생태보육구(生態保育區), 자연보유구(自然保有區), 진귀희유동식물(珍貴稀有動植物) 등 세가지가 있다. 생태보육구는 특수 동식물의 생육, 서식지를 말한다. 자연보유구는 생태체계를 대표하거나, 독특한 지형, 지질 또는 영구 보존 관찰이 필요한 지역이다. 진귀희유동식물이란 특수한 동식물 또는 멸종위기에 처한 것들을 말한다. 자연문화경관은 소재지 지방정부 또는 주관기관에서 지정한 기구가 관리하며 생태보육구와 자연보유구에서는 원 자연상태를 변경하거나 파괴할 수 없다. 진귀희유동식물은 사냥이나 채집할 수 없고 그 생태환경은 보호되어야 한다.

우리나라의 천연기념물은 문화재보호법의 지정기준에 따르면 크게 동물, 식물, 지질, 광물, 그리고 천연보호구역으로 나뉜다. 식물과 관련되는 것으로는 노거수(老巨樹), 희귀식물, 식물자생지, 수림지가 있고, 동물과 관련되는 것으로는 동물종 자체를 지정하는 것과, 서식지, 번식지, 도래지가 있다. 지질광물로는 천연동굴, 암석이나 광물, 고생물화석, 화상온천 등 지질지역, 그밖에 화산분화구, 빗방울 자국 화석 등이 있다. 또한 보호할만한 천연기념물이 많은 곳은 일정한 구역을 정하여 천연보호구역으로 지정한다.

우리나라에서 천연기념물로 가치가 있는 자원에 대한 조사는 1913년에 일본산림회가 노수명목(老樹名木)으로 은행나무를 비롯한 28주의 한국산 수목을 조사하여 목록으로 만든 것이 처음이었다. 1919년에는 전국의 노수명목을 조사하여 64종 5,330주에 이르렀으며, 그 가운데 전설을 간직하고 있는 것이 1,705주나 되었다. 이들을 유형별로 보면 명목(名木) 1,426주, 신목(神木) 913주, 풍치목(風致木) 210주, 당산목(堂山木) 149주, 피서목(避暑木) 125주, 정자목(亭子木) 125주, 호안목(護岸木) 31주 등이다.[3]

한편 1933년 조선총독부가 마련한 「조선보물고적명승천연기념물보존령」에 의해 지정된 것들은 고적 및 명승 4건, 명승 및 천연기념물 2건, 천연기념물 153건(남한 117건, 북한 36건)이 있었다.[4] 문화재보호법 제정 이후에는 앞의 것들을 그대로 이어 받으면서 천연기념물과 명승을 지정하였다. 천연기념물은 식물, 동물, 지질 광물, 그리고 천연보호구역으로 나누어 지정 관리하고 있다. (표 7-6-1)

식물 천연기념물은 노거수를 비롯하여, 희귀식물, 자생지, 수림지 등이 있다. 노거수들은 옛마을 어구 또는 성황당에 있거나, 유서깊은 사찰 등에 남아있는 것, 속리의 정이품송처럼 전설이 깃들어 있는 것, 그 자체로 민속 신앙의 대상이 되었던 것으로서, 그런 뜻에서 민속유산의 범주에 들어가기도 한다. 예천의 석송령이 땅을 소유하고 있고 정이품송이 벼슬을 받았듯이 인격을 부여받기도 한다. 수림지도 많은 것들이 옛부터 마을숲을 이루고 있던 것으로서 마을 사람들에게는 신성공간으로 다루어지던 것이나 그 뒤로 마을 쉼터 구실을 하면서 새로운 가치를 갖는 것들이다.[5] 함양 상림은 신라때 최치원이 만들었다고 하여 역사성이 들어있기도 하다. 동물과 관련된 것으로는 종지정 방식과 서식지, 도래지를 지정하기도 한다. 진도의 진돗개, 제주의 제주

〈사진 7-6-1〉 예천 석송령(위)과 토지대장(아래)

토지 대장

도면번호	13	발급번호	20020709-0054-01
장 번 호	1-1	처리시각	14시 05분 20초
비 고		작 성 자	

소 유 자		
변 동 일 자	주 소	
변 동 원 인	성명 또는 명칭	등록번호
1927년8월10일	416	
(03)소유권이전	석송령	3750-00248
	--- 이하 여백 ---	

토지대장에 의하여 작성한 등본입니다.

2002년 7월 9일

경상북도 예천군수

말, 경산의 삽살개, 연산 오골계 등 집짐승들도 있다. 지질 광물 관련으로는 화석, 천연동굴 등이 천연기념물로 되어 있다. 보호할 만한 천연기념물이 풍부한 일정 구역은 천연보호구역으로 지정하는데, 천연보호구역으로는 설악산, 홍도, 한라산 등이 있다.

〈표 7-6-1〉 우리나라 천연기념물의 종류

◎ 식 물		◎ 동 물		
노 거 수 -	명목	젖먹이짐승 -	야 생 -	종지정
	신목			서식지
	당산목			도래지
	정자목		- 집짐승	종지정
희귀식물 -	자생지	새	- 야 생 -	종지정
	군락지			서식지
	종지정			번식지
자 생 지 -	유용식물자생지			도래지
	난대식물북한(北限)자생지		- 가 금	종지정
	희귀식물자생지			
수 림 지 -	학술림	물고기 -		종지정
	어부림			서식지
	호안방품림	곤충 -		종지정
	역사림			서식지
	성황림			

◎ 지질, 광물
천연동굴 - 석회동굴, 용암동굴
암석, 광물
지질 - 온천, 용천, 지형, 화산
화석 - 동물화석, 식물화석, 빗방울자국 화석

◎ 천연보호구역 - 희귀동식물이 많아 구역단위로 지정관리할 필요가 있는 곳

◎ 자연현상 - 학술상, 교육상, 관상상 보존할만한 가치가 있는 곳

7-612. 명승

명승은 경관상 가치가 높은 곳으로서 예로부터 관상의 대상이 되어 왔고 그런 까닭에 시와 그림의 소재로 다뤄지기도 한 곳들이다. 역사상 인물들과 관련된 곳도 있고, 사찰을 비롯한 문화유산들이 많이 남아있는 곳이기도 하다. 명승지역에 역사유적이 있는 곳을 사적및명승으로 지정하기도 하였다. 또한 독특한 지형경관을 보여주는 골짜기, 폭포, 호소, 바닷가 지역, 훌륭한 풍경을 바라볼 수 있는 전망지역들도 명승이 될 수 있다. 명승은 지정 범주를 문화경관, 자연경관, 역사문화경관으로 나누어 놓았다.

7-62. 우리나라 천연기념물 관리방법

7-621. 천연기념물의 지정과 보호

천연기념물은 다른 문화재와 마찬가지로 국가 또는 지방자치단체에서 지정 보호한다. 문화재보호법에 의한 지정으로서 국가 지정은 천연기념물, 시·도 지정은 시도 기념물로 관리하며, 관리 비용도 중앙과 지방 정부가 각각 부담하게 된다. 천연기념물로 지정된 것들을 보호하기 위해 보호구역을 정하기도 하는데 그 기준으로는 식물은 입목(立木)을 중심으로 반경 5m 이상 100m 이내의 구역, 동물·지질 광물·천연보호구역·자연현상 등은 그 보호에 필요하다고 인정되는 구역을 각각 보호구역으로 할 수 있다. 보호에 필요하다고 인정되는 구역은 지정 대상에 따라, 입지 조건, 생태 조건, 지리 환경 등 여건에 따라 다르게 적용되겠으나 대상물에 따라 일정한 기준을 만들어 두어야 한다.

한편 고생물자료·천연동굴 등은 일반 매장문화재와 마찬가지로 그 것들이 포장되어 있는 것으로 인정되는 토지 및 해저는 발굴할 수 없도록 하였고, 다만 학술조사를 목적으로 하거나 개발예정지역에서 공사를 하기 위한 목적으로 문화재청장의 허가를 받아 발굴하도록 하였다. 명승, 천연기념물 지정 보호구역안에서 동물, 식물, 광물을 포획 채취하거나 구역밖으로 반출하는 행위, 천연기념물을 표본 박제하는 행위 등은 현상변경 허가를 받아야 하며, 천연기념물 표본 박제는 문화재청장의 허가를 받아 수출할 수 있다. 그밖에 천연기념물 동물의 치료를 위해 동물치료소를 문화재청장이 지정할 수 있다.

7-622. 천연기념물 관리단체

천연기념물 가운데 특히 조수류는 이동이 많고 국가기관에서 관리하는 것이 쉽지 않다. 따라서 천연기념물 보호를 위한 전문 민간단체들이 필요하게 되며 국제기구와의 교류를 통한 정보교환과 시민들의 참여의식을 높이기 위해서도 전문단체를 육성 발전시키는 것이 필요하다. 천연기념물 관리단체는 다음과 같으며, 관리단체의 활동에 관한 지침을 만들어 조난 또는 훼손된 천연기념물 조수류의 보호를 위한 관리단체 활동에 기준을 마련하고 있다.

〈표 7-6-2〉 천연기념물 관리단체

단체이름	활동내용	설립날짜	형태
한국조류보호협회	천연기념물 조수류보호	1980. 1.25.	관리단체
한국진돗개혈통보존회	진돗개 보호육성	1989. 5.30.	사단법인
한국삽살개보존회	삽살개 보호육성	1992. 8. 24.	사단법인
한국동물구조협회	동물 구조활동	1994. 11.	사단법인
한국조수보호협회	조수 연구, 보호	1995. 3. 6.	사단법인
자연유산보존협회	자연유산 보존 연구	1998. 7. 1.	사단법인

7-63. 북한의 자연유산 관리

북한에서는 천연기념물과 명승에 대한 보호관리에 특히 많은 관심을 갖고 있다. 천연기념물은 자연물 가운데서 오직 우리나라에만 있거나 희귀하고 독특하며 학술상, 풍치상 의의가 있는 것으로서 국가가 기념물로 보호하는 동식물, 화석, 광천, 동굴을 비롯한 자연물을 말한다. 천연기념물의 대상을 식물, 동물, 지리 및 지질로 나누고 그 안에서 다시 자세히 나누고 있다.

7-631. 보호구역 설정

북한에서는 천연기념물을 제대로 보존하고 유리한 생태계를 조성하며 자연 또는 인위적 피해로 부터 보호하기 위해 보호대상의 생태특성과 지리적 위치, 주위환경을 조사하여 그에 알맞게 보호관리구역을 설정하고 있다. 자연보호구, 명승지, 동식물보호구안에 있는 개별 천연기념물은 따로 구역을 설정하고, 혁명전적지나 사적지안에 있는 경우에는 이미 설정된 보호구역을 그대로 적용한다. 천연기념물 보호구역은 자연미에 어울리도록 하고 반드시 국토계획에 반영하여 국토이용계획시 법으로 보호될 수 있도록 하였다.

식물 천연기념물은 식물의 생태특성과 환경조건, 식물이 퍼져있는 상태와 지리위치에 따라 정한다. 홀로 서있는 나무는 나무갓 직경 2-2.5배 이상의 면적을 포함시키고 한창 자라는 나무는 다자랄 크기에 맞게 기준을 정한다. 무리를 지어있는 경우에는 집중지역으로부터 100m 까지를 보호구역으로 하기도 한다.

동물 천연기념물의 보호구역은 동물들의 활동범위를 생각하고 먹이, 번식터와 살이터(서식지)를 충분히 포함하도록 한다. 호랑이와 곰은 2,000정보 이상, 사슴, 산양들은 1,000정보 이상, 작은 짐승들은 살이터를 중심으로 100정보 이상 등의 기준이 있다. 보호구역을 때로는 산봉우리, 골짜기, 강줄기를 기준으로 하기도 한다. 새는 사철새, 겨울새, 여름새 등에 따라 집중활동구역을 중심으로 정한다. 바다새는 섬전체와 섬주변 1㎞안의 수역을 보호구역으로 한다. 물고기는 집중살이터를 중심으로 강길이 4㎞ 이상을 보호구역으로 하기도 하며 강오름성〔回遊性〕물고기는 강하류에서 상류까지를 모두 보호구역으로 하기도 한다.

지리지질 천연기념물은 주위환경과의 관계, 환경요인들을 조사하여 보호구역을 정한다. 동굴은 밖으로 500m 둘레의 전지역 또는 골짜기를 경계로 봉우리 전지역을 보호구역으로 하기도 한다. 폭포, 호수 등은 반경 100m, 화석, 암석 등은 둘레로 20-50m, 광천은 금지구역과 제한구역으로 나누어 보호구역을 정한다.

7-632. 보호시설과 활용시설

북한에서는 천연기념물을 보호하기 위한 보호시설과 주위환경을 잘 조성하도록 보호 울타리와 경계선, 지대정리와 돌쌓기, 그리고 사람들이 와서 볼 수 있도록 쉼터를 만들기도 한다. 꽃밭을 가꾸고, 잔디밭과 지피식물을 심기도 하며 불막이 대책으로 불막이선을 만들기도 한다. 학생, 근로자를 위한 쉼터를 조성하여 교양교육을 위한 장소로 활용한다. 의자를 만들어 놓고, 샘물터를 만들고, 장기판 등 놀이시설을 설치하며 정자를 지어 주변 풍치를 감상할 수 있도록 한다.

7-633. 관리행정 체계

북한의 천연기념물 보호관리체계는 행정기관과 사회기관이 각각 역할에 따라 맡고 있다. 중앙행정기관에서는 관리를 위한 연간계획을 작성하여 각 도에 내려보내고 그 집행을 지도한다. 천연기념물의 등록해제를 종합검토하고 천연기념물을 과학적으로 관리하기 위한 연구와 기술수준을 높이기 위한 사업을 한다. 각도기관에서는 중앙기관의 방침에 따라 실천계획을 세우고 대중 교양사업을 한다. 시군기관에서는 실제로 천연기념물을 관리하며 지역기관들을 조직하는 역할을 한다. 사회관리기관으로는 천연기념물이 있는 기관, 기업소, 협동농장, 학교들이 있다. 이들은 주로 모니터활동을 하며 행정기관과 협력하여 천연기념물의 중요성을 지역사회에서 널리 알리는 활동을 한다.

7-64. 자연유산을 관리하는 다양한 방법들

7-641. 보호지역의 의미

보호지역(Protected Areas)의 역사는 인도의 아쇼카(Asoka)왕이 산림과 동물의 보호를 위하여 법률을 공포한 기원전 252년으로 거슬러 올라간다. 역사상 보호지역은 주로 지배계층을 위하여 일반인의 출입을 제한하는 금지구역으로 지정한 것이 대부분이었다. 따라서 보호지역이란 일상적인 이용으로 부터 보호하기 위한 특별한 장소를 의미하고 있다. 오늘날 사용되고 있는 보호지역의 개념은 1992년 베네주엘라 카라카스에서 "Parks for Life"라는 주제로 열린 제4차 공원회의에서 정의한 바에 따르면 "생물다양성과 자연 및 그와 관련된 문화자원의 보호와 유지를 위하여 특별히 지정된 곳으로서, 법적 또는 그밖에 효과적인 수단에 의해 관리되는 육지 및 바다지역"을 말한다.

7-642. 자연보호지역 관리 범주

보호지역은 각 나라마다 법률, 제도, 재정지원 환경에 따라 다른 체계를 갖고 있다. 그러나 현재 일반으로 보호지역 관리범주는 국제자연보존연맹

(IUCN)에서 정한 기준을 따라 다음과 같이 6가지로 나누고 있다.[6]

I 자연보존지구(Strict Nature Reseve/Wilderness Area) - 학술연구와 환경을 추적 연구할 수 있고 교육에 이용할 수 있는 생태적으로 건전한 자연환경이 전형의 모습을 간직하고 있는 육상, 해상 또는 육상 및 해상 지역. 동적이며 진화적 상태에서 유전자원을 유지하기 위해 사람들이 살지않는 지역으로서 자연을 보호하고 자연과정을 유지하기 위한 곳이다.

II 국립공원(National Park) - 생태체계 보존과 여가선용을 위해 국가에서 또는 국제적으로 의미있고 주목할만한 자연지역 및 경관지역을 보호하기 위한 곳. 이곳은 실제로 자원추출이 허용되지 않고 인간 활동에 의해 변형되면 않되는 자연지역이며 상대적으로 큰 면적을 차지하고 있다.

III 천연기념물(Natural Monument) - 특별한 관심이나 독특한 특징으로 인하여 국가에서 중요한 자연 특징을 보호하고 보존하기 위한 지역. 자연, 문화적으로, 또는 경관상 특별한 것의 보호에 초점을 맞추기 때문에 상대적으로 작은 면적을 차지한다.

IV 서식지, 종관리지역(Habitat / Species Management Area) - 중요한 종과 개체군, 생물공동체 또는 환경의 물리적 특징을 인위적으로 보호하여 계속 유지될 수 있도록 자연상태를 확보하기 위해 엄격히 관리하는 곳이다.

V 경관보호지구(Protected Landscape / Seascape) - 사람과 땅이 조화를 이루는 중요한 자연경관을 유지하기 위한 곳으로 문화와 자연경관이 혼합된 곳이기도 하며 전통적인 토지이용 방법은 유지할 수 있다.

VI 자원보호지구(Managed Resource Protected Area) - 지역사회의 경제활동을 지원하면서 자연의 보전과 물, 목재, 야생생물, 방목 및 관광 등이 장기적으로 이루어지기 위한 곳으로 지구내 특정의 범위에 대해서는 보전을 위해 조정될 수 있다.

7-643. 생물권보존지역

생물권 보전지역은 유네스코 '인간과 생물권계획(MAB：Man and Biosphere Program)의 핵심사업의 하나로 나타났다. 1968년에 "생물자원의 보전과 합리적이용"에 관한 유네스코 국제회의에서 인간과 생물권계획이 시작되어 지속가능한 발전(Sustainable Development)이라는 말이 나타나기 시작하였고, 1971년 인간과 생물권계획 총회에서 생물권 보전지역이라는 개념이 등장하였다.

생물권보전지역이란 보전 가치가 있고 지속가능한 발전을 지원하기 위한 과학적 기술, 지식, 그리고 인간가치를 제공할 수 있는 지역으로서 세계 생물권보전지역 네트워크 규약에 따라 국제적으로 인정된 대표적인 육상 및 연안생태계를 말한다. 생물다양성의 보존과 경제사회 발전의 촉진, 그리고 문화가치의 유지라는 서로 다른 목표를 조화시키기 위한 것이다. 지역사회의 발전이 없는 보호지역 보존정책은 성공할 수 없다는 인식에서 출발하여 보호지역을 지역주민과 협의없이 일방적으로 지정관리하게 되면서 주민의 반발이 거세고 생활불편에 대한 문제가 있다는 점을 감안하여 생물자원 보존과 이용 가능성을 함께 생각하면서 정교한 수법으로 관리하는 지역이다.

생물권 보전지역은 1976년부터 지정작업을 시작하여 장백산, 미국 로키산맥, 러시아 바이칼호, 그리스 올림푸스산 등 109개 나라, 564개 지역이 지정되어 있다. 우리나라에서는 백두산, 구월산, 묘향산, 설악산, 제주도 자연지구, 광릉숲, 신안 다도해 등이 지정되었고, 한때 민통선지역과 비무장지대환경관리전략으로 제시된 적이 있다.[7] 보호지역과 생물권보전지역의 관계를 보면 보호지역안에 개발 가능성을 열어놓기 위해 보호지역을 다시 생물권보전지역으로 지정하는 곳이 많다. 전세계 생물권보전지역의 90%는 보호지역과 중복 지정되었고 더욱이 50%는 국립공원과 중복되어 있다. 생물권보전지역으로 따로 지정된 것은 8%뿐이다.

생물권보전지역은 서로 보완되는 세가지 기능을 갖고 있다. 보전기능으로서 유전자자원, 종, 생태계, 경관 등을 현상대로 보존하고, 모니터링을 강화한다. 발전기능으로서 보존과 함께 지역사회 발전을 위해 전통경관을 형성해온 활동과 문화가치를 유지하면서 지역 거주 주민들의 생활을 보다 나은 방향으로 발전시킨다. 지원 기능으로서 보전과 발전을 위한 지역, 국가, 세계적 이슈와 관련된 시범사업, 연구와 모니터링 등을 지원한다. 환경변화에 대응하는 방식들을 연구하고 늦기전에 취해야할 행동양식들을 알 수 있도록 한다. 이를 위한 정보교환, 비교연구 지역으로 적합하다.

지구 지정은 이러한 세가지 기능을 이루기 위해 핵심지역, 완충지역, 전이지역으로 각각 구분한다. 핵심지역은 생물다양성 보존과 모니터링, 조사 연구를 할 수 있는 곳으로 법에 따라 엄격히 보호하는 곳이다. 완충지역은 환경 교육, 휴양, 생태 관광 및 연구를 위한 지역으로 핵심지역을 둘러싸고 있다. 주변 지역의 개발로부터 핵심지역을 보호하는 기능이 있다. 전이지역은 농경지, 주거지 등 여러가지 방식으로 개발이 가능한 곳이다. (http://MAB. Unesco. or. kr)

〈그림 7-6-1〉 생물권보전지역 개념도

7-644. 우리나라의 보호지역

1) 보호지역과 관리체계

① 자연공원 - 자연생태계와 수려한 자연경관, 문화유적, 휴양자원 들을 보호하고 이용하며 시민의 여가와 정서생활을 좋게 만들기 위해 「자연공원법」 제14조(국립공원의 지정)에 의해 환경부와 지방자치체에서 지정관리한다. IUCN 관리범주Ⅱ와 Ⅷ의 중간형태라 할 수 있다. 국립공원 20개(6,473㎢), 도립공원 22개(747㎢), 군립공원 29개(307㎢)가 있으며 전국토 면적의 7.5%를 차지한다. 1995년부터 법 개정으로 10년마다 공원계획에 대한 타당성을 조사할 때 공원구역에 대한 타당성도 함께 고려할 수 있도록 하였다.[8)]

② 생태계보전지역 - 「자연환경보존법」 제18조(생태계보전지역)에 따라 자연 생태계를 보전하기 위하여 생태·자연도(生態·自然圖)에 의해 1등급 권역으로 분류된 지역 또는 생태계를 특별히 보전할 필요가 있는 지역 가운데 해당 지역주민과 지방자치단체 이해관계자들의 의견을 수렴하여 지정한다. 생태계 특별보존이 필요한 지역은 1)자연상태가 원시성을 유지하고 있거나 생물다양성이 풍부하여 학술상 가치가 큰 지역, 2)지형 또는 지질이 특이하여 학술연구와 자연경관 유지를 위하여 보존이 필요한 지역, 3)멸종위기 야생동식물 또는 보호 야생동식물의 서식지 도래지 등으로서 보전의 가치가 있는 지역, 4)다양한 생태계를 대표할 수 있는 지역 또는 생태계의 표본지역 들을 말한다. 생태계보전지역안에서 특별히 멸종위기 야생동식물들을 보호하거나 생태계의 훼손을 방지할 필요가 있는 구역에 대해서는 최소한의 범위안에서 생태계특별보호구역을 정할 수 있다. 생태계특별보호구역에는 1)야생동식물특별보호구역, 2)자연생태계특별보호구역, 3)해양생태계특별보호구역 들이 있다. 생태계보전지역으로는 국가에서 지정한 낙동강하구 철새도래지, 창녕 우포늪 등 5곳, 시도에서 지정한 고란초

집단서식지, 조종천 상류 명지산, 청계산 희귀곤충상지역 등 4곳에 100.22㎢이 지정되었고 그 가운데 지리산, 명지산, 낙동강하구 생태계 보전지역은 IUCN 범주 I 에 해당한다.

③ 습지(濕地) 보호지역 - 「습지보전법」 제8조(습지지역의 지정 등)에 의해 환경부장관 또는 해양수산부장관은 습지로서 특별히 보전할 가치가 있는 지역을 습지보호지역으로 지정하고 그 주변지역을 습지주변관리지역으로 지정할 수 있다. 보전할 가치가 있는 지역이란 1) 자연상태가 원시성을 유지하고 있거나 생물다양성이 풍부한 지역, 2) 희귀하거나 멸종위기에 처한 야생 동식물이 서식도래하는 지역, 3) 특이한 경관적, 지형적 또는 지질학상 가치를 지닌 지역을 말한다. 또한 습지보호지역의 훼손이 심하거나 습지생태계의 보전상태가 불량한 지역으로서 관리를 통해 개선할 만한 곳은 습지개선지역으로 지정할 수도 있다. IUCN 범주 I 에 해당한다.

④ 조수보호구역 - 「조수보호 및 수렵에 관한 법률」 제4조(조수보호구)에 의해 야생짐승과 새들의 보호. 번식을 위하여 환경부장관 또는 지방자치단체의 장이 지정하는 곳으로 757개지역(1,340㎢)이 지정되었다. IUCN 범주Ⅳ에 해당한다.

⑤ 특정도서 - 「독도등 도서지역의 생태계보전에 관한 특별법」 제4조(특정도서의 지정 등)에 따라 환경부장관이 관계 중앙행정기관의 장과 협의하고 지방자치단체의 의견을 들어 환경보존위원회의 심의를 거쳐 지정한다, 특정도서라는 것은 자연경관이 뛰어나거나, 우리나라 고유의 생물종 보존을 위해 필요하고, 야생동물의 서식지 또는 도래지로서 보전의 가치가 있는 곳, 자연림지역으로서 생태학상 중요한 곳, 지형이나 지질이 특이하여 학술연구에 필요한 곳들을 말한다.

⑥ 천연보호림 - 「산림법」 제67조(천연보호림등의 지정)에 의해 시도지사 또는 지방산림관리청장이 생물의 유전자와 종(種) 또는 자연생

태계의 보전을 위하여 필요한 산림을 천연보호림으로, 시험 목적을 이루기 위해 시험목이나 내충성목(耐蟲性木) 등을 시험림으로, 그밖에 보존할 가치가 있는 노목, 거목, 희귀목(산림밖에 있는 것 포함)을 보호수로 지정할 수 있다. 천연보호림은 141개 지역(113㎢)이 지정되었다.

⑦ 요존국유림(要存國有林) -「산림법」 제71조(국유림의 종류)의 국유림중 국토보존, 산림경제, 학술연구, 임업기술개발과 사적, 성터 등 기념물 및 유형문화재의 보호 기타 공익상 국유로 보존할 필요가 있는 산림을 말한다.

⑧ 공익임지 -「산림법」 제16조(산림의 이용구분)의 보전임지 가운데 하나로 보안림, 산림유전자원보호림, 휴양림, 사방지, 조수보호구, 공원, 문화재보호구역, 사찰림, 상수원보호구역, 개발제한구역, 보존녹지지역, 생태계보전지역, 습지보호지역, 특정도서지역 등을 말한다. 전체 삼림의 22%에 해당하며 면적으로는 14,290㎢에 이른다.

⑨ 천연기념물·천연보호구역 -「문화재보호법」에 의해 문화재청장이 국가지정문화재인 천연기념물로 지정하거나, 시 도지사가 지방기념물로 지정한 것을 말한다. 동식물, 지질 광물 등 학술상, 경관상 보전가치가 있는 것들을 지정하며 보호할 만한 천연기념물이 풍부한 일정한 구역을 천연보호구역으로 정한다. 천연기념물 주변을 보호하기 위한 보호구역이 있는 경우도 있으며 지정, 보호구역 면적은 모두 354㎢에 이른다. 천연보호구역 가운데 설악산, 홍도, 한라산 천연보호구역은 IUCN 유형Ⅳ, 대암산-대우산, 향로봉-건봉산 천연보호구역은 IUCN 유형 I 이다.

⑩ 자연환경보전지역 -「국토이용관리법」 제6조(국토이용계획의 내용)에 따라 자연환경, 수자원, 해안, 생태계 및 문화재의 보전과 수산자원의 보호. 육성을 위하여 필요한 지역을 말한다. 11,943㎢(해양 4,876㎢)가 지정되어 있다.

⑪ 개발제한구역 - 「도시계획법」 제34조(개발제한구역의 지정)에 의해 과도한 도시팽창을 막고 도시주변의 자연환경을 보전하여 도시민의 건전한 생활환경을 확보하기 위한 목적으로 개발제한구역의지정및관리에관한특별조치법 제3조(개발제한구역의 지정 등)에 따라 지정하며 35개시와 35개군에 걸쳐 5,397㎢가 지정되어 있다. IUCN 범주 VI에 해당한다.

2) 관리체계의 문제와 발전방안

우리나라의 보호지역은 법률체계와 그 시행을 맡고있는 행정기관에 따라 서로 다른 기준으로 지역, 지구를 지정관리하고 있다. 실제로 이들 지역은 서로 중복되는 곳도 많고, 같은 지역을 서로 다른 기준으로 관리하게 되면서 효율성이 없는 곳도 있다. 낙동강하구 철새도래지는 천연기념물이면서 생태계보전지역으로 되어 있고, 독도는 또한 개별법률로서 특정도서로 관리되기도 한다. 관리의 효율성을 확보하기 위한 부처간 업무조정과 적절한 관리방안이 있어야 할 것이다.

〈주〉

1) 문화재관리국, 1998. 『천연기념물백서』
2) 장호수, 1999. 「타이완의 문화재관리제도와 정책」, 『문화유산포럼』 1(문화재청)
3) 김윤식, 1997. 「우리나라 천연기념물의 지정관리현황(생물분야)」, 『천연기념물 보호 세미나』('97문화유산의해 조직위원회, 문화재관리국)
4) 문화재관리국, 1960. 『조선총독부및문교부발행 문화재관계자료집』
5) 김학범 · 장동수, 1994. 『마을숲-한국 전통부락의 당숲과 수구막이』 (열화당)
6) J. A. Mcneely, J. Harrison, P. Dingwall ed., 1994. *Protecting Nature - Regional Reviews of Protected Areas.* IUCN)
7) 김귀곤, 2001. 한국의 MAB 활동의 역사와 향후 과제 『보호구역과 지역사회』 (MAB 한국위원회)
8) 김종원 · 남화경, 1996. 한국을 포함한 세계 보호지역의 현황, 실태 및 보존노력 『개발과 유산의 보존』(유네스코 한국위원회)

7-7. 문화재 재난과 예방 관리

7-71. 문화재 재난과 대응

7-711. 문화재 재난과 예방수단

7-712. 재난대비 원칙

7-72. 재난대비 방안 개발

7-721. 준비단계

7-722. 대응단계

7-723. 복구단계

7-724. 재난대비 계획 평가

7-73. 문화재 재난대비의 실제

사례 7-7-1. 이탈리아 - 문화재 재난 지도

사례 7-7-2. 세계기념물 지킴이(World Monuments Watch)

사례 7-7-3. 일본 문화재 방재의 날

사례 7-7-4. 우리나라 소방법과 문화재 안전시설

7-71. 문화재 재난과 대응

7-711. 문화재 재난과 예방수단

문화재에 미치는 재난은 때때로 예기치 않은 큰 피해를 입힐 수 있다. 지진, 홍수, 태풍, 화산 폭발 또는 화재와 같은 재해는 말할 것도 없고, 무력충돌에 의한 문화재 파괴는 이미 여러 차례 보아온 것처럼 돌이킬 수 없는 재난이었다. 때로는 지나친 보호로 인하여 오히려 훼손되는 경우도 있다. 이러한 재난으로부터 문화재를 보호하기 위한 노력이 여러 국제기구를 통해 이루어지고 있으며 베니스헌장(자료 4)에 제시된 기본원칙과 일련의 지침을 통해 기준을 제시하고 있다. 문화재 관리 책임을 맡고 있는 기관이나 단체들은 이러한 기준을 바탕으로 문화재 재난에 대비한 예방 수단들을 갖추고 있어야 할 것이다.

세계유산협약에서도 문화재 재난에 대한 예방 수단으로 위험에 처한 세계유산목록(List of World Heritage in Danger)을 따로 관리하고 있다. 유산의 보존 상태와 위험요소를 줄일 수 있는 수단에 주의를 기울이며 관리의 초점을 문화재 모니터링(monitoring)에 맞추는 것은 재난대비에 대한 관심이 높아졌기 때문이다. 모니터링에서 중요한 것은 문화재에 대한 위협 요소와 손상의 정도를 미리 알 수 있도록 하는 것이다. 문화재에 어떠한 변화가 일어나고 있는지를 점검하는데 목적이 있다.

우리나라에서는 숭례문 화재 사건을 계기로 문화재 재난예방을 위한 법적 조치를 강화하고, 해마다 2월 10일을 '문화재 방재의 날'로 정하여 온 국민들에게 문화재의 중요성을 일깨우고, 문화재 안전관리의식을 높이기 위한 조치를 시행하게 되었다. 우리나라를 비롯하여 중국, 일본 등 목조문화재가 많은 나라에서는 특히 화재로 인하여 문화재에 치명적인 결과를 낳게 되므로 화재를 막는 것이 무엇보다도 중요한 과제이다.

문화재 화재의 현장 – 쌍봉사 대웅전 화재(1984년)

원래 모습

화재 진압 과정

타고난 뒤 모습

문화재 재난예방을 위하여 국가와 지방자치단체에서 해야 할 일과 소유자의 임무는 「문화재보호법」에 들어 있다.[1)]

〈표 7-7-1〉 문화재 재난대비에 관한 우리나라 법령

<u>법 제14조(화재 및 재난예방 등)</u>

① 지정문화재의 화재, 재난방지, 도난예방을 위한 시책 수립과 시행

② 문화재별 특성에 따른 화재대응 지침서 마련

③ 화재대응 지침서 마련이 필요한 문화재의 범위 지정

④ 지정문화재의 소유자, 관리자 및 관리단체는 지정문화재의 화재예방 및 진화를 위하여 관련법에서 정하는 기준에 따른 소방시설과 재난방지를 위한 시설 설치, 지정문화재 도난방지 시설 설치. 국가와 지방자치단체는 예산지원

<u>시행령 제10조(화재대응 지침서 마련)</u>

① 화재대응 지침서를 마련하여야 하는 문화재의 범위

1. 지정문화재 중 목조건축물
2. 지정문화재 안과 보호구역에 있는 목조건축물
3. 세계유산 안에 있는 목조건축물

② 화재대응 지침서에 포함되어야 할 사항

1. 화재 예방 활동
2. 화재 시 신고요령
3. 화재 시 대응요령(문화재소산 포함)

<u>법 제85조(문화재 방재의 날)</u>

① 매년 2월 10일을 문화재 방재의 날로 정함

② 국가, 지방자치단체는 문화재 안전점검, 방재훈련 등 사업 실시

7-712. 재난대비 원칙

문화재 재난대비에 관한 원칙은 특정 문화재의 특성을 보다 잘 관리하기 위해서도 중요하다. 재난대비 계획과 대응, 복구에 대한 각각의 원칙과 실행방법은 다음과 같다.[2]

1) **사전 계획과 준비** - 사전계획에서 문화재의 특성을 파악하고, 특성에 따른 위협 요소와 이에 적합한 대응 수단에 주목한다. 사전계획을 할 때에는 문화재 전체를 고려해야 한다. 이를 테면 건축 문화재와 그 내부의 부속물 그리고 주변경관까지를 포함하여 통합적인 고려가 있어야 한다. 비상 계획을 세울 때에는 동산·부동산 문화재에 차이가 있어서도 안되며 구조물과 그 내부의 물품들 그리고 경관에 대한 계획들이 하나의 통합적인 대응 계획으로 있어야 한다.

재난에 대비한 문화재보호 사전계획은 전반적인 재난대비 전략의 틀 안에서 해당 문화재에 대한 고려가 있어야 한다. 재난예방 시설을 건축문화재 안에 설치할 경우에는 되도록 문화재 가치에 영향을 미치지 않도록 해야 한다. 그러나 위험에 대처하기 위한 시설물들이 유산의 특성을 유지하기 위해 축소되어서는 안 된다. 이를테면 순수 보존주의자들은 역사기념물 안에 스프링클러를 두는 것을 적합하지 않다고 하겠지만 이의 효과적인 사용은 생명과 문화재를 살리는 것이다. 가장 중요한 것은 재난보호 체계나 기계장치가 유산가치에 주는 영향을 최소화하는 방식으로 고안, 설치되어야 한다는 것이다.

2) **기록 보존** - 문화재와 그 중요한 특성, 그리고 과거에 있었던 재난대응의 역사들은 반드시 기록하여 적절한 재난대비 계획 수립, 대응방안 마련 및 복구를 위한 기초자료로 활용할 수 있도록 하여야 한다. 문화적 중요성과 용도상의 중요성, 또는 구조물과 그 구성요소들이 전체 위치와의 관계를 참고하여 분석 기록해 둠으로서 이러한 정보는 비

상시에 주의해서 다루어야 할 부분들을 알 수 있게 해준다. 또한 손상 혹은 손실된 부분을 정확히 복구할 수 있도록 하는 기록을 만들어야 한다. 미래의 계획과 관련된 교훈을 얻기 위해서는, 과거 재해시 어떻게 대처했는지에 대한 기록을 찾아 연구하는 것이 필요하므로 재해후(災害後) 기록도 중요하다.

3) **소유자 참여** - 문화재 소유자와 사용자가 비상대응 계획을 세울 때 직접 참여해야 한다. 긴급 상황에서 가장 먼저 대응할 수 있는 사람은 언제나 문화재지역 거주자와 사용자일 것이므로 계획 과정에 이들을 참여시킴으로서 제시된 방법과 대응 목적에 대한 그들의 이해를 높일 수 있다. 또한 이들이 알고 있는 유산에 대한 지식과 경험이 대응 계획 개발과정에 도움을 줄 수도 있다.

4) **문화재 특성 보호** - 비상시에는 문화재의 특성을 보호하는 것이 최우선 과제이다. 문화재보호를 위한 노력은 긴급 상황에서 인간의 생명을 보호하는 것보다 더할 수는 없지만, 모든 과거와 현재 인간들의 유형, 무형의 기록으로서 문화유산은 비상시 최선의 보살핌을 받을 가치가 있다.

5) **전문가에 의한 평가** - 재해 정도의 평가 경험이 많은 보존 전문가들이 참여하는 것은 손상된 건축물과 부속물들을 유지하는데 매우 중요하다. 비전문가들의 눈에는 실제보다 더 심각한 것으로 보일 수도 있으며 회복이 불가능하거나 비용이 너무 많이 들 것으로 보이기도 한다. 따라서 상태를 평가할 때에는 반드시 유사한 상황을 많이 보았던 경험이 있는 전문가에게 맡겨야 하며 이러한 평가에 신속히 투입할 수 있는 전문가들을 사전에 파악해 두는 것이 중요하다. 전문가의 평가에 따라 문화재의 안정과 보호를 위한 수단이 사용되어야 하고, 이를 위한 예산도 사전계획에 포함되어 있어야 한다.

6) **단계별 통합** - 보존 원칙은 재난대비 계획, 대응, 복구 등 모든 단계에 적절하게 통합되어 있어야 한다. 보존 원칙에 따라 문화재 비

상사태 전후 및 진행과정에 대한 기록을 해야 한다. 기록물은 여러 장소에 보관하고, 믿을만한 자료가 될 수 있도록 기록을 실제 담당했던 사람들에 의해 하나하나 그 정확성이 검증되어야 하며, 쉽게 찾아볼 수 있어야 한다. 문화재관리자와 비상대책 담당자들은 유산 보호에 대한 책임을 인식하고 보존 원칙에 따라 균형 잡힌 판단에 의해 결정을 해야 한다. 필요에 따라 적절한 전문가를 찾아야 하며, 벽화, 조각, 예술적 역사적 가치를 지닌 유물, 또는 특별한 건축 재료나 구조 등에 대해서는 전문가의 조언을 얻어야 할 필요도 있다. 따라서 다양한 분야의 전문가들이 모여 작업을 해야 할 것이다.

7-72. 재난대비 방안 개발

문화재 재난대비 방안은 재난의 특성을 조사하여 일관된 구도로 계획해야 한다. 준비단계, 대응단계, 복구단계별로 다음과 같은 방안이 필요하다.[3]

7-721. 준비단계

준비단계에서는 문화재에 미치는 위해와 그와 관련된 위험요소를 줄이는데 초점을 맞춰야 한다. 문화재 자체를 위험요소에 잘 견딜수 있도록 강화하고 탐지기와 조기 경보체계를 도입하며 문화재지역 거주자, 사용자 및 비상계획 담당자들이 긴급상황에 대처하는 능력을 기르도록 한다.

1) **위험요소 줄이기** - 문화재 주변의 환경 조건을 개선할 필요가 있다. 이를 테면 화재 원인을 제거하거나 문화재에 해를 끼치는 행위를 제한하는 것이다. (그림 7-7-1)

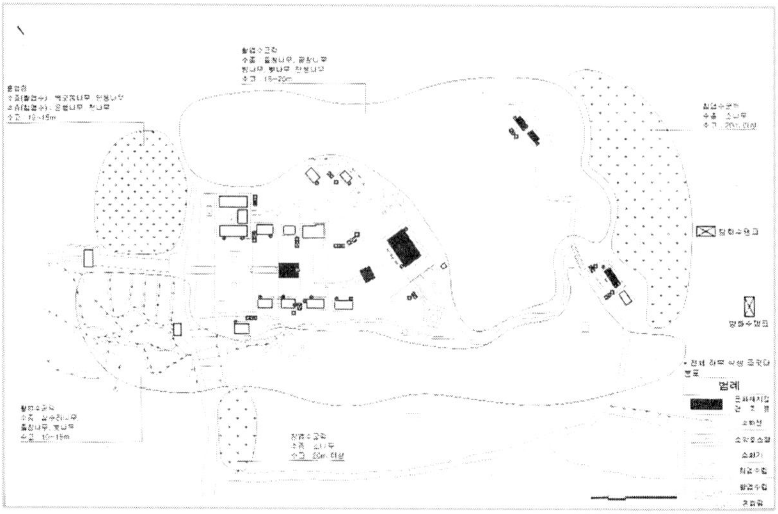

〈그림 7-7-1〉 영주 부석사 주변환경과 소방 설비[4)]

중요 건물과 인접하여 나무들이 자라고 있으며, 소방 설비는 소화전과 간이소화기 위주로 되어있다. 건물 주위로 안전선 확보와 체계적인 소방체계가 필요하다.

2) **저항력 강화** - 문화재 자체의 저항력을 기르기 위해서 구조적 요소와 구성 부분을 보완한다. 화재 예방을 위해 스프링클러를 설치하거나, 지진에 대비하여 구조를 강화하는 것들이다.

3) **경보체계** - 곧 닥칠 수도 있는 재난에 대한 적절한 경보체계가 필요하다. 재난이 일어나는 즉시 또는 재난 조짐이 있을 때 예고하거나 기록할 수 있는 감지기를 설치해야 한다. 연기 탐지기나 지진예고 체계 등을 말하며 재난 지도화(Risk mapping)를 통하여 재난 영향을 최소화할 수 있다.

4) **비상 대응계획 개발** - 문화재지역 거주자와 비상계획 담당자들이 함께 참여하여 비상 대응계획을 개발한다. 비상계획에는 문화재 재난시의 특징, 현 상태, 보호 방안 등이 포함되고 현장에 있는 사람들이 재난시 또는 재난 전후에 해야 할 일들을 명기하고, 이러한 목표를 이

▼손이 닿을 수 있는 위치에 소화장비구비
▼화재발생 즉시 반응하는 사이렌/경광등
▲실내 또는 경내 카메라로 도난감시 및 화재감시
목조건축물인 사찰 및 문화재의 화재는 예방이 최선 입니다.
▲외부 가로등에 카메라 설치 불법침입 또는 도난감시

〈그림 7-7-2〉 사찰지역 지능형소방영상관제씨스템 적용사례[5]

루기 위한 활동으로 소방대원 훈련, 현장 모의훈련 등이 있어야 하고, 비상조치 차량 접근로 등이 확보되어 있어야 한다.

7-722. 대응단계

대응이란 문화재지역 거주자와 비상조치 관계자에 대한 훈련과 적절한 대응을 포함하는 대비 조치의 적정 기능을 말한다. 대응단계에서 이루어지는 활동은 대부분 초기 복구단계로 이해하면 될 것이다.

1) **실효성** - 대응계획은 미리 잘 만들어 두고 모든 준비가 완료된 상태에서 유사시 바로 적용될 수 있도록 한다. 또한 대응계획은 누가 보아도 쉽게 알 수 있도록 하고 반복하여 훈련과 연습을 해 두어야 한다.

2) 전문가 확보 - 자격을 갖추고 실제 동원할 수 있는 보존전문가 명단을 미리 만들어 두고 비상시 적어도 한두명의 전문가를 즉시 투입할 수 있도록 한다.

7-723. 복구단계

복구 조치가 실효성을 얻기 위해서는 재난 이전에 계획되고 실행된 조치가 중요하다. 이를테면 재난 완화 수단으로 건축물을 복원할 경우에는 재난 이전에 준비된 기록의 질에 달려 있다.

1) 재난 결과 완화 조치 - 복구단계에서는 먼저 재난으로 나타난 좋지 않은 결과물들을 제거하거나 완화시키는 것이 필요하다. 재난후 구조적 안전성 확보를 위한 조치가 필요하며, 안정성이 보장되지 않는 부분들은 제거하되 그에 앞서 철저한 기록을 남긴다. 물이 넘쳐 쌓인 쓰레기 등은 제거하고 재난으로 삶터를 잃은 거주자들을 위해 임시 터전을 만들어주기도 한다.

2) 물리적 복구와 사회적 재건 - 문화재가 물리적으로 손상된 부분과 주변지역의 기반시설을 복구하고, 문화재 주변지역에서 재난으로 피해를 받은 사람들과 지역공동체의 사회구조를 복구하는 것까지도 고려한다. 이를테면 화재로 피해를 받은 사람들을 대상으로 개인 상담을 하기도 한다.

7-724. 재난대비 계획 평가

재난대비의 효율성을 평가할 수 있는 모니터링 프로그램으로 대응수단의 적합성과 과거의 경험을 반영하여 효과적인 계획과 실행이 이루어질수 있도록 한다. 이러한 계획의 효율성을 위해 문화재지역, 지방정부 및 국가 단계에서 계획 및 평가가 이루어져야 한다.

〈그림 7-7-3〉 일본 교토시 소방국 - 문화재 방재체계

7-73. 문화재 재난대비의 실제

문화재 재난대비에 공통으로 적용되는 기준과 법칙이 있지만 문화재 종류에 따라 특성에 맞는 계획이 필요할 것이다. 문화재 재난대비 방안을 계획하는데 고려해야 할 공통 요소와 핵심은 다음과 같다.

1) **단계별 계획** - 재난대비 계획이 효과를 거두려면 준비가 잘되고, 표현과 내용이 명확해야 하며, 단계적으로 계획하여, 실험과 조정을 거쳐 만족할 만한 내용이 될 때까지 다듬어 확정한다.

2) **문화재 가치 인식** - 지역공동체 구성원들과 관계 공무원들이 문화재 가치에 대한 인식과 이해를 높일 수 있도록 하고 보존 사례의 모범이 되는 것 가운데 최고 원칙만을 채택하며, 중대한 위험 요소와 이에 따른 문화재의 취약성에 대해 잘 이해하도록 한다.

3) **실험과 훈련** - 수용 가능한 수준의 위험을 결정하고 대응 우선 순위를 정할 때 문화재의 가치와 위험요소 간에 균형을 유지하며, 영향을 받을 수 있는 모든 사람들이 참여하는 정기 모의 실험과 훈련을 통하여 계획을 실행해 본다.

4) **단일 체계** - 명령 계통을 단일화하기 위하여 국가차원의 비상대책위원회를 만드는 것이 필요하다. 문화부, 국방부, 건설부 등 관련부처, 지역, 지방, 국가 사이의 명령체계를 쉽게 알수 있도록 하여야 한다. 또한 책임기관을 하나로 두고 이들 지역 담당자와 비상시 필요한 다른 지원 수단(기술 지원, 시민 안전, 지역공동체 지원 등)과의 연결고리를 만들어 둔다.

5) **적정 목표 설정** - 현실을 감안하여 성취 가능한 목표에 중점을 둔다. 재난시 국제 지원을 바라는 것은 거의 어렵다고 보아야 한다. 국제적연계는 재난대비 수단과 체계(기록, 모니터링, 위기 평가 등)의 비교연구를 통한 장기적 접근과 방법을 개발, 향상시키는데 적합하다.

6) **사회적 지지 확보** - 비상대응 계획은 문화재의 물리적, 문화적 환경에 기초한 입지(立地) 위주의 계획이어야 한다. 비상대응 계획에서 또 하나 중요한 요소는 공동체의 지지를 끌어내기 위한 세밀한 계획이 요구된다. 사회 문화적 인식과 공동체의 감시 기능을 향상시키는 것이다.

〈표 7-7-2〉 훼손(毁損) 평가를 위한 점검표

◎ 문화재 식별
- 양식 작성자 이름 :
- 건축물 이름 :
- 주소 :
- 건축일자 :
- 용도(주거용, 종교용, 공공건물 등):
- 제원(크기, 건축, 재료, 양식 등) :
- 소유자 :
- 관리자 :

◎ 훼손 평가
- 훼손 일자 :
- 훼손 형태 1 : 외부 훼손
- 원인 : 관리부족, 태만, 화재, 연기, 침수, 지진, 무력 갈등(소형 무기, 박격포, 로케트, 화약 등)
- 영향(구체적으로) :
  · 가벼운 훼손(지붕, 벽, 장식물 등)
  · 구조상 훼손
  · 심한 훼손(재건축 없이 사용 불가)
  · 파괴(기초만 남음)
- 훼손형태 2 : 내부 훼손
- 원인 : 도난, 파손, 화재, 지진, 무력 갈등, 기타
- 영향(구체적으로) :
- 건축물 내부(벽, 장식, 천정)
- 도난 또는 훼손된 내용(그림, 조명, 가구, 장식)
- 보관 장소(구조된 물품을 위한)

◎ 훼손에 대한 책임은?
주변 상황?
- 훼손되었음
- 그대로 있음

◎ 정보의 근거
- 직접 관찰
- 문서(매뉴얼, 사진, 비상지침)
- 지역 관청
- 지역 주민
- 증인
- 이름
- 주소
- 증언할 준비가 되었는지?

◎ 훼손 후 건축물에 대한 주의
- 입구는 제한 또는 폐쇄되었는지?
- 문화유산에 위험경고 부착되었는지
- 접근 제한 통제물이 설치되었는지?
- 비상작업(지붕덮기, 벽구조물 버팀
- 구조된 물품의 운송은?
- 복구와 복원작업은?

◎ 무력갈등 상황에서의 법적 지위
- 해당국가들이 헤이그협약 가입여부
- 건축물에 헤이그협약엠블렘 부착

사례 7-7-1 이탈리아 - 문화재 재난 지도

이탈리아 중앙수복연구소에서는 문화재 재난관리를 위한 방법을 개발하였다. 문화재의 중요도와 문화재 지역의 환경 조건 및 재난 예방조치를 위한 시간/비용의 효율성을 감안하여 예측 가능한 예방조치를 할 수 있도록 하는 계획은 몇 단계에 걸쳐 이루어진다. 첫 단계는 문화재와 연계되는 환경 위해요소 자료를 수집하는 것이다. 지진·화산·홍수·공해 등 다양한 환경요소들에 대한 주제도를 만들고, 도난·도굴·방문객에 의한 압력요소 등 사람에 의한 위해 요소들에 대해서도 각각 주제도를 만든다. 문화재가 있는 각 지방에서 문화재 분포 상황에 관한 정보를 모아 위해 요소에 가장 많이 노출된 곳에 대한 정보를 얻는다.

둘째 단계는 다양한 문화 유물에 대한 상세 목록과 위험 요소를 작성하고, 문화 유물의 특성에 따라 석재 파손, 환경 공해, 기후 조절 등 정밀 분석을 한다. 둘째 단계의 목표는 문화재 특성에 따라 실제로 일어날 수 있는 자연 훼손 비율을 찾아내고 재난지도에 예방의 정도를 정확하게 표시하는 것이다. 마지막 단계는 이들 자료를 컴퓨터에서 종합하여 지도화하는 것이다. 이러한 작업은 로마, 나폴리 지역 등에서 시범 사업으로 진행되었다. (http://www.fema.gov)

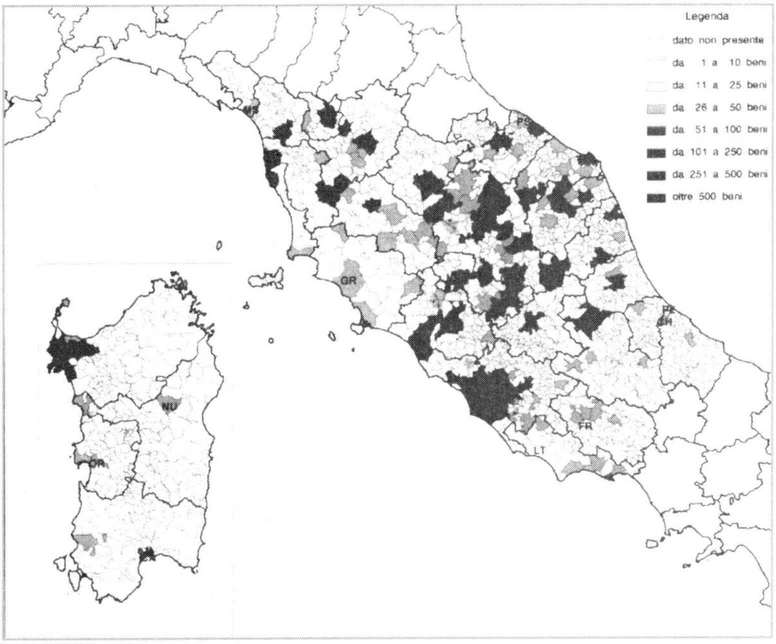

이탈리아 중부지역의 문화재분포와 밀도 – 지도상에는 이탈리아 중부지역의 지방별 건축 및 고고기념물 수를 나타내고 있다.(H. stovel, 1998)

사례 7-7-2 세계기념물 지킴이(World Monuments Watch)

이 프로그램은 사설 비영리단체인 세계기념물기금(World Monuments Fund)에 의해 1995년에 나타났다. 사업의 주목적은 세계 여러나라에서 가장 위험에 처한 기념물 목록을 만들어 현상에 주의를 촉구하며, 자금지원 등을 통한 보호활동을 하기 위한 것으로 아메리칸 익스프레스(American Express) 회사 등 후원기관으로부터 자금을 받아 목록에 오른 기념물 보존에 필요한 지원금을 주고 있다.

1996년에 가장 위험한 유적 100곳의 목록을 발표하였고 2년마다 새로운 목록을 발표한다. 상태가 계속 좋아지지 않을 경우에는 목록에 그대로 남아 있게 된다. 2008년까지 6차에 걸쳐 목록을 발표하였다. 목록을 발표하는 목적은 관할 국가에서는 보존을 위한 보다 나은 조치를 하도록 하려는 것이며, 지역사회 주민들과 지방정부에서 스스로 보존활동을 할수 있도록 도움과 권고를 하며, 아울러 공공기관이나 시민단체들도 서로 도와 유적을 잘 지킬수 있는 바탕을 마련해 주는데 있다.

선정 대상으로는 역사지구, 고고유적, 건조물, 문화경관 등 문화유적을 주로 하며 동산문화재는 건축물의 일부를 이루고 있는 경우에만 해당이 된다. 사유문화재와 국공유 문화재 모두 대상이 될 수 있다. 선정 기준은 문화적 가치가 높고, 긴급 보호를 필요로 하며, 소생 가능성이 있는 것들을 선정한다. 신청은 개인 또는 기관이 하게 되며 이때 해당국가 정부기관 또는 관련 시민단체가 함께 신청서에 서명을 해야 한다.

목록에 오른 문화재 가운데 세계기념물 기금에서 필요한 사항에 대해 재정지원을 한다. 지원규모는 유산에 따라, 또는 사업내용에 따라 다르며 한건당 1만불에서 10만불까지 지원이 되며 사업규모가 클 경우에는 각기 다른 기금으로 3차례 까지 지원할 수 있다. 1996년에서 2001년까지 5백만불을 후원 받아 기금으로 사용하였다. 사업대상은 몇가지로 한정되어 있다. 유적조사, 재난예방 등 유적 보존계획 수립, 전쟁이나 자연재해시 유적보존을 위한 긴급 기술지원, 유적 보호관리를 위한 모니터링활동 등 교육훈련, 문화재 기록물 작성이나 손상복구 등 보존처리 등에 사용할 수 있으며 기금신청을 할 때에는 이와 같은 용도에 맞도록 해야 한다.

아프카니스탄 - Haji 사원

인도 옛도시 - Leh

세계기념물 기금은 분쟁지역의 유산보호, 환경변화에 대한 대응, 지속가능한 관광자원 확보 등 여러 분야에 대한 지원활동을 한다.(http://www.worldmonuments.org)

사례 7-7-3 일본 문화재 방재의 날

일본에서는 해마다 1월 26일을 문화재 방화의 날로 정하고 각 도·도·부·현 교육위원회와 소방서, 문화재 소유자들이 함께 문화청과 소방청의 도움을 받아 전국에서 문화재 방화 운동을 전개한다. 문화재 방화의 날은 1974년 1월 26일 호류지(法隆寺) 금당이 불에 타면서 벽화가 훼손 된 것을 계기로 그날을 기억하기 위하여 제정되었다.

이 사건은 일본 국민들에게 커다란 충격을 주었고, 이를 계기로 1975년에는 문화재 보호를 위한 종합 법률로서 문화재보호법이 재정되었다. 호류지 금당은 1979년에 수리 사업이 준공을 보았고, 그 뒤로 문화재 보호사업이 한층 강화되면서 한편으로는 문화재 보호사상을 국민들에게 널리 알릴 필요가 있었고, 호류지 금당을 기억하는 뜻으로 1980년 당시 문화재보호위원회와 국가 소방본부에서 1월 26일을 문화재 방화의 날로 제정하게 된 것이다. (www. bunka. go. jp)

문화재 방화의날 포스타

물뿌리기 훈련

사례 7-7-4 **우리나라 소방법과 문화재 안전시설**

우리나라에는 목조건축물이 문화재의 많은 부분을 차지하고 있기 때문에 특히 화재로부터 문화재를 보호하는 것이 중요하다. 화재 예방은 중요문화재에 대한 소방시설을 갖추는 것과 함께 방염(防炎) 처리를 하는 방법이 있다. 목조문화재에 대한 방염 처리는 1973년에 서울 숭례문을 시작으로 해마다 중요 목조문화재에 대한 방염 처리를 하고 있으나, 방염 처리후 단청에 얼룩이 지는 등 문제점도 있어 처리약품에 대한 연구와 실험이 계속되어야 할 것이다.

우리나라 소방법에는 특수 장소의 소방 관리에 대한 조항이 있고 문화재로 지정된 건축물을 특정 소방대상물로 규정한다.(소방시설설치유지및안전관리에관한법률시행령 제5조-별표2). 지정문화재에는 수동식

문화재 합동 소방훈련 – 수원소방서, 화성 화령전

소화기 또는 간이 소화용구를 설치하여야 하는 것이다(소방시설설치유지및안전관리에관한법률시행령 제15조- 별표4) 법 제15조에는 특정 소방 대상물의 근무자 및 거주자에 대한 소방훈련과 교육을 연 1회 이상 실시하여야 한다.

소방서장은 소방훈련을 소방기관과 합동으로 실시하게 할 수 있다. 소방 훈련을 실시하여야 하는 관계인은 소방 훈련에 필요한 장비 및 교재 등을 갖추어야 한다.

문화재 재난에서 화재로 인한 재난은 무엇보다도 심각하다는 것을 그동안의 경험을 통해 알 수 있으며, 목조문화재에 대한 화재예방 대책은 매우 중요하다. 따라서 현행 소방법 범위안에서도 문화재에 대한 규정을 보완하여 중요문화재에 대해서는 소방법에 따라 일정한 자격을 갖춘 방화 관리자를 반드시 두도록 해야 하며 문화재 밀집지역, 이를테면 경주 도시지역이나 전통마을, 중요문화재가 많은 사찰들에 대해서는 지역 소방담당기관과 긴밀한 협조체제를 유지하고 해마다 정기훈련을 하도록 해야 하며 지역 주민들에 대한 교육과 주민들의 자발적 참여를 이끌어낼 필요가 있다. 또한 미술 작품이 많이 있는 곳이나 종이로 만든 문화재가 많이 보관된 곳에는 물에 의한 손상이 더욱 심각할 수 있으므로 물을 사용하지 않는 소방시스템을 갖춰야 한다.[6]

〈주〉

1) 문화재보호법(법률 제10000호)
2) Herb Stovel, 1998. *Risk Preparedness: A Management Manual for World Cultural Heritage*. ICCROM.
3) 유네스코 한국위원회, 2002. 『인류의 문화유산: 위기관리 어떻게 할 것인가』
4) 대한불교조계종 총무원, 2006. 『주요사찰 방재대책 현황조사보고서』
5) http: www.xspark.co.kr.
6) 한국소방안전협회, 1987. 『주요문화재에 대한 종합방재대책 연구』

8-1. 국토 개발과 문화재 보존

8-11. 문화재 보존 원칙

8-111. 원형(原形) 유지

8-112. 문화다양성 보존

8-12. 국토 개발과 문화재

8-121. 국토종합계획과 문화재

8-122. 국토이용계획과 문화재

8-123. 토지이용 규제와 문화재

8-124. 도시계획과 문화재

8-125. 건축법과 문화재

8-126. 개발사업과 문화재보호법

8-13. 개발 지속성과 남김의 정신

8-11. 문화재 보존 원칙

8-111. 원형(原形) 유지

문화재보호법에는 '문화재의 보존·관리 및 활용은 원형유지를 원칙으로 한다'고 하여 선언적으로 규정하고 있다.[1] 여기에서 문화재의 원형이라는 것은 여러가지 뜻을 담고 있다. 문화재 자체가 갖고 있는 작품성과 시대성은 재질, 양식, 제작수법 등이 만들어질 당시의 것과 같은 모습을 갖고 있음으로서 원형이라고 할 수 있다. 그러나 원형을 유지한다는 것은 그와 더불어 문화재가 제자리를 떠나서는 안된다는 조건을 충족해야 할 것이다. 문화재는 놓여있는 자리가 무엇보다도 중요하기 때문이다.

우리의 삶은 터잡기에서 시작되며 삶터에 남겨진 자취들이 바로 문화유산으로 남아있기 때문이다. 예로부터 터잡기는 여러 가지 조건을 가려 살피게 된다.

> 무릇 살터를 잡는 데에는 첫째, 지리(地理)가 으뜸이고, 다음으로는 생리(生利)가 좋아야 하며, 다음으로는 인심(人心)이 좋아야 하고, 다음으로는 아름다운 산과 물이 있어야 한다. 이 네 가지 가운데 한 가지라도 없으면 살기 좋은 땅이 아니다. 지리가 비록 좋아도 생리가 모자라면 오래 살수가 없고, 생리는 비록 좋더라도 지리가 나쁘면 역시 오래 살수가 없다. 지리와 생리가 아무리 좋더라도 인심이 나쁘면 반드시 후회할 일이 생긴다. 가까운 곳에 노닐만한 산수(山水)가 없으면 성정을 도야시킬 수가 없다.[2]

사람과 환경의 관계를 환경결정론의 시각에서 볼 때 환경변화와 시대 및 지역에 따라 우리들의 삶의 방식이 달라지면서 그들이 남긴 문화내용이 변해왔고, 문화의 산물이 바로 문화재인 것이다. 문화재는 터잡기로 부터 시작되며, 문화재를 둘러싸고 있는 주변경관을 보존하는 것은 바로 문화재 원형을 유지하기 위해 필요한 것이다.

문화재 원형 유지는 두가지 요소를 바탕으로 하고 있다. 첫째는 유산의 고유성(固有性)에 관한 것이고, 둘째는 보전성(保全性)이다. 고유성(영어로는 Authenticity 라고 함)은 문화재가 본디부터 갖고 있는 가치를 말한다. 디자인, 재질, 제작기술, 그리고 자리잡고 있는 장소 등에서 처음부터 갖고있는 특징으로서 사람으로 말하면 태어날 때부터 사람마다 갖고 있는 체질과 성품 그리고 고향과 같은 것이다. 요즈음에는 문화재의 기능에 관한 고유성을 추가로 고려하기도 한다. 한편 이러한 고유성들을 어느 하나도 잃지 않고 갖고 있어야 하는 것이 문화재의 보전성(영어로는 Integrity 라고 함)이다. 세계유산 등재과정에서 문화재의 고유성과 함께 보전성을 중요하게 보는 것은 원형유지 정도를 판단하기 위한 것이다.[3)]

디자인의 고유성은 건축문화재에서 중요하게 다루어진다. 건축물의 외형이 시대를 거쳐 오면서 변형되는 과정을 보이기도 하며 내부 리모델링 과정에 나타날 수 있는 원형 변경 등은 문화재의 고유성에 영향을 미친다. 아시아 역사에서는 목조건축이 주를 이루어 왔고 현재 터만 남아있는 곳에 복원작업을 할 때 디자인의 고유성과 관련하여 문제가 될 수 있다. 이러한 문제를 풀어내기 위한 방안으로 나라문서(자료 5)가 작성되었다.[4)]

재질의 고유성은 재료가 약화되어 보강하는 과정에서 나타나는 문제들이다. 흙벽돌집을 보강하기 위해 세멘트를 사용하거나, 초가지붕을 기와지붕으로 고치는 것은 재질의 고유성을 벗어나는 것이다. 일본의 히메지성이 1993년에 세계유산 목록에 등재하는 과정에 히메지성을 보강하기 위해 해체복원하는 과정에서 세멘트로 보강작업을 한 사실이 문제가 되기도 하였다. 제작기술의 고유성은 재질의 고유성과 밀접히 관련되기도 한다. 전통재료를 써서 전통기술로 만든 것이 문화재의 원형이다. 일본에서는 전통보존기술을 선정하여 법으로 보호하고 있다.

자리의 고유성은 가장 중요한 요소이면서 또한 가장 지키기 어려운 것이다. 문화재를 둘러싸고 있는 현대문명의 환경들이 문화재 주변의 본모습을 유지하기 어렵게 만들기 때문이다. 이에 따라 나라마다 문화재 주변을 보호하기 위한 법적, 행정적 조치들이 있게 되며 우리나라에서는 문화재주변 500m 안쪽을 보호하도록 되어 있다. 기능의 고유성은 문화재가 담고 있는 쓰임새를 원래대로 유지할 것인가, 아니면 다른 용도로 쓰일 수 있는가 하는 문제로서 최근 근대건축물을 보존활용하는 문제와 맞물려 있다. 디자인과 재질의 고유성을 살리면서 여러가지 기능으로 쓸 수 있도록 하는 것이 여러나라에서 권고되고 있다.

성산대로 건설과 독립문

독립문은 옮길 것인가, 못 옮기게 될 것인가, 유서깊은 사적32호 독립문을 서울시가 도시계획에 따라 옮기려하는 계획은 문화재관리국 문화재위원회의 "옮길 수도 없을 뿐만 아니라 보호구역내를 손상시키는 어떠한 도시계획도 허용될수 없다"는 완강한 문화재 보호 방침에 부닥쳐 진통을 겪고 있는 것으로 알려지고 있다. (독립문(獨立門)은 위치(位置)가 더 중요하다 -「이전(移轉)」에 문화재위원회선 반대, 동아일보 1977년 3월 16일. 5면)

서울시가 1977년 2월에 성산대로 건설을 계획하면서 도로구간이 사적 제32호인 독립문과 사적 제33호인 영은문 주초 주변을 지나가게 되어 문화재보존에 미치는 영향을 판단하기 위하여 문화재위원회에 검토와 심의를 받는 과정에서 나타난 몇 가지 문제는 우리의 문화재에 대한 인식을 아는데 중요하다. 문화재위원회는 서울시로부터 처음 보고를 받았을 때 '독립문에 근접하여 교량으로 통과하는 것은 불가하며 문화재보호구역에 저촉되지 않도록 하든지 아니면 최소한 지상에서 20m 이상 높게(독립문보다 10m 높게) 교량을 설치하여 독립문의 경관을 해하지 않도록 하는 방안도 검토해볼 것'이라는 의견을 주었다. (문화재위원회 제1분과 제1차회의록. 1977년 2월 26일)

서울시는 같은해 11월에 독립문주변 고가차도 시설을 위한 현상변경 허가신청에서 독립문으로부터 무악재 방향으로 수평 3m 거리에 독립문보다 1m 높게 고가차도를 건설하겠다는 계획을 제출하였고, 문화재위원회에서 논의를 거쳐 서울시 계획안을 허가하게 되었다. 허가 조건으로는 독립문위 고가도로 구조는 독립문 주변으로 물이 튀거나 흐르지 않도록 특별한 방법으로 시공할 것, 고가도로 교량은 독립문과 수평되게 조정할 것, 교각은 독립문을 중심에두어 조화되도록 조정할 것 등이며 문화재 보존과 주변경관을 보호하기 위한 조치였다. (문화재위원회 제1분과 제2차회의. 1978년 3월 22일)

그러나 서울시에서는 독립문 이전에 대한 협의를 다시 청하고 현위치에서 서북쪽으로 70m에 있는 가로공원에 이전하는 방안을 제시하였고, 문화재위원회에서는 독립문 보존방안에 대해 문화공보부 장관에게 일임하여 처리(문화재위원회 제1분과 13차 회의, 1978년 12월 14일)하도록 함으로서 서울시 의견대로 1979년 2월 5일 이전이 허가되었고, 1980년 4월 1일에 이전 작업을 마쳤다.

그때 독립문을 옮기는데 반대하는 사람들의 의견은 '독립문은 서있는 위치가 역사적인 의미를 지니고 있다. 청나라 사신을 맞이하던 장소에 독립의 의지를 심기 위해 독립문을 세운 것이기 때문에 이전이나 현상변경은 있을수 없다.' 또는 '독립정신의 상징이니 건드리지 않고 보존하는 방법을 모색해야 한다.'는 것이었다. 문화재 원형보존에서 문화재가 놓여있는 자리를 중요한 것으로 본 것이다. 독립문 이전은 문화재의 원형과 관련하여 개발과 문화재 보존에서 나타났던 중요한 사건으로 기록되었다.

〈사진 8-1-1〉 독립문과 고가도로

8-112. 문화다양성 보존

문화는 시간과 공간을 넘어 다양한 형태로 존재한다. 이러한 다양성은 인류사회를 구성하는 집단과 사회의 정체성을 나타내며 독특하고 다원적으로 나타난다. 교류와 혁신 그리고 창조의 원천으로서 문화다양성은 인류에게 필요하며 이는 자연계에 생물다양성이 필요한 것과 마찬가지이다. 이러한 점에서 문화다양성은 인류 공동의 유산으로 인식되어야 하고, 현재와 미래 세대에게 이로움을 준다는 것을 확신해야 한다.

점차 늘어가는 다양한 사회안에서, 다원적이고 다양하고 역동적인 문화 정체성을 갖는 인종과 집단간의 조화로운 상호 교류와 더불어 함께 살아가려는 마음이 보장되어야 한다. 사회 구성원 모두가 포함되고 참여할 수 있는 정책은 사회 결속력과 시민사회의 활력 및 평화를 보증한다. 이런 것들을 문화다원주의라고 하며 정책적으로는 문화다양성의 실현으로 표현되며, 문화다원주의는 문화 교류와 창조 능력을 꽃피우는데 도움이 된다. (자료 12)

문화다양성은 모든 사람에게 선택의 범위를 넓혀 준다. 문화다양성은 발전을 위한 뿌리의 하나이며, 단순히 경제성장만이 아니라 지적, 정서적, 도덕적, 영적 실현을 보다 만족스럽게 이룰 수 있는 수단으로 이해된다. 창조는 문화전통의 뿌리로부터 나오지만, 타문화와의 접촉을 통하여 꽃피게 된다. 그런 까닭에 다양한 형태의 문화유산들이 보존되고, 질을 높여 인류가 걸어온 길과 영감의 기록으로서 미래 세대에게 전해져 다양한 형태로 창조성을 기르고 문명간 대화를 나눌 수 있도록 해야 한다.[5)]

문화다양성을 이어가기 위하여 지방 특유의 양식을 갖는 문화재들이 보존되어야 한다. 특히 지역 특성을 나타내는 건축물들은 보존가치가 높다. 사회경제가 발달하고 국제교류가 활발히 진행되면서 동질화되어 가는 과정에서 공동체의 삶이 해체되고 지역 특유의 양식들이 점차 사라져가고 있다. 문화의 동질화는 양식의 통일로 이어지며 다양성이 사라지게 되는 것이다. 따라서 지역 양식을 보존하는 것이 필요하다.[6] 개발계획을 세울 때에는 지역 특유의 양식을 갖는 문화재들을 주변경관과 함께 보존할 수 있는 조치가 필요할 것이다.

8-12. 국토 개발과 문화재

8-121. 국토종합계획과 문화재

국토종합계획은 헌법에 명시된 바와 같이 "국토와 자원은 국가의 보호를 받으며, 국가는 그 균형있는 개발과 이용을 위하여 필요한 계획을 수립한다"[7]는 기본방향을 바탕으로, 「국토건설종합계획법」[8]에 따라 국토의 이용·개발·보전에 관한 장기·종합적인 정책방향을 결정하는 국가의 최상위 계획이다.[9] 1970년대부터 이제까지 3차례에 걸쳐 국토계획을 세워 왔고, 2000년에 제4차 국토종합계획이 만들어졌다.

제4차 계획에서는 국토환경을 적극 보전하여 지탱가능한 국가발전을 이끌어 나가기 위하여 개발과 환경이 조화되는 국토운영 전략을 제시하고, 국가·지방자치단체·주민이 함께 참여하는 방식으로, 중앙정부 주도에서 벗어나 다양한 의견을 수렴하였고, 20년 단위 장기계획을 세우게 되었다. 제4차 계획에서 문화관련 분야는 다음과 같다. 첫째, 전국의 문화관광권을 백제, 신라, 가야, 탐라, 중원, 강화 그리고 경상북도 북부 유교문화권 지역으로 구분하고 다양한 문화관광자원을 개발한다. 둘째, 지역발전과 관광을 연계한 생태자원 활용지대를 구축하고, 지방자치단체간 공동으로 남해안 국제관광벨트, 동서해안 연안관광벨트, 지리산통합문화권 등 환경 친화적인 문화관광지대를 개발한다. 이와같이 제4차 국토종합계획은 문화재와 관광을 연계하여 자원화를 적극 추진하려는 것이다.

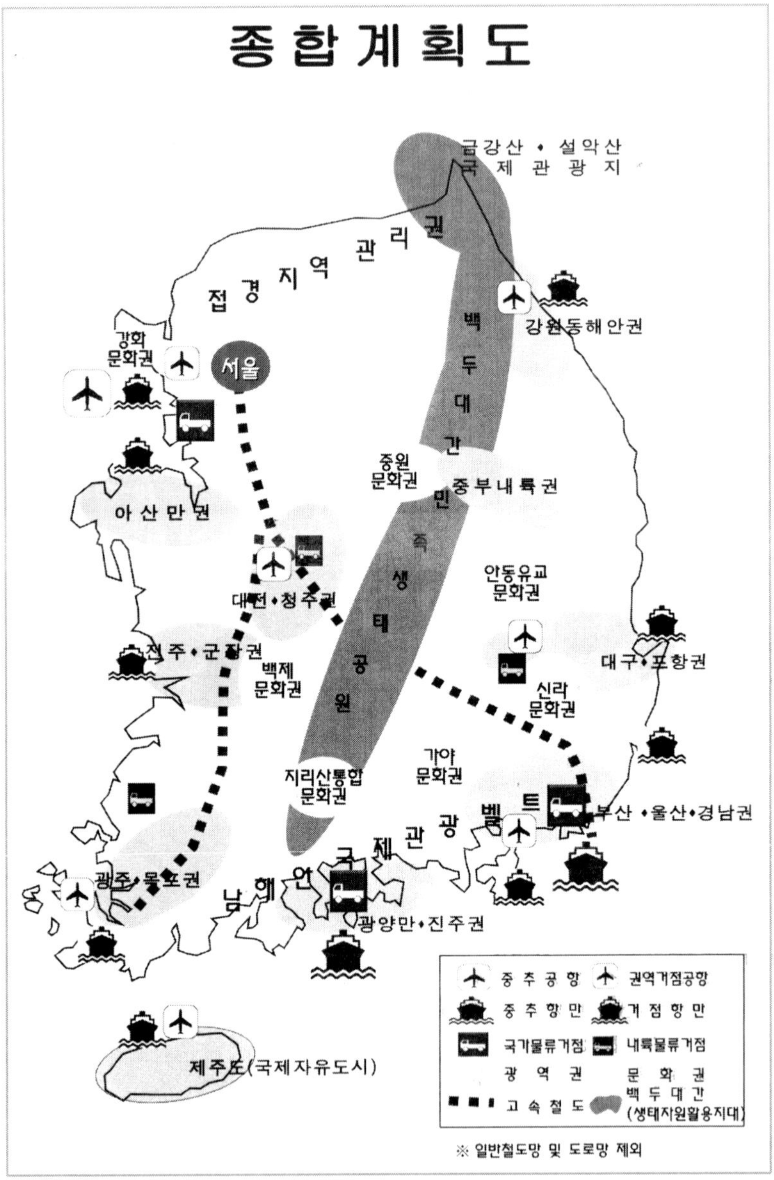

〈그림 8-1-1〉 제4차 국토종합계획도

8-122. 국토이용계획과 문화재

국토는 유한한 자원이다. 따라서 국토의 이용은 국민의 복리증진을 위하여 공공복리를 우선하고, 자연환경을 보전하며, 지역 조건을 충분히 고려하여 토지를 합리적으로 이용하고, 생활 환경을 확보하며, 균형있는 발전을 도모할 필요가 있다. 「국토이용관리법」은 국토건설 종합계획을 효율적으로 추진하고 국토이용 질서를 세우기 위하여 토지이용계획을 입안·결정하고, 토지거래를 규제하며, 토지이용을 조정하기 위하여 만든 것이다.[10] 정부는 법에 따라 국토이용에 관한 연차보고서를 국회에 제출하도록 되어 있다.

국토이용계획에는 용도지역을 지정하도록 되어 있다. 용도지역에는 도시지역, 준도시지역, 농림지역, 준농림지역, 그리고 자연환경보전지역이 있다. 자연환경보전지역은 자연경관·수자원·해안·생태계 및 문화재의 보전과 수산자원의 보호 육성을 위하여 필요한 지역을 말한다. 국토이용계획은 국토해양부장관이 입안하도록 되어 있으며, 이 법 이외의 다른 법령에 의하여 지역·지구 또는 구획을 지정하기 위하여 용도지역의 지정이나 변경을 할 수 있다.

「국토이용관리법」에서는 각종 개발사업을 시행할 때 개발부담금을 내도록 하고 있다. 또한 국가·지방자치단체 또는 정부투자기관의 개발사업이나 정비사업에 의하여 토지소유자가 자신의 노력에 관계없이 지가상승으로 인한 현저한 개발 이익을 받게 되었을 때, 개발 이익의 일부를 환수하고, 개발 이익 환수금을 재원으로 하여 개발기금을 설치할 수 있도록 하였다. 개발부담금 부과 대상사업에는 택지개발·공업단지조성·관광단지조성·도심재개발사업·유통단지조성·온천개발사업·여객자동차터미널 및 화물터미널사업 그밖에 지목변경이 수반되는 개발사업과 지역개발사업 등이 있다.[11]

8-123. 토지이용 규제와 문화재

국토는 자연환경 보전 및 자원의 효율적 활용을 통하여 지속가능한 발전을 이룰 수 있도록 이용, 관리되어야 한다. 국민 생활과 경제활동에 필요한 토지 및 각종 시설물의 효율적 이용과 원활한 공급, 자연환경 및 경관의 보전과 훼손된 자연환경 및 경관의 개선 및 복원, 교통·수자원·에너지 등 국민생활에 필요한 각종 기초 서비스의 제공, 주거 등 생활환경의 개선을 통한 국민의 삶의 질 향상, 지역의 정체성과 문화유산의 보전, 지역간 협력 및 균형발전을 통한 공동 번영의 추구, 지역경제의 발전 및 지역간·지역내 적정한 기능 배분을 통한 사회적 비용의 최소화 등이 토지를 건전하게 이용하는데 필요한 조건들이다.

따라서 토지이용의 타당성을 심사하고 지역·지구 등의 신설이 필요한 지에 대하여 토지이용 규제에 관한 심의를 거쳐야 한다. 심의에서 검토하는 것은 기존의 지역·지구 등과 유사·중복되지 아니할 것, 지역·지구등의 신설이 명확한 목적을 가질 것, 지역·지구 등의 지정기준·요건 등이 구체적이고 명확할 것, 지역·지구 등의 행위제한 내용이 그 지정 목적에 비추어 다른 지역·지구 등과 균형성을 이룰 것 등을 심사한다.[12)]

8-124. 도시계획과 문화재

도시계획은 도시의 공간구조를 합리적으로 구성하여 주민이 편안하고 안전하게 살수 있도록 하는 것이다. 도시계획에서는 도시를 개발·정비·관리·보전하여 주민들의 삶의 질을 높이고 건전한 환경을 유지하도록 해야 한다. 도시의 기본 공간구조와 장기 발전방향은 도시기본계획에 나타난다. 도시계획은 특별시장·광역시장·시장·군수들이 일정한 기간단위로 수립하여 국토해양부장관 승인을 얻도록 되어 있다.[13)]

도시계획에서는 공공의 목적과 도시 기능을 높이기 위해 지역·지구·구역을 지정할 수 있도록 하였다. 건설교통부장관 또는 시·도지사는 용도지구의 지정 또는 변경을 도시관리계획으로 결정한다. 경관을 보호·형성하기 위하여 필요한 경관지구, 미관을 유지하기 위하여 필요한 미관지구, 쾌적한 환경조성 및 토지의 고도 이용과 그 증진을 위하여 건축물 높이의 최저 한도 또는 최고 한도를 규제할 필요가 있는 고도지구, 화재의 위험을 예방하기 위하여 필요한 방화지구, 풍수해, 산사태, 지반의 붕괴 그밖에 재해를 예방하기 위하여 필요한 방재지구, 문화재, 중요 시설물 및 문화적·생태적으로 보존가치가 큰 지역의 보호와 보존을 위하여 필요한 보존지구 등이 있다.

지구 지정은 필요에 따라 세분화하기도 한다.[14] 미관지구에서 사적지, 전통건축물 등의 미관을 유지·관리하기 위하여 역사문화미관지구를 지정할 수 있으며, 보존지구에 문화재와 문화적 가치가 큰 지역을 보호·보존하기 위해 문화자원보존지구를 둘 수 있다. 문화재 지역 보존과 직접 관련되는 것은 보존지구와 역사문화미관지구이지만, 문화재 주변환경 보존이 필요할 때에는 경관지구와 고도지구로 지정할 필요도 있다. 서울특별시에서는 도시의 역사와 문화를 보전 유지하고 문화재 주변의 경관유지를 위해 문화재주변 경관지구를 두고 있으며, 문화지구와 사적(史的)건축물보전지구를 따로 정할 수 있도록 하였다.[15]

지구로 지정된 지역안에서는 건축물의 용도와 종류 및 규모에 대한 제한이 있게 된다. 도시계획법이나 문화재보호법 등에 특별한 규정이 있기도 하지만,[16] 그렇지 않은 때에는 시 또는 군에서 조례로 정하도록 하였다. 경주시 도시계획조례에는 역사문화미관지구 안에서의 건축은 2층 이하 규모에 한국 고유의 전통양식만이 허용되고 있다.[17] 서울시는 미관지구안에서 4층 이하의 건축이 허용되며, 문화재주변 경관지구내 건축은 또 다른 조례에서 기준을 정하고 있다.

8-125. 건축법과 문화재

건축법에는 건축허가를 할 때 건축법의 관련조항 뿐 아니라 그밖에 관계법령의 규정에 적합한지를 확인해야 하며,[18] 규정에 의한 허가를 할 때에도 확인해야 할 사항이 다른 행정기관의 권한에 있을 때에는 미리 해당기관의 장과 협의하도록 하였다. 국방·문화재보존·환경보존 또는 국민경제상 필요하다고 인정되어 주무장관이 요청하는 경우에 허가권자의 건축허가를 제한할 수 있도록 하였다.[19] 또한 건축주와 설계자 등 건축관계자들에게 건축법 규정을 적용하는 것이 불합리하다고 판단될 경우에는 기준을 완화할 수 있도록 하고 있다. 이를테면 전통문화의 보존을 위하여 시·도에서 건축조례로 정하는 전통한옥 밀집지역의 건축물에 대해서는 기준을 완화하고 행정기관에서 보조금을 지원하기도 한다.

〈사진 8-1-2〉 서울시 역사문화미관지구

서울특별시 건축조례에는 돈화문로 지구단위계획 구역과 도시계획에서 규정하는 역사문화미관지구를 비롯한 전통한옥 밀집지역 등에서는 건축위원회의 심의를 거쳐 적용완화 여부 및 적용범위를 정하도록 하였다. 역사문화미관지구안에서 한옥을 신축·개축·수선할 때에는 필요한 자금을 보조하거나 융자한다. 보조 대상은 기존의 한옥으로서 주용도가 주택이거나 용도를 소규모박물관·전시관·공방·생활관·민박(民泊) 용도로 고쳐 많은 사람들에게 개방할 수 있는 것들이다. 보조나 융자를 받으려면 건물소유자가 서울시에 건축물을 등록하여야 한다. 전통한옥 보존 방안을 다루기 위하여 서울시에서는 한옥심사위원회를 두고 필요한 사항은 규칙으로 정하였다.[20]

8-126. 개발사업과 문화재보호법

문화재 주변지역에서 이루어지는 개발사업은 문화재와 주변환경 보호를 위해 일정한 제한을 받게 된다. 「매장문화재 보호 및 조사에 관한 법률」에서는 매장문화재 보호를 위해 개발예정지역안에서 문화재지표조사를 실시하고 지표조사결과에 대해 협의를 거쳐, 문화재 지표조사에서 확인된 유적 가운데 보존이 필요한지에 대해 따로 문화재청장과 협의하도록 하였다. 매장문화재 보호를 위한 사전협의 조항으로 국가. 지방자치단체 또는 공공법인이 시행하는 개발사업과 그밖의 사업으로 나누어 각각 사전협의 대상을 구분하였다.

한편 「문화재보호법」에는 국가와 지방자치단체가 각종 개발사업을 계획하고 시행할 때 문화재와 그 보호구역이 훼손되지 않도록 노력하여야 한다는 선언적 규정이 있다. 그러나 이 조항은 지정문화재를 비롯한 이미 알려진 문화재를 대상으로 한 것이고, 실제 개발사업을 시행할 때 사업 대상지역안에는 알려지지 않은 문화재들이 나타날 수 있게 된다. 특히 매장문화재는 그 속성상 쉽게 확인할 수 없기 때문에 사업

고분군 주변 건축행위

문화재 주변 무질서한 간판들

문화재 조망을 가로막는 장애요소

도로변 문화재 보호시설

〈사진 8-1-3〉 도시내 문화재와 주변경관

대상지역에 대한 정밀지표조사를 통해서만 나타날 수 있고, 지표상에서 확인되지 않는 경우도 많이 있다. 따라서 국가, 지방자치단체 또는 공공법인이 일정 규모 이상의(15만 제곱미터 이상을 말함) 개발사업을 할 때에는 지표조사에서 확인된 매장문화재 분포지역에 대해 미리 문화재청장과 협의하도록 하였고, 문화재청장은 보호를 위해 필요한 조치를 할 수 있게 되었다. 일정 규모 이하의 사업지역에 대해서는 지방자치단체장과 협의하도록 하고 건설공사 인허가를 할 때, 매장문화재와 주변 경관보호상 필요하다면 허가를 하지 않을 수 있다. 또한 국가지정문화재 주변에서 이루어지는 각종 건설행위에 대해서는 문화재와 그 주변의 경관보호를 위해 현상변경 허가를 받도록 하고 있다.

〈표 8-1-1〉 국토개발과 문화재조사 추이

구 분	1999년	2000년	2001년	2002년	2003년	2004년	2005년	계
지표조사 건수 (개발행위 대비%)	66 (0.7)	299 (1.7)	429 (2.5)	665 (2.3)	987 (2.7)	1,295 (2.6)	1,514 (2.9)	5,255 (2.5)
발굴조사 건수 (개발행위 대비%)	331 (3.6)	319 (1.8)	469 (2.7)	598 (2.1)	705 (1.9)	999 (2.0)	1,152 (2.2)	4,573 (2.2)
개발행위 허가건수	9,286	17,500	17,127	28,692	37,140	49,756	51,698	211,199

* 개발행위는 건축물의 건축, 공작물의 설치, 토지 형질변경, 토석 채취, 토지 분할, 물건 적치 행위 등을 말함.)

〈사진 8-1-4〉 풍납토성 내부 경당지구 발굴 현장

〈사진 8-1-5〉 개발 반대 주민운동

8-13. 개발 지속성과 남김의 정신

개발이란 원래 점진적인 변화과정을 통해 발전해 가는 것을 말한다. 개인, 사회, 국가 등 범위는 달라도 잠재해 있는 싹을 틔워 변화발전을 도모한다는 것에는 다를 바가 없다. 경제개발과 문화보존이 서로 조화의 길을 찾는 것이 바로 지속가능한 개발전략이라고 할 수 있다. 경제개발 논리는 이제 생활환경의 황폐화와 함께 삶의 질을 떨어뜨리는 요인으로 지적되고 있다. 특히 발전도상에 있는 나라들은 도시화, 세계화와 더불어 전통 생활양식의 파괴와 자아상실이라는 부작용을 낳고 있다. 그런 뜻에서 우리 조상들이 추구한 남김의 정신은 지속 가능성의 표상이라 할 수 있다. 세계화가 진행될수록 오히려 자기 정체성을 바로 세우는 것이 시급한 과제가 되고 있다. 자기 정체성은 문화유산으로 부터 나오며 그런 뜻에서도 문화재 보존은 매우 중요한 현실 과제로 떠오르게 된다. 추사 김정희가 현판에 썼던 다음의 글은 남김의 정신을 잘 나타내고 있다.

> 기교를 다하지 않고 남김을 두어 조화(자연)으로 돌아가게 하고
> 녹봉을 다하지 않고 남김을 두어 조정으로 돌아가게 하고
> 재물을 다하지 않고 남김을 두어 백성에게 돌아가게 하고
> 내 복을 다하지 않고 남김을 두어 자손에게 돌아가게 한다. 阮堂 題하다.[21]

세계은행과 아시아개발은행에서는 유네스코와 함께 몇 년전부터 문화재 보존기금을 만들어 개발도상국에 지원하는 사업을 하고 있다. 이는 문화의 다양성을 존중하면서 개발로 인해 사라질 위기에 처한 유산을 보호하려는 움직임의 하나이다. 경제개발 이익을 투자하여 사회문화를 개발하고, 지키고자 하는 노력은 앞으로 더욱 가속화될 전망이다.[22] 개발사업 지역에서 문화재 지표조사와 협의를 통해 보존 전략을 세우는 것은 개발과 보존이 함께 가는 길을 찾기 위한 일이며, 그 비용을 사업시행자가 부담하는 것은 개발 이익을 사회에 환원하는 것으로 볼 수 있다.

〈주〉

1) 문화재보호법 제2조의2.
2) 이중환 지음, 허경진 옮김. 1996. 『택리지』 - 복거총론(한양출판).
3) World Heritage Center, 1999. Operational Guidelines for the Implementation of the World Heritage Convention.
4) 나라문서의 자세한 내용은 이 책의 문화재관리론 7-3 건축문화재편 참조.
5) 문화다양성에 관한 일반선언 Universal Declaration on Cultural Diversity. 제31차 유네스코 총회(2001년 11월 2일, 프랑스 파리) 채택.
6) Charter on the Built Vernacular Heritage. 2000. 10. 24 ICOMOS 제12차 총회 채택. 멕시코

7) 헌법 제120조 제2항.
8) 국토건설종합계획법(법률 제5982호, 1999.05.24) 제2조에는 "국토건설종합계획이라 함은…… 국가 또는 지방자치단체가 실시할 사업의 입지와 시설규모에 관한 목표 및 지침이 될 사항에 관한 종합적이며 기본적인 장기계획을 말한다." 라고 되어 있으며, 계획에 포함되는 사항으로는 1) 토지·물 기타 천연자원의 이용·개발 및 보전에 관한 사항. 2) 수해·풍해 기타 재해의 방재에 관한 사항. 3) 도시와 농촌의 배치 및 규모와 그 구조의 대강에 관한 사항. 4) 산업입지의 선정과 그 조성에 관한 사항. 5) 산업발전의 기반이 되는 중요 공공시설의 배치 및 규모에 관한 사항. 6) 문화·후생 및 관광에 관한 자원과 기타 자원의 보호·시설의 배치 및 규모에 관한 사항들이 있다.
9) 대한민국 정부, 2000. 『제4차 국토종합계획』 2000~2020.
10) 국토이용관리법(법률 제5907호, 1999.02.08.)
11) 개발이익환수에관한법률(법률 제6202호, 2000.01.21)
12) 토지지용규제에 관한 법률(법률 제7715호, 2005.12.07)
13) 국토의 계획 및 이용에 관한 법률(법률 제8664호, 2007.10.17)
14) 국토의 계획 및 이용에 관한 법률 시행령(대통령령 제17111호, 2001.01.27) 제37조
15) 문화지구는 문화예술진흥법(법률 제6132호, 2000.01.12) 제10조의 2에 따라 문화시설과 민속공예품점, 골동품점 등 영업시설이 밀집되어 있거나 이를 계획적으로 조성하려는 지역, 또는 문화예술 행사, 축제 등 문화예술 활동이 지속적으로 이루어지는 지역 등을 말한다. 사적(史的)건축물 보전지구는 고유의 전통건축물 및 근대 건축물의 보전을 위하여 필요한 지구를 말한다. 서울특별시 도시계획 조례(서울특별시조례 제3760호).
16) 문화자원 보존지구안에서는 문화재보호법의 적용을 받는 문화재를 직접 관리·보존하기 위한 건축물과 문화적으로 보전가치가 큰 지역의 보호 및 보존을 저해하지 않는 건축물로서 도시계획조례가 정하는 건축물만 건축할 수 있도록 하였다. 「국토의 계획 및 이용에 관한 법률」 시행령 제76조.
17) 경주시 도시계획 조례(경주시 조례 제389호, 2000.10.31)
경주시 역사문화 미관지구안에서의 건축물은 높이 2층 이하에 건축물의 양식, 구조 및 형태에서 한국 고유의 전통 양식으로 하도록 되어 있다. 지붕의 형태는 합각 모임 또는 맞배로 하고 위에서 아래로 곡선으로 처리하며, 처마 길이는 1.2m 이상에 겹처마로 하고, 지붕 마감 재료는 재래식 토기와를 사용하여 골기와 잇기로 해야 한다. 대문과 담장은 한국 고유의 양식으로 하고 세탁물 건조대, 장독대, 철조망 그밖에 이와 같은 시설물들이 도로에서 보이게 하면 안되며, 굴뚝 환기 시설과 같은 것들이 건물 전면에 나오지 못하도록 하고 있다. 건물의 색채도 도시 미관에 적합하도록 해야 한다.
18) 문화재관계 법령으로는 문화재보호법 제20조의 규정이 있다.
19) 건축법(법률 제5895호, 1999.02.08)
20) 서울특별시건축조례(서울시조례 제3823호, 2001.01.05)
21) 완당의 유재(留齋) 현판에 다음과 같은 글이 있다. 留不盡之巧以還造化 留不盡之祿以還朝廷 留不盡之財以還百姓 留不盡之福以還子孫 阮堂題
22) World Bank, 1999. *Culture in Sustainable Development*

8-2. 유적 정비보존

8-21. 유적 정비

8-211. 정비보존의 의미

8-212. 유적 정비복원 방법론

8-213. 유적 정비 형태

8-214. 유적 정비를 위한 조사연구

8-22. 유적 정비의 실제

8-221. 영국 스톤헨지유적

8-222. 화순 고인돌유적

8-223. 대구 진천동 고인돌공원

8-21. 유적 정비

8-211. 정비보존의 의미

유적 정비는 터만 남은 곳에 원상을 알 수 있도록 입체적, 구체적으로, 또는 2차원, 3차원으로 표시하는 방법이다. 우리나라를 비롯하여 동아시아 문화권역에서는 유산들이 유적화(遺蹟化) 과정을 거쳐 매장유적 형태로 옛터만 남아있는 것들이 많아 유적 정비에서 입체적 표현을 위한 방법론이 필요하다. 그러나 또 다른 면에서는 옛터에서 느낄 수 있는 상상력을 제한한다는 점에서 유구 정비복원의 한계가 있게 마련이다. 복원은 현재의 관점에서 새로 만든 것이지 옛것을 그대로 재현하는 것은 아니기 때문이다. 그런 점에서 복원의 결과만 보여주기 보다는 복원 과정을 공개하여 보는 이들에게 설명할 수 있다면 복원의 의미를 새롭게 정립할 수 있을 것이다.

〈사진 8-2-1〉 일본 나라 평성궁 건물터 유구정비

8-212. 유적 정비복원 방법론

유적은 지역의 역사 발전과정을 반영하고 있는 유기체이다. 따라서 유적의 역사적 형성 과정을 보존하면서 미래지향형으로 정비하는 것이 필요하다. 문화재와 주변배경(setting)은 인간 행위에 의해 이루어진 역사의 산물이다. 특히 고고 유적들은 형성 당시의 주변 환경과 그 이후의 역사적 변천 과정, 그리고 현재 상황과의 관련 아래에서 유적을 보호 관리해야 하며 유적정비를 위해서는 철저한 기초조사가 필요하다.[1] 유적 정비 보존을 위해서는 자연환경(경관, 해안선, 지형, 야생동식물 등)과 조화를 이루는 방향에서 보존관리 방안을 세워야 한다.[2] 유적 보존 정비에 에코뮤지엄 개념을 도입하여 핵심지역과 위성지역, 완충지역을 설정하고, 서비스공간을 충분히 확보하는 것도 중요하다.

1) 정비구역

발굴 결과에 따라 유적을 시각적으로 보여줄 수 있도록 한다. 구조물 복원, 고환경(유적 형성 당시 주변환경)재현, 유구 표시, 안내판 설치 등이 필요하다. 유적 정비의 기준 시점을 선택하는데 어려움이 있다. 역사적 변천과정을 모두 보여줄 수는 없으므로 유적의 중심시기를 기준으로 하게 되는데 후대의 구조가 잘 남아있는 경우 정비 시점을 선별적으로 선택해야 한다.

2) 보존구역

보존구역은 미래의 사용가치를 고려하여 현상대로 남겨두는 곳이다. 유구를 보호하기 위하여 흙으로 덮어 보존한다.

3) 완충지구

유적 분포지역과 주변 시가지, 주거지역과의 사이에 일정한 공간을 완충지역으로 설정하여 공간을 분할하고, 유적 주변경관을 보호한다.

4) 편익시설 지구

유적 안내시설, 자료관, 주차장 등과 같이 방문객들의 편익을 위한 공간으로 유적 분포지역과 일정한 거리를 유지하고, 주변경관을 저해하지 않도록 해야 한다.

8-213. 유적 정비 형태

유적 정비는 문화유산 활용을 위한 분위기 연출과정이다. 활용 목표에 따라 다양한 방법을 사용할 수 있다. 정비 형태와 내용은 다음과 같다.[3)]

〈표 8-2-1〉 유적 정비 형태와 내용

정비 목표	정비 형태	정비 내용
정보유지와 자연보호 위주	기념비형	유적은 없어졌으나, 위치를 표시하고 유래와 의의를 현지에 기록.
	현상보존형	유적 일부는 파괴되었으나 잘 남아있는 부분을 현상대로 보존.
	자연보호형	유적과 주변 지형, 식생을 함께 보존하여 유적경관 형성.
내용 표현 위주	현장박물관형	유적과 자연지형, 식생을 현상보존하면서 일부 원지형과 식생을 복원하고 야외박물관으로 구성, 학습, 교육, 놀이의 장으로 만든다.
다양한 활용의 장	지역공원형	공원지구안에 유적을 보존하는 형식으로 유적을 지역의 상징물로 활용.
	생태박물관형	넓은 지역을 공원으로 보존하면서 자연과 유적을 동시에 보호.

8-214. 유적 정비를 위한 조사연구

유적 정비는 유적을 일반 사람들에게 올바로 알리는 것과 함께 시민들에게 쾌적한 생활 공간을 마련해 주는 뜻도 있다. 유적 정비과정에서 유적 성격을 그릇되게 들지 않아야 하며, 불필요한 시설물을 두어 유적 주변경관을 훼손하는 일도 있어서는 안될 것이다. 따라서 정비를 위한 기초조사는 다양한 분야의 전문가들에 의해 이루어져야 한다. 고고유적을 중심으로 정비의 기초조사 내용을 살펴보면 아래와 같다.[4)]

〈표 8-2-2〉 유적 입지조건 조사

자연환경 조사	인문 · 사회환경 조사		역사 · 문화환경 조사	
지 형 지 질 수 문(水門) 동물상 식물상 기상조건	지역 구조	토지이용 사회활동	역사학	문헌자료 고지도자료 사진, 회화자료
	지역 기능	인 구 산 업 교통, 관광	민속학	구비전승자료 의식주 생활자료
	제 도	관련법규 지역개발계획	고고학	유적 분포상황 유적 발굴자료

〈표 8-2-3〉 유구보존 계획을 위한 조사

유구 보존상황 조사		유구 보존-복원 조사	
파괴상황	구조적 파괴	현상유지 · 보호	실험조사
	풍화상태, 풍화정도	수 복	해체조사
파괴원인	지질구조, 수맥	복 원	재료조사
	물리, 화학, 생물 요인		축조기술조사
	재질		기능조사

이와같은 조사 결과는 유적 정비를 위한 기초자료로 활용되므로 조사 분야에 따라 전문가들이 참여해야 하며 특히 자연과학 분야의 조사를 통해 유적 형성 당시의 상황을 정확히 알아내야 한다.

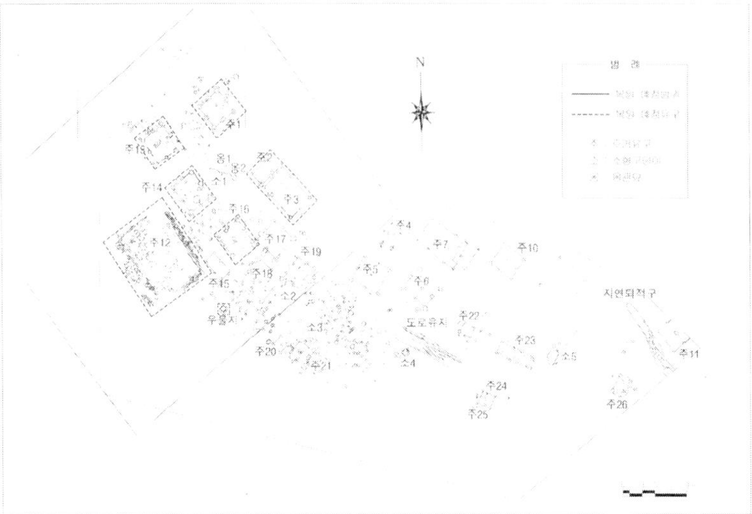

조사지역 평면도

김해 아래덕정 유적복원 조감도

〈그림 8-2-1〉 유구 정비복원 사례 - 김해 아래덕정유적5)

8-22. 유적 정비의 실제

8-221. 영국 스톤헨지유적

영국을 대표하는 문화재 가운데 하나인 스톤헨지(Stonehenge)는 인류가 남긴 거석문화 유적으로서 세계에 널리 알려져 있다. 스톤헨지에는 한해에 80만명쯤이나 되는 사람들이 다녀가고 있으며 많을 때는 하루에 7천명, 한시간에 2천명이 스톤헨지 주변에 몰려드는 것으로 알려진다. 스톤헨지는 1986년부터 유네스코 세계유산 목록에 올라있다.[6] 스톤헨지는 기둥모양의 돌을 둥글게 둘러놓고 그 위에 긴돌을 가로질러 놓은 것이 기본구조이다. 기둥돌은 모두 30개로 이루어졌으나, 그 가운데 17개만 남아 있다. 기둥돌 하나의 높이는 4.1m(땅속에 묻힌 깊이는 1-1.5m), 너비 2.2m, 두께 1-1.2m 이며, 평균무게는 26톤에 달한다. 기원전 2천년대에 세운 것으로 알려지며 원석은 유적에서 240㎞쯤 떨어진 웨일즈 서남쪽에서 가져온 것으로 밝혀졌다. 유적 북쪽에는 호(濠)와 둑으로 이루어진 유구(Cursus 라고 함)가 3㎞ 길이로 남아 있고 주변에 무덤유적들도 있으며 유적 주변경관이 비교적 잘 남아 있다.

유적을 향해 오는 북쪽도로(A 344 - 지방관리 도로)와 남쪽도로(A 303 - 교통부관리 도로)가 동쪽에서 만나는 지점으로부터 서쪽으로 세모꼴을 이루는 보호구역안에 스톤헨지가 있다. 이 지역은 환경부 소유 땅이지만 관리는 잉글랜드유산위원회(English Heritage)에서 맡고 있다.[7] 보호구역 서북쪽에는 내셔널트러스트(National Trust)에서 사들여 관리하는 땅이 567ha가 되며, 북쪽에는 국방부 소유 군용시설 지역, 그밖에 지역은 경작지로 되어 있으나 일정한 제약을 받고 있다. 유적 주변의 건축행위를 비롯한 현상변경은 중앙정부 또는 지방정부 심의사항이다. 주변에 민가는 없으나 도로 교통으로 인한 소음이 심한 편이다.

잉글랜드유산위원회는 첫 번째 사업으로 1984년에 스톤헨지 개발계

획을 세우기로 하였다. 그 대강의 내용은 아래와 같다.[8)]

① 스톤헨지와 그 주변의 같은 시기 고고유적을 함께 정비한다.
② 국제관광지로서 중요하므로 방문객들이 보고, 이해하고, 즐길 수 있도록 한다.
③ 방문객들이 유적을 알게 하는데 필요한 시설을 마련하고 유적에서 오래 머물 수 있도록 한다.
④ 관람객 편의시설은 되도록 유적에서 멀리 두고, 먼거리에서 걸어가면서 느낄 수 있도록 유도한다.
⑤ 유적에서 가시권안에는 차가 다닐 수 없도록 하고 차량 소음이 들리지 않도록 하여 주변경관, 역사배경과 함께 유적의 중요성이 드러나도록 한다.
⑥ 방문객들이 주변유적도 들를 수 있도록 유도한다.
⑦ 지역 주민들이 불편이 있더라도 A 344 도로는 폐쇄한다.
⑧ 주민들에게 관광객에 의한 경제혜택이 돌아갈 수 있도록 한다.
⑨ 팝 축제는 다른 방문객들에게 피해를 줄 수 있으므로 자제하도록 요청한다.[9)]

스톤헨지 종합보존, 수복 계획은 1993년에 시작되어 2000년에 완성하였다.[10)] 주변 자연환경을 재현하고 동식물 서식환경을 회복시키는 일부터 시작하여 경관보존과 환경영향을 줄이기 위한 도로계획 변경이 첫 번째 과제였다. A 303 도로는 유적 인근노선을 지하로 하고, A 344 도로는 계획대로 폐쇄하기로 하였다. 도로노선 변경, 편의시설 설치에 따른 고고학 영향평가(AIA)를 위해 유적 주변 135㎢안에 대한 지리정보체계(GIS) 자료를 바탕으로 유적 훼손을 최소화하도록 하였다.[11)]

유적 주변의 토지소유자, 그리고 농부들의 동의를 얻어 경작을 못하게 하고 풀밭으로 바꾸어 경관을 유지하도록 하는 것도 중요한 목표가 되고 있다. 스톤헨지 관리계획은 8년에 걸친 회의와 토론, 자문을 거친 오랜 노력의 결과이다. 지역주민은 물론 세계 여러나라에서 찾아오는 방문객들로부터 다양한 의견이 제기되었고 이들 의견은 계획안에 충실히 반영되었다.

〈사진 8-2-2〉 가는길

〈사진 8-2-3〉 방문객

〈사진 8-2-4〉 지하 편의시설

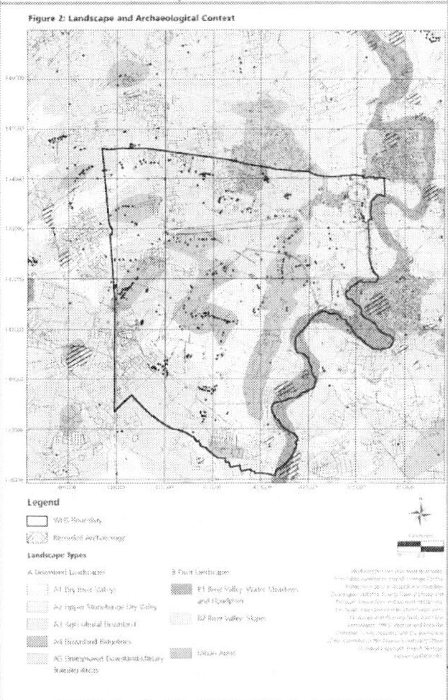

〈그림 8-2-2〉 주변지형과 고고유적

〈사진 8-2-5〉 주변경관

스톤헨지와 주변현황

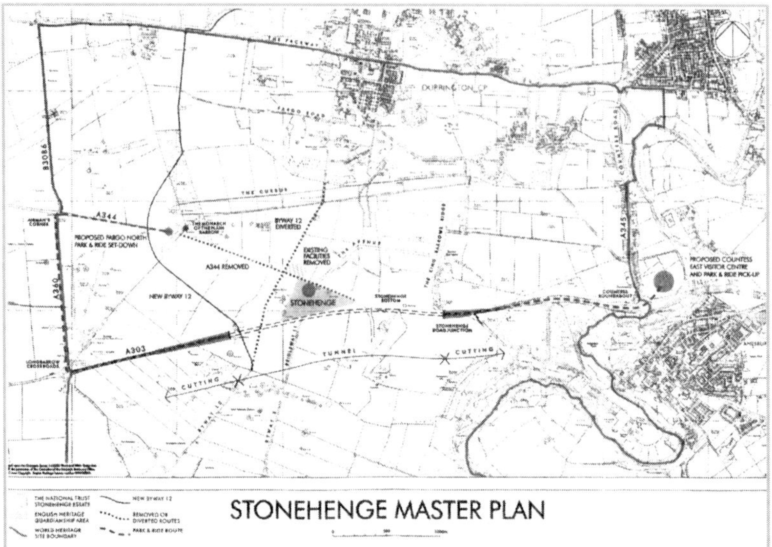

〈그림 8-2-3〉 스톤헨지 중장기 정비계획

〈사진 8-2-6〉 스톤헨지 정비계획 이전

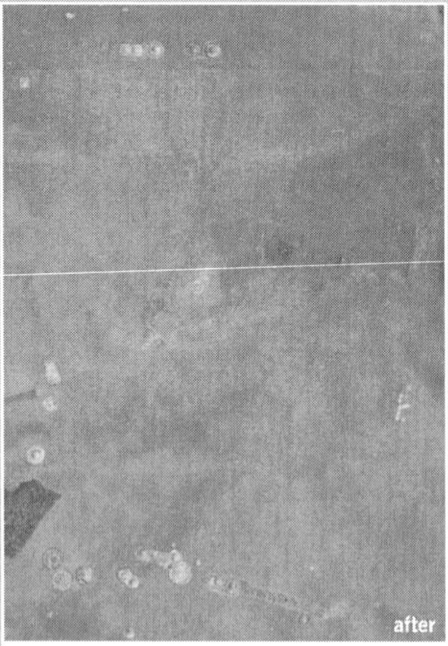

〈사진 8-2-7〉 스톤헨지 정비계획 이후

8-222. 화순 고인돌유적

1) 발견에서 세계유산 등록까지

화순 고인돌유적은 비교적 최근에 발견되었으나, 독특한 입지 환경과 다양한 이야기거리를 간직하고 있는 강점이 있어 세계유산 목록에까지 오르게 되었다. 화순 고인돌군은 1995년 능주목 지역에 대한 학술조사 과정에서 찾았으며, 1998년 9월 사적 제410호 지정되었고, 2000년 12월에는 고창 ,강화 고인돌군과 함께 유네스코 세계유산에 그 이름을 올려 놓았다. 화순 고인돌유적은 산 골짝에 무리지어 있는 독특한 입지 환경과 채석장을 갖추고 있어 유적으로서 가치가 높다. 또한 괴바위, 핑매바위, 관청바위, 달바위, 감태바위, 보검재, 각씨 바위 등 다양한 이야기 소재를 담고 있다는 점에서 화순 고인돌의 활용 가능성은 매우 높다.[12] 유적 점유면적은 2,504,847㎡ 이며, 고인돌은 도곡면 효산리에 277기, 춘양면 대신리 319기가 분포하는 것으로 확인되었으나 아직 조사가 충분히 이루어지지는 않았고, 주변 지역에 청동기시대 유적들이 많이 분포하고 있다.

2) 보존관리 현황

화순 고인돌유적은 세계유산에 등재된 이후 많은 사람들의 관심을 끌게 되면서 지방자치단체에서 관광객을 끌어들이기 위한 목적으로 일회성 편의시설들을 도입하여 주변경관을 어지럽게 만드는 사례들이 보이고 있다. 방문객들에게 볼거리를 제공한다는 의미에서 유적 성격에 맞지 않는 시설물들이 도입되기도 하였으며, 상징물과 편의시설들이 유적 경관에 조화롭지 못한 것들도 보이고 있다. 화순 고인돌유적은 무엇보다도 유적의 경관적 가치가 뛰어나 문화경관(Cultural Landscape)의 범주에 들어가는 유산이다. 따라서 유적 형성 당시의 원상을 보존하는 것이 보존관리에서 중요한 요소가 될 것이다.[13]

〈사진 8-2-8〉 화순 고인돌 전경

〈사진 8-2-9〉 화순 고인돌 안내 체계

〈사진 8-2-10〉 화순 고인돌

〈사진 8-2-11〉 화순 고인돌 입구

〈그림 8-2-4〉 화순 고인돌 이야기

3) 유적 정비보존

화순 고인돌유적의 보존정비 계획은 여러 차례 수정을 거쳐 다음과 같이 기본 방향이 만들어졌다.[14)]

① 고인돌유적의 원형은 최대한 보존하고, 세계 고인돌 연구센타로서 주 기능을 수행할 수 있도록 계획한다.

② 고인돌유적의 교육 및 학술기능과 선사시대 체험활동 기능을 강화하는 방안을 강구한다.

③ 우수한 자연경관을 최대한 활용하여 방문객들이 자연속에서 탐방하며 환경친화적인 보존 활용계획을 세울 수 있도록 한다.

위와 같은 방향에 따라 적정 시설물을 도입하고 방문객을 위한 시설물 배치 등 기본계획안을 작성 시행하고 있다.

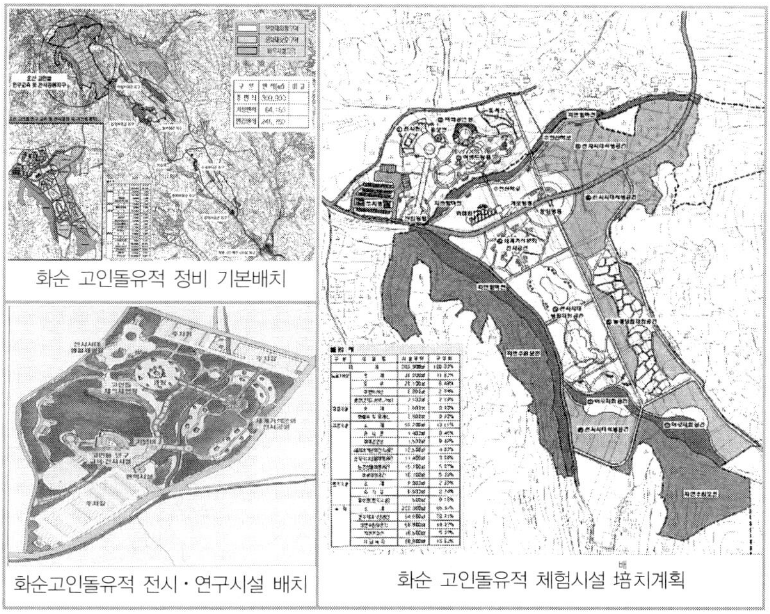

화순 고인돌유적 정비 기본배치

화순고인돌유적 전시·연구시설 배치

화순 고인돌유적 체험시설 培(배)치계획

〈그림 8-2-5〉 화순 고인돌유적 정비계획안

8-223. 대구 진천동 고인돌공원

대구분지에는 고인돌유적이 매우 많았던 곳이다. 1931년에 발굴한 대봉동 고인돌유적은 그 가운데 하나이며 아직도 곳곳에 흔적을 남기고 있는 유적들이 적지 않다. 고인돌 뿐 아니라 같은 시기의 살림터, 선돌 같은 유적들이 남아 있어 그 분포범위를 어렴풋이 짐작할 수 있다.[15] 진천동에는 세 곳에 고인돌이 남아있고 그 가운데 하나는 발굴과정에 선돌로 밝혀졌다. 선돌은 사적으로 지정되어 일부 원형을 복원하고 주변을 정비하여 유적공원으로 만들었다.

진천동 고인돌은 원래 넓은 들판에 자리하고 있던 것이나 지금은 집들이 들어선 사이 좁은 공간에 들어 있게 되었다. 그나마 제자리를 지키고 있는 것이 10기 정도 된다. 마을안에 덩그러니 남아있는 고인돌을 보존정비하는 것은 쉽지 않은 일이다. 때로는 도시계획에 걸림돌이 된다는 이유로 다른 곳으로 옮기는 경우도 많이 있다.

〈사진 8-2-12〉 진천동 마을안 고인돌공원

그러나 유적이 제자리를 지키고 있는 것이 가장 바람직한 일이라고 볼 때 진천동 고인돌 공원은 좋은 예가 되고 있다. 주변경관을 살려내지는 못하였지만 유적 자리를 지키는 것만으로도 생명력을 갖게되는 것이다. 유적 안내판은 고인돌에 어울리는 돌을 이용하였고, 찾아가는 길 표시를 고인돌에서 나오는 간돌검(마제석검)으로 한 것도 좋아 보인다. 고인돌 공원은 도심속의 쌈지공원처럼 작은 쉼터가 되어 있다.[16]

〈사진 8-2-13〉 고인돌 안내판

〈사진 8-2-14〉 찾아가는 길 표시

〈주〉

1) M. Biornstad, 1989. The ICOMOS International Committee on archaeological heritage management(ICAHM) *Archaeological Heritage Management in the Modern World* H. F. Cleere edited, (Unwin Hyman Ltd, MA)
2) H. F. Cleere, 1989. Introduction:the rationale of archaeological heritage management *Archaeological Heritage Management in the Modern World* H. F. Cleere edited, (Unwin Hyman Ltd, MA).
3) 小林隆行, 1996. 「遺蹟の整備と活用」, 『考古學と遺蹟の保護』(甘珀健先生退館紀念論文集)
4) 奈良國立文化財研究所 埋藏文化財センダ, 1989. 「遺蹟整備の基礎的調査」(埋藏文化財ニュズ 65)
5) 한국토지공사, 2000. 『김해 장유지구 아래덕정유적 복원공사 기본설계 및 실시설계 보고서』
6) 세계유산 등록 명칭은 'Stonehenge, Avebury and Associated Sites' 이며 스톤 헨

지와 그 주변의 신석기시대 유적들이 함께 들어있다.
7) 잉글랜드유산위원회의 정식 이름은 Historic Buildings and Monuments Commission for England(HBMCE) 이며, 줄여서 English Heritage로 부른다. 1983년 제정된 국가유산법(National Heritage Act)에 따라 국가유산부에서 만든 비정부기구이다. 잉글랜드 지방의 고대기념물들을 관리하고 있다.
8) F. N. Golding, 1989. Stonehenge-past and future *Archaeological Heritage Management in the Modern World* H. F. Cleere edited, (Unwin Hyman Ltd, MA)
9) 스톤헨지를 천문관측(여름 하지날 태양궤도와 일치)시설로 보는 해석이 있고 17세기부터 켈트족 드루이드(Druid)교도들이 태양숭배를 위해 찾아왔다는 기록이 있어 1970년대부터 히피족들이 태양숭배의식을 위해 스톤헨지에 와서 음악연주회를 개최하였다. 이후 해마다 이날이 되면 30,000명 이상이 모여들어 축제를 벌이고 있다.
10) English Heritage, 2000. *Stonehenge World Heritage Site Management Plan.*
11) 개발지역에서 고고문화재에 미치는 영향을 미리 예측하여 문화재 보존을 위한 방안을 마련하기 위한 조사활동을 말하며 지표조사, 시굴조사 등을 통하여 고고유적 분포를 확인하고 보존방안을 제시하기도 한다. Archaeological Impact Assessment를 줄여 AIA로 나타낸다.
12) 이영문, 2004. 『세계문화유산 화순 고인돌』(동북아지석묘연구소)
13) 장호수, 2007. 「화순 고인돌유적 보존과 활용」, 『아시아 거석문화와 고인돌』(동북아지석묘연구소)
14) 화순군, 2006. 『화순 고인돌 유적 정화사업 기본계획 변경계획(안)』
동북아지석묘연구소, 2006. 『화순 고인돌 사람들이야기』
15) 대구직할시, 경북대학교박물관, 1990. 『대구의 문화유적 - 선사, 고대』
16) 장호수, 2000. 「고인돌유적 보존정비방안」, 『한국고인돌종합조사연구』(문화재청, 서울대학교박물관)

9. 문화재 보존과 활용

91. 문화재 활용의 뜻과 가치

911. 문화재 활용의 개념

문화재 활용은 문화재가 지닌 역사적·예술적·학술적·경관적 가치나 기능 또는 능력을 살려 효율적으로 사용하는 행위이다. '활용'의 사전적 의미는 '본래 그것이 지닌 능력이나 기능을 잘 살려 사용하는 행위'라고 정의하고 있다. 이 정의에 따르면 활용은 기본적으로 대상물의 능력이나 기능을 훼손하지 않는 것을 전제로 한다. 따라서 문화재 활용이란 문화재를 단순히 이용하는 것이 아니라 그것이 지닌 가치나 기능 또는 능력을 잘 살려 지속가능하게 이용하는 행위를 의미한다.

문화재 활용은 보존·관리를 소홀히 하거나 활용만을 위한 개념이 아니라 오히려 문화재의 발굴·복원·보존·관리·활용의 순환 구조를 재인식하고, 그 가운데 활용 가능한 대상과 상태에 따라 다양한 부가가치를 창출하는데 목적이 있다. 문화재 활용이란 민족 문화의 재발견인 동시에 새로운 문화 가치의 창조과정이다.

민족 문화의 상징 가치를 대변하는 문화재는 한 민족의 정체성과 주체성의 기반이며 인류 문화의 다양성과 차이를 생산하는 원천이다. 특히 문화가 꿈과 힘이 되는 21세기에 문화재 활용은 다양하고도 품격 있는 부가가치를 창출하는 원동력일 뿐 아니라 한국 문화의 세계적 위상을 확보하고 나아가 국가경쟁력 제고에 중추적 역할을 담당하는 핵심 사안이다. 한국 문화의 우수성과 고유성을 대표하는 문화재를 체계적이고 효율적으로 활용하기 위한 방안이 다각적으로 마련될 필요가 있다.

문화재는 무엇보다도 그 자체로 역사의 교훈을 배우고 전통 문화의 멋과 향취를 느낄 수 있다는 점에서 교육 및 관광 자원으로서의 가치가 크다. 또한 문화재는 다양한 문화 상품, 영상 자료, 문화콘텐츠

개발 등의 산업 자원으로 활용할 수 있다는 점에서 국가 경쟁력 강화에 이바지한다. 따라서 현 단계에서는 문화재를 원형대로 보존하고 체계적으로 관리하는 한편, 국민들이 문화재를 알고 찾고 향유하는 동시에 다양한 사회경제적 가치를 창출해 나갈 수 있도록 적극적인 활용 정책을 마련하는 노력이 필요하다.

현실적으로 문화재 보존과 활용은 종래 국가의 영역으로 부터 벗어나 시민의 참여 영역으로 발전하고 있다. 특히 문화재 향유권은 국민 스스로 문화재를 알고 배우고 느끼는 권리를 누린다는 적극적인 의미까지 확대되어야 한다. 그러나 한편으로 문화재를 보존하기 위하여 지정보호 제도를 통한 국가의 관리에는 예산과 인력 등의 어려움이 있다. 이러한 상황에서 지역 사회와 긴밀하게 연계된 시민 참여는 절대적인 힘이 된다. 앞으로 문화재 보존과 활용에서 시민, 사회단체와 국가를 비롯한 모든 영역이 주체가 되면서, 상호 긴밀한 관계를 맺도록 해야 할 것이다.

912. 문화재 활용의 전제 조건

문화재 활용은 정치경제학적 관점에서 새로운 가치 창출의 원천이며, 사회학적 관점에서 국민의 문화 향유권 보장 및 집단의 기억에 대한 기호화 과정이며, 역사적 관점에서 문화유산과 새로운 전통 만들기 작업이다. 문화재 활용을 위한 전제 조건으로는 ① 문화재에 대한 관점의 전환과 범주의 확장, ② 복제기술 시대와 문화유산의 아우라(aura)에 대한 논의, ③ 활용 방식의 전환을 위한 통합적 접근(유형별 활용 방식 지양), ④ 법적, 제도적 장치 마련 등이 있다.

문화재 활용과 관련되는 법령에는 「문화재보호법」, 「문화예술진흥법」, 「문화산업진흥법」, 「농어촌정비법」이 있다. 그밖에 전통 지식 보존과 활용을 위하여 전통 지식 생산자의 권리를 보호하기 위한 제도를 구축하고, 문화다양성에 관한 협약을 실행하기 위하여 자유무역협정(FTA)과 문화다양성 보호 방안을 마련해야 한다. (자료 8)

문화재 활용은 문화 발전에서 지속 가능성을 위한 보존과 활용의 조화를 모색하고, 문화다양성을 보호하고 증진하면서 새로운 가치를 만들어 낼 수 있어야 한다. 그러기 위해서는 시장 경제 원리를 유지하면서 국가는 최소한의 부분에 개입해야 할 것이다. 이를 테면 원천 자원 발굴과 유통 체계 구축은 국가에서 담당하고, 생산은 시장 원리에 따라 민간 부문이 담당하는 방식으로 국가는 필요한 최소한의 지원을 하는 것이다. 그밖에 상품 가치 확보를 위한 전략적 접근과, 문화유산의 일상화를 위한 노력, 아울러 일자리 창출과 새로운 직업 생산을 통한 지역 활성화 전략 등도 문화재 활용 논의에서 중요한 전제가 된다.

913. 문화재 보존과 활용의 관계

1) 문화재 활용의 의미

문화재 활용 논의는 보존의 당위성을 담보할 수 있는 문화재의 사회적 효용성과 가치 재창조에 대한 논의로부터 출발해야 한다. 문화재 활용은 곧 우리 시대의 새로운 과제이기 때문이다.[1] 문화재 보존은 활용을 전제로 하며, 보존에서 활용으로 가기 위한 중간 단계로서 정비 과정이 있다. 문화재 정비는 활용을 위한 분위기 연출 작업이다.

2) 사회 문화 변동과 문화재 보존

문화재 보존 문제는 누구에게나 똑같은 가치를 갖는 것은 아니며 때로는 사회 구성원들 사이에서 갈등의 요소가 되기도 한다. 보존에 찬성하는 사람들은 문화재가 역사적 증거로서 우리의 정체성을 세우는데 중요하기 때문에 마땅히 그래야만 한다는 주장이다. 그러나 그와 반대로 사회가 변하고 문화가 바뀌는 상황에서 옛것을 보존하는 것은 삶에 불편을 가져올 뿐, 거기에 특별한 의미를 부여하지 않는 사람들도 있게 마련이다. 전통은 우리에게 그저 무거운 짐이 된다고 보는 시각이다.

사회 변화와 문화 변동이 급격한 변화를 겪고 있는 현대사회에서 문화재는 단지 과거의 흔적으로만 남아 있을 것인가, 아니면 새로운 문화 창조의 밑거름으로 작동할 수 있을 것인가? 이와 같은 물음에 대한 답이 현대사회에서 문화재 보존의 당위성을 논하기 위한 첫 걸음이 될 것이다.

옛도시의 풍경을 돌아보면 고대로 부터 최근세에 이르기까지 다양한 모습을 간직하고 있는 곳도 있지만, 대부분의 옛도시들은 옛모습은 사라진 채 그 흔적만을 남기고 있으며 그것도 땅속에 묻혀 폐허화된 모습으로 우리에게 다가온다. 땅속에 묻힌 옛모습들은 발굴 과정을 거쳐 세상에 그 모습을 드러내게 되는데 그것도 온전한 모습이라기 보다는 파편의 형태로 나타날 뿐이다. 이러한 파편 조각들을 모아 새로운 생명을 불어넣는 과정은 길고 지루한 시간을 필요로 한다, 그러나 그 과정은 누구에게나 새로운 경험이며 즐거움이 된다. 지금의 내모습을 비춰볼 수 있기 때문이다.

문화재는 우리들 역사의 발자취이며 발자취를 다시 더듬어 보는 것은 시대를 뛰어 넘어 보다 나은 내일을 위한 준비이기도 하다. 문화재 보존은 우리에게 짐이 아니라 큰 힘이 될 수 있다. 문화유산의 보존과 사회 문화 변화에 대한 관계는 보존은 활용을 전제로 한다는 것이며, 보존의 목표는 '무엇을 어떻게 보존할 것인가'로 부터 '왜, 누구를 위하여 보존하는가'로 방향을 전환해야 한다는 점이다. 또한 과거의 상태를 유지하고, 과거의 모습대로 복원하는 것이 목표인가, 변화하는 시대에 사회문화 여건을 고려하지 않는 보존과 활용은 가능한가 등에 대한 논의를 필요로 한다.

3) 보존과 활용에서 진정성(Authenticity) 문제

문화재를 활용하기 위한 준비 단계에서 가장 먼저 해야 할 일은 문화재를 되살리기 위한 계획이 수립되어야 하며 보수와 복원 과정을 거치게 된다. 이때 문화재 형성 당시의 모습으로 되돌릴 것인가 아니면 문화재의 역사적 변천과정을 존중할 것인가의 문제가 있다. 또한 문화재와 그를 둘러싸고 있는 주변배경들을 아울러 고려해야 하는데 문화재를 제대로 이해하기 위하여는 고유가치를 유지할 수 있어야 하며, 문화재의 고유가치는 주변배경과 함께 보호되어야 한다. 따라서 문화재 보존과 활용에서 문화환경과 자연환경이 조화를 이룰 수 있도록 하는 것이 필요하다.

문화재의 진정성은 디자인, 재질, 기술, 그리고 주변 배경 등 물리적 요소를 중요하게 생각하지만, 한편으로는 문화재 보존환경으로서 지역사회의 사회문화적 현실을 전혀 모른 척할수 없다는 문제가 있다. 특히 규모가 큰 역사유산의 보호에서 현대 생활과의 조화를 찾기 위한 인간적 척도를 강조하는 것도 그와 같은 맥락에서 이해할 수 있다. 문화재 보존과 활용은 인간적 삶의 범위안에서 이루어져야 한다는 것이다.[2)]

4) 보존과 활용의 목표

문화재 보호와 활용의 목적은 시대에 따라 다를 수 있다. 그러나 큰 틀에서 보면 문화재를 보존하는 것은 역사 유산으로서 가치를 존중하기 때문이다. 특히 현대 사회에서 문화재 보호는 생활 환경 보호 차원으로 연결되며, 보호와 더불어 활용의 중요성이 부각되면서 지역 경제와의 관계를 고려하게 되었다. 그러나 지역 발전과 문화재 보호는 서로 양립할 수 없는 어려움도 있다. 따라서 지역 발전 계획의 틀안에서 서로 모순되지 않는 방법을 찾아야 한다.

도시와 지역 개발에서 문화재를 활용하는 것은 생활 환경을 쾌적하게 만드는 데 유용한 수단이 되고 있다. 농촌, 산촌, 어촌 등 전통 생업이 쇠퇴하는 곳에서 지역 경제 활성화를 위한 수단으로 활용되기도 한다. 규모 있는 건물, 기념물 등 이미 알고 있는 것들만이 아닌 흐르는 냇물, 농촌 초가집, 논과 밭, 생활 전통이 담긴 모든 것들을 문화재로 인식하면, 역사유산, 문화유산 개념으로부터 역사 자산, 고향의 자원, 역사환경 등으로 발전된다. 이들을 자연환경과 함께 보존 활용하는 것이다. 유형의 것과 함께 무형요소(제의, 신앙, 기술, 관습 등)도 중요하다.

영국의 Civic Amenities 법과 시민 운동, 일본의 町作り「まちつぐり」와 같은 공동체 디자인(community design)운동은 도시 계획에서 경관 형성 및 마을 만들기 차원의 역사유산 보존 활용 방안이며, 일본에서는 문화청과 건설성이 함께 작업하여 국가 건설 사업에서 환경, 복지와 더불어 문화 요소를 중시하고 있다. 문화재 보존과 활용의 주된 목표는 다음과 같이 정리해 볼 수 있다.[3]

(1) 문화재 보호

문화재 보존의 첫째 목표는 문화재를 중요한 자산으로서 보호하기 위한 것이다. 활용은 보존을 전제로 하고 있으므로 문화재 활용의 목표도 마찬가지로 문화재를 보호하기 위한 것이라고 할 수 있다.

(2) 지역 공동체, 지역 경제 활성화

지역 사회에서 지역 문화유산을 보호함으로서 주민들의 정신 자산으로서 새로운 가치를 부여받고 그를 통해 지역 주민들의 결속력을 다질 수 있으며, 그와 더불어 자원으로서 활용 가치에 따라 지역 경제를 살리는데 도움이 되기도 한다.

(3) 쾌적한 생활환경(Amenity) 향상

면(面)으로 넓게 형성된 문화재들은 문화재구역 보호만으로도 주변 환경을 쾌적하게 유지할 수 있다. 역사가 있는 건축물이나 기념물들은 지역 고유의 경관을 이루어내는 작용을 한다.

(4) 도시의 정체성 확보

도시지역에서는 도시의 역사적 발전과정을 보여 줄수 있는 자산들을 보호함으로서 도시의 특성을 드러낼 수 있고, 이는 곧 도시의 중요한 자산으로 활용할 수 있다. 역사성을 고려한 도시계획에서는 역사유산 지역을 미관지구, 풍치지구로 정하여 보호한다.

914. 문화재 활용 방법론

1) 문화재 활용의 기본 원리

문화재 활용의 첫 단계는 활용에 앞서 그 대상의 유형별 특성을 파악하고, 유형별 특성과 보존과 관리 상태에 따라 다원적인 전략이 수립되어야 한다. 문화재 활용은 보존을 전제로 한 가치의 확대 과정이라고 할 수 있다. 이 점에서 문화재 활용의 기본 원리는 바로 가치의 확대 또는 재창출 과정이 된다. 가치의 확대 과정은 크게 5가지 유형으로 구분된다. 즉 가치의 재인식, 가치의 전환, 가치의 극대화, 가치의 융합, 가치의 재창조 등이다. (그림 9-1)

가치의 재인식은 기존 문화재에 대한 새로운 해석을 통해서 인식을 확장하는 것이다. 현재 알려진 문화재의 가치를 새로운 의미 체계로 재해석하는 것을 말한다. 따라서 문화재는 시대를 넘어선 초유기체로서의 성격을 지닐 수밖에 없다. 가치의 전환이란 문화유산을 새롭게 해석하고 가치를 부여하면 얼마든지 새로운 문화유산으로 거듭날 수 있음을 의미한다. 따라서 다양한 문화자원을 새로운 가치로 전환시켜 활용하는 노력이 필요하다.

가치의 재창조는 널리 알려지지 않은 자원들에 대하여 문화자원으로서 새로운 가치를 발굴하려는 노력과 함께 새롭게 가치를 창출하는 작업이다. 가치의 극대화란 통합적 인식체계로 문화재의 가치를 바라보는 관점이다. 현재까지의 문화재는 특수한 분야에 국한하여 해석되고 이해되는 측면이 강했다. 하지만, 하나의 문화재 가치를 역사, 문학, 기술, 과학, 건축, 회화, 공예, 음악 등 다양한 학문 영역으로 해석할 경우에 그 가치는 극대화될 수 있다. 마지막으로 가치의 융합이란 문화재의 가치를 다른 가치 체계와 결합시켜 이해하는 것이다. 문화재와 스토리, 문화재와 인간, 문화재와 문화재(무형과 무형, 유형과 유형, 무형과 유형, 무형과 기념물, 유형과 기념물, 무형과 민속자료, 유형과 민속자료), 문화재와 전통문화, 문화재와 테크놀로지의 결합 등이 그것이다. 이러한 융합 과정은 문화재 가치의 극대화를 넘어 새로운 문화의 창조 과정으로 연결된다.

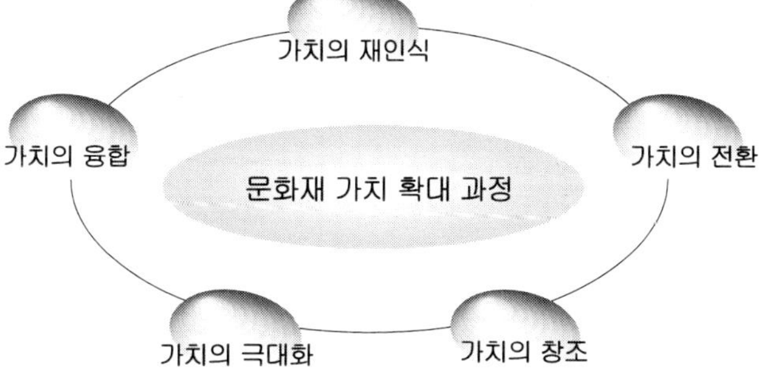

〈그림 9-1〉 문화재 가치의 확대과정

2) 문화재 활용의 구조

문화재 활용은 문화재 보존을 전제로 한다. 그러나 보존에 머물지 않고 그 가치와 기능 또는 능력을 여러가지로 활용할 수 있는 방법을 찾아내는 것이 필요하다. 문화재 활용은 생산 단계(조사·발굴·연구), 보존관리 단계(복원·보존·관리), 활용 단계(활용·분석)의 순환 구조를 갖는다.

문화재 활용은 생산 단계와 보존 단계를 거쳐 본격화 되지만, 박물관 전시와 같은 보존 관리 단계에서 또는 발굴현장 체험과 같은 생산 단계에서도 가능하다. 따라서 문화재 활용은 문화재 순환구조의 전 단계에서 발생할 수 있으므로 생산 단계, 보존관리 단계, 활용 단계의 전 과정에서 다양한 방법론을 찾아보는 것이 필요하다.

92. 역사건축물 보존과 활용

921. 무엇을 어떻게 보존할 것인가

문화재는 역사상, 학술상, 예술상 가치가 높은 것만이 아니라 우리의 일상생활과 관련한 모든 것을 문화재로 다루려고 하는 움직임들이 나타나고 있다. 생활문화가 급격한 변화를 겪게 되면서 잊혀져 가는 우리들의 생활모습을 지키려는 것은 단순히 복고주의에서 비롯된 것이 아니라 우리의 정서를 살찌우기 위한 수단으로 생각되기 때문이다. 그 하나의 예로 일본 성강시(盛岡市)에서는 자연환경과 역사환경을 보존하는 조례를 만들면서 보존대상 건축물의 선정기준으로 유래가 있는 건축물, 시대의 생활을 전하는 건축물, 옛 건축양식을 담고있는 건축물, 그리고 정서(情緖)가 있는 건축물 등 4가지를 들고 있다.[4] 여기에서 정서가 있는 건축물이란 지역 사람들에게 친숙하고 감회어린 것을 말한다. 역사성이나 예술성이 있는 것은 아니지만 사람들에게 널리 알려진 건축물을 살려 둠으로서 지역정서를 살찌게 할 수 있다는 것이다.[5] 이와 같이 역사유산에 대한 개념의 확장은 세계유산 등록에서도 그 흐름의 변화를 알 수 있다. 역사성이 오랜 것만이 아니라 근대 산업혁명 이후의 유산들과 현대 건축가의 작품들까지도 세계유산 목록에 오르고 있다.

20세기 후반에 만들어진 현대 건축들은 다양한 용도에 맞는 형태와 다양한 재료를 사용하여 지어진 것으로 건축 발전과정을 아는데 중요하며, 사용자는 물론 방문객들에게 의미있는 장소가 될 수 있다.[6] 국제기념물유적협의회(ICOMOS) 에서는 근대 유산으로서 20세기 건축물들에 대한 보존의 필요성을 인식하고 1999년 멕시코 총회에서 국제위원회를 구성하기로 하였다. 세계제2차대전 이후에 이루어진 건축유산들이 보존될수 있도록 하기 위한 것으로 전문가회의를 통해 보존 수복 기술에 대한 논의가 계속되고 있다. 근대 유산은 도시보존 차원에서 다루어져야 하며 나라마다 법적 조치가 필요한 부분이다. 핀란드에서는 1974년에 「건축물보호법(Building Protection Act)」을 만들어 초기의 근대 건축물들을 지정 보호하기 시작하였다. 근대 건축물들은 무엇을 어떻게 남길 것인가에 대한 전략이 필요하며 새로운 보존철학의 바탕이 있어야 한다.[7]

922. 역사건축물 활용 방법

근대 역사건축물들은 다양한 방법으로 보존 재생되어 일상생활안에서 적극 활용함으로서 새로운 가치를 만들어낼 수 있다. 민가(民家)를 비롯해 근세에 도입된 서양건축, 창고, 학교, 관공서, 역사(驛舍) 등 실제 용도로서 쓰임새가 끝났으나 새로운 용도로 고쳐 사용하는 것이다. 건축물을 활용한다는 것은 본래 목적과 다르게 재이용(reuse), 전용(adaptive use), 재생(revitalization) 하는 것으로 쓰기에 편하도록 고치고 강화하여 새로운 목적에 맞도록 사용하는 것이다. 그러나 건물의 역사적 성격을 잃지 않을 정도까지만 고칠수 있도록 하여 역사

성을 지켜야 한다.[8]

역사가 있는 건축물을 새롭게 활용하는 방법으로는 공동체시설로서 시민활동 본부로 쓰거나 다목적 시설 등으로 활용하기도 한다. 체험형 시설로서 민가를 숙박시설로 이용하는 방법, 지역 역사자료관으로 활용하는 방법, 공공 교육시설로 활용하는 방법, 관광 또는 상업시설로 활용하는 방법, 은행, 우체국 등 사무시설로 활용하는 방법들이 있다. 활용 형태는 처음 사용하던 시설로 계속 활용하거나, 다른 용도로 바꿔 사용하는 방법, 이벤트행사에 사용하는 방법, 일반에게 공개하는 방법들이 있다.[9] 한편 근대건축물의 현장을 학생들에게 보여주면서 역사환경 보존을 위한 교육자료로 활용하는 곳도 있다.

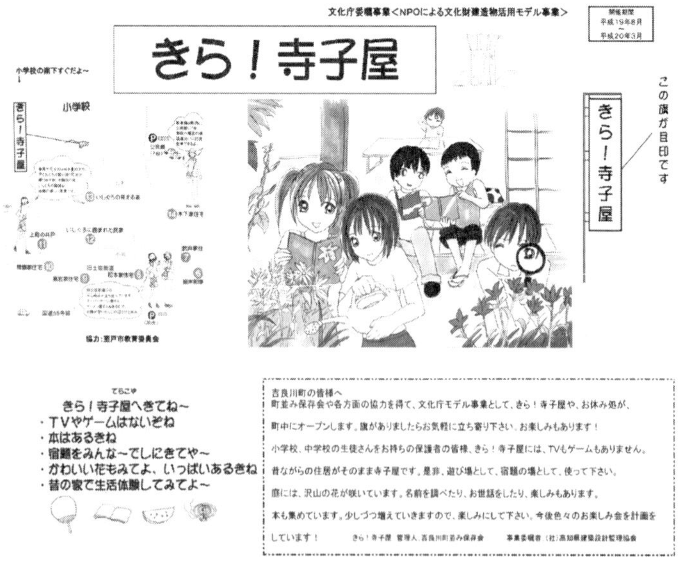

〈그림 9-2〉 일본 근대건축물 활용(전통건조물보존지구 빈집 활용) (www.bunka.go.jp)

923. 조선총독부 청사 철거 · 보존론

조선총독부 청사는 1926년 10월 1일에 준공되어 일제강점기를 거쳐 우리나라 근현대사의 격변기에 70년을 견뎌온 건축물이다. 그동안 여러 차례 용도를 바꿔가며 그때마다 빠짐없이 역사의 현장을 지켜오기도 하였지만, 한편으로는 철거와 보존을 둘러싼 논쟁이 끊이지 않았다.

조선총독부 청사 주요 해적이

1926년 10월 1일 조선총독부 청사 준공
1945년 9월 9일 미 군정청 청사로 사용
1948년 8월 15일 정부수립 이후 중앙청으로 사용
1961년 9월 6일 중앙청사복구위원회, 전쟁으로 훼손된 부분 복구공사
1986년 8월 21일 국립중앙박물관으로 개관
1995년 8월 15일 건물 철거 시작
1996년 6월 17일 국립중앙박물관 건물보존을 위한 시민의 모임 '건물훼손 및 철거금지 가처분 신청'

철거를 주장하는 사람들은 민족정기를 되찾기 위해서라도 식민지 유산의 상징물을 남겨둘 필요가 없다는 것이며, 더구나 총독부청사는 그 자리에서부터 나라의 맥을 끊고, 주권의 상징을 말살하려는 의도가 있었기 때문에 마땅히 없어져야 한다는 것이다. 그러나 보존을 주장하는 사람들은 현실론의 입장에서, 또는 건축의 역사도 보존가치가 충분히 인정되어야 한다는 논리였다. 건축은 정치, 사회, 문화의 내용을 담고 있기 때문에 역사보존 차원에서 다뤄야 한다는 것이다.

조선총독부 청사를 둘러싼 철거 · 보존 문제는 국내외에 걸쳐, 오랜 기간 논란이 되어왔으나, 1995년 8월 15일부터 건물철거를 시작하면서 일단락되기는 하였다. 그러나 앞으로 그와 같은 또 다른 일이 일어날

수 있다는 데에서 되새겨 볼 만한 가치가 있을 것이다.

보존 활용 및 철거논쟁[10)]

- 8.15 해방 이후 항용 중앙청이라 부르는 백악관은 그것이 일제 침략의 아성이었던 만큼 아주 소멸시켜 버려야 된다는 의견이 특히 한국전쟁에 병화를 입게 된 뒤로 강력하게 대두되자 수리하여 박물관으로라도 사용함이 마땅하다는 의견이었고, 또한 광화문을 다시 제자리에 옮겨 중수하고 고궁의 규모도 되살려서 한성 500년 역사의 자취를 길이 남기도록 하면 좋을 것이라는 견해도 없지 않아서 아직 의논이 분분하거니와 어쨌든 이 건물은 준공한 후로 오늘날까지 30여년 동안 결코 단순치 않은 역사를 겪어 온다. … 이 건물이 바로 이 자리를 택하여 서게 된 것은 일제 침략의 아성임을 끝없이 과시하는 동시에 당시 이 나라 주권의 상징이었던 경복궁의 위엄을 말살하려는데 있었지만은… . (한국일보 1955. 3. 7.)
- 건물을 헐 이유가 전혀없다. 중앙청 건물이 박물관으로 되면 1층 중앙홀에는 일제 침략사 전시실을 만들어 일제의 잔학상을 소개, 국민들의 경각심을 일깨워주는 방향으로 활용할 계획이다. (동아일보 1982. 8. 9. 총무처장관의 말 인용)
- 중앙박물관은 역사의 한이 서린 치욕의 건물이지만, 그러한 불명예스러운 역사를 되풀이하지 않기 위해 살아있는 교육장으로 활용해야 한다. (1986. 8. 21. 국립중앙박물관 개관기념행사에서 대통령 치사)
- 현재 국립중앙박물관으로 쓰고 있는 구조선총독부 건물을 철거, 일제에 의해 파괴 변형된 경복궁과 창덕궁 등 조선시대 왕궁의 원형을 복원하겠다. (1991. 1. 21. 문화부장관 업무보고)
- 총독부 건물은 한국에서 거둬들인 돈과 한국인을 동원해서 지은 것이며, 수많은 한국인이 일하다가 죽은 역사가 있는 것이므로 조선 것이지 일본 것이 아니다. (한국일보 1991. 4. 3. 하우스만의 회고록)

〈사진 9-1〉 조선총독부 건물 철거

〈사진 9-2〉 조선총독부 청사를 헐고 그 자리에 복원한 흥례문

- 한국이 비극의 상징인 국립중앙박물관 해체를 시작한 것은 역사에 대한 복수이다. (프랑스「르 피가로」 1995. 3. 2)
- 조선총독부는 전체적으로 디자인의 수준이 높아 놀랍다. 아카사카리큐(赤坂離宮)와 함께 쌍벽을 이루는 건물이다. 건축적으로 외관 전체에서 위풍과 쾌활을 느낄 수 있다. 그 시대 건물이 갖는 위풍과 둔중에 반대되는 표현을 갖고 있다. 특히 탑의 디자인은 완벽하다. 전면 돔 하부의 유리화가 아름답다. 중앙홀의 스케일은 휴먼 스케일에 해당한다. 물론 입지는 세울 때부터 틀렸지만, 한국이 자신을 갖는 날 그 건물은 플러스가 되지 않을까(일본 사람 보존론자들의 의견)
- 헐어버리는 것이 좋지 않겠느냐. 그 건물은 지겹다. 빨리 헐어내 주기를 바란다. 때만 되면 그 건물의 철거, 존치 논쟁에 이제 신물이 난다. 한국인들의 정서가 중요하다. 이제 마음 놓고 한국에 갈 수 있어 좋다. (일본 사람 철거론자들의 의견)
- 총독부 건물이 준공된 후 일제가 사용한 기간은 19년뿐이었고 나머지50여년은 우리와 함께 해왔다는 것이다. 우리 현대사의 역정이 기록된 건물이었던 것이다. 또한 우리 건축가들에게 있어서는 근대 건축기술변천사를 연구하는데 있어 중요한 자료물이기도 했다. 볼 수 없는 건축은 허상으로밖에 남을 수 없다. 이제 이 건물을 우리는 볼 수 없다. 증거 인멸된 것이다. (김정동)

93. 문화재와 산업

931. 문화산업 진흥 정책

문화산업은 21세기의 고부가가치를 창출하는데 중요한 분야로 자리

잡아 가고 있다. 현대사회에서 상품과 예술의 경계가 사라지듯이 문화와 산업은 이제 뗄레야 뗄 수 없는 관계를 이루어간다. 문화산업은 문화환경이 바뀌고 종래 순수예술과 대중예술의 이분법이 와해되는 과정에서 산출되는 제3의 개념으로 이해된다.[11] 정부는 문화산업 진흥을 위한 갖가지 정책을 내놓고 필요한 지원을 하고 있다. 「문화산업진흥기본법」은 문화산업의 지원 및 육성에 필요한 사항을 정하여 문화산업 발전의 기틀을 마련하고 경쟁력을 강화하여 국민의 문화적 삶의 질을 높이면서 국가경제 발전을 위한 목적으로 만든 것이다.

문화산업이라는 것은 문화상품의 생산 · 유통 · 소비와 관련된 산업으로서 영화, 음반, 출판, 방송, 애니메이션 등은 말할 것도 없고, 문화재와 관련된 산업, 전통공예, 전통의상, 전통식품 관련 산업 등을 함께 아우르는 말이다. 정부는 문화산업을 발전시키기 위하여 중장기계획을 세우게 된다. 전문인력을 기르며, 창업을 돕고, 투자회사를 지원하고, 유통구조를 개선하는데 노력하며, 이를 위해 문화산업진흥기금을 설치 운영하고 있다. 이 법에 따라 우수 전통공예품과 전통식품을 지정하기도 한다.

932. 문화재와 문화상품

문화재를 활용하여 상품화하는 것은 부가가치를 높이는데 중요하다. 전통산업, 공예미술은 전통사회의 생활모습을 볼수 있으며 옛사람들의 슬기와 과학기술이 담겨 있다는 점에서 오늘날에도 충분히 응용가치가 있으며, 재료의 다변화를 통해 첨단제품으로 발전시킬 수도 있다. 우리 고유의 과학기술인 겨레과학을 현대 산업과 접목하고 장인들의 솜씨를 디자인으로 포장하여 현대화시켜야 할 것이다.[12]

전통공예품 생산은 현재 관광상품으로 제작되어 유통되고 있다. 그

〈표 9-1〉 문화상품 주요 전시회

행사	주관기관	시기	행 사 내 용
전국 관광기념품 공모전	한국관광공사	9-10월	공모전 입상작 전시 시도 우수관광기념품 전시판매 전통공예품 제작 시연 및 판매
서울시문화상품전	서울시	10월	우수 문화상품 및 업체 공모
국제선물용품 장신구박람회	한국공예협동조합 연합회	9-10월	국외업체 출품전시 해외바이어 상담 계약
청주 국제공예비엔날레	청주시	두해마다	국내 및 국제공모전, 초청작가전, 공예 제작 시연
전국공예품대전	중소기업진흥공단	9-10월	전시회
한국전승공예대전	한국문화재보호재단	10-12월	전승공예 공모전 전시회
전통공예명품전	한국무형문화재 기능보존협회	12월	회원 전시회
대한민국미술대전	한국미술협회	8월	공예부문 작품심사 발표

러나 전국 어디에서나 볼 수 있는 획일화된 상품으로서 다양화되지 못하고, 현대 감각으로 승화되지 못하였으며, 실용성이 적다는 것이 문제로 지적되고 있다.[13] 전통공예 전승은 무형문화재로 지정하여 보존하는 방법과 전통공예에 관심을 갖고 있는 사람들이나 지역특산물로서 명맥을 유지하는 것들이 있다. 전통공예품을 지역특성에 맞춰 보존 전승해 나가는 방법이 필요하다.

국가에서 전통공예의 전승과 개발을 위해 문화재청에서 지정하는

「중요무형문화재」제도와 노동부에서 지정하는 「국가명장」제도가 있다. 또한 조달청에서는 전통문화를 소재로 하는 문화상품을 꾸준히 구매하여 장인들의 생산력을 높이고 있다. 「중요무형문화재」제도는 전통문화의 원형을 보존전승하기 위한 것이며, 「국가명장」제도는 장인들이 긍지와 자부심을 갖고 맡은 분야에서 정진하여 국가산업 발전에 이바지할 수 있도록 하는 것이다. 명장으로 뽑히면 일시 장려금 1,000만원을 받고 달마다 일정 금액을 지원받게 된다. 명장 선정은 모두 24개 분야에 167개 직종이 있으며 그가운데 전통공예와 관련되는 것으로는 금속공예, 목공예, 도자기공예, 칠기, 자수공예 등 16개 직종이 있다.[14)]

전통문화를 활용하는 문화산업을 발전시키기 위하여 문화재의 상징성을 활용하는 다양한 상품을 개발해야 할 것이다. 전통문화관련 콘텐츠를 확보하여 관련 산업기관에서 쉽게 접근할수 있도록 하고, 학제간 연구 및 개발지원 체제를 구축하며, 판매망을 확보하기 위한 마케팅 전략을 짜는 것도 필요하다. 국가 정책으로는 지역 특성에 맞는 전통산업이 성장할 수 있도록 유도하고, 전승체제를 이원화하여 원형계승과 상품 개발을 분리하는 방안도 필요할 것이다.[15)]

94. 문화재와 관광

문화관광은 관광의 새로운 형태로서 비교적 최근에 발전하고 있는 분야이다. 문화관광은 '개인의 문화욕구를 충족시키기 위해 새로운 정보와 경험을 얻을 목적으로 자신의 거주지로부터 벗어나 문화자원이 있는 곳으로 가는 것' 이며 또한 '거주지 외부의 유산이나 유적, 예술이나 문화 표현, 미술, 드라마와 같은 특수한 문화자원으로 가는 것'을 말한다.[16)]

여기에서 문화관광의 대상이 되는 문화자원은 ①고고 유적과 유물

②옛건물터, 역사 건축물, 도시전체 ③예술, 조각, 공예, 미술, 축제, 이벤트 ④음악과 춤(고전, 민속, 현대) ⑤영화, 연극 ⑥언어, 문헌연구, 여행, 이벤트 ⑦종교축제, 성지참배 ⑧민속문화, 원시문화, 대중문화 등을 꼽고 있는데 그 가운데 문화재와 역사유산이 중요 요소를 이룬다.[17] 실제로 유럽지역에서 여행기간 동안 방문하는 곳의 선호도를 보면 박물관, 문화유산, 역사기념물 등이 50% 안팎으로 높게 나타나고 있다.[18]

문화관광은 앞으로 계속 늘어날 것으로 기대된다. 높아진 교육수준, 인구 고령화 현상 및 늘어나는 여가시간으로 인하여, 한편으로는 신문, 잡지, 방송을 통한 문화자원 소개가 활발해지면서 역사와 문화에 대한 관심이 문화관광으로 나타나게 된다. 관광객에게 매력있는 문화자원이 되기 위해서는 어느 곳에도 없는 유일성과 고유성을 갖고 있어야 한다. 따라서 역사유적, 역사기념물, 박물관, 유적공원 등이 예술 공연이나 작품들보다 매력이 큰 자원이 될 것이다. 문화가 세계화, 획일화될수록 지방 특성이나 문화의 고유성이 큰 가치를 갖게 될 것이다.[19] (자료 9)

영국에서는 1970년대 후반부터 실업이 늘고 국가경제가 어려움을 겪게되면서 관광을 통한 고용 창출을 시도하였다. 관광으로 새로운 직업을 만들어 내면서 국가 자부심을 회복하기 위하여 문화유산에 대한 관심을 촉구하려는 목적으로 「국가유산법(The National Heritage Act)」을 만들고, 중요 문화유산에 대한 관광마케팅을 제안하였다.[20] 그에 따라 문화유산 산업이라는 말이 나오기도 하였다. 유산 산업은 그러나 상업주의에 빠져 역사유산에 대한 천박한 이미지를 조성하고 변형과 훼손을 일으키는 등 바람직하지 않은 방향으로 나타나기도 하였다.[21]

문화관광이 늘어나면서 전통문화를 보존 전승하는데 이바지한 점도 있으나 그에 못지 않은 부작용으로는 관광압력에 의한 문화재 훼손

〈사진 9-3〉 경주관광의 새로운 시도 - 달빛 기행, 별빛 기행

〈사진 9-4〉 관광압력은 문화재 훼손을 일으킬 수 있다.- 보은 삼년산성 방문객들

위협과문화의 상품화로 전통유산이 본래의 의미를 잃게 되는 문제가 나타나기도한다. 특히 문화의 상품화는 파행적 문화파괴와 문화말살 현상으로 이어질 수 있다. 관광의 형태로 현지 주민들의 문화를 팔게 되고, 보는 이들의 기호와 편의에 맞도록 변질되면서 주민들에게는 자기비하 또는 자아상실에 빠질 수도 있다.[22] 민속마을의 경우에는 보는 이와 보여지는 이 사이에 마치 가진 자와 못가진 자의 관계처럼 현지 주민들에게는 구경거리로 전락되어 경제, 문화적으로 저열감을 느낄 정도가 되고 있다.

이러한 문제를 해결하기 위하여 '무대화된 고유성(Staged Authenticity)'의 개념에 대한 논의가 계속되고 있다. 관광객들은 그곳에서 실제로 이루어지는 참된 삶의 모습을 보고싶어 하며 되도록 현지주민들과 가까워지려는 동기를 갖고 있다. 그러나 이와같은 목적을 쉽게 이루지 못하는 것도 사실이다. 관광을 위한 무대를 만들어 깊이 있는 체험을 할수 있도록 하면서 한편으로는 전통을 보존하고 현지 주민들의 사생활도 보장하는 방법이 깊이 고려되어야 한다.[23] 문화관광은 서로 다른 문화배경과 사회경제 조건을 갖고 있는 사람들이 만나는 것이므로 그들 사이의 직접 충돌을 피하면서 문화관광의 목적을 이룰 수 있도록 해야 한다.

사례 9-1 안동 정상동 무덤에서 나온 편지

1998년 4월 안동대학교박물관은 안동시 정상동에서 고성 이씨 일가 무덤을 발굴하고 일선 문씨와 그의 친손자 이응태무덤에서 나온 복식을 수습하였다. 정상동에 택지를 만들면서 개발지구내 무덤에 대한 구제발굴에서 나온 것이었다. 그런데 이응태(1556-1586)무덤에서 나온 편지 한통과 머리카락으로 짠 미투리가 우리들의 마음을 울리는 애절함이 있어 많은 이들의 주목을 받게 되었다. '원이 엄마의 편지'라 불리는 한글 편지는 일찍 죽은 남편을 향한 애틋한 마음을 표현하고 있는데, 이를 소재로 하여 중국 옌볜대 박위철 교수가 안동국악단의 위촉을 받아 국악가요 '원이 아버지에게'를 작곡했다. 중모리의 구슬픈 곡조로 죽은 남편을 그리워하는 아내의 애절한 심정이 잘 표현되었다는 평가를 받았다. '원이 엄마의 편지'는 국악 가요에 이어 오페라로 제작되고 있다. 또한 안동시는 디지털화 사업으로 원이 엄마의 편지 내용을 토대로 한 당시 상황을 애니메이션으로 제작하고 있으며, 대구지검 안동지청에서는 원이 엄마의 가족사랑 이야기를 기리기 위해 청사 부지에 원이 엄마의 동상을 세웠다. 소설 '능소화 : 4백년 전에 부친 편지'로도 태어난 원이엄마의 편지는 다시 영화로 만들어질 것이다. 원이엄마의 편지는 이처럼 다양한 장르를 넘나들며 스토리텔링의 전형을 보이고, 사용범주를 넓히고 있다는 점에서 문화재 활용의 모범 사례로 손꼽을 수 있다.[24]

옷과 미투리

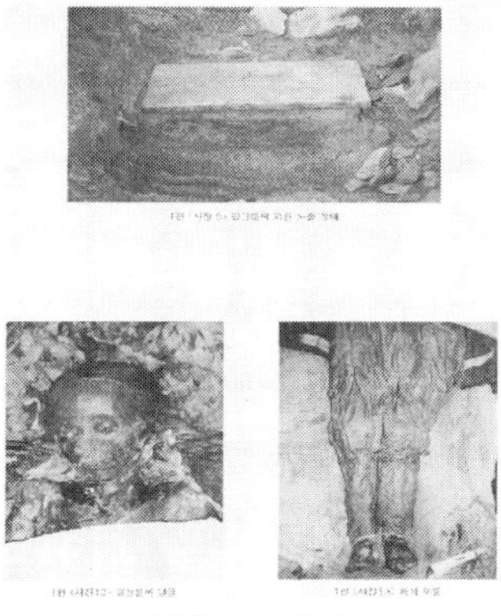
무덤 출토 모습

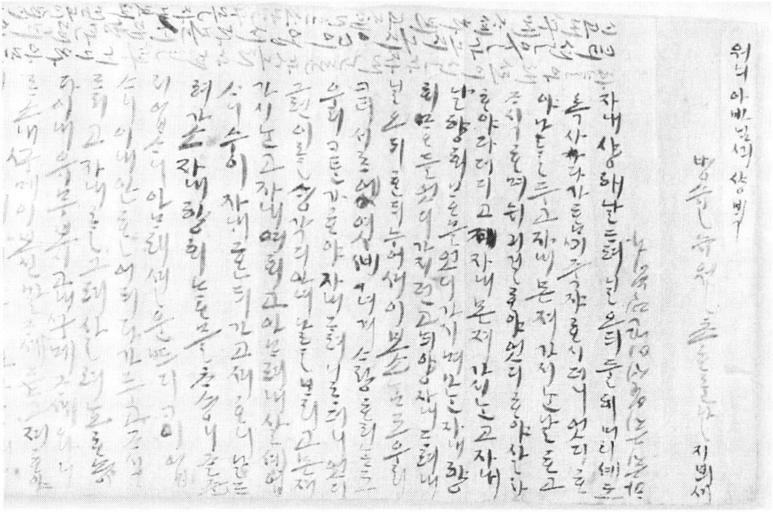

무덤에서 나온 편지글

원이 아버지에게

병술년 유월 초하룻날 아내가

"당신 언제나 나에게 '둘이 머리 희어지도록 살다가 함께 죽자'고 하셨지요. 그런데 어찌 나를 두고 당신 먼저 가십니까? 나와 어린 아이는 누구의 말을 듣고 어떻게 살라고 다 버리고 당신 먼저 가십니까? 당신 나에게 마음을 어떻게 가져왔고 또 나는 당신에게 어떻게 마음을 가져 왔었나요? 함께 누우면 언제나 나는 당신에게 말하곤 했지요. '여보, 다른 사람들도 우리처럼 서로 어여삐 여기고 사랑할까요? 남들도 정말 우리 같을까요?' 어찌 그런 일들 생각하지도 않고 나를 버리고 먼저 가시는가요? 당신을 여의고는 아무리해도 나는 살 수 없어요. 빨리 당신께 가고 싶어요. 나를 데려가 주세요. 당신을 향한 마음을 이승에서 잊을 수가 없어요. 나를 데려가 주세요. 당신을 향한 마음을 이승에서 잊을 수가 없고, 서러운 뜻 한이 없습니다. 내 마음 어디에 두고 자식 데리고 당신을 그리워하며 살 수 있을까 생각합니다. 이내 편지 보시고 내 꿈에 와서 자세히 말해주세요. 꿈속에서 당신 말을 자세히 듣고 싶어서 이렇게 써서 넣어 드립니다. 자세히 보시고 나에게 말해 주세요. 당신 내 뱃속의 자식 낳으면 보고 말할 것 있다하고 그렇게 가시니 뱃속의 자식 낳으면 누구를 아버지라 하라시는 거지요? 아무리 한들 내 마음 같겠습니까? 이런 슬픈 일이 하늘 아래 또 있겠습니까?"

"당신은 한갓 그곳에 가 계실 뿐이지만 아무리 한들 내마음같이 서럽겠습니까? 한도 없고 끝도 없어 다 못쓰고 대강만 적습니다. 이 편지 자세히 보시고 내꿈에 와서 당신 모습 자세히 보여주시고 또 말해주세요. 나는 꿈에는 당신을 볼 수 있다고 믿고 있습니다. 몰래와서 보여주세요. 하고 싶은 말 끝이 없어 이만 적습니다."(안동대 임세권교수 풀이)

사례 9-2 청주시 직지 세계화사업

'직지(백운화상초록 불조 직지심체요절)'는 현존하는 세계에서 가장 오래된 금속활자로 인쇄 간행된 책이다. '직지'는 1972년 '세계 책의해'에 프랑스 국립도서관이 소장하고 있던 직지(하권)를 '세계 책 전시회'에 출품함으로써 알려지기 시작했다. 그 뒤를 이어 1984년 청주 운천동에서 '서원부 흥덕사' 명 금구 발굴, 흥덕사 터 확인, 1986년 흥덕사지 국가지정 사적 제315호 지정, 1992년 청주 고인쇄박물관 설립, 1995년 청주 인쇄출판축제 개최, 1997년 청주시민회(현 충북참여자치시민연대) '직지찾기운동본부' 결성 등의 과정을 거쳐 직지를 소재로 하는 사업은 지역사회 운동으로 전개되고 있다. 2000년 청주 국제인쇄출판박람회 개최, 2001년 '직지'유네스코 세계기록유산 등재, 2002년 초등학교 국어교과서에 직지 수록, 2003년 '직지의 날' 제정, 직지의 세계화 청주의 세계화 전략 수립, 2003 청주 직지축제 개최, 2004년 청주시 직지세계화추진단 신설, 유네스코 직지상 제정, 2004 청주직지축제 개최, 2005년 세계직지문화협회 창립, 2005 청주 직지축제(직지사랑 어울마당) 개최, 제1회 유네스코 직지상 시상식, 직지 문화특구 지정, 직지 상징 조형물 연구 등 직지 관련 사업은 지역을 대표하는 문화운동이며, 청주의 정체성을 직지에서 찾고 있다. 청주의 직지사업은 문화유산을 지역 브랜드로 적극 활용하는 사례로 주목된다. 특히 직지 문화운동이라고 할만큼 민간의 자발적 참여와 지방자치단체의 능동적 사업 추구가 함께 어우러져 성과를 높이고 있다. 현재는 '직지문화특구'조성 계획을 진행중이다.[25]

직지 '세계의 기억'

청주시 - 직지축제

〈주〉

1) 장호수, 2006. 「문화재활용론 -활용의 개념과 범주에 대하여-」, 『인문콘텐츠』 7 (인문콘텐츠학회) 문화재청, 2007. 『문화재-활용가이드북』
2) Recommendation concerning the Safeguarding of Historic Areas(Nairobi, 1976)
3) 大河直躬 編, 2000. 『歷史的遺産の保存・活用とまちづくり』 (學藝出版社)
4) 自然環境及歷史的環境保全條例, 1976.
5) 大河直躬, 2000. 위책
6) Susan Macdonald ed. 2001. *Preserving Post-war Heritage*. English Heritage.
7) ICOMOS, 2001. Dangerous liaisons. Preserving post-war modernism in city centers. Helsinki, Finland.
8) 三船康道 等 編, 1999. 『歷史ある建物の活かし方』 (學藝出版社)
9) みのだ ひろこ, 1997. 「個ぐの歷史的遺産の活用手法」, 『歷史的遺産の保存・活用どまちつくり』 (京都. 學藝出版社).
10) 김정동, 2000. 「식민지 시대의 산물, 조선총독부 그 마지막 기록」, 『남아있는 역사, 사라지는 건축물』(대원사)에서 발췌 정리.
11) 최혜실, 2001 순수예술, 인문학과 문화산업의 소통을 위한 방안. 『문화콘텐츠 산업발전을 위한 예술과 인문학의 역할』(재)한국문화콘텐츠진흥원.
12) 정동찬, 1999. 겨레과학인 우리공예 민속원.
13) 한국문화정책개발원, 1999. 『전통공예품 전승 현황조사 및 문화관광상품화 방안 연구』
14) 노동부 한국산업인력공단, 2002년도 명장, 우수지도자 및 기능장려우수업체 선정계획.
15) 한국문화정책개발원, 1999. 앞의 책.
16) ATLAS(European Association for Tourism and Leisure Education)에서 문화관광을 이렇게 정의하고 있다.
17) ECTARC(European Centre for Traditional and Regional Cultures)에서 정의하는 것이다.
18) G. Richards, 조명환 역, 2000. 「문화관광의 범위와 중요성」, 『문화관광론』(백산출판사)
19) G. Richards, 조명환 역, 2000. 「문화관광의 사회적 배경」 위책
20) G. Richards, 조명환 역, 2000. 「문화관광의 정책적 배경」 위책
21) P. Fowler, 1992. The Past in Contemporary Society. London Routledge.
22) 전경수, 1994. 「국제관광의 인류학적 고찰」, 『관광과 문화』 (일신사)
23) 딕 맥켄널, 1994. 「무대화된 고유성」 위책
24) 안동대학교박물관, 2000. 일선문씨와 이응태묘 발굴조사보고
25) 강태재, 2006. 직지 세계화의 회고와 방향 정립

10. 문화재와 시민사회

101. 문화재보호와 시민운동

1011. 유엔 문화유산 자원봉사단

1012. 프랑스의 자원봉사 작업장 – 샹띠에(Chantier)

1013. 우리궁궐지킴이

1014. 국민신탁 운동

1015. 시민운동의 다양한 형태

102. 문화재와 교육

1021. 문화재를 배운다

1022. 박물관과 문화재교육

1023. 문화재 교육의 현장

101. 문화재보호와 시민운동

1011. 유엔 문화유산 자원봉사단

유엔과 유네스코는 1992년에 세계문화발전위원회를 구성하고 문화발전을 위한 연구결과를 1995년에 내놓으면서 10가지 행동강령을 제시하였는데 그 가운데 하나로 문화유산 자원봉사단을 동원하기로 하였다.[1] 이들이 할 일은 유용한 지식을 보급하고 인류유산에 대한 인식을 높이며 문화의 상호 이해와 존중, 그리고 유형, 무형의 인류유산을 지키고 가꾸는 일에 앞장서는 것이다. 이미 활동하고 있는 유엔 자원봉사단의 업무에 문화유산 보호 활동을 포함하도록 하며, 문화유산 자원봉사단은 나이와 재능을 넘어 선발하며 여러 분야의 전문가와 젊은이, 학생, 젊은 노동자들을 포함하도록 하였다.

1012. 프랑스의 자원봉사 작업장 - 샹띠에(Chantier)

샹띠에는 프랑스의 문화유산을 보존하기 위해 1920년부터 정부의 지원으로 설립되었다. 정부가 청소년 단체들을 활용하여 청소년들이 여름철에 공동생활을 익히고 자원봉사 경험을 쌓을 수 있도록 샹띠에 개설을 위한 재정지원을 하였다. 체육청소년부와 문화부, 교육부 등 정부 부처에서 후원하며 전국에서 많은 단체들이 참여하고 있다. 현재 샹띠에 운영단체는 150개 정도가 되며, 프랑스 전국에서 문화유적 보존활동을 하고 있다. 참가자들은 마을길을 닦고, 전통 가옥을 보수하며 녹지 보존, 환경보호 활동을 하기도 한다. 이들의 활동은 자원봉사 형태로서 숙박비, 보험료, 단체 가입비로 참가비를 내야 한다. 작업장은 여름에만 문을 열고 있으며, 1주에서 4주 정도 기간에 청소년은 1주에 20-30시간, 어른들은 30-35시간 작업을 하게 된다. 참가자들은 보통 18세 이상 청소년이며 국적도 다양하다. 연휴기간이나 주말을 이용하여 짧은 기간 문을 여는 곳도 있다.[2]

1013. 우리궁궐지킴이

우리궁궐지킴이는 문화재 현장에서 이루어지는 시민활동이다. 서울의 궁궐을 찾는 내국인과 외국인들에게 현장을 안내하며 궁궐의 역사와 의미를 가르치고, 한편으로는 궁궐을 소중히 가꾸어 나가기 위한 모니터링과 문화재 사랑운동을 펼치고 있다. 순수 자원활동이며 자원활동가들은 수시모집을 통해 일정기간 전문 소양교육을 거쳐 현장 활동을 하게 된다. 모두 60시간에 걸친 이론교육과 현장교육을 통해 기본교육을 마치면 궁궐을 자유롭게 나들 수 있는 신분증을 받고 활동지역에서 6개월동안 수습활동을 하게 된다. 수습기간 동안 규정에 따른 활동을 마치면 수료식을 거쳐 연장활동에 들어가게 된다. 우리궁궐 지킴이는 주부, 퇴직교사 등이 주를 이루고 있으며 경복궁, 창경궁, 덕수궁, 종묘에서 매주 토요일 4차례에 걸쳐 안내활동을 하고 있다. 외국인을 위해 영어와 일본어 안내도 담당한다.[3]

〈사진 10-1〉 우리궁궐지킴이들의 궁궐안내

문 화 유 산 헌 장

문화 유산은 우리 겨레의 삶의 예지와 숨결이 깃들여 있는
소중한 보배이자 인류 문화의 자산이다.
유형의 문화재와 함께 무형의 문화재는 모두
민족 문화의 정수이며 그 기반이다.
더욱이 우리의 문화유산은 오랜 역사 속에서
많은 재난을 견디어 오늘에 이르고 있다.
그러므로 문화 유산을 알고 찾고 가꾸는 일은
곧 나라 사랑의 근본이 되며 겨레 사랑의 바탕이 된다.
따라서 온 국민은 유적과 그 주위 환경이 파괴·훼손되지
않도록 노력하여야 한다.
문화 유산은 한 번 손상되면 다시는 원상태로 돌이킬 수 없으므로
선조들이 우리에게 물려 준 그대로
우리도 후손에게 온전하게 물려 줄 것을 다짐하면서
문화 유산 헌장을 제정한다.

1. 문화 유산은 원래의 모습대로 보존되어야 한다.
1. 문화 유산은 주위 환경과 함께 무분별한 개발로부터 보호되어야 한다.
1. 문화 유산은 그 가치를 재화로 따질 수 없는 것이므로 결코 파괴·도굴되거나 불법으로 거래되어서는 안 된다.
1. 문화 유산 보존의 중요성은 가정·학교·사회 교육을 통해 널리 일깨워져야 한다.
1. 모든 국민은 자랑스러운 문화 유산을 바탕으로 찬란한 민족 문화를 계승·발전시켜야 한다.

1997 년 12 월 8 일

〈표 10-1〉 1997년 '문화유산의 해' 사업의 하나로 문화유산헌장을 제정하였다. 헌장에는 문화재를 알고, 찾고, 가꾸기 위해 필요한 기본정신을 담고 있다.

1014. 국민신탁 운동

국민신탁(National Trust)은 '모두를 위해, 영원히(For ever, For everyone)' 자연과 역사유산을 남기는 운동으로 1895년에 영국에서 시작되었다. 정식 이름은 '역사적 가치와 자연미가 있는 장소를 지키는 국민신탁'(The National Trust for Places of Historic Interest or Natural Beauty) 이다. 내셔널은 '국민의' 라는 뜻이며, 트러스트는 믿음을 바탕에 깔고 있는 것으로 국민들이 서로 힘을 합쳐 나라의 자연과 문화유산을 지키려는 운동이다.[4] 국민신탁은 순수한 민간운동으로서 영국에서 시작되어 이제는 일본, 캐나다 등 여러나라에서 문화유산과 자연유산을 보존하는 시민운동으로서 널리 퍼져 있고 우리나라에서도 2000년부터 단체가 만들어져 활동하고 있다.

1) 영국의 국민신탁 운동

영국에서 내셔널트러스트가 설립된 것은 1895년이다. 로버트 헌트 변호사, 핸드워크 론즐리 목사, 그리고 옥타비아 힐 등 3사람이 시작하였다. 운동이 시작된 것은 아름다운 호수지방으로 잘 알려진 동화의 주인공 피터 래빗의 고향이 개발로 인한 위험에 처하게 되면서 부터이다. 운동의 목적은 자연을 지키고 유지하는 일과 역사가 있는 건축물을 지켜 다음 세대까지 이어가기 위해 개발을 억제하는 것이다. 시민들로 부터 기부를 받거나 구입한 토지와 건물을 내셔널트러스트가 보존·관리하고, 일반에게 공개하여 널리 쓰일 수 있도록 한다. 영국 의회에서는 1907년에 내셔널트러스트법(National Trust Act)을 제정하였다.

〈트러스트(National Trust)〉가 제안하고 있는 일을 담당하고 있는 조직은 지금까지 어디에도 없었다. 사람들은 자연 그대로, 그림과 같은 장대한 내셔널 갤러리를 만들어내고 있다. 아름다운 것에 대한 감각이 잠자고 있던 사람들의 마음안에서 눈을 뜨고 있다. 이와같은 행동을 지금 일으키지 않으면 영국의 풍경은 되돌릴 수 없을 만큼 파괴될 것이다.

영국 내셔널트러스트 창설자의 한 사람인 C. H. Rawnsley가 발족식에서 한 연설의 한 부분 '1895년 1월 12일자 영국 The Times 기사에서'

영국 내셔널트러스트는 특히 최근 20년간 회원이 크게 늘어 세계 제2차대전이 끝난 1945년에는 7,850명이었고, 1960년에 9만7천명, 1970년에 22만 6천 2백명, 그리고 1981년에 100만 명이 넘어섰고 1999년에 257만명을 넘어섰다. 이렇게 회원이 늘어난 것은 지구 환경 문제가 심각한 상황에 이르러 자연환경 보전과 생태계 유지, 그리고 문화유산에 대한 관심이 높아진 것과 함께 내셔널 트러스트 운동 참여자들의 활발한 활동의 결과이다. 내셔널트러스트 회비는 연간 15파운드이다.

영국 내셔널트러스트는 2천명 이상의 전담 직원들이 자산 관리와 서비스에 종사하고, 또 이용자들을 대상으로 자연관찰 등의 지도를 하며, 학생과 어린이를 위한 프로그램이 많이 있다. 영국 내셔널트러스트는 전국(잉글랜드, 웨일즈, 북아일랜드)에 2,480㎢의 토지와 960㎞ 길이의 해안선, 그리고 200채 이상의 건축물을 보유하고 있으며, 300만명의 회원과 연간 예산은 6천억원 규모이다.

내셔널트러스트가 관리하는 농장에서는 환경을 파괴하는 농법을 사용하지 않으므로 수확량이 많지 않고 지대도 낮게 되어 있다. 이것은 내셔널 트러스트가 공익단체이기 때문에 가능하다. 내셔널 트러스트는 영국 농촌의 경관이 뛰어난 명소와 함께 국민에게 관광정보를 제공하는 기업 활동을 하고 있는데, 이는 〔내셔널트러스트 엔터프라이즈〕가 담당하며 시민을 위한 사업을 하고 있다. 영국의 녹색관광(Green Tourism)과 농장 민박은 내셔널트러스트 운동이 그 배경이 된다.[5]

2) 일본의 국민신탁 운동

일본의 내셔널트러스트 운동은 가마쿠라시(鎌倉市) 하치망구(八幡宮) 뒷산에 있는 오야쯔를 개발로부터 보호하기 위한 시민 움직임으로부터 시작되었다. 일본 중세를 대표하는 문화재 주변의 역사경관을 보존하기 위해 1964년에 가마쿠라 풍치보존회를 만들고 주민들이 토지를 사들이기로 한 것이다. 이에 전국에서 큰 호응을 얻게 되고 마침내 일본 고도보존법의 제정을 보기에 이르렀던 사건으로 일본에서 내셔널트러스트 운동의 발단이 되었다. 그 뒤로 전국에서 단체가 만들어지면서 1968년에 재단법인 일본 내셔널트러스트 협회가 탄생하고, 1992년에는 환경청의 허가를 받아 사단법인 일본 내셔널트러스트 협회가 공익법인으로 설립되었다.

일본의 내셔널 트러스트 운동은 모금활동 등을 통해 시민들의 자주적 참가를 얻기 위해 역사적 가치가 있는 문화유산이나 자연을 보존할 만한 토지를 얻어 적절한 관리, 보존 및 활용을 위한 운동을 펼치고 있다. 나라(奈良)의 명승 구대승원(旧大乘院) 정원을 정비하여 조용하고 평안한 분위기로 복구하고, 시라가와 마을을 지역 주민과 더불어 보존관리하여 전통 유지에 필요한 사업을 전개하며 세계유산에 등록시키는데 큰 역할을 하기도 하였다. 또한 해마다 내셔널트러스트 전국대회를 열고, 심포지움을 개최하는 등 활동 범위를 넓혀가고 있다.

정부에서는 내셔널트러스트 활동을 후원하고, 심포지움을 지원하는 등 정책적으로 돕고 있다. 또한 1998년에는 특정 비영리활동법인(NPO) 법을 만들어 내셔널트러스트에서 소유하는 토지와 자산을 법인명으로 등기할 수 있게 되었다. 최근에는 지방자치단체와 지역주민 사이에 협력 관계를 유지하며 내셔널트러스트 운동을 전개하는 곳도 있으며. 사단법인 내셔널 트러스트 협회에서는 기업들과 협력하여 기업의 사회환원 차원에서 내셔널트러스트 운동에 적극 참여를 권고하고 있다.[6]

3) 우리나라의 국민신탁 운동

우리나라에 내셔널트러스트 운동은 최근에 소개되었고 자연환경 보존을 위한 필요에서 시작되었다. 1998년에 개발제한구역 살리기 국민운동으로 추진하기 위해 준비모임이 시작되고, 2000년 1월에 창립 선언을 하면서 시작되었다고 할 수 있다. 내셔널트러스트 운동의 목표로는 2020년까지 전국토의 1% 관리, 국민총생산의 1% 자산 적립, 내셔널트러스트 100개 지역 관리, 회원 100만명과 자원봉사자 5만명 확보, 녹색경제 구현, 자연보전 선진국 구현 등의 목표를 설정하고 있다.

내셔널트러스트 대상지역은 우수 자연생태지역, 우수 경관지역, 역사문화유적 등이다. 대상지 선정기준으로는 정부와 지방자치단체에서 관리하지 않는 곳으로 훼손 위기에 처하여 국민들의 공감대를 얻을 수 있는 곳이 된다. 서해안 갯펄, 태안 신두리사구, 천리포 수목원, 광주 무등산 등을 대상지역으로 꼽고 있다.[7] 지역별 활동이 이루어지는 곳도 있으며 대전의 「오정골을 지키는 시민의 모임」도 그 가운데 하나로서, 모임 창립 선언문에서는 다음과 같이 그 취지를 밝히고 있다.

> "우리들은 이를 모델로 하여 우리 실정에 적합한 내셔널트러스트 운동을 추진하고자 합니다. 장기적으로는 '(재) 백제문화권 보전신탁기금' 또는 '한국 내셔널트러스트'를 설립하여 항구적 문화운동을 전개하면서 위기에 처한 국내의 역사·문화환경과 자연유산을 본격적으로 지켜가고자 합니다. 가깝게는 오늘 우리가 관심을 기울이고 있는 대전시 오정동의 외국인 선교사촌, 멀리는 충남 보령시(대천)의 선교사 별장촌 및 수양관, 태안군 신두리에 소재하고 있는 국내 최대의 해안 사구(砂丘)와 당진군에 있는 심훈의 상록수유적지(필경사) 등 무수히 많은 자연·문화유산들이 우리들의 따뜻한 손길을 기다리고 있습니다. 이밖에도 한반도 전역에 산재해 있는 해안선, 무인도, 습지, 정원, 전통가옥, 산업유적지 등이 우리들의 마음을 끌고 있습니다."[8]

한편 정부 차원에서 내셔널트러스트 운동을 돕기 위한 법률이 2006년 3월 제정되었다. 이 법은 문화유산 및 자연환경자산에 대한 민간의 자발적인 보전·관리 활동을 촉진하기 위하여 문화유산 국민신탁 및 자연환경 국민신탁의 설립 및 운영 등에 관한 사항과 이에 대한 국가 및 지방자치단체의 지원에 관한 사항을 규정함을 목적으로 한다.[9)]

법의 주요 내용을 보면 국민신탁법인은 해당 중앙행정기관(환경부장관 또는 문화재청장)과 협의하여 기본계획과 시행계획을 수립하도록 하고, 국민신탁법인은 보전재산의 목록, 일반재산의 현황 등을 대통령령이 정하는 바에 따라 공개하도록 하였다. 국민신탁법인은 보전재산을 매각·교환·양여·담보 또는 신탁하거나 출자의 목적으로 제공하지 못하고, '지정기탁재산'을 도입하여 기탁자가 용도를 지정하여 현금·유가증권 또는 부동산 등의 재산을 기탁할 수 있도록 하고, 동 재산은 기탁자의 동의가 없는 한 용도를 변경할 수 없도록 하였다. '보전협약'을 도입하여 국민신탁법인이 문화유산 또는 자연환경자산의 소유자·점유자·대리인과 협약을 체결하여 이들이 성실하게 보전·관리할 수 있도록 필요한 지원을 하거나, 그 토지 등을 대차하여 직접 보전활동을 할 수 있도록 하고, 관계 중앙행정기관의 장 등이 국민신탁법인의 보전재산에 직접적인 영향을 미치는 행정계획을 수립하거나 개발사업을 허가·승인할 경우 그 영향을 미리 검토하여 해당 중앙행정기관의 장에게 협의를 요청하도록 하였다.

또한 국민신탁법인이 모금을 할 수 있도록 근거를 마련하고, 모금 투명화를 위하여 해당 중앙행정기관의 승인 및 모금 결과의 공개 등을 규정하고, 국민신탁법인에 대한 조세감면의 근거와 국민신탁법인 및 동 법인과 보전협약을 체결한 법인에 대한 재정지원 근거를 마련하였다. 법 시행을 위하여 환경부와 문화재청은 문화유산 및 자연환경자산에 관한 보전활동을 수행하는 '국민신탁설립위원회'를 발족하여 국민신탁운동이 본격적으로 전개될 수 있도록 지원하고 있다.

강화 매화마름군락지

- 시민의 성금으로 매입하고 농민이 기증한 최초의 자연유산 생기다.

2002년 5월 12일 (사) 내셔널트러스트 운동은 지난 2000년 1월에 창립한 이래로 최초의 국민신탁자산을 가지게 된다. 강화군 길상면 초지리 560-1번지에 위치한 농지로 매화마름이 서식하고 있는 지역이다. 1998년도에 환경부가 지정한 멸종위기 야생식물 6종 가운데 하나인 매화마름은 논이나 연못에서 자라는 여러해살이 물풀식물로서 각종 개발로 인해 지금은 찾아보기 어렵지만 강화도 일대에서 발견되어 현재에 이르고 있다.(http: // www. nationaltrust.or.kr)

〈사진 10-2〉 강화 매화마름 군락

우리나라에서 내셔널트러스트 운동이 시작된 역사는 아직 짧지만 처음으로 매입과 기증을 통해 자산을 갖게 된 점에서 운동의 중요한 전기가 될 것으로 생각된다. 영국에서 이 운동이 처음 시작되었을 때에도 이렇게 말했다고 한다.

"이제 최초의 재산을 얻었습니다만, 이것이 마지막이 되지 않을까 걱정이 됩니다."

We have got our first piece of property, I wonder if it will be the last

- Octavia Hill(1838-1912)

현재 내셔널트로스트 운동에서는 14개의 보전대상지역을 지정해 놓고 시민들로부터 모금과 기부, 증여를 받아 자산을 확보해 나가고 있다.

1015. 시민운동의 다양한 형태

1) 영국의 시민환경운동

영국을 비롯해 유럽 전역에서 역사환경 보존 운동의 커다란 계기가 된 것은 1975년의 유럽 건축유산의 해(European Architectural Heritage Year)였다. 유럽평의회에서 발의되어 24개국에 각각 위원회를 두고 지도를 받아 사업을 전개하였다. 또한 1980-81년에는 역시 유럽평의회에서 도시부활(Urban Renaissance) 운동을 일으켜 도심부 재생(Revitalization)을 위한 작업이 진행되었다.

영국의 경우 1970년대까지는 도시계획을 전문가가 독점하여 지역 주민들에게는 결정된 계획을 통보하는 형식이었으나 설계 단계에서 주민들은 전혀 내용을 알지 못해 일방적 피해를 받는 경우가 많았다. 또한 1967년의 「도시쾌적환경법(Civic Amenities Act)」에서는 역사지구를 지정하여 역사환경을 면(面)단위로 보존하게 됨에 따라 주민 생활환경을 보장하기 위해 지역 주민들의 협력이 필요하게 되었다. 도시계획 담당 국가기관이 지역 주민들과 우호관계를 맺어야 할 필요가 있었고 보존지구내 건축물의 개선 보수를 위한 비용 지원이 법적으로 필요하여 1971년 「도시농촌계획법」 제10조에 의해 보조금을 지급할 수 있게 되었고, 계획단계에서 시민들이 참가할 수 있도록 하는 방안이 나타났다.[10]

영국의 시민운동은 본래 자원봉사 정신에 따라 남는 시간을 활용하여 지역을 위해, 관심 깊은 분야에서 활동하는 오랜 전통을 갖고 있다. 영국의 시민운동은 순수한 자선단체(Charity Commission) 활동으로서 성격이 짙다. 영국에서 자원봉사 단체는 1995년 기준으로 법인체로 등록된 것이 17만개, 법인체가 아닌 작은 단체까지 더하면 50만개에 이른다.

지역단체의 실제 활동사례- 에섹스(Essex)주 하릿치(Harwich) 지역협회

하리치는 인구 15,000명의 작은 도시로 하리치협회(Harwich Society)는 1969년에 설립된 시민단체로서 도시 트러스트(Civic Trust)에 등록된 지역환경협회(local amenity society)의 하나이다. 향토사와 박물관, 민속, 건축 등 관심있는 분야에 따라 동호인 단위로 결성되어 있고, 이들을 통합하여 협회를 이루고 있다. 협회 회원은 900명을 넘어 주민 17명중 한명이 회원으로 높은 비율이다. 조직운영을 담당하는 사람들은 75명이며 의장과 부의장이 있고, 해마다 한 차례씩 총회와 이사회가 열린다. 운영단위는 박물학, 건축, 향토사, 해사(海事) 박물관 운영, 산책로, 수목, 경매 등 7개로, 경매분야에서는 보존캠페인과 모금활동을 기획 실행하고 있다. 협회의 활동내용은 다음과 같다.

- 역사건축물의 안내판을 만들어 세운다.
- 방문객을 위한 쉼터를 만든다.
- 개발허가신청서 내용을 감시한다.
- 지역에서 가장 큰 고대 기념물을 수복한다.
- 작은 들길을 걸어다닐 수 있는 자연관찰길을 만든다.
- 보존지구 안내 책자, 무료 기관지를 만든다.
- 찾아오는 이들을 안내한다.
- 지역개발을 위한 장기계획을 연구한다.
- 교통량을 조사하고 지역개선방안에 대해 제안한다.
- 작은 규모의 지역개발사업을 시도한다.
- 지역학교와 긴밀히 연결되도록 한다.
- 공청회에 적극 참여하고 전문가를 초빙하여 강연회를 연다.
- 주변 농촌지역 회원과 연결관계를 유지한다.

〈표 10-2〉 하릿치 협회 가입안내서

영국 정부에서도 이들의 활동이 중요한 것을 이해하고 중앙정부 보조금을 지급하고 있으며, 1990년 기준 3억 7천 파운드를 지원하였다. 정부 특별보조금을 받기 위해서는 계획서를 만들어 응모를 하게 되어 있다. 응모된 것 가운데 몇가지 조건을 갖추고 있으면 지원대상이 될 수 있다. 자연, 역사환경을 실제로 보존하는 활동, 자연, 역사환경에 관한 교육 또는 정보제공 활동, 도시계획이나 환경문제에 대해 일반인 또는 지역단체에 대한 자문 활동, 도시지역에서 지역활성화를 위해 구체계획을 만들어 지역주민들에게 제공하는 활동, 이와같은 일을 하는 자원봉사단체를 지도자문하는 활동 등이다.

2) 미국의 비영리단체 활동

미국의 역사환경 보존에서 비영리단체(NPO)가 중요한 구실을 하고 있다. 비영리단체는 일반 시민과 전문가들이 모여 역사유산 보존을 위한 교육, 보급, 정보제공 활동을 하는 단체로서 문화유산 보존을 위한 시민의식 성장에 큰 힘이 되고 있다. 메사추세스주의 비영리단체 종류와 활동들을 보면 다음과 같다. 역사건축물 복구 프로젝트, 기술지원, 교육 등 활동, 역사건축물을 매입, 보수하여 운영하며 스스로 보존 활동을 하는 단체, 역사건축물과 공원지구 등을 소유하여 박물관으로 만들어 공개하거나 시민들에 대한 역사교육을 하는 단체, 각종 미디어를 통하여 보급계몽활동으로 역사환경 보존을 촉진하는 단체, 지역역사에 관한 자료를 수집하고 정보로 제공하는 단체 들이 있다. 역사보존을 위한 내셔널트러스트도 그 가운데 하나로서 연방 전체를 통괄하는 기구이며, 주 단위, 지방 단위로 활동하는 단체들이 많이 있다. 이들 비영리단체는 1970년대 이후에 등장한 것으로 운영기금은 대부분 기부금과 회원들의 회비로 운영되지만 정부가 할 수 없는 일을 대신할 수 있다는 점에서 정부 차원의 지원도 작기는 하지만 일정 부분을 차지하고 있다.[11]

102. 문화재와 교육

1021. 문화재를 배운다

문화재를 알고, 배우고, 이해하는 것은 문화재를 통하여 나를 찾고 깨닫는 과정이다. 문화재는 역사 발전과정에서 나타난 현상이며 현상을 통해 본질을 깨닫고자 하는 것은 모든 학습과정에서 이르게 되는 목표가 될 것이다. 문화재를 배우는 것은 몇가지 과정을 거치게 된다.[12] 문화재를 아는 것이 첫째이다. 문화재가 무엇이고, 언제 어떻게 만들어져 오늘날까지 남아 있는지에 대해 조사하는 것이다. 다음 단계는 문화재를 배우는 것이다. 직접 체험과정을 통해 만들어 보고, 그려 보고, 따라 해보는 과정을 통해 문화재에 대한 이해를 높일 수 있다. 탈춤을 배우고, 토기를 빚어 구워봄으로서 그 안에 담긴 뜻을 되새길 수 있다.

그 다음 단계는 문화재를 이해하는 것이다. 문화재의 상징성과 가치를 이해하는 것은 곧 역사 발전과정에 대한 이해를 높이는 것이다. 이러한 문화재 교육은 학교 교육과 사회 교육을 통해 구체화되고 문화재에 대한 이해는 곧 지역사회와 공동체, 나아가 겨레 문화에 대한 긍지의 밑거름이 될 수 있어야 한다.

〈사진 10-3〉 동래학춤을 배우는 사람들

1022. 박물관과 문화재교육

문화재교육은 교실안과 밖에서 함께 이루어진다. 교실안에서는 역사교육의 한 방법으로서 책을 통해서 또는 문화재자료를 통해서 문화재를 알기위한 기초교육이 될 것이다. 그러나 문화재를 이해하기 위해서는 현장교육이 무엇보다도 중요하다. 박물관에서 이루어지는 견학학습과 문화재 현장에서 이루어지는 현장관찰 및 실습은 문화재를 배우고 이해하는데 중요하다. 박물관은 문화재교육의 현장으로서 가장 널리 쓰이는 곳이다. 1960년대 유럽에서 일어난 교육개혁은 학생이 주가 되는 교육을 강조하였고 학습 동기유발을 위해 체험교육 방식을 도입하였다. 감각을 이용한 직관적 수업이 이성과 사고력에 바탕한 인지수업보다 배움의 효과가 크다는 것이다. 직접경험과 시각에 의한 감동을 역사교육에서 이용하는 것이 박물관에서의 역사수업이다.[13]

박물관은 유물과 자료를 모으고 보관하는 것으로부터 체험기관으로 그 성격이 바뀌고 있으며, 박물관교육에 대한 강조는 세계적 추세가 되고 있다. 소장품만 있으면 박물관이 될수 있지만, 그것을 살아 움직이는 것으로 만들기 위해서는 교육이 필요하다. 영국에서는 1988년에 교육개혁을 통해 국가교육과정이 도입되면서 박물관교육이 그 목적을 이루는데

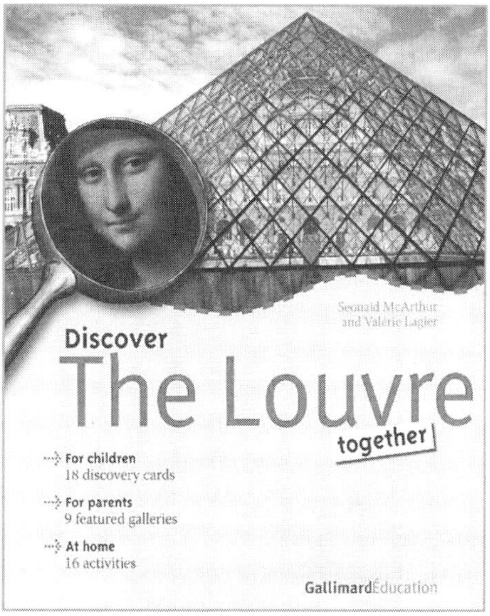

〈사진 10-4〉 박물관 교육자료(루브르)[14]
나이에 따라 장소에 따라 눈높이에 맞춘 박물관 교육자료

중요한 열쇠가 된다고 인식하고 학교교육과 박물관교육을 활발히 이어가고 있다. 이는 영국 정부에서 평생교육에 대한 강력한 정책의지이기도 하다. 학교교육과 평생학습이 조화되고, 지역사회에 학습기회를 제공하는 것이 박물관의 미래의 모습을 만드는 바탕이 된다는 것이다. 따라서 박물관 전시방법에서부터 변화가 일어나고 있으며 일본에서는 참가체험형 전시 방법으로 어린이들이 보고, 만지고, 시험해보며 생각하는 박물관으로 가면서 박물관 교육기능을 고도화하고 있다.[15)]

1023. 문화재 교육의 현장

문화재 현장에서 이루어지는 교육은 역사유적, 사건현장, 고고학 발굴현장 등 다양한 장소를 활용하여 곳에 따라 알맞은 교육 프로그램을 운영할수 있다. 교육 대상은 어린이, 일반 시민, 전문가 등에 따라 내용을 달리 할수 있으며, 교육 주체도 정부기관 또는 시민사회단체와 전문기관이 맡아 진행하는 것을 볼 수 있다. 문화재 현장교육 사례들을 살펴보면 다음과 같다.

1) 그리스 - 아크로폴리스 문화재 교육

그리스 문화성은 1987년에 아크로폴리스 문화재보호위원회의 도움을 받아 「아크로폴리스교육과」를 만들었다. 교육과를 만든 목적은 아크로폴리스 문화재의 예술성과 역사성에 대한 새로운 지식을 일부 전문가뿐 아니라 시민 누구에게나 알려야겠다는 것과, 문화재를 존중하고 보호하기 위한 인식을 심어주기 위한 것이다. 교육과에서는 아크로폴리스를 찾아온 학생들에게 무엇을 어떻게 가르칠 것인가에 대한 연구를 하여 「아크로폴리스의 하루」라는 프로그램을 만들어 교육하고 있다.

교육 내용은 아크로폴리스의 건축상 의미, 고고학상 의미, 건축방법, 지난 시절 받아온 피해사례 분석과 오늘날 이루어지고 있는 보존 보수방법 등에 관한 것을 이해시키는 것이다. 유적을 찾아온 학생들이 몇가지 주제에 따라 실물을 보고, 설명을 듣고, 발굴현장에서 일을 하면서 배우고, 이렇게 훈련받은 학생들은 다시 자원봉사자로서 활동하고 있다.

또한 주제별 체험 교육과정은 4가지 주제에 따라 각기 다른 체험을 하게 된다. 「고대 그리스 신전건설 하루 체험」에서는 학생들 스스로 고대 신전을 세우는 것이다. 맡은 역할에 따라 고대 아테네 시민, 건축가, 조각가, 직업인이 되어 신전건축 정책결정 회의를 하고 건설에 참여한다. 신전에 모실 신을 결정하고, 신상을 조각하고, 장식조각을 만들고, 건축양식을 결정하고 디자인하여 모형을 만드는 것이다. 그밖에 아크로폴리스 위에서 아테네여신을 탐구하는 하루 체험과 플루타크와 바세니아즈의 책을 읽는 하루 체험 등 프로그램이 있다.

아크로폴리스는 그리스 뿐 아니라 세계 여러나라에서 학교교육에 중요한 곳이므로 교육과에서는 학생 뿐 아니라 교사를 위한 프로그램과 함께 교육자료를 만들어 나누어주고 있다. 교육자료로는 아크로폴리스 모형 맞추기 교재 등이 있다. 아크로폴리스를 기원전 5세기 상태로 복원한 축적 1 : 500 크기의 모형을 맞춰가며 언덕 위에 놓아보는 과정을 통해 신전의 형태와 기능, 규모를 비교해 보고 신전의 정확한 위치와 경계, 작은 길 등을 보며 상상을 통해 고대 사람들의 성역에 대한 이해를 돕는 것이다. 이처럼 아크로폴리스 문화재가 갖고 있는 가치를 이용하여 시민들이 문화재에 보다 가까이 다가갈 수 있도록 하는 것이 아크로폴리스 교육의 목표라고 할 수 있다.[16)]

2) 미국 - 역사의 현장 교육

미국 국립공원관리공단 국가사적등록부(National Register of Historic Places)에서는 1991년 부터 역사의 현장 교육(TWHP : Teaching with Historic Places)을 위해 해마다 다양한 프로그램을 만들어내고 있다.

이들 프로그램에는 수업 계획, 현장교육 안내서, 교사·역사가·보존전문가·유적해설사 들을 위한 정보 제공, 그리고 각종 자료출판과 훈련과정 등이 있다. 국가사적등록부는 내셔널트러스트와 힘을 모아 두 기관이 서로 교육기관으로서의 영역을 넓혀 나가고 있다.[17]

역사의 현장은 그곳에 살았던 사람들이나 그곳에서 일어난 사건에 대해 호기심과 관심을 불러 일으키는 곳이다. 옛 유적, 대통령이나 시인이 살던 집, 전쟁터, 공장이나 농장이 있던 자리 등 국가사적에 등록된 곳에서 그때 일어났던 일들을 생생하게 느끼고 이해할 수 있도록 가르칠 수가 있다. 학생들 스스로 역사학자가 되어보기도 한다. 남북전쟁의 현장인 게티즈버그 전장터에 가서는 병사들의 편지를 읽으며 왜 그들이 남군과 북군으로 갈려 싸웠는지를 알게 한다. 에디슨의 연구실을 조사한 뒤에는 학생들이 함께 새로운 차를 고안하여 만들며 창의력과 협동을 배우게 한다.

교사들은 역사를 일상생활속으로 끌어 들임으로서 역사와 사회, 지리 등 여러 분야를 학생들의 삶으로 연결시킬 수 있도록 도와주는 것이다. 그렇게 하여 학생들은 공부를 효과적으로 할수 있을 뿐 아니라 문화유산의 가치를 잘 이해하게 된다. 역사의 현장 교육 프로그램은 국립공원재단으로부터 기금을 받아 '국립공원 : 역사의 현장 찾기'라는 교재를 개발하여 전국의 교사들에게 나누어 주기도 한다.[18]

3) 일본 - 자연보호운동과 문화재 애호사상 교육

일본에서는 자연과 가까이하기 위한 활동으로 매년 7월 21일부터 8월 20일까지를 〈자연과 친해지는 운동〉 기간으로 정하여 자연관찰회 등 자연과 접촉을 추진하기 위한 행사를 전국의 자연공원에서 실시하고 있다. 또한 자연길 걷기를 장려하기 위해 매년 10월 한달을 〈전국·자연보도를 걷는 달〉로 정하여 전국의 자연보도에서 각종행사를 하고, 자연과의 접촉을 위해 국립공원이나 장거리 자연보도에서 자연체험 학습

프로그램을 개발 운영하고 있다. 자연공원의 보호와 적절한 이용을 위해 자연공원 지도원 약 3,000명을 위촉하고 자연보호 사상이나 이용 방법의 보급계발, 안전이용 등에 관한 지도를 추진하도록 하였다. 국립공원의 이용거점에서는 자연해설 활동을 충실히 할 수 있도록 '공원 자원봉사활동 기반정비사업'을 실시하고, 자원봉사자들의 안정적인 활동과 자연해설 활동을 지도하는 전문적 인재를 양성하기 위해 '자연해설지도자 육성사업'을 계속하고 있다.[19]

한편 문화재보호와 문화재에 대한 시민의식 고취를 위해 일본에서는 문화재보호 강조주간(11월 1~7일)과 문화재방화의날(1월 26일) 행사를 하고 있다. '교육·문화 주간'의 하나로 시행되는 문화재보호 강조주간에는 국가 및 지방공공단체가 시민 한사람 한사람이 문화재를 국민재산으로서 애호하도록 적극적인 홍보활동을 펼친다. 또한 학교교육에서는 사회과에서 문화재를 활용한 학습을 하고, 향토사 연구모임 등 조사·연구활동을 장려하여 지역문화재 학습이나 지역에 전해지는 죽공예, 짚공예 등 기술학습, 민속예능 등 체험학습을 통해서, 지역사회 가운데 문화재 애호를 위해 노력을 기울이고 있는 학교도 있다. 또한 도덕과목에서 공공물을 소중히 다루는 마음을 기를 수 있도록 가르치고, 수학여행이나 소풍에 맞춰 자연, 문화와 친숙해지도록 지도하고 있다.

4) 고고학과 사회교육

고고학 발굴현장에서 또는 유물 유적에 대한 일반 사람들의 이해를 돕기 위한 교육 프로그램은 발굴전문기관을 중심으로 전국 각지에서 진행되고 있다.[20] 발굴에서 나오는 새로운 정보들은 관련분야 전문가들 뿐 아니라 누구에게나 관심의 대상이 되며 새로운 사실을 누구나 쉽게 알 수 있도록 널리 알리는 것은 전문가들이 해야 할 일이기도 하다. 이는 고고학의 사회적 책무이며, 또한 지역사회에서 주민들과 함께하는 유적 보존활동과 연계되어야 한다.

〈사진 10-5〉 유적발굴 현장 공개설명회(경주 나정-중앙문화재연구원)

〈사진 10-6〉 호야가족 어린이 교육활동(호남문화재연구원)

〈사진 10-7〉 고인돌축제 어린이 체험활동(동북아 지석묘연구소)

〈주〉

1) World Commission on Culture & Development, 1996. *International Agenda. Our Creative Diversity,* Paris, Unesco Publishing.
2) 유네스코 한국위원회 모니터링보고서 2000.
3) http://www.palace.or.kr.
4) 요코가와 세쯔코, 전홍규 옮김, 2000. 『토토로의 숲을 걷다-내셔널트러스트의 여행』(이후)
5) 조명래, 2000. 『근대문화유산 보존 관련 문화재청 학술회의』
The National Trust(U. K) : http://www.nationaltrust.org.uk
6) 木原啓吉, 2000. 『廣かる 내셔널트러스트 運動』
http://www.ntrust.or.jp
7) http://www.nationaltrust.or.kr
8) 『오정골을 지키는 시민의 모임 창립행사 자료집』 1999.
9) 문화유산과 자연환경자산에 관한 국민신탁법(2006. 3.)
10) 西村幸夫, 1993. 『歴史お生がしだまちつぐり-英國しびっぐでざいん 運動がら』

(東京. 古今書院).

11) アバンデサインど歷史的環境保存. 岡崎驍行 須賀定邦 李 政炯 藤田文彦 135~161쪽.

12) 한국교육과정평가원, 2000. 『문화재교육의 이론·방법 및 실제』(문화재청)

13) 김호숙, 1999. 박물관과 역사교육 『실학사상연구』 12집.

14) Seonaid McArthur, Valerie Lagier, 2006. *Discover The Louvre*. Gallimard

15) 이은미, 2002. 「전환기의 박물관과 박물관 교육」, 『민속소식』 79호 (국립민속박물관).

16) 關 隆志 編, 1998. アグロポリス文化財による教育『都市ど文化財-アデネど大阪』

17) 인터넷 자료-미국 국립공원관리공단(http://www.cr.nps.gov).

18) National Trust for Historic Preservation, Teaching with Historic Places. (The Preservation Press.)
CRM : Teaching with Historic Places CRM vol no 2000

19) 조명래, 2000. 앞의 글.

20) 발굴 전문기관은 전국에서 60개 기관이 활동하고 있다. (www.kcpia.or.kr)

11. 문화재 국제조약과 국제기구

111. 문화재와 국제조약

1111. 문화재 반환과 국제협약

1112. 문화재반환의 실제

1113. 우리나라의 해외유출 문화재

1114. 무력분쟁시 문화재보호

112. 문화재관련 국제기구

1121. 국제문화재보존복구연구센터(ICCROM)

1122. 국제박물관위원회(ICOM)

1123. 국제자연보존연맹(IUCN)

1124. 도코모모(Docomomo)

1125. 국제민속축제 민속예술기관협의회(CIOFF)

1126. 국제기념물유적협의회(ICOMOS)

113. 국제기구에서의 문화재보존 활동

1131. 아시아-유럽 재단(ASEF)

1132. 세계은행(World Bank)

III. 문화재와 국제조약

IIII. 문화재 반환과 국제협약

문화재 반환 문제와 관련하여 가장 모범이 되는 사례로는 덴마크 정부에서 아이슬랜드에 반환한 중세 문서를 꼽는다. 이 문서는 덴마크에서 250년전에 식민지 영토인 아이슬랜드로 부터 가져간 필사본 문서로 아이슬랜드의 전설과 노르웨이 왕가의 역사를 기록한 것이다. 문서의 내용과 가치에서 국가의 정체성을 상징하는 것으로 문서의 반환은 곧 아이슬랜드로서는 주권 회복이나 마찬가지였다. 1971년에 처음으로 두 권의 책을 반환받게 되는데 그를 맞이하는 장면은 매우 감동적인 것이었다.

"1971년 4월 21일 덴마크의 전함 베데렌호는 값으로 따질 수 없는 선물을 싣고 아이슬랜드의 수도 레이크자빅 항구로 들어오고 있었다. 부두에는 15,000명이나 되는 아이슬랜드 사람들로 가득차 있었으나 거리에는 한사람도 보이지 않았고 학교와 가게도 문을 닫아 마치 온 나라에 몹쓸 병이 덮친 듯 하였다. 당시 20만명이 넘는 영혼들이 레이크자빅 항구에서 일어나고 있던 역사적 사건을 생생히 보기 위하여 라디오에 귀를 기울이고 텔레비전 앞에 앉아 있었던 것이다. 배가 도착하자 선원 세 명이 나타났다. 그들은 각각 주의깊게 싼 짐을 내리고 있었다. 이 짐들은 덴마크에서 아이슬랜드로 오는 동안 선실안에 문이 잠긴채 들어 있었고 오직 선장만이 선실 열쇠를 갖고 있으며 하루에 두 번씩 아이슬랜드 대표와 함께 짐들이 잘 있는지, 온도와 습도는 알맞게 유지되고 있는 지를 확인할 뿐이었다. 짐 안에는 책이 두권 들어 있었다. 부두에서 짐들은 검은색 경찰차에 실렸다. 수상의 환영 연설이 끝나고 차는 천천히 시내로 들어왔고 수천명의 환호하는 군중들 사이를 지나 대학으로 향했다. 마치 왕가의 혼인식을 보는 듯 했다. 그날 오후 덴마크 교육부장관은 가죽으로 장정된 옛 책을 아이슬랜드 장관에게 건네주며 이제 '당신들의 것이요' 라고 말했다."[1]

다른 문화(다른 나라 또는 민족)의 문화재를 소유하려고 하는 욕구가 급증하는 현상이 문화재 지역에서 약탈이 지속되고 불법 거래되며, 도굴 등 비윤리적 유물 수집이 계속되게 만들고 있다. 이들 문화재 소유자들의 동의를 받아 합법적으로 이전된 것들도 있기는 하다. 1970년에 유네스코 협약을 채택하고 많은 나라들이 가입하고 있으나 아직도 예술품시장을 통해 불법 거래되는 것들이 많다.[2)]

1995년 다보스(Davos)에서 열린 세계경제포럼에서는 예술품과 문화재 밀거래 문제가 특별 토론의 주제가 되었다. 이 회의에서 영국의 고고학자 렌프류(C. Renfrew)는 "고고유물이 원래 있던 자리로 부터 불법으로 옮겨지게 되면 그것을 통해 우리가 알 수 있는 것은 아무것도 없다." 고 하였다. 따라서 유적을 약탈하는 것은 바로 인류 역사에 관한 정보를 잃게 되는 것이며, 이들 유물의 소유권 문제는 그 다음인 것이다.[3)]

문화재 약탈과 파괴를 막기 위한 법과 제도가 나라마다 있고, 국제규정들도 다양하게 마련되어 있기는 하지만 지난날 불법으로 이전된 문화재를 원소유국으로 되돌리는 문제는 아직도 해결의 실마리가 보이지 않고 있다. 문화재 반환을 둘러싸고 반환 청구국과 문화재 보유국가 사이에는 서로 다른 주장을 하며 정당성을 주장하고 있는 것이 현실이다.

문화재 보유국에서는 합법적으로 수집된 것임을 주장하며 보다 좋은 조건에서 보존하여 보다 많은 사람들에게 보여줄 수 있어 인류문화 발전에 오히려 이바지하고 있음을 애써 강조하기도 한다. 그러나 반환 청구국에서 볼 때, 이들 문화재는 주로 식민지 시절 불법으로 반출된 것이며, 그것을 만들어 낸 사람들에게는 정체성의 상징이므로서 원소유국에 있어야만 참가치를 가질 수 있다는 것이다. 다시 말해서 원소유국들은 민족 문화유산의 중요성과 문화유산에 국가 주권이 들어있음을 주장하고 있으며, 보유국들은 인류 공동의 유산임을 내세워 문화재를 전시하고 보호·연구하는 것이 더욱 중요하다는 것이다.[4)] 문화재 반출입 문제와 관련하여 국제사회에서 정한 협약들은 아래와 같다.

국제조약 문서의 종류

- ◎ 조약 Treaty : 격식을 따지는 정식문서로서 당사국 사이에 정치 외교적 기본 관계나 지위에 관한 포괄적 합의를 기록하는데 사용.
- ◎ 헌장 Charter, Constitution / 규정 Statute / 규약 Covenant : 국제기구를 구성하거나 특정 제도를 규율하는 국제 합의에 사용.
- ◎ 협정 Agreement : 전문, 기술적 주제에 관한 합의에 사용.
- ◎ 협약 Convention : 국제기구 주관하에 개최된 국제회의에서 체결.
- ◎ 의정서 Protocol : 기본문서에 대한 개정이나 보충의 성격, 또는 전문 성격의 다자조약에 많이 사용.
- ◎ 각서교환 Exchange of Note : 나라의 대표들이 국가 의사를 서로 전달하는 것.
- ◎ 양해각서 Memorandum of Understanding : 이미 합의된 내용을 명확히 하기 위한 양해 사항을 기록.

그밖에 국제기구 총회에서 제시하는 문서에는 권고 Recommendation, 결의 Resolution, 선언 Declaration, 문서 Document 등이 있다.

1) 문화재 불법 반출입과 소유권양도 금지 및 예방수단에 관한 협약

第16차 유네스코 총회(1970년 11월 14일, 불란서 파리)에서 채택한 협약이다. 문화재의 국가간 교류는 인류문화에 관한 지식을 높이고 문화생활을 살 찌우는 것이며 나라간 상호 존중과 이해를 높이는 것이므로 문화재를 도난, 도굴, 불법반출로 부터 보호하는 것이 모든 나라의 책임이며, 다른 나라의 문화재도 존중하는 것이 도덕적 책임임을 강조하였다. 이 협약에서는 문화재를 다음과 같이 정의하고 있어 동산문화재를 보호하는 것이 주목적이며 각 나라에서 특별히 지정한 것을 대상으로 하여 개인 소유이거나 지정 보호받지 않는 문화재는 협약의 대상이 아닌 것으로 되어 있다.[5)]

문화재는 각 나라가 종교적 또는 세속적 바탕에 따라 특별히 지정한 자산으로서 고고학, 선사학, 역사학, 문학, 예술, 학술상 중요성을 갖는 다음과 같은 것을 말한다.

a) 희귀동식물, 광물, 해부표본과 수집품 그리고 고생물학상 가치가 있는 것들.
b) 역사관련 자산(과학기술사, 군사, 사회사 포함), 국가지도자, 사상가, 과학자, 예술가의 생애와 관련된 자산, 국가적으로 중요사건과 관련되는 자산.
c) 고고발굴 출토품(정식발굴과 도굴을 포함하여) 또는 지표조사 출토유물.
d) 예술 또는 역사기념물이나 고고유적의 구성요소에서 떨어져 나온 것들.
e) 금석문, 동전, 인장 같은 것으로 100년이 넘은 골동품들.
f) 민족학상 가치있는 물건들.
g) 예술상 가치있는 자산으로서 다음과 같은 것들.
  i) 바탕이나 재질에 관계없이 손으로 그린 회화, 유화, 도화(산업용 도안이나 손으로 장식한 공산품은 제외).
  ii) 재료와 관계없이 손으로 만든 조상 및 조각품의 원작.
  iii) 목판, 동판, 석판의 원작.
  iv) 재료와 관계없이 예술조립 및 합성품의 원작.
h) 진귀한 필사본, 간행본, 고문서 및 출판물로서 역사상, 예술상, 학술상, 문학적 가치가 있는 것으로 단행본 또는 전집류.
I) 우표, 인지 등으로서 단일품 또는 수집품.
j) 녹음, 사진, 영화로 된 기록물.
k) 100년이 넘은 가구와 옛악기.

문화재 불법 반출입과 소유권양도 금지 및 예방수단에 관한 협약(1970)

협약에 가입한 나라들은 협약에 규정된 내용을 위반하는 것이 불법임을 명기하면서 ① 그 나라 국민 개인이나 집단이 창작한 문화재, 그리고 그 나라에 거주하는 외국인이나 무국적인이 창작한 것으로서 그 나라에 중요한 문화재, ② 그 나라 영토안에서 발견한 문화재, ③ 출처국 주무 행정기관의 허가를 받은 고고학, 민족학, 자연과학 탐사단이 수집한 문화재, ④ 자유협의 과정을 통해 주고받은 문화재, ⑤ 선물로 받았거나, 출처국 주무 행정기관의 허가를 받아 정당하게 구입한 문화재 등은 그 나라의 소유임을 인정하고 있다.

각 나라는 중요문화재 목록을 작성하고 도난문화재에 대해서는 널리 그 사실을 알려야 하며 협약 가입국들은 불법반출 문화재를 취득해서는 않되며 이를 출처국에 알려야 한다. 또한 문화재 보호를 위한 국가기관을 설립하여 법안과 규칙을 제정하고, 중요문화재 목록을 작성하며, 연구기관 설립, 고고학유적 보호, 교육 및 홍보활동을 하도록 권고하였다. 문화재 반입과 반출을 막기 위한 증명서제도 도입 등 국내입법과 이행을 촉구하며 불법 반입된 문화재에 대해서는 반환절차를 통한 원상회복(restitution)을 이행하도록 하고 있다. 그러나 협약 성립 이전에 이루어진 것들에 대한 소급 적용은 아니다.

2) 도난 또는 불법반출 문화재에 관한 유니드로와 협약

이탈리아 정부 초청으로 1995년 로마에서 개최된 외교회의에서 채택한 협약으로 도난문화재의 반환과 불법수출 문화재의 환수를 위한 국제청구권 행사에 적용한다.[6] 여기에서 문화재의 정의는 "문화재 불법 반출입과 소유권양도 금지 및 예방수단에 관한 협약(1970)"의 내용과 같다. 그러나 '각 나라에서 특별히 지정한 것'이라는 말이 없음으로서 개인소유의 문화재까지를 포함한다는 것이 1970년 협약과 다른 것이다.

유니드로와(Unidroit)는 각 나라의 민사법 규정이 미비하거나 일치하지 않는 부분들을 통일 정리하기 위하여 설립한 기구이므로 이 협약은 사법적 관심이 크고, 특히 선의의 구매자에 대한 보호 범위에 집중되어 있다. 도난당한 문화재의 원상회복과 불법반출 문화재의 반환을 위한 국제 성격의 소송을 다루는 것이 이 협약의 주목적이라 할 수 있다. 국제적 성격의 보상 청구에 관한 규정이며 사법적으로 문화재의 원상회복을 논하게 됨으로서 개인간 권리 의무의 법률관계를 바탕으로 국내법의 법리가 적용되는 것이 많다.[7]

문화재 원상회복을 요구하는 자는 사유인 경우 점유자의 신상 확인과 문화재의 위치를 알게 된 때로부터 3년안에 소송을 제기해야 하며 절도된 때로부터는 50년 안에 소송이 이루어져야 한다고 되어 있어 세계2차대전 기간에 식민지 지역에서 이루어진 불법 행위에 대해서는 사실상 면죄부를 준 것이나 마찬가지가 되었다. 그러나 공공기관 소유의 것은 시효가 적용되지 않는다. 한편 원소유자에게 원상을 회복시킬 때에는 점유자가 정당한 보상을 받을 권리가 있다.

3) 문화재 불법 반출입과 소유권이전 금지 및 예방수단에 관한 권고

제13차 유네스코 총회(1964년 11월 19일, 불란서 파리)에서 채택한 권고안이다.[8] 문화재는 문명과 국가 문화의 기본요소이며 문화재를 아는 것이 나라간 서로 이해하는데 중요하므로 각 나라는 자기 영토안의 문화재를 보호하고 불법 반출입 및 소유권 이전 금지를 위해 노력해야 하고 불법 문화재 소유를 막기 위한 적절한 국제 조치가 필요하다.

여기에서 문화재에 대한 정의는 다음과 같다. 문화재란 각 나라의 문화유산 가운데 중요한 동산 및 부동산으로서 예술품, 건축물, 전적, 그리고 그밖에 예술상, 역사상, 고고학상 가치있는 것, 민족자료, 동식물 표본종, 과학수집품, 그리고 중요한 전적수집품, 악보를 비롯한 기록물들이다.

박물관을 비롯한 문화재보존기관은 불법 문화재를 구입해서는 않되며 문화재의 합법 거래를 위해서 회원국들은 상대국으로 부터 공적으로 구입하거나 대여받는 방법을 사용해야 한다. 각 나라는 문화재 목록을 작성하고, 보호를 위한 법조치를 취하도록 한다. 필요한 경우 양자간, 다자간 협정을 맺을 수 있고 불법으로 거래된 문화재에 대한 국제보호 협력을 강화하는 것들이다.

1112. 문화재반환의 실제

1) 여러나라의 문화재 반환 사례

문화재 반환은 당사국간의 협정을 통하여 이루어지는 경우가 많으며, 국제협약이나 국제기구를 통한 반환은 사실상 사례가 매우 드문 편이다. 이는 각 나라가 국내법의 적용을 피할 수 없고 국내법 조항들이 상충되는 것이 많으며, 국제법의 규칙을 국내법에 강제할 수 없다는 한계가 있기 때문이다. 따라서 국가간에 문화재 반환을 성공적으로 이룬 경우는 교섭 당사자들 사이에 자발성과 진실된 자세가 무엇보다도 중요하다.[9)]

◎ **문화재 반환 - 몇가지 사례**[10)]

1950년 프랑스와 라오스 사이에 라오스예술품 반환에 관한 협정

1962년 우간다 독립을 맞이하여 영국 캠브리지대학 고고학인류학박물관에서 중요 유물을 반환

1968년 프랑스와 알제리의 협정에 따라 1930년에서 1968년까지 앨기어박물관에 전시하고 있던 미술품 300점을 알제리에 반환

1976년 미국 하바드대학 피바디 박물관에서 옥제품 수집품을 멕시코에 반환

1977년 네덜란드와 인도네시아의 문화협정(1968년 체결)에 의해 인도네시아 역사에 중요한 다수의 문화재 반환

1977년 미국 펜실베니아 대학이 파나마에 중요 고고유적 출토 토기들 반환

1980년 프랑스 루브르박물관에 소장하고 있던 하무라비 법전과 같은 시기의 바빌로니아법전, 장기대여 방식으로 바그다드 이라크박물관에 반환

1982년 영국은 케냐에 200만년전 프로콘술 아프리카누스 뼈화석을 40년 이상 대여 방식으로 반환

1982년 이탈리아는 두 나라 외무장관의 협의에 따라 에치오피아에 메네레크 2세 황제의 왕관을 반환

2) 불법문화재 반환 촉진 정부간위원회(CLTPRO)

불법 소유 문화재를 원소유국으로 반환하는 문제에 대하여 국제 협력 분위기를 조성하기 위한 목적으로 1978년에 구성된 위원회로서 문화재 반환과 관련된 국제협력을 추진한다. 운영위원회가 중심이 되고, 정기회의와 임시회의를 열어 활동 사항을 정리한다. 위원국의 임기는 4년이며, 매 총회마다 10개국씩 교체한다.

정부간위원회는 1970년 유네스코 협약을 이행하기 위한 실질적 기관이지만 문화재 불법 소유가 많은 나라들이 협약에 가입하지 않은 상태이고, 협약의 구속력이 없어 활동에 한계를 지니고 있다. 위원회의 주된 관심은 도난 및 불법반출 문화재의 원상 회복에 있고, 과거 식민지 시대의 불법유출 문화재 반환에 대하여는 활동이 부족하다.

1113. 우리나라의 해외유출 문화재

1) 해외소재 문화재 현황

우리나라 문화재들이 불법으로 또는 여러 경로를 통해 해외에 나가 있는 것들은 아직 그 현황을 정확히 알지 못하고 있다. 그동안 국립문화재연구소와 국제교류재단에서 꾸준히 조사해 오면서 공공기관에 소장하고 있는 것들은 어느 정도 파악되고 있지만 개인소장품들에 대해서는 확인하기 어려운 것들이 많다. 문화재연구소에서는 1985년부터 해외 소재 문화재를 조사하였고, 1992년부터 현지에서 조사하여 현재까지 20개국에 76,143점이 있음을 알아내었다.[11] 앞으로 꾸준한 조사를 통해 정확한 현황을 알 수 있게 될 것이다.

2) 돌아오는 문화재들

해외 소재 문화재는 정부 차원의 반환 협상과 민간 차원의 환수 노력이 곁들여지면서 성과를 얻을 수 있다. 최근 일본으로 부터 반환받은 북관대첩비와 조선왕조실록(오대산 사고본)은 민간 차원의 노력으로 이루어진 값진 성과이다. 그에 비해 우리나라와 프랑스 사이에서 벌어진 외규장각도서 반환 협상은 지리한 논쟁만 이어질 뿐 소기의 목표를 달성하지 못한채 미해결로 남아 있다. 그것도 이른바 등가교환 방식이라는 맞바꾸기 선례를 남길 뻔 하였다. 민간 차원의 꾸준한 노력이 필요하다.[12]

북관대첩비가 돌아오기까지

야스쿠니신사에 있던 북관대첩비

제자리에 다시 세울 모습

북관대첩비 반환 추진 주요 경과

1708. 함경북도 길주 임명에 비 건립
1905.10.28. 일본군에 의해 약탈 히로시마 항구 도착
1909. 조소앙, 「대한흥학보」에 '북관에 대하여 我의 소감' 기고
1978. 최서면, 야스쿠니신사에서 비 확인 해주정씨 문중, 한일친선협회를 통해 일본에 비반환 요청
1979. 일본 정부, 원소재지인 북한과 합의가 있으면 반환하겠다는 입장 표명
1986. 제3차 한일문화교류실무자회의, 비반환요청
1993. 한일의원연맹총회 일본대표, 정부가 신사에 비반환을 강제하기 어렵다는 입장 표명
1999.1. 황태손 이구, 일본 천황에 반환 요청
1999.6. 야스쿠니 신사, 남 북간 조정과 일본 정부에서 정식 요청시 반환 의사 표명
2005.3. 남북 불교계, 비반환 남북합의서 체결
2005.6.20. 한일정상회담, 비반환 합의
2005.6.23. 남북장관급회담, 비반환을 위한 합의사항 발표
2005.6.28. 한국정부, 일본에 비반환 정식 요청
2005.10.20. 북관대첩비 100년만에 귀환

3) 해외박물관 한국실 운영

해외에 불법으로 나가있는 우리 문화재를 되돌려오려는 노력에 못지 않게 그들 나라에서 전시하여 많은 사람들에게 우리 문화를 알리는 것도 중요하다. 해외 주요 박물관에 한국실을 설치하고 전문가를 양성하여 연구할 수 있도록 지원하는 것은 우리 문화재를 보존·보급하기 위한 노력의 하나인 것이다. 이러한 사업은 외교통상부 산하 한국국제교류재단에서 담당하고 있으며, 기업의 기부금 지원형식으로 전시실을 만든 경우도 있다. 해외박물관에 설치된 한국실 및 전시공간은 규모와 전시 내용면에서 아직 보완해야 할 점이 많이 있다.

〈사진 11-1〉 영국 빅토리아 앨버트 박물관 한국실

〈표 11-1〉 해외소재 우리 문화재 현황(2013년 현재)

나 라	소장수량(점)	주요 소장처
일 본	67,708	동경 국립박물관 등
미 국	43,558	스미소니언 프리어 미술관 등
영 국	7,954	영국박물관 등
독 일	10,727	함부르크 민속박물관 등
러시아	4,067	동양 예술박물관 등
프랑스	2,896	국립 기메동양박물관 등
중 국	8,278	요령성박물관 등
덴마크	1,278	덴마크 국립박물관 등
캐나다	2,192	로얄온타리오박물관 등
네덜란드	1,163	국립 라이덴박물관 등
스웨덴	51	동아시아박물관 등
오스트리아	1,511	비엔나 민속박물관 등
바티칸	298	바티칸 민족박물관
스위스	119	스위스 민족학박물관
체코	252	체코 국립박물관 등
벨기에	56	왕립 미술역사박물관
대만	2,881	국립 고궁박물관 등
헝가리	341	호프훼렌쯔 동아시아박물관 등
호 주	41	뉴사우스웨일즈박물관 등
카자흐스탄	1,024	국립도서관 등
이태리	17	국립동양도자박물관 등
계	156,412	

※ 위 현황은 문화재청과 국립문화재연구소에서 조사한 자료, 관련기관(국제교류재단, 한국서지학회 등)을 통해 알려진 것, 소장기관에서 제공받은 것을 포함한 것이며 조사 결과에 따라 변동될 수 있음.

4) 한일 문화협정과 문화재 반환

한일국교정상화를 위한 협상과정에 문화재 반환문제가 제기되었고, 1965년 6월 22일에 문화재에 관한 협정이 있었다.

대한민국과 일본국간의 문화재 및 문화협력에 관한 협정
(조약 제181호)

대한민국과 일본국은,
양국 문화의 역사적인 관계에 비추어,
양국의 학술 및 문화의 발전과 연구에 기여할 것을 희망하며,
다음과 같이 합의하였다.

제1조 대한민국 정부와 일본국 정부는 양국 국민간의 문화관계를 증진시키기 위하여 가능한 한 협력한다.
제2조 일본국 정부는 부속서에 열거한 문화재를 양국정부 간에 합의되는 절차에 따라 본협정 효력 발생후 6개월 이내에 대한민국 정부에 인도한다.
제3조 대한민국 정부와 일본국 정부는 각각 자국의 미술관, 박물관, 도서관 및 기타 학술문화에 관한 시설이 보유하는 문화재에 대하여 타방국의 국민에게 연구의 기회를 부여하기 위하여 가능한 한의 편의를 제공한다.
제4조 본 협정은 비준되어야 한다. 비준서는 가능한 한 조속히 서울에서 교환한다.
본 협정은 비준서가 교환된 날로부터 효력을 발생한다.
이상의 증거로서 하기 대표는 각자의 정부로부터 정당한 위임을 받아 본 협정에 서명하였다.
1965년 6월 22일 토오쿄오에서 동등히 정본인 한국어 및 일본어로 본서 2통을 작성하였다.

대한민국을 위하여
(서명) 이 동 원
김 동 조

일본국을 위하여
(서명) 시이나 에쓰사부로오
다까스기 싱이찌

조약 부속서에는 일본이 우리에게 돌려주겠다는 문화재 목록이 들어있다. 협정 제2조에 따라 1966년 5월 28일 1차로 금귀걸이, 옥제품 등 고고자료 339점, 도자기와 석조미술품 100점, 체신자료 36점, 도서 852책, 그리고 기증자료인 마이크로필름 379롤이 되돌아왔다. 다시 1년 뒤에 1967년 6월 30일 2차로 창녕교동고분 출토품 106점이 돌아와 국립박물관이 인수하였다.[13] 일본에서 돌아온 문화재는 일제 시기에 우리가 받은 피해에 비추어 볼 때 그 질과 양이 터무니없이 적은 것이었다. 도서 852책만을 보더라도 대부분이 폐기처분되어야 할 정도로 쓸모없는 옛책들이라는 평가를 받을 정도로 한일회담에서 일본의 장난이 지나쳤다는 것이다. 그나마 협정서에 '반환(返還)'이 아니라 '인도(引渡)'라는 말을 쓴 것도 적절치 못하다는 지적을 받았다.[14]

대한민국과 일본국 간의 문화재와 문화협력에 관한 협정에 대한 합의 의사록(조약 제182호)

한국측 대표는, 일본 국민의 사유로서 한국에 연유하는 문화재가 한국측에 기증되도록 희망한다는 뜻을 말하였다.
일본측 대표는 일본국민이 소유하는 이러한 문화재를 자발적으로 한국측에 기증함은 한일양국간의 문화협력의 증진에 기여하게도 될 것이므로, 정부로서는 이를 권장할 것이라고 말하였다.

1965년 6월 22일 토오쿄오에서

우리나라와 일본의 문화재 협정은 그것이 법적으로 우리가 반환받을 수 있는 모두인 것처럼 풀이될 수도 있으나 부속서에 들어있는 품목이외에 국공유문화재에 대한 것들은 뚜렷한 언급이 없다. 또한 협정에 덧붙여 합의서 형식으로 개인소장 문화재에 대한 자발적인 기증을 권장하기로 하였지만 아직 뚜렷한 성과는 없었다.

따라서 앞으로 새로운 차원의 양자협정이 필요하며 문화재반환을 위한 교섭이 이어져야 할 것이다. 이는 1965년의 한일기본관계에 관한 조약에 'UN헌장의 원칙'을 지침으로 하여 긴밀히 협력할 것을 합의한 정신에 따라 유네스코를 중심으로 전개되어온 문화재반환에 관한 국제법질서의 발달에 발맞추어 협력할 것을 다짐한 것으로 해석할 수 있기 때문이다.[15]

일본에 있는 우리 문화재들에 대해 소유 경위와 상태에 따라 국공유 문화재는 직접 반환교섭을 하고, 사유의 것은 일본정부에서 반환방법에 대해 권장하는 조치를 하도록 요구하는 것이 필요할 것이다. 따라서 두 나라는 협력에 필요한 정부간 또는 민간 기구를 만들어 지속적인 활동을 할 수 있도록 해야 한다.[16]

1114. 무력분쟁시 문화재보호

1) 무력분쟁시 문화재보호에 관한 협약

분쟁지역에서 문화재를 안전하게 보호하고 존중하도록 하기 위해 이 협약을 채택하였고, 헤이그협약이라고도 한다.[17] 문화재가 전쟁으로 인하여 심각한 파괴를 당하고 있음을 인식하고, 문화재는 전세계인에게 중요하므로 국제적인 보호를 받아야 하므로 1899년과 1907년의 헤이그협약과 1935년의 와싱톤조약[18]에 근거하여 국내 및 국제적 조치를 평화시에 만들어 놓는 것이 효과적이라는 판단에 따라 협약을 제정하였고, 협약에 따르는 두가지 의정서가 있다.[19] 이 협약에 근거하여 보호대상 문화재를 식별할 수 있는 푸른방패(blue shield)형 문장(紋章)을 표시하도록 하였다.

그러나 1991년의 걸프전과 발칸분쟁, 그리고 유고슬라비아 내전에서 유럽 문명의 상징인 역사도시 두브로브닉(Dubrovnik)에 대한 보스니아의 폭격과 그 보복으로 크로아티아에 의한 모스타르(Mostar)의 다리 파괴에 이르기까지 그간의 상황을 돌이켜볼 때 헤이그협약의 실효성에 대한 의문이 제기되고 있다. 또한 협약의 상징인 푸른방패 문장을 붙이게 되면 공격을 제한하기 보다 오히려 공격의 목표가 되기도 한다. 따라서 유네스코에서는 1990년대에 들어와 이 협약의 실효성과 실행에 관한 검토를 거쳐 1993년 유네스코 총회에서 협약의 목표와 목적을 다시 강조하며 국제 관습법의 한 부분으로 여겨져야 한다는 것을 밝혔다.

푸른방패 문장은 협약 제16조에서 형태에 대하여, 17조에서는 문장 사용방법에 대하여 설명하고 있다. 문장은 하나를 사용하거나 때에 따라서는 세 개를 삼각형 모양으로 붙여 사용한다. 문장을 하나만 사용하는 경우로는 특별한 보호를 필요로 하지 않는 문화재, 협약 실행규칙에 따라 조정관 역할을 하는 사람들, 문화재보호에 종사하는 사람, 협약실행규칙에 언급된 식별카드 등이다.

문장 세 개를 사용하는 경우로는 특별히 보호해야 할 부동산문화재이거나, 협약 제 12, 13조에 따른 조건하에서 문화재를 운반할 때, 협약 실행규칙에 따른 조건하에서 임시보관소(동산문화재 보관소)로 쓰이는 곳 등이다. 특별히 보호해야 할 문화재라는 것은 국제특별보호대상문화재로 등록된 것이어야 한다. 1993년 유네스코 총회 권고안에서는 헤이그협약 당사국들에게 세계유산등록 문화재를 특별보호대상문화재 목록에 올리도록 요청하였고 몇몇 나라에서 반응이 있었다. 동산문화재 보관장소는 공격대상이 되는 지역, 이를테면 비행장, 방송국, 국가방어시설, 항구, 기차역 등에서 충분한 거리가 있는 곳이 좋고 군사목적으로 쓰이는 곳이 아니어야 하며, 건물자체가 단단한 구조를 갖고 있어 폭격에 견딜만한 곳이어야 한다.

2) 국제푸른방패위원회

국제푸른방패위원회(International Committee of the Blue Shield: ICBS)

일반보호 특별보호

〈그림 11-1〉 푸른방패 문장과 사용방법

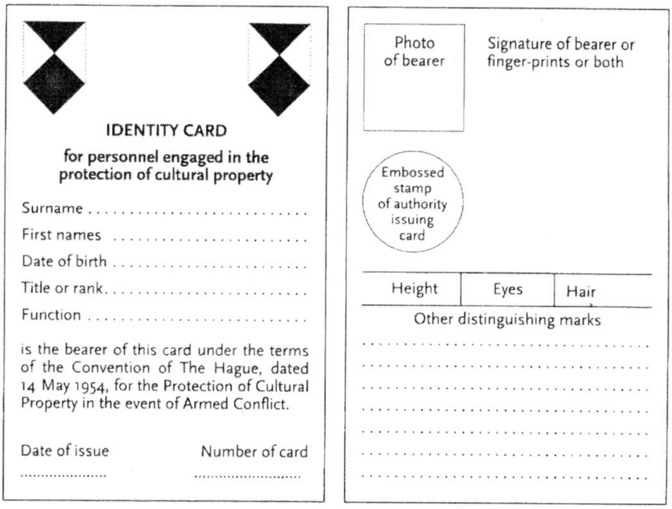

IDENTITY CARD

for personnel engaged in the protection of cultural property

Surname ....

First names ....

Date of birth ....

Title or rank.....................

Function ....

is the bearer of this card under the terms of the Convention of The Hague, dated 14 May 1954, for the Protection of Cultural Property in the event of Armed Conflict.

Date of issue .... Number of card ....

Photo of bearer

Signature of bearer or finger-prints or both

Embossed stamp of authority issuing card

Height	Eyes	Hair

Other distinguishing marks

....
....
....
....
....
....
....

앞면 뒷면

〈그림 11-2〉 문화재보호 책임자 인식표

는 1996년 6월 파리에서 열린 국제박물관위원회 86차 실행위원회에서 협정서 초안을 만들면서 설립되었다. ICBS는 국제기념물유적협의회(ICOMOS), 국제박물관위원회(ICOM), 국제기록보존회의(ICA), 국제도서관연합(IFLA)을 연결하는 통합 비상대응체제로서 문화재 분야의 적십자위원회와 같은 것이다. 유네스코는 비상시 ICBS로 하여금 도서관, 박물관, 문서기록보존소, 문화재 등에 대한 통합처리와 함께 적절한 대응 방안을 마련하도록 요청하게 된다. 네 기구의 양해로 이루어진 협정에 의하면, 위원회 설립목적은 a) 자연적, 인위적 요인, 특히 무력분쟁과 관련되어 발생한 위협이나 비상의 경우 문화재보호를 위한 조언을 하고, b) 참여기구와 국내기구들간의 협력을 통해 위협이나 비상에 대한 국제적 대응을 용이하게 하며, c) 1954년 헤이그협약에 의해 발생된 상황에 있어 자문역할을 하며, d) 문화재 보호와 존중을 장려하고 위기대응에 관한 보다 높은 차원의 기준을 제공하며, e) UNESCO, ICCROM, ICRC(국제적십자위원회)를 포함한 적합한 전문성과 관심을 가진 다른 기구들과 협의·협력하며, f) 재해로부터 예방, 조정, 복구를 위한 국가 또는 지역차원에서 전문가들의 활동을 돕는 것이다.

3) 국내 수준에서의 보호

무력분쟁시 문화재보호를 위해서는 국가 또는 지방에서 문화재보호를 위한 전략을 세워야 한다. 모든 행동계획과 보호를 위한 조치는 평시에 준비해야 하며 군(軍)관계자, 지방정부 관리, 법전문가, 문화재 전문가들이 힘을 합쳐 준비하고, 국제협약의 실행을 위한 국내 자문위원회를 구성하여 이들을 도와야 한다. 평시에 준비해야 할 것들은 중요문화재에 대한 식별과 등록, 협약에서 제시한 푸른방패 문장을 등록문화재에 비치하고, 중요 동산문화재 임시 보관장소를 정해 두고, 비상시 옮길 수 있는 방법을 강구하며, 보관장소는 언제든지 들어갈수 있도록 준비되어 있어야 한다. 보존관련 재료, 도구, 작업공간 확보,

응급처리 방법에 대한 지침서 준비, 그리고 무력분쟁시 문화재보호에 관한 관련정보를 수집하여 널리 보급하는 것도 필요하다. 또한 문화재 관리자와 소유자들에게 보호기술에 관한 지침서를 만들어 배포하는 등 필요한 사항을 준비해 둔다.[20]

〈그림 11-3〉 유네스코, 유니드로와 협약 가입국현황

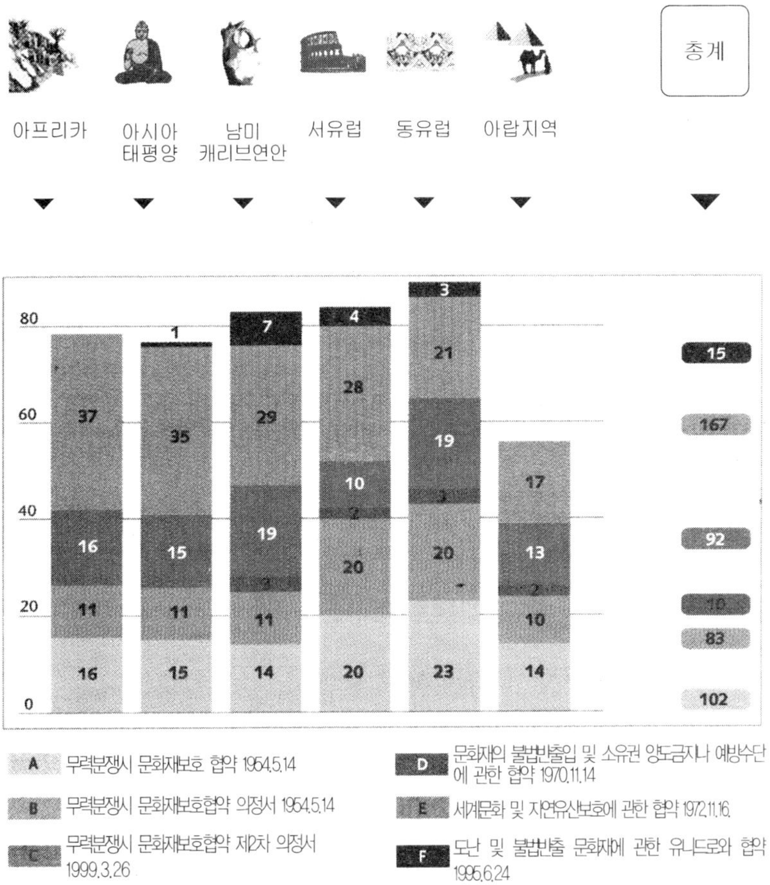

112. 문화재관련 국제기구

1121. 국제문화재보존복구연구센터(ICCROM)

국제문화재보존복구연구센터(International Centre for the Study of the Preservation and Restoration of Cultural Property)는 1958년 유네스코에서 설립한 정부간 기구로서 현재 90개국이 가입 활동하고 있으며, 남한은 1968년 12월 13일, 북한은 1986년 9월 29일에 가입하였다. 이태리 로마에 본부를 두고 있으며, 가입국은 2년마다 정규 분담금을 납부하도록 되어 있다. 문화재 보존·복구에 관한 국제협력을 위한 상설 연구기관으로서 일반이사회, 평의회, 사무국으로 구성된다.(자료 10, ICCROM 규약참조) 우리나라는 1969년 제5차 총회부터 정부대표 및 옵저버로 계속 참가하였으며, 1965년과 1995년에는 ICCROM 전문가들이 우리나라에 들어와 석굴암 등 문화재를 진단하였다.

1122. 국제박물관위원회(ICOM)

국제박물관위원회는 박물관과 박물관전문가들의 발전에 이바지하고 문화재를 전 지구차원에서 보존하기 위한 활동을 한다. 박물관 업무에 종사하는 모든 분야의 전 세계 전문가들은 위원회를 중심으로 연계체제를 이루고 있다. 위원회는 1946년에 설립된 비정부기구(NGO)로서 유네스코와 공식관계를 유지하고 있으며 국제연합 경제사회위원회의 자문기구로 활동한다. 또한 위원회는 비영리기구(NPO)로서 회비와 여러 정부기관들의 후원금으로 운영된다. 위원회 본부는 프랑스 파리에 있고 본부안에 위원회 사무국과 UNESCO -ICOM 박물관정보센타를 두고 있으며 유네스코 박물관 프로그램의 실행을 담당하고 있다.

위원회 회원은 140개 나라에 17,000명으로 국가, 지역, 국제활동을 하고 있다. 국가위원회 108개, 국제위원회 28개, 그리고 나라에 따라서는 지역위원회를 두고 있는 곳도 있다. 또한 해마다 5월 18일을 국제박물관의 날로 정하여 박물관 활성화를 위해 노력하고 있다. 위원회 총회는 3년마다 열리며 총회에서 3개년 활동계획을 만들어 국가위원회와 국제위원회에서 주관하는 프로그램을 진행한다. 2004년에 제21차 총회를 우리나라에서 개최하였다. 3개년 활동계획은 박물관 전문가들의 협력 및 교환, 관련 지식 확산 및 박물관에 대한 대중들의 관심제고, 교육훈련, 전문가 수준 향상, 직업윤리의식 고양, 문화유산 보존과 문화재 불법거래 방지 등이 주요 의제가 되고 있다.

1123. 국제자연보존연맹(IUCN)

국제자연보존연맹은 1948년에 설립되어 78개 나라, 112개 정부대행기관, 735개 비정부기구, 35개 협력기관, 그리고 181개 나라에서 10,000여명의 자원 전문가들이 참여하고 있는 큰 기구를 이루고 있다. 연맹 조사단들은 전 세계에서 자연환경보존과 생물 다양성보존을 위해 활동하며 자연자원을 이용하는데 생태적 균형과 지속가능성을 위해 노력하고 있고 영향력이 매우 큰 기구이다. 연맹 본부는 스위스 글랜드(Gland)에 두고 있으며 42개 지역에 사무실이 있다.

1124. 도코모모(Docomomo)

도코모모는 '근대운동에 관한 건물과 환경 형성의 기록조사 및 보존을 위한 조직'(DOcumentation and COnservation of buildings, sites and neighborhoods of the MOdern MOvement)을 줄여서 부르는 말이다. 근대 운동은 20세기의 중요한 조류이며 도코모모는 근대 운동과 관련되는 건축과 도시를 보존하는 모임이다. 1990년에 네덜란드 아인트호벤 공과대학에서 열렸던 국제회의를 계기로 정식 발족되었으며, 이 회의에서 채택된 아인트호벤 선언("DOCOMOMO 헌장")의 정신에 따라 운영되고 있다. 도코모모는 현재 서유럽 및 북미지역을 중심으로 활발한 활동을 전개하며. 건축역사가 뿐 아니라 문화예술가, 건축가, 조경기술자, 행정가, 그밖에 일반 시민들이 폭 넓게 참가하는 모임이다. 우리나라에서는 2003년 5월 DOCOMOMO Korea가 발족되어 근대건축 조사, 연구, 교육, 홍보 활동을 통해 우리나라 근대 건축문화유산의 보존에 필요한 활동을 하며, 2004년 9월 DOCOMOMO International의 정식 회원국으로 가입함으로써 국제 교류와 연대에 참가하고 있다.

〈사진 11-2〉 근대 건축물 보존과 개발의 갈등

1125. 국제민속축제 민속예술기관협의회(CIOFF)

국제민속축제 민속예술기관협의회는 1970년에 만들어졌다. 전통문화와 민속을 보급하는 것을 목표로 하여 5개 대륙에 89개국이 가입하였고 72개 나라에 지부와 17개 협의기관들이 있다. 이들 기관과 나라들이 협력하여 해마다 200개가 넘는 국제축제가 열리고 있으며 전통문화 집단들이 교류하고 있다. 협의회에서 주로 하는 일은 음악, 춤, 놀이, 의례, 관습 그밖에 예술활동으로 표현되는 무형유산들을 널리 알리고, 유네스코에서 목표로 하고 있는 문화다양성 보호, 문화다원주의와 문명간 대화를 촉진하는 활동을 한다. 또한 회원들과 시민단체를 비롯한 문화재 관련기구들의 활동을 돕고 있다.

1126. 국제기념물유적협의회(ICOMOS)

국제기념물유적협의회(International COuncil on MOnuments and Sites)는 전세계의 기념물과 유적보호를 목표로 설립된 비정부단체로서 1964년 베니스에서 채택된 「기념물과 유적보호 및 복구에 관한 헌장」에 따라 1965년 창설되었다. 세계문화유산 보호에 유네스코의 주된 자문기관으로 전세계 92개국의 5,500여명이 활동중에 있다. 전세계 문화재 보존전문가들에게 전문적 대화와 교류의 장을 제공하고, 문화재 보존원칙, 기술, 정책에 관한 정보수집 및 평가와 자료를 배포한다. 조직 구성은 회원, 총회, 집행위원회, 자문위원회, 국제위원회, 국제사무국 정보자료센터로 되어 있다.

우리나라에서도 문화재 전문가들로 구성된 한국위원회를 설립하여 고고학분과, 건축분과, 미술사분과 등 5개분과 9명으로 집행위원회를 구성하여 활동하고 있다.

ICOMOS 헌장

◎ ICOMOS 총회 채택 헌장

기념물 및 유적의 보전과 수복을 위한 국제헌장(베니스 헌장). 1964
International Charter for the Conservation and Restoration of Monuments and Sites (The Venice Charter)

문화관광헌장. 1976 Charter of Cultural Tourism

플로렌스 헌장(역사정원과 경관). 1982
The Florence Charter (Historic gardens and landcapes)

역사도시와 도심지역 보존 헌장. 1987
Charter on the Conservation of Historic Towns and Urban Areas (The Washington Charter)

고고유산 보호관리 헌장. 1990
Charter for the Protection and Management of the Archaeological Heritage

수중문화유산 보호관리 헌장. 1996
Charter for the Protection and Management of the Underwater Cultural Heritage

◎ ICOMOS 국가위원회 채택 헌장

·호주 – 문화적 중요지역의 보존에 관한 헌장(버라 헌장). 1981
The Australia ICOMOS Charter for the Conservation of Places of Cultural Significance (The Burra Charter)

·캐나다 – 퀘벡유산 보존을 위한 헌장. 1982
Charter for the Preservation of Quebec's Heritage (Deschambault Declaration)

– 인공환경의 보호고양을 위한 애플턴 헌장. 1983
Appleton Charter for the Protection and Enhancement of the Built Environment

·브라질 – 역사지구의 보존과 재생을 위한 세미나. 1987
First Brazilian Seminar About the Preservation and Revitalization of Historic Centers

·뉴질랜드 – 문화유산으로서 가치있는 지역의 보존을 위한 헌장. 1992
Charter for the Conservation of Places of Cultural Heritage Value

·미국 – 미국 역사도시와 역사지구 보존헌장. 1992
A Preservation Charter for the Historic Towns and Areas of the United States of America

ICOMOS 회의에서 채택한 선언, 결의

키토 규범. 예술·역사상 가치있는 기념물과 유적의 보존 활용에 관한 회의 최종보고
Norms of Quito (Final Report of Meeting on the Preservation and Utilization of Monuments and Sites of Artistic and historical Value, Quito, 1967)

옛 건축물지역에 현대건축을 도입하는데 관한 회의 결의안.
Resolutions of the Symposium on the Introduction of Contemporary Architecture into Ancient Groups of Buildings, 1972

작은 역사도시 보존에 관한 결의안.
Resolution on the Conservation of Smaller Historic Towns, 1975

작은 마을 재생에 관한 선언.
Tlaxcala Declaration on the Revitalization of small Settlements, 1982

드레스덴 선언. Declation of Dresden, 1982

로마선언. Declaration of Rome, 1983

기념물유적 보존을 위한 교육, 훈련 지침.
Guidelines for Education and Training in the Conservation of Monuments, Ensembles and Sites, 1993

유산의 진정성에 관한 나라(奈郎)문서.
The Nara Document on Authenticity (Nara Conference on Authencity in Relation to the World Heritage Convention, held at Nara, Japan, from 1-6 November 1994)

산 안토니오 선언. Declaration of San Antonio at the Inter-American Symposium on Authencity in the Conservations and Management of the Culural Heritage.1996

스톡홀름 선언. The Stockholm Declation : Declation of ICOMOS marking the 50th anniversary of the Universal Declation of Human Rights (adapted by ICOMOS Executive and Advisory Committees at their meetings in Stockholm, 11 September 1998)

ICOMOS에서는 문화유산 보존관리에 관한 여러가지 기준을 제시하고 있으며, ICOMOS 총회에서 채택된 국제헌장은 국제법과 같은 정도의 효력을 갖는 것으로 보고 있다. 각 나라별 국가 ICOMOS에서 헌장을 제정하는 것들도 많이 있다.

113. 국제기구에서의 문화재보존 활동

1131. 아시아-유럽 재단(ASEF)

아시아-유럽 재단(Asia-Europe Foundation)은 1997년 2월 15일에 아시아와 유럽 시민사회의 지역간 이해를 높이기 위한 목적으로 설립되었다. 본부는 싱가폴에 두고 있으며 아셈(ASEM : 아시아-유럽 회의) 25개국과 유럽연합을 포함하는 26개 회원국으로 구성되었다. 재단 기금은 회원국 부담금과 회원국의 개인·재단·기업들로부터 후원금으로 마련한다. ASEF활동은 지식교류, 사람교류, 문화교류 등 크게 세 가지로 구분되며, 문화교류 활동에는 문화산업, 문화유산, 예술창작 분야가 있다. 문화유산과 관련하여 「문화유산 보존보호를 위한 제1차 전문가회의(1999. 1. 베트남 하노이)」를 개최하였고, 1차 회의에서 채택된 활동계획 지침에 따라 「문화유산 훈련 세미나(스페인 마드리드, 2001. 11. 25-30)」와 「문화유산과 사람과 관광 세미나(하노이, 2001. 11. 5-7)」를 개최하였다.

1132. 세계은행(World Bank)

세계은행은 새로운 세기를 눈앞에 두고 1998년부터 보존과 개발의 바람직한 방안을 제시하기 위한 활동을 전개였다. 개발이익을 자연,

문화유산보호에 투자해야 한다는 생각에서 저개발국가의 유산보호 활동에 적극 나서고 있다. 지속가능한 개발을 위해 이 분야에서 오랫동안 이끌어 왔던 국제기구들(UNESCO, ICCROM, ICOMOS, WMF)을 비롯해 유럽평의회, 미주기구 등과 파트너쉽을 유지하며 다양한 프로그램을 마련하였다.[21]

〈주〉

1) J. Greenfield. 1995. Magnus Magnusson, Introduction. 에서
J. Greenfield. 1995. *The Return of Cultural Treasures* 2nd edition. Cambridge Univ. Press
2) 1995년 유네스코 사무총장이 촉구한 문화재 불법거래방지투쟁 호소문.
3) World Commission on Culture & Development, 1996. Cultural Heritage for Development. *Our Creative Diversity*, Paris, Unesco Publishing.
4) 김형만, 2001. 『문화재반환과 국제법』(삼우사)
5) Convention on the Means of Prohibiting and Preventing the Illicit Import, export and Transfer of Ownership of Cultural Property (1970)
6) Unidroit Convention on Stolen or Illegally Exported Cultural Objects(24 June 1995)
7) 김형만, 2001. 위책.
8) Recommendation on the Means of Prohibiting and Preventing the Illicit Import, Export and Transfer of Ownership of Cultural Property (1964)
9) 김형만, 2001. 위책
10) J. Greenfield. 1995. ibid.
11) 문화재청, 2001. 『문화재연감』
12) 문화재청, 2005. 『북관대첩비 환수 추진자료집』
13) 한국미술사학회, 1985. 한일회담 반환 문화재 인수유물 『고고미술』165호 자료.
문화재청, 2005. 『한일협정 반환문화재자료집』
14) 민영규, 일본의 장난이 좀 지나치다. 1965. 7. 11. 조선일보.
15) 김형만, 2001. 위의 책.
16) 백충현, 1984. 『일본 소장 한국문화재 반환문제 연구』(문화재관리국)
17) Convention for the Protection of Cultural Property in the Event of Armed Conflict (1954) (The Hague Convention)
18) Treaty on the Protection of Artistic and Scientific Institutions and Historic Monuments (Roerich Pact, 15 Apr 1935).

19) Protocol for the protection of Cultural Property in the event of armed conflict 14-May1954.
Second Protocol to the 1954 Hague Convention for the protection of Cultural Property in the event of armed comflict - the Hague, 26 March 1999.
Synopsis of the plenary proceedings at the Diplomatic Conference on the Draft Second Protocol to the 1954 Hague Convention, 15-26 March 1999.
20) Herb Stovel, 1998. *Risk Preparedness: A Management Manual for World Cultural Heritage.* ICCROM.
21) The World Bank, 1999. *Culture in Sustainable Development - Investing in Cultural and Natural Endowments.*

12. 세계유산

121. 세계유산의 이해

1211. 세계유산이란 무엇인가

1212. 유네스코와 인류유산 보호

1213. 세계유산의 종류

122. 세계 문화유산 · 자연유산

1221. 세계 문화유산 · 자연유산 보호협약

1222. 세계유산 활용

123. 세계의 기억

1231. 기록유산의 정의와 사업목표

1232. 기록유산의 보호와 국제협력

1233. 세계의 기억 선정기준과 절차

124. 인류 무형유산

1241. 인류구전 및 무형유산 걸작과 세계무형유산 보호협약

1242. 무형유산 걸작 심사

125. 세계유산 보호와 과제

121. 세계유산의 이해

1211. 세계유산이란 무엇인가

세계유산은 인류의 보편적 가치를 지닌 유산을 말한다. 세계유산 선정기준으로 뚜렷한 보편적 가치(Outstanding Universal Value)를 먼저 꼽는 것은 국가 또는 지역 차원의 가치를 넘어 인류 문화의 보편성을 보여주는 것으로서, 그것이 어디에 있던지 인류 공동의 소유이며, 그래서 우리 모두 함께 지켜야 할 의무가 있는 것을 말하는 것이다. 유산은 앞선 세대로 부터 받은 것으로, 다음 세대에 물려주어야 하는 것이며, 남겨진 것만이 아니라 앞으로 남겨주어야 할 것을 함께 이르는 말이다. 우리가 받은 것을 쓸만큼 쓰고 더 보태 전해주어야 하는 것이다.

1212. 유네스코와 인류유산 보호

유네스코(Unesco)는 국제연합(UN) 전문기구의 하나이며 국제연합 교육과학문화기구(United Nations Educational Scientific and Cultural Organization)의 영문 머릿글자를 따서 부르는 이름이다. 세계 제2차 대전이 끝나고 1945년 11월 16일에 44개국 정부대표가 모여 창설하였고, 1946년 11월 4일 유네스코 헌장이 채택되었다. 현재 193개 정회원국과 6개 준회원국이 가입해 있다. 본부는 프랑스 파리에 두고 있다.

UNESCO

United Nations Educational,
Scientific and Cultural Organization

〈그림 12-1〉 유네스코 로고 - 파르테논 신전을 본뜬 것이다

1) 목적과 임무

유네스코 헌장에는 기구의 목적과 임무를 비롯하여 활동 방향을 제시하고 있다. 유네스코는 국제연합헌장이 세계의 제 인민에 대하여 인종, 성, 언어 또는 종교의 차별없이 확인하고 있는 정의, 법의 지배 및 인권과 기본적 자유에 대한 보편적인 존중을 조장하기 위하여 교육, 과학 및 문화를 통하여 제 국민간의 협력을 촉진함으로서 평화와 안전에 공헌하려는 것을 목표로 하고 있다.

이러한 목적을 실현하기 위하여 사상의 자유로운 교류를 촉진하는데 필요한 국제협정을 권고하고, 교육과 문화의 보급에 새로운 자극을 줄 수 있도록 하며, 지식을 유지하고 증진하며 보급하기 위한 활동을 한다. 세계의 유산인 도서, 예술작품 그리고 역사와 과학기념물의 보존과 보호를 확보하고 관계 제국민에 대하여 필요한 국제협약을 권고하고 있다.[1]

2) 조직

유네스코는 회원국 정부 대표들이 참가하는 최고의결기구로서 총회, 사업 집행을 감독하는 집행이사회, 그리고 집행부서인 사무국으로 구성된다. 총회는 2년마다 홀수 해에 열리며 집행이사회는 2년 동안 4차례 열린다. 집행이사국의 임기는 4년이며 연임할 수 있다. 우리나라는 1950년에 유네스코에 가입하였고, 1987년에 집행이사국이 되어 지금까지 이사국으로 활동하고 있다. 북한은 1973년에 가입하였다. 유네스코 예산은 회원국들의 분담금으로 운영되며 우리나라도 일정 부분을 부담하고 있다. 한편 각 회원국들은 본부와 비슷한 구조를 갖는 유네스코 국가위원회를 두고, 국가위원회가 정부를 대표하여 유네스코 활동에 참여한다.

3) 활동 분야와 계획 작성

유네스코는 교육, 자연과학, 사회과학과 인문과학, 문화, 언론과 정보 등 5개 분야와 그밖에 특별 주제와 관련한 활동을 한다. 유네스코는 헌장의 정신을 살리고, 분야별 주제에 따라 6년마다 중기 계획을 세워 여러가지 사업을 하고 있다. 2002- 2007년 계획을 보면 '모든 이를 위한 기초교육', '과학기술 윤리 확립', '세계화에 대한 문화다양성 확보', '평등한 정보 접근성 보장', '평화의 문화와 문명간 대화' 등에 관한 주제를 설정하였다.

4) 유네스코 문화 활동과 세계유산

유네스코 문화 활동은 세부 분야로 나뉘어 진다. 문화의 규범적 행위를 비롯하여, 문화정책, 유산, 문화다양성, 문화간 대화, 문화산업, 문화와 발전, 예술과 창조성, 문화관광, 그밖에 특별 주제들을 다루고 있다. 세계유산 사업은 유산과 관련된 사업으로 유산 프로그램은 다시 3분야로 나뉜다. 세계의 기억(Memory of the world), 무형문화유산(Intangible cultural heritage), 세계유산(World heritage) 사업 등이 있으며, 세계유산협약 실행을 위한 활동기구로 유네스코 본부에 세계유산센타를 두고 있다.

1213. 세계유산의 종류

세계유산이란 유네스코 문화 활동에 따라 인류의 보편 가치를 보호하기 위한 목적으로 등록하고, 공동 관리하는 유산을 말한다. 엄밀한 의미에서 세계유산은 세계유산협약에 따라 등재한 것만을 말하나, 일반으로 기록유산과 무형문화유산을 포함하여 두루 범칭으로 사용하기도 한다.

1) 세계 문화유산·자연유산(World Heritage)

「세계문화 및 자연유산 보호에 관한 협약」으로 등록된 것들을 세계유산이라고 한다. 세계유산은 2010년까지 모두 151개 나라 911건(문화유산 704건, 자연유산 180건, 복합유산 27건)이 등록되었다. 문화유산이 자연유산보다 훨씬 많은 수를 차지하고 있다. 세계유산 등재는 유럽지역에 편중되는 경향을 보여 왔으나, 요즈음에는 지역별 균형 전략과 자연유산 우선 원칙에 따라 아시아, 아프리카 국가들이 적극 참여하고 있다.

우리나라는 1988년 12월 세계유산협약에 가입하였고, 1995년 처음으로 종묘, 석굴암·불국사, 해인사 장경판전을 세계유산에 등재하였고, 1997년에는 창덕궁과 수원화성, 2000년에는 경주역사유적지구와 고창·화순·강화 고인돌, 그리고 2007년에 제주도 화산섬과 용암동굴, 2009년에 조선왕릉 2010년에 안동 하회마을과 월성 양동마을을 등재하였다.

〈사진 12-1〉 해인사 고려대장경 판전 세계유산기념비 제막식

2) 세계의 기억(Memory of the World)

세계의 기억은 유네스코에서 국제자문위원회의 심사를 거쳐 등록하고 목록으로 만들고 있다. 국제자문위원회는 모두 14명의 위원으로 이루어지며 유네스코 사무총장이 임명하고 임기는 4년이다. 위원회는 2년에 한번씩 열린다. 국제자문위원회는 민간 조직과 협력을 강화해 나가고 있다. 국제기록보존회의(ICA), 국제도서관연합(IFLA)과 협력하여 기록유산 보존을 위한 최신기술 응용에 대한 조사를 하기도 한다.

한편 지역위원회가 구성된 곳도 있는데 아시아-태평양위원회는 1997년에, 남아메리카-카리브위원회는 2000년에 각각 만들어졌으며, 또한 35개국에서 국가위원회가 구성 운영되고 있다. 지역위원회와 국가위원회에서는 각각 지역 기록유산(The [Region] Memory of the World Register)과 국가 기록유산(The [Country] Memory of the World Register)을 등재하기도 한다. 스칸디나비아 지역과 발틱해 연안국들과 같이 역사 문화 전통을 함께하고 있는 곳에서는 국가간 공동의 기억으로 통합하여 기록유산 목록을 만들기도 한다.

세계의 기억 등록을 위한 첫 회의는 1997년에 타슈켄트에서 열려 우리나라의 훈민정음과 조선왕조실록을 비롯해 38건이 등재되었고, 1999년에 비엔나에서 열린 두번째 회의에서는 16개국에서 제출된 20건을 심사하여 폴란드의 쇼팽작품집 등 10건이 등록되었다. 2001년에는 우리나라 청주에서 세 번째 회의가 열려 직지심체요절, 구텐베르크 성경, 승정원일기 등 21건을 세계의 기억으로 등재하기로 하였다. 세계의 기억 목록에 올라있는 유산이 심하게 훼손되었거나, 보전에 문제가 있으면 목록에서 제외되기도 한다.

3) 무형문화유산(Intangible cultural heritage)

유네스코는 1960년대부터 무형문화유산 보호에 대한 관심을 갖고 있었다.

1966년 유네스코 총회에서 「국제 문화협력 원칙에 관한 선언」을 채택하고, 1982년 멕시코에서 열린 세계문화정책회의에서는 무형문화유산을 문화 및 문화유산의 새로운 정의에 포함시키기로 하였다. 이와같은 과정을 거쳐 1989년 유네스코 총회는 「전통문화 및 민속 보호에 관한 유네스코 권고(UNESCO Recommendation on the Safeguarding of Traditional Culture and Folklore)」를 채택하고, 그와 더불어 1993년 제142차 실행위원회에서 채택한 「인간문화재에 관한 결정(Dicision Concerning the "Living Human Treasure")」을 바탕으로, 1998년 유네스코 제155차 실행위원회에서는 '문화공간(cultural space)' 또는 문화표현 형식(form)을 보호하고 되살리기 위해 시상제도를 도입하고 특별예산을 만들 것을 제의함에 따라 「인류 구전 및 무형유산 걸작」을 선정하기로 하였다.

「인류구전 및 무형유산 걸작」은 2년마다 한번씩 선정하며, 선정대상 유산들은 먼저 전문기관의 심사를 거치게 된다. 2001년 5월 18일 처음으로 19개의 걸작을 선정 발표하였다. 우리나라의 종묘제례와 종묘제례악을 비롯해 일본의 노가꾸, 중국의 경극 등 의례와 연극에 관한 것, 에쿠아돌과 페루에 사는 자파라(Zapara)족의 구전유산 등이 선정되었다. 2003년에 두 번째 선정이 있었고, 우리나라의 판소리를 비롯해 28개 걸작이 선정되었다. 2005년에는 43건의 무형유산 걸작이 선정되어 인류 구전 및 무형유산 걸작이 총 90건이 되었다.

한편 2003년 10월 17일 유네스코 총회에서는 무형유산 보호 국제협약인 '무형문화유산 보호 협약'이 채택되었고, 2006년 4월 20일에 협약이 발효되었다. 2008년 11월에는 「인류 구전 및 무형유산 걸작」90건을 인류무형문화유산 대표 목록으로 전환하고, 2009년 9월에는 긴급보호가 필요한 무형유산 12건 및 인류무형문화유산 76건을 선정하였는데, 우리나라는 강강술래, 남사당, 영산재, 제주 칠머리당영등굿, 처용무, 가곡, 매사냥, 대목장 등이 인류무형문화유산 대표목록에 등재되어 있다.

〈표 12-1〉 유네스코 문화사업 비교

구분	WH(세계유산)	INTANGIBLE(무형유산)	DOCU(기록유산)
문장 emblem	PATRIMONIO MUNDIAL · WORLD HERITAGE · PATRIMOINE MONDIAL	Intangible Cultural Heritage	Memory of the World
근거	세계유산협약 (1972)	세계무형유산보호협약 (2003)	기록유산보호일반지침 (1995)
대상	문화유산 자연유산	무형표현(언어, 공예 등) 문화 공간	기록 및 정보, 정보매체(오디오, 비디오, 인쇄물)
목적	보존, 활용	보호, 증진	보존, 이용, 증진
시행부서	세계유산센터	무형유산과	커뮤니케이션 부서
성격	협약관련 사업	일반 프로그램 사업	일반 프로그램 사업
관련기관	정부문화재관련기관	전통문화, 학술, 교육기관	도서관, 기록보관소
명부	세계유산목록 위험에처한유산목록 잠정목록	인류무형유산 대표목록 긴급 보호가 필요한 무형유산	세계기록유산목록
선정기구	세계유산위원회	무형유산 국제심사위원회	MOW 자문위원회
선정기간	년 1회	2년	2년
자문기구	ICOMOS IUCN ICCROM	CIOFF, ICTM, IMC, ITI	IFLA, ICA 국가, 지역MOW위원회

122. 세계 문화유산 · 자연유산

1221. 세계 문화유산 · 자연유산 보호협약

1) 협약 채택

세계문화유산 · 자연유산보호에관한협약(Convention for the Protection of the World Cultural and Natural Heritage)은 유네스코 제17차 총회에서 논의하여 1972년 11월 16일 채택하였다. (자료 9) 협약을 채택하게 된 동기는 사회경제 여건의 변화에 따라 인류 유산들이 손상과 파괴가 심해지는 것에 대비하고 인류유산이 세계인의 공동의 소유라는 생각에서 출발하였다. 각 나라에서 유산관리에 문제가 있는 것을 걱정하며, 인류 공동의 유산을 보호하는 책임이 모두에게 있음을 인식하고 유네스코헌장의 정신에 따라 인류 역사에 현저히 보편적 가치를 갖는 유산들을 보존하기 위해 공동 보조를 취하기 위해 협약을 채택하게 된 것이다.[2]

2) 협약 채택의 배경

다른 나라의 유산을 보호하기 위한 국제적인 움직임은 세계 제1차대전 이후에 나타났다. 세계유산협약은 유적 위협에 대한 대비와 자연보존에 대한 관심으로부터 출발하였다. 문화유산 보존에 관심을 불러일으킨 결정적인 사건은 이집트 애스원댐 건설과 관련하여 아부심벨 사원이 있는 누비아유적이 수몰위기에 처한 것이었다. 1959년 이집트와 수단 정부는 수몰위기의 유산을 구해줄 것에 대해 유네스코에 호소하였고, 유네스코는 국제 보호운동을 벌이며 수몰지구의 고고학조사가 이루어졌고, 마침내 아부심벨과 필래의 사원이 해체 이전하게 되는 계기가 되었다. 이 운동에는 8천만불(US 달러)이라는 큰 비용이 들었는데

누비아 구출작전 - 1960

아부심벨 사원 이전 복원 모습

〈사진 12-2〉 애스원댐 건설과 아부심벨 사원 옮기기

그 가운데 절반은 50개국으로부터 지원을 받음으로서 중요 유적을 보존하는데 여러나라가 함께 힘을 모아야 한다는 공동의식을 불러 일으키는 계기가 마련된 것이다. 이와 같은 움직임은 이어서 이탈리아 베니스, 파키스탄 모헨조다로, 인도네시아 보르부드르 사원 보존운동으로 이어지며, 마침내 유네스코는 국제기념물유적협의회(ICOMOS)의 도움을 받아 문화유산보호를 위한 협약을 만들게 된다.

한편 자연유산에 대한 보호 움직임은 미국에서 시작되었다. 미국 와싱톤에서 1965년에 열린 백악관회의는 우수한 가치를 지닌 자연유산과 명승지를 역사유적과 함께 보존하여 전 세계인들을 위하여 앞으로 물려주기 위한 '세계유산 신탁(World Heritage Trust)'을 요청하였다. 1968년에는 국제자연보존연맹(IUCN)이 이와 비슷한 내용을 회원들에게 호소하였다. 이러한 제안들이 1972년 스웨덴 스톡홀롬에서 개최된 '인류 환경에 관한 국제연합회의'에서 제안되었다. 이러한 과정을 거쳐 마침내 1972년 11월 16일 유네스코 총회에서 '세계문화유산·자연유산보호에관한협약'이 채택되게 된다. 세계유산협약은 사람이 자연과 함께 더불어 살며 문화유산과 자연유산이 균형을 이루며 보존되는 것이 중요하다는 사실을 일깨워 준 것이다.

3) 협약 실행 과정

협약은 1972년에 채택되었고, 20개국이 가입하면서 1975년부터 발효되었으며, 1976년 제19차 총회에서 세계유산위원회와 세계유산기금이 구성되었다. 1977년 위원회 첫모임에서 세계유산위원회운영지침(Operational Guidelines for the World Heritage Committee)을 채택하였고, 같은 해 10월 20일에 세계유산 협약 실행을 위한 운영지침(Operational Guidelines for the Implementation of the World Heritage Convention)으로 고쳤으며, 그 뒤로 몇차례 개정작업이 있었고, 처음 제정 당시 27개 조항이었으나 개정작업 과정에 조항이 늘어나면서 290개 조항이 되었다.[3)]

4) 협약 내용

세계유산협약은 국가 유산의 중요한 요소들에 대한 적절한 보살핌을 강화하기 위해 가입국이 국가차원에서 가장 높은 보존기준을 적용하도록 권장한다. 협약 제4조와 5조에는 각 가입국은 가능한 모든 적절한 수단을 통해 자국 영토안에 있는 문화유산·자연유산의 보호, 보존과 전시를 위해 효과적이고 적극적인 수단이 취해지도록 노력해야 하며, 그러한 기능을 수행할 수 있는 수단을 소유한 한 개 또는 그 이상의 서비스 기구를 설립하도록 하였다. 협약은 또한 국제협력에 훌륭한 도구가 된다. 이는 바람직하지 않은 태도나 행동을 통제하기보다는 인류역사의 중요한 것들은 기리기 위해 국가, 기구, 개인간의 협력을 향상시키려는 노력에 기초한 것이다. 세계유산 지역의 등재신청과 보존

에 관한 갈등 해결에 대한 끊임없는 노력은 이 분야의 학문이 발전하는 데에도 큰 보탬이 될 것이다.[4)]

4-1) 세계유산의 정의

협약은 세계유산에 대한 정의부터 시작한다. 문화유산은 기념물(Monuments), 건축물군(Groups of Building), 유적(Sites)으로 나누고 있다. 기념물이란 건축물, 기념조각 및 회화작품, 고고자료, 금석문, 동굴주거, 복합유구 등으로서 역사상, 예술상, 학술상 현저히 보편적 가치를 지닌 것을 말한다. 건축물군은 독립된 또는 서로 연관된 건물들로서 건축기술상으로나 배치상태로 보아 균일한 것들로서 역사상, 예술상, 학술상 현저히 보편적 가치를 지닌 것을 말한다. 유적은 사람이 이룩한 것 또는 사람과 자연이 어우러져 빚어낸 것, 그리고 고고유적을 포함하고 있는 지역으로서 역사상, 관상상 또는 민족학이나 인류학의 견지에서 현저히 보편적 가치를 지닌 것들을 말한다.

자연유산에 대해서도 세가지 범주로 나누어 정의하고 있다. 물리적 생물학적으로 형성된 자연생성물로서 관상상, 학술상 현저히 보편적 가치를 지닌 것. 지질 또는 자연지리적 형성물 그리고 위험에 처한 동식물의 특정 서식지로서 학술상 현저히 보편적 가치를 지녔거나 보존가치가 높은 곳. 자연 지역이나 특정지역으로서 학술상, 보존상, 또는 자연미가 현저히 보편적 가치를 지닌 곳들이다.

4-2) 세계유산의 국내 및 국제적 보호

협약은 세계유산 보호를 위해 국내 수준과 국제수준에서 보호 방법과 기준을 제시하였다. 협약에 가입한 나라들은 국내에서 유산의 보호, 보존, 활용을 위한 최선의 노력을 해야 하며 필요한 경우 국제 원조를 얻을 수 있도록 하였다. 특히 지역 개발계획을 세울 때에는 유산보호를 반영한 종합정책을 채택하도록 하였고 유산 보존에 필요한 법적, 제도적 조치를 취하도록 하였다.

협약 가입국은 국내 수준에서 나라 안에 있는 유산을 확인하고 보호, 보존, 활용하여 자라나는 세대에 전승시키는 것이 최우선의 의무라는 것을 깨닫고, 이를 위해 모든 능력을 활용해야 한다. 나라 안에 있는 유산 보호를 위하여 자국에 적합한 조건에 따라서 노력해야 한다. 유산 보호, 보존 및 활용을 위한 전문기관 및 전국 또는 지역 단위 훈련 기구를 두도록 하고, 유산에 미치는 위험에 대처하기 위해 구체적인 보호방안을 작성하며, 유산의 지정, 보호, 보존, 활용 및 기능 회복에 필요한 법적, 과학적, 기술적, 행정적 및 재정적 조치를 취하도록 하였다.

세계유산의 국제적 보호란, 체약국이 행하는 유산의 보존 및 지정 노력에 대해서 지원을 보내기 위한 국제적 협력 및 원조체제의 확립을 말한다. 협약 가입국은 협약에서 규정하는 유산이 세계의 유산이며, 그 유산의 보호에 협력하는 것이 국제사회 전체의 의무라는 것을 인식하고, 다른 나라 땅에 있는 유산에 직접 또는 간접으로 손상을 입힐 위험이 있는 조치를 고의로 취하지 않아야 하며, 협약의 규정에 따라서 유산이 위치한 국가의 요청에 응해서 원조를 제공하도록 한다.

4-3) 세계유산위원회

세계유산위원회는 세계유산 보호를 위한 정부간위원회이며 협약에 근거하여 1976년에 만들었다. 위원회는 유네스코 정기총회 중에 개최되는 협약 가입국 회의에서 선출되는 위원국으로 구성되며 처음에 15개국으로 구성되었으나, 협약 가입국수가 40개국을 넘어서면서 21개국이 되었다. 위원국은 세계 여러 지역 및 문화의 대표성을 고려하여 선출하며, 임기는 6년이고 2년마다 1/3씩 바꾸게 되어 있다. 위원회는 세계유산 등록 신청을 받아 처리하고, 또한 자연재해나 파괴로 인하여 위험에 처한 세계유산들에 대한 목록을 작성하며, 또한 세계유산 보존을 위한 모니터 활동과 보존기금 지원에 관한 결정을 하기도 한다. 위원회는 유네스코 사무총장이 임명하는 세계유산 사무국의 지원을 받으며, 위원회 운영절차는 따로 규칙으로 정한다. 위원회 의결은 과반수 이상의 위원국이 출석하고, 출석 투표 위원국 2/3 이상의 찬성으로 결정된다.

위원국은 문화유산 또는 자연유산 분야의 전문가를 자국 대표로 선정하여 위원회에 출석시켜야 하며, 세계유산 공식 자문기구인 국제문화재보존복구연구센터, 국제기념물유적협의회, 국제자연보존연맹에서 각각 1명씩 출석할 수 있고, 문화재 분야 정부간 기구 또는 비정부기구의 대표자들도 자문기구 자격으로 참가할 수 있다. 또한 특정 문제에 대하여 협의하기 위해 공공기관이나 민간기관 또는 개인을 회의에 참가할 수 있도록 초청할 수도 있다.

위원회는 협약 가입국이 유산의 보호, 보존, 활용 또는 기능 회복을 목적으로 제출한 국제원조 요청을 받아 검토하고, 예비조사를 실시하며 좀 더 조사할 가치가 있을 경우 세계유산 지정을 위한 국제 원조 요청이 받아질 수도 있다. 위원회는 지원의 성격 및 정도를 결정하며, 관련 정부와 필요한 협의를 할수 있다. 위원회는 사업의 우선순위를 정하고, 순서에 따라 국제원조를 정하게 되는데 이때 고려사항으로는 위험 정도, 유산이 있는 국가의 능력 등을 유의하여 결정한다.

4-4) 세계유산기금과 국제 원조

세계유산기금은 협약 가입국들의 분담금과 기부금, 국제기구로부터의 지원금, 민간기관 기탁금으로 마련되며 위원회에서 그 사용처를 결정한다. 유산보호를 위한 연구, 훈련, 기술지원, 장비제공, 재난구호

지원 등 국제협력이 필요한 곳에 사용되고 있다. 해마다 400만불 정도를 지원하고 있다. 기금은 유네스코의 재정 규칙에 의한 신탁 기금으로 하며, 기금에 대한 분담금 및 동 위원회에 대한 그 외의 형식에 의한 원조는 위원회가 결정하는 목적에만 사용한다. 위원회는 특정의 사업 용도를 정해서 기부를 받을 수도 있는데, 그 사업은 위원회가 먼저 실시를 결정하고 있는 것을 조건으로 한다. 기부금에는 어떠한 정치적 조건도 붙일 수가 없다.

협약 가입국은 나라안의 유산중 세계유산 또는 위험유산에 등록하였고, 등록대상이 되는 유산에 대해 국제 원조를 요청할 수 있다. 세계유산위원회에서 정한 절차에 따라 지원을 요청하며, 신청서에는 보호사업의 계획, 필요한 작업, 예상경비, 긴급도 및 원조를 요청하는 국가의 능력 등을 명기하고, 전문가가 작성한 보고서를 첨부해야 한다. 재난 또는 천재지변에따라 요청되는 지원신청은 위원회에서 우선 반영하며, 위원회는 이러한 예상치 못한 사태에 사용할 수가 있는 예비비를 준비하고 있다.

세계유산위원회가 제공하는 지원의 형태로는 세계유산의 보호, 보존, 활용 및 원상 회복에 필요한 예술적, 학문적 그리고 기술적 문제에 관한 연구, 유산 보존작업이 바르게 이루어질수 있도록 전문가, 기술자 및 숙련사 제공, 세계유산의 지정, 보호, 보존, 활용 및 원상 회복의 모든 분야에 관련되는 직원 및 전문가 양성, 해당국이 보유하고 있지 않은 기자재 또는 구입할 수 없는 기자재 제공, 장기 상환조건의 저리 또는 무이자 대부, 특별한 경우 반환이 필요 없는 무상지원금 제공 등이 있다. 또한 세계유산의 지정, 보호, 보존, 활용 및 기능 회복의 모든 분야와 관련된 직원 및 전문가를 양성하는 국가 또는 지역센터에 대해서도 지원할 수 있다.

국제원조의 규모가 큰 경우에는 원조에 앞서 상세한 학술적, 경제적 및 기술적 연구가 진행되며, 협약의 목적에 적합한 것이어야 하고 해당 국가의 가용자원을 충분히 활용하는 것이어야 한다. 국제원조는 필요 사업의 일부 비용만을 부담하고, 원조를 받는 국가가 재정 부담 능력이 없는 경우가 아니라면 사업에 필요한 자금의 상당부분을 부담해야 한다. 세계유산위원회와 수혜국가는 이 협약에 근거하여 국제지원이 주어지는 사업의 이행 조건에 대해 양자간 협정문을 체결하고, 국제지원을 받은 국가는 합의문서에 정해진 조건에 따라 해당 유산의 보호, 보존, 활용을 지속적으로 추진할 의무가 있다.

5) 세계유산 등재기준

세계유산으로 등재하기 위해서는 문화유산과 자연유산의 정의에 들어가는 것으로서 일정한 기준을 갖춘 것이어야 한다. 등재기준은 세계유산위원회에서 작성하며 위원회에서 작성한 세계유산협약운영 실행지침에 따르면 다음과 같다.

① 문화유산 등재기준

ⅰ. 사람의 창조적 재능을 표현한 걸작품을 대표하는 것

ⅱ. 건축·기술·기념예술·도시계획 또는 경관조성 등의 발전을 위해 오랜 기간 동안 한 문화권에서 인간적 가치의 상호교류를 나타낸 것

ⅲ. 현존하는 또는 이미 사라진 문화전통이나 문명을 증거할 수 있는 아주 독특하거나 예외적인 것

ⅳ. 건축물이나 건축과 기술의 조화, 경관으로서 인류역사의 중요한 단계를 보여주는 것

ⅴ. 한문화를 대표하는 전통적인 인간 거주와 토지이용 양식으로서 특히 사라질 위기에 처한 것

vi. 현저히 보편적 가치를 지닌 예술작품, 문학작품, 사상, 믿음 등 살아있는 전통이나 사건과 직접 유형적으로 관련되어 있는 것

② 자연유산 등재기준

vii. 지구 역사의 주요 발전단계를 대표할 수 있는 현저한 예. 생명기록(진화), 지형발달과정에 진행중인 지질과정, 중요한 지형이나 자연지리 현상.

viii. 육상, 민물, 해안, 바다 등 생태체계 진화과정에서 또는 동식물집단의 생태학상, 생물학상 진행 과정에 중요한 증거가 되는 것.

ix. 뛰어난 자연현상 또는 예외적으로 자연미와 관상상 중요한 지역.

x. 생물다양성을 제대로 보존하기 위해 가장 중요하고 의미있는 자연서식지, 학술상, 보존상 현저히 보편적 가치를 갖는 멸종위기에 처한 종들을 보존하기 위한 곳.

복합유산은 문화유산과 자연유산의 가치를 함께 지니고 있어야 한다.

6) 세계유산 등재 절차

6-1) 잠정목록 등재

잠정목록이란 협약 가입국들이 앞으로 5~10년안에 세계유산으로 등재 신청할 유산을 대상으로 목록을 제출하는 것이며(협약 제11조), 가입국 영토안에 있는 세계유산에 등재할만한 문화유산·자연유산을 대상으로 한다. 잠정목록을 작성하는 것은 세계유산위원회가 목록에 기재된 유산 하나하나를 가장 광범위한 맥락속에서 그것이 가지는 "뚜렷한 보편적 가치"를 평가할 수 있도록 하는 데에 있다. 따라서 세계유산 잠정목록 신청대상 유산은 사려깊게 선정되어야 한다. 동일한 지리·문화지역에 있는 협약가입국은 자기들이 제출하는 잠정유산 목록의 조화를 이룰 수 있도록 유산의 비교평가를 하는 것이 바람직하다. 잠정목록은 표준양식에 따라 작성하며, 표준양식에는 유산의 이름,

소재지, 유산의 개요 설명, 그리고 유산의 진정성과 보전성을 포함하여 보편적 가치를 정당화하는 내용이 들어 있어야 한다.

6-2) 세계유산 등재

세계유산 등재는 연간 일정에 따라 접수하고 처리한다. 세계유산 등재신청서는 정해진 양식에 따라 작성한다. 등재신청서에는 유산의 가치를 보이는 온갖 정보가 기재되어야 하며, 사진, 슬라이드, 지도, 그밖의 자료를 포함하여 모든 필요한 증거와 고증자료로 보강되어야 한다. 문화유산의 경우 등재신청서에 그 문화유산에 관한 참고문헌(백과사전, 연구서적, 항해기, 탐험기, 학술조사보고서 등)을 간략하게 분석한 문서와 참고자료 목록을 함께 첨부하여야 한다. 새로 발견된 유산의 경우에는 발견이 가져온 국제적 반향을 입증하는 자료들을 첨부하는 것도 도움이 된다. 등재신청서의 "법적조치"란에는 유산을 보호하는 법조항 뿐만 아니라, 그 조항이 실제로 어떻게 적용, 운영되는지에 대하여 써 넣어야 한다. 등재신청 유산에 대한 관리계획과 개개의 유산에 대한 완전한 보호계획을 작성한다. 기술협력을 요청할 때에는 이러한 계획 등을 제시하여야 한다.

이미 세계유산 목록에 같은 범주의 유산이 많이 올라있는 유산의 등재를 신청할 때에는 같은 유형의 다른 유산과의 비교평가 자료를 제시하여야 한다. 등재신청서를 제출하기에 앞서 세계유산사무국이나 관련 자문기구와 비공식으로 상의하는 것이 필요할 수도 있으며, 위원회는 등재신청서 작성을 위한 지원을 하기도 한다. 신청과정에 지역주민의 참가는 당해 유산의 유지보존에 대해 국가와 지역주민이 책임을 공유하게 하는데 매우 중요하다. 등재신청서를 제출할 때, 신청국은 문화유산과 자연유산의 균형잡힌 등재를 위하여 노력해야 한다.

세계유산 등재 방법은 단독 등재, 공동 등재, 추가등재 등이 있다.

세계유산 - 문화유산과 등재기준

사진 12-3. 파키스탄 모헨조다로유적
(기준ⅱ.ⅲ.)

사진 12-4. 중국 만리장성
(기준ⅰ.ⅱ.ⅲ.ⅳ.ⅵ.)

사진 12-5. 예멘 시밤 성벽도시
(기준 ⅲ.ⅳ.ⅴ.)

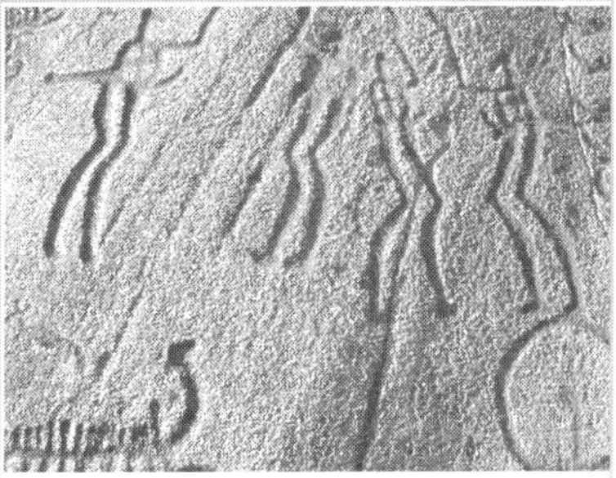

사진 12-6. 스웨덴 타눔 바위그림
(기준 ⅰ.ⅲ.ⅳ.)

사진 12-7. 중국 소주 원림 (기준ⅰ.ⅱ.ⅲ.ⅳ.ⅴ.)

세계유산 - 자연유산과 등재기준

사진 12-8. 마다가스칼 자연보존지구 (기준 ix. x.)

사진 12-9. 제주 화산섬과 용암동굴 (기준 vii. viii.)

사진 12-10. 중국 사천 팬더곰 서식지 (기준 x.)

사진 12-11. 러시아 바이칼호 (기준 vii. viii. ix. x.)

단독 개별 등재는 한 나라에서 등재 신청을 하는 것이며, 추가 등재는 이미 등재된 유산의 범위를 넓혀 추가로 등재하는 방식을 말한다. 공동 등재는 유산이 두 나라 이상 나라의 국경에 걸쳐 있는 경우에 관련 국가들이 공동으로 세계유산목록 등재 신청을 할수 있다. 같은 역사-문화 집단(group)에 속해 있거나, 같은 지역 특징을 가진 동일한 유형에 속해 있거나, 같은 생물지리권(biogeographic province) 또는 같은 유형의 생태계에 들어있을 경우, 하나하나의 유산이 연결되어 뚜렷한 보편적 가치를 지니는 경우 등이다. 이와같은 일련의 문화유산 자연유산이 하나 이상의 나라 영토에 걸쳐 있는 경우에는 관련 국가들이 공동으로 등재신청서를 내도록 권장하고 있다.

세계유산 등재 대상은 세계유산협약이 규정한 뚜렷한 보편적 가치와 세계유산위원회가 정한 문화유산, 자연유산 기준과 진정성과 보전성에 관한 조건을 충족하면서 모든 문화, 자연유산을 대표하여야 한다. 유산의 가치는 보존상태를 포함하여 상대적으로 평가한다. 같은 시대, 같은 유형의 다른 유산과 비교한다. 자문기구는 평가와 검토를 행할 때와 엄격한 기준을 제시하고, 유산 하나하나를 검토할 때마다 평가방법을 빠짐없이 설명한다. 평가결과를 보고할 때 유산의 완전성과 앞으로의 관리에 관하여 의견과 권고사항(recommendation)을 제시한다.

7) 위험에 처한 세계유산

세계유산협약은 재난에 처한 문화재를 살리기 위해 특별한 보호수단과 국제협조의 필요를 언급하면서 위험에 처한 세계유산목록(List of World Heritage in Danger)을 관리하고 있다. 현재까지 소수의 문화, 자연, 복합유산이 위험에 처한 세계유산목록에 올라 있지만, 그들의 보존상태에 대한 관심은 세계유산위원회 정기회의에서 중요한 부분을 차지하며, 이들을 위협하는 특정 위해요소와 이를 줄일 수 있는 수단

〈표 12-2〉 위험에 처한 세계유산 평가기준

◈ 문화유산의 경우

확인된 위험 - 다음과 같이 특정적이며 입증된 위험 :

(a) 재료의 심각한 상태 악화
(b) 구조 및 또는 장식의 심각한 변화
(c) 건축적 또는 도시계획상의 일관성(coherence)이 심각히 상실되었을 때
(d) 도시적, 전원적 또는 자연적 환경이 심히 손상되었을 때
(e) 역사적 진정성을 상실하였을 때
(f) 문화적 의의를 크게 상실하였을 때

잠재적 위험 - 유산이 고유의 특성에 유해한 영향을 줄 위협에 직면하였을 때

(a) 유산의 보호 강도를 낮추는 (유산의) 법적 지위의 변경
(b) 보존정책의 부재
(c) 지역계획사업이 가지는 위협적 영향
(d) 소도시계획이 가지는 위협적 영향
(e) 전투상황의 발생이나 그 위험성
(f) 지질적, 기상학적 또는 환경적 요인에 의한 점진적 변화

◈ 자연유산의 경우

확인된 위험 - 특정적이며 입증된 긴박한 위험에 직면한 유산

(a) 보호의무가 있는 멸종에 처한 생물이나 탁월한 세계적 가치를 지닌 생물수가 자연적 또는 불법사냥과 같은 인위적 요소로 급격히 감소할 때
(b) 인구정착 유산의 중요한 부분을 침수하는 저수지건설 살충제와 비료사용을 포함하는 공업, 농업개발, 대규모토목공사, 광업, 오염, 대목, 화목 채취 등에 의한 유산의 자연미와 과학적 가치의 심각한 훼손과 저하
(c) 유산의 보전성을 위협하는 인간의 유산경계와 상류수역 침입

잠재적 위험 - 유산의 고유특성에 영향을 끼칠 수 있는 위협에 직면한 유산

(a) 지역의 법적 보호지위의 변경
(b) 유산내의 인구정착이나 개발공사의 영향이 유산에 위협이 될 때
(c) 전투차원의 발생이나 위협
(d) 관리계획이 없거나 부적절하거나 충분히 실천되지 않고 있을 때

위험에 처한 세계유산 사례 – 중국, 아미산(蛾眉山)과 낙산대불(樂山大佛)

세계유산위원회 의장단은 제23차 위원회의 요청에 따라 중국 건설장관이 제출한 유산 보존상태에 관한 보고서를 받았다. 보고서는 특히 이미 공사가 끝난 모노레일 설치에 관한 것이다. 모노레일은 너비 40㎝, 차량너비 150㎝, 전체 길이 2,100m 로서 모노레일 설치로 인하여 경관훼손이 심각한 것은 아니라는 보고가 있었고, 앞으로 국내외 전문가 조사를 실시하여 환경영향을 최소화할 수 있도록 할 것이라는 보고가 있었다. 의장단에서는 세계유산쎈타에서 세계은행이 대불과 인접하여 관람로를 개설하는 문제를 제기하였으나 보고서에는 언급되지 않았음을 주목하였다. ICOMOS와 IUCN은 보고서에 도면이나 사진이 없어 환경에 미치는 영향을 정확히 판단을 할수 없다는 의견을 제시하였다. 의장단은 ICOMOS와 IUCN에서 빠른 시간안에 현장을 조사하고 환경에 미치는 영향을 평가하고 완화조치 등에 관한 보고서를 제24차 특별회의에 제출하도록 하였다.(http://whc.unesco.org)

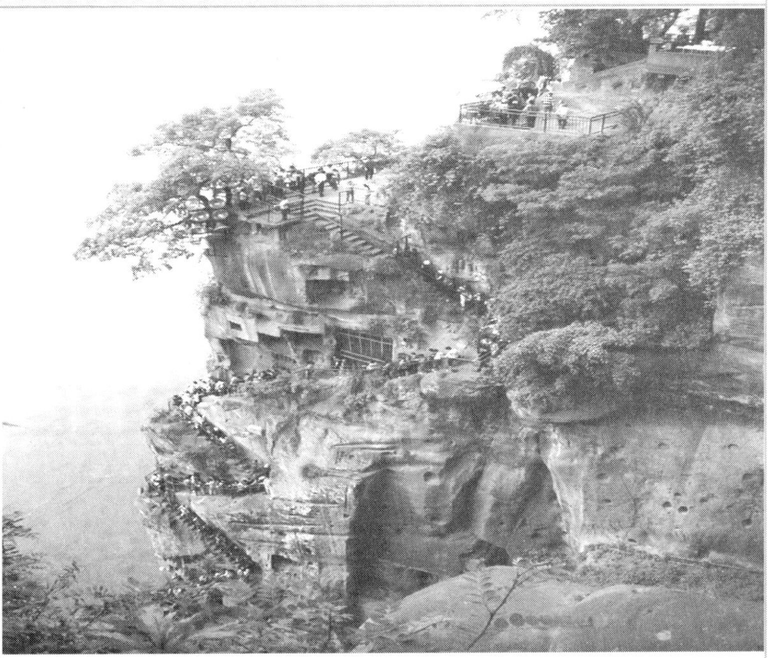

〈사진 12-12〉 중국 아미산과 낙산대불 관람로

에 주의를 기울이고 있다. 유산에 위험요인으로는 ①분쟁(전쟁, 내란) ②인구증가 ③개발행위(도시개발, 관광개발, 도로, 광산, 댐) ④사람에 의한 요인(밀렵, 도굴) ⑤자연재해(화재, 지진, 화산폭발, 홍수, 해일, 폭풍우, 대기오염) 등이 있다.

요사이 세계유산위원회는 모니터링에 초점을 맞추려 노력하며 재난대비에 대한 관심을 높이고 있다. 모니터링이란 말을 사용하는 것이 어렵기는 하지만 위원회는 목록에 올라 있는 유적들의 현상과 위해 요소에 대해 큰 관심을 보여왔다. 위원회 20년 활동을 돌아보며 재난대비를 위하여 여러 관련 분야의 활동 강화에 초점을 맞추고 있다. 위원회가 해결해야 할 중요한 목표로는 '① 세계유산의 적절한 보호와 관리 수단을 향상시키기 위하여 유적 보호관리를 지원하기 위한 특별 수단을 동원하고, 유적에 대한 위협과 훼손을 알리기 위한 활동을 한다. ② 세계유산 모니터링을 체계화 하기 위하여 모니터링의 요소와 단계를 정하고, 가입국 및 관계 기관과 정기 모니터링 활동에 관해 협력한다.'는 것이다.

위험유산 목록에 등재할 것을 고려할 때에는 위원회는 등재신청국과 협의하여 위험에 대처하는 프로그램을 개발, 채택하여야 한다. 위의 프로그램개발을 위하여 위원회는 사무국에게 관련국과 협의하여 유산의 현상태, 유산이 직면한 위험 및 위험 대처 프로그램의 가능성을 확인하도록 요청한다.

또한 위원회는 자문기구의 자격있는 전문가들을 유산지역에 보내 위협의 성격과 정도 범위를 평가하고 대책을 건의할 수 있다. 사무국은 접수한 정보를 당사국과 자문기관의 의견과 함께 위원회에 제출한다. 위원회는 정보를 검토하고 위험에 처한 세계유산목록 등재에 관해 결정을 내린다. 결정은 출석하여 투표하는 위원회의 2/3의 다수로 이루워진다. 위원회는 시정조치 프로그램을 제안하고 그 프로그램은 즉각 시행을 위해 당사국에 제안된다.

위원회는 위험유산에 등재된 세계유산을 돕기 위한 재정 요청에 대하여 세계유산기금에서 결정하여 상당한 부분을 배정하여야 한다. 위원회는 위험유산의 상태를 정기적으로 점검하여야 한다. 이 점검에는 위원회가 정하는 절차와 전문가 파견이 포함된다. 정기점검의 결과에 따라 위원회는 관련국과의 협의를 거쳐 (i)유산을 보존하기 위하여 추가적 대책이 필요한지 여부 (ii)위협(위험)에서 벗어났다면 유산을 "위험에 처한 세계유산목록"에서 제거할지 여부 (iii)유산이 세계유산목록 등재의 요건이 되었던 특성을 상실한 정도로 훼손되었다면 세계유산목록에서 제외할 것을 고려할 것인지의 여부 등이다.

8) 세계유산목록 제외 절차

세계유산으로서의 가치를 잃을 정도로 상태가 나빠진 경우, 등재 신청시 유산의 고유한 특징에 대한 인위적 위협이 있었으며, 그 위협에 대처하는 개선책을 신청국이 신청과 동시에 밝혔으나, 약속 시간안에 그 대책을 실행에 옮기지 아니한 경우, 신청국은 세계유산위원회 사무국에 그 사실을 알려야 한다. 위원회가 그러한 관련 정보를 신청국이 아닌 다른 정보원으로부터 받았을 때에는 관련국과 협의하에 정보내용의 진위여부를 밝히고 관련국의 의견을 묻는다. 사무국은 자문기구 또는 권위있는 자문기관에 의뢰하여 위원회가 접수한 정보에 대한 의견 제출을 요구한다.

사무국은 위원회가 접수한 정보, 관련국가의 의견 및 자문기구의 의견을 종합 검토하여 적절한 조치를 하게 된다. 문제의 유산이 심히 훼손, 악화되기는 하였으나 보수가 불가능할 정도는 아니라고 생각할 때에는 관련국이 일정기간안에 그 유산을 수복하는데 필요한 조치를 취하는 조건으로 세계유산목록에 계속 포함하도록 위원회에 권고한다.

관련국이 요청할 때에는 유산의 수복에 필요한 기술협력을 세계유산기금에서 제공하도록 권고할 수 있다.

위원회는 세계유산협약 가입국들이 협약의 규정에 따라 보호받는 지역내에 세계유산으로서의 가치에 영향을 끼칠 염려가 있는 개발사업을 시행할 때 유네스코사무국을 거쳐 위원회에 그러한 의사를 알려 주도록 하였다. 위원회에서 그 지역이 세계유산으로서의 가치를 완전한 보존할 적절한 해결책을 구할 수 있도록 계획서를 만들기 전에 그리고 되돌리기 어려운 결정을 내리기 전에 이루어져야 한다.

9) 세계유산 관리- 모니터링과 주기보고

9-1) 모니터링(monitoring)

모니터링은 위험에 처한 세계유산의 보존상태에 대해 세계유산센터, 유네스코와 사무국, 자문기구들이 하는 보고이다. 이를 위해 협약가입국은 예외적인 상황이 일어나는 경우와 유산의 보존 상태에 영향을 미칠 조치에 관한 특별보고와 연구를 세계유산센터를 거쳐 위원회에 제출해야 한다. 모니터링은 세계유산목록에서 제외하기 위한 절차, 위험에 처한 세계유산목록에 등재되었거나 등재될 유산의 검토에도 필요하다.[5)]

9-2) 주기 보고(periodic report)

세계유산협약 제29조에 따라 협약 가입국은 세계유산센터 사무국을 거쳐 세계유산위원회에 주기보고를 제출하도록 되어 있다. 그 나라안에 있는 세계유산의 보존 상태를 포함해서 협약적용을 위해 취한 조치와 법적·행정적 조치에 관해 보고해야 한다. 세계유산위원회는 협약의 적용과 세계유산 보존 상태에 관한 주기보고의 기간·형식·내용·범위를 정하고 원칙에 따라 이들 보고를 조사하고 대응해야 한다.

주기 보고의 목표는 세계유산목록에 등재된 세계유산의 가치가 계속

유지되는지를 평가하고 협약가입국에 의한 세계유산협약의 전반적 적용을 평가하는 것이다. 해당 국가는 관리당국과 유적 관리자나 단체와 긴밀한 협조를 해야 한다. 사무국은 자문기관 등의 정보와 문서를 최대한 이용하게 하고 세계유산 정보수집과 관리를 위해 필요한 조치를 해야 한다.[6]

주기 보고 형식은 두 부분로 구성되어 있다. 제1부(section Ⅰ)는 유산의 가치와 보호, 문화·자연유산의 보존과 전시, 국제협력과 자금조달, 교육과 정보·홍보의 확인에 관한 것을 포함해서 세계유산협약 관련 조항의 적용에 관한 당사국의 보고서로 구성된다. 제2부(section Ⅱ)는 세계유산의 보존상태에 관한 것이다. 세계유산목록에 등재된 유산의 가치가 계속 유지되고 있는지를 평가하기 위한 것이다. 당사국은 세계유산과 모니터링 결과 필요한 조치에 영향을 미치는 요인과 관리에 관해 새로운 정보를 제공해야 한다.

10) 세계유산기금

국제협력을 위한 세계유산위원회의 기금 원조는 준비원조, 긴급원조, 기술협력 등이 있다. 준비원조는 세계유산등재에 적합한 잠정목록 작성, 같은 지리, 문화 지역안에서 잠정목록 작성의 조화를 위한 회의, 세계유산등재 신청 준비, 기술훈련 과정 조직과 관련한 요청을 포함한 기술협력 요청 준비 등이 있다. 이러한 원조에는 전문가 자문, 기자재 대여, 그리고 예외적으로 재정 지원을 할 수 있다. 재정 지원은 한번에 30,000불(US 달러)을 넘지 못한다. 준비원조 신청은 사무국에 제출하고, 사무국은 의장에게 보내어 원조의 종류를 결정한다.

협약 가입국은 세계유산에 올라 있거나 오를만한 가치가 있는 유산이 갑작스럽고 예기치 못한 현상으로 심한 손상을 입었거나 손상을 입을 위험이 있을 때 긴급 원조를 요청할 수 있다. 이때 부식, 오염, 침식 등 점진적으로 이루어지는 손상이나 훼손은 긴급원조의 대상이 아니다. 세계유산목록 긴급 등재신청을 준비하거나, 세계유산목록에 등재되어 있거나 등재신청된 유산의 긴급 보호계획 수립안, 세계유산목록에 등재되어 있거나 등재신청된 유산을 보호하기 위한 긴급 대책의 집행 등이 있다. 세계유산센터는 관계 자문기관에 자문을 얻어 요청에 대한 승인여부를 결정한다.

협약 가입국은 유산의 확인, 보호, 보존, 공개 및 수복 분야에서 각급 전문인력 훈련지원을 요청할 수 있다. 이 훈련은 세계유산협약의 실행에 관한 것이어야 한다. 전국 규모 또는 지역 규모의 훈련기관에서 지역 또는 현장인원의 집단훈련을 우선적으로 한다. 개인훈련은 단기 재교육과정이나 경험의 교환에 국한한다. 전문 요원 훈련신청서에는 훈련과정의 세부사항, 원조의 내용, 지원요청액, 기타 지원사항 등을 적어야 한다. 세계유산목록에 실린 유산의 보호사업을 위하여 기술협력을 요청할 수 있다. 기술협력신청서에는 유산의 세부사항, 지원요청의 구체적 내용, 활동 경비, 보호사업 주관기관 및 관리 행정 세부사항 등을 기술해야 한다.

1222. 세계유산 활용

세계유산과 관광, 세계유산과 교육, 세계유산과 지역개발 등 세계유산을 적극적으로 활용하려는 움직임이 널리 확산되고 있다. 세계유산을 활용하는 교육 프로그램은 특히 어린이와 청소년들을 위한 교육 계획과 운영이 눈에 띄게 증가하고 있다.[7] 어린이들에게 유네스코 정신에 따라 세계유산의 의미를 정확히 알려주고, 평화의 메시지를 전달하려는 것이 어린이 교육의 목표가 되고 있다. 그밖에 세계유산을 적극 활용하는 방법론들이 개발과정에 있다.[8]

〈그림 12-5〉 세계유산을 어린이품안에
(World Heritage in young hands)

〈사진 12-13〉 세계유산 청소년포럼
(World Heritage Youth Forum)

123. 세계의 기억

기록유산에는 세계의 다양한 언어, 인종, 문화가 들어 있어 세계를 들여다 보는 거울이며, 우리들 기억의 샘이 되고 있다. 그런데 이들 유산은 사라지기 쉽게 되어 있어 하루가 다르게 인류의 기억이 조금씩 없어지는 것을 보게 된다. 이에 유네스코에서는 세계의 기억 프로그램으로 기록유산 등록(The Memory of the World Register) 사업을 시작하고, 전세계 도서관이나 기록보존소에 남아있는 가치있는 기록들을 보존·보급하는 활동을 하고 있다. 기록유산들을 가장 적절한 방법으로 보존할 수 있도록 하고, 기록유산을 보고 싶어하는 사람들은 누구에게나 접근할 수 있도록 하며, 기록유산의 존재와 중요성을 전세계에 널리 알리려는 것이다. 이제까지 모두 92점의 기록유산(도서, 고문서, 영화필름, 음반)이 선정되고, 우리나라는 훈민정음, 조선왕조실록), 직지심체요절 하권, 승정원일기, 고려대장경판, 조선왕실의궤 등이 '세계의 기억'에 선정되었다.

1231. 기록유산의 정의와 사업목표

기록유산은 기록을 담고 있는 정보와 그 기록을 전하는 매체로서 단독 기록물이나 기록물 모음(archival fonds)의 두 가지 형태가 있다. 필사본, 도서, 신문, 포스터 등 기록이 담긴 자료와 플라스틱, 파피루스, 양피지, 야자 잎, 나무껍질, 섬유, 돌 또는 기타자료로 기록이 남아있는 것, 그림, 프린트, 지도, 음악 등 비문서 자료(non-textual materials), 전통적인 움직임과 현재의 영상 이미지, 오디오, 비디오, 원문과 아날로그 또는 디지털 형태의 정지된 이미지 등을 포함한 모든 종류의 전자 데이터 등이다.

세계적인 중요성을 갖는 기록유산의 가장 적절한 수단을 통한 보존을 보장하고 국가 및 지역 수준의 중요성을 지닌 기록유산의 보존을 장려하고, 전 세계 다양한 사람들의 접근을 용이하게 하고 평등한 이용을 장려하며, 기록유산에 기초해서 만들어진 기타 자료들을 발전시키고 그것들을 전 세계에 널리 보급하여 세계적 관점에서 중요한 기록유산을 갖고 있는 모든 국가들의 인식을 높이는 것이다.

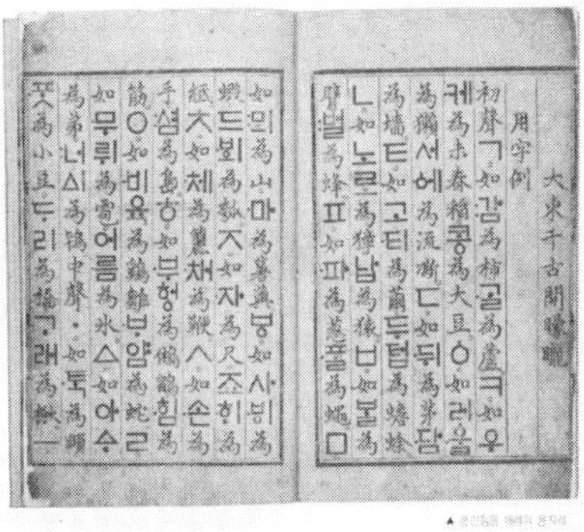

훈민정음 해례본

승정원일기

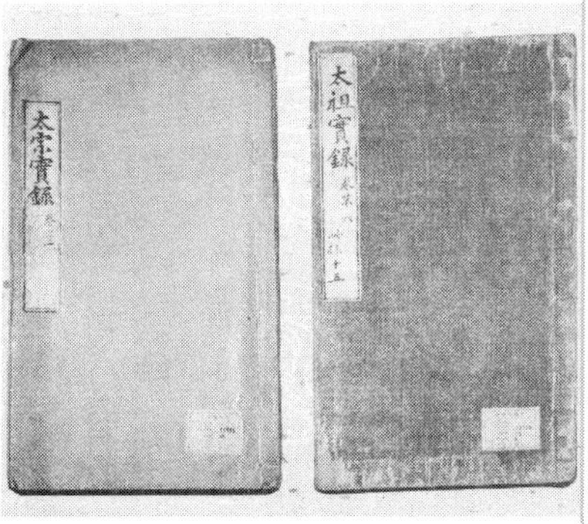

조선왕조실록

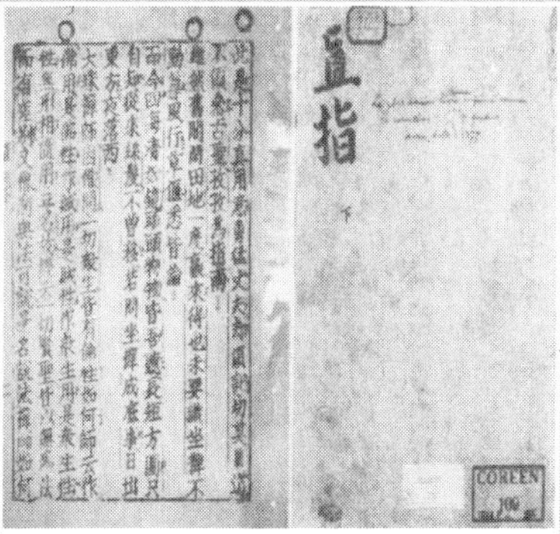

직지심체요절(하권)

〈사진 12-14〉 세계의 기억 - 우리나라 기록유산

1232. 기록유산의 보호와 국제협력

인류는 기록에 의하여 문화를 계승하여 간다. 인류에게는 수많은 기록들이 있고 그것은 어떠한 방법이든 보존되고 있다. 그러나 기록물들은 매우 취약한 유산이다. 가장 대표적인 기록물이라 할 수 있는 종이에 쓰거나 인쇄한 기록물은 종이의 산화 과정에 따라 사라진다. 실제로 훼손되거나 영원히 사라질 위험에 처한 기록물들이 많다. 유네스코는 이렇게 사라질 위험에 직면한 인류의 중요한 기록물들을 좀더 효과적으로 보존(Preservation)하고 많은 사람들이 그러한 기록물에 쉽게 접근/이용(Access)할 수 있도록 하기 위하여 "세계의 기억 사업"(Memory of the World)을 시작하였다. 기록유산(Documentary Heritage) 사업이라고도 부른다. 이 사업은 유네스코가 1995년 총회에서 채택한 "기록유산 보호 일반 지침" (General Guidelines to Safeguard Documentary Heritage)에 따라 본부 커뮤니케이션 부서에서 추진하고 있다.

1233. 세계의 기억 선정기준과 절차

세계의 기억 선정 기준은 먼저 유산의 진정성(Authenticity)과 보전성(Integrity)이 있어야 하며, 다음으로는 독특한 가치와 함께 대체할만한 것이 없는 귀한 것이어야 한다. 유산이 없어지거나 훼손됨으로서 여러나라에 손실을 끼치게 되거나, 시간 또는 공간적으로 인류 문화에 중요한 영향을 준 것, 역사발전 과정에 중요한 영향을 미친 것들이 대상이 된다. 세계에 중요한 영향을 미친 내용에 대해서는 몇가지 기준 가운데 한두가지를 충족시키면 된다. 시대면에서 제작 시기가 세계 최초이거나 당대를 대표하는 것 또는 역사상 중요한 전환점을 보여주는 것, 장소면에서 지역적으로 중요한 사건을 보여주는 것이나 이미 사라진 도시 또는 제도 등을 묘사하고 있는 것, 역사상 사건의 중요한 인물에 관한 것, 또는 특정 사회변화를 반영하고 있는 것, 주제면에서 인문·사회·정치·사상·스포츠·예술 분야 등에서 중요한 역할을 담당했던 사람과 관계되는 것, 표현 형식면에서 사라질 위기에 처해 있거나 이미 사라진 것들로서 이를테면 중세의 원고나 파피루스 인쇄물 등이다.

세계의 기억 신청은 원칙적으로 정부 및 비정부 기구를 포함한 모든 개인 또는 기관이 할 수 있으나 관련 지역 또는 국가 위원회가 존재한다면, 그곳을 통해서 도움을 받으며 유네스코본부 내 PGI(일반정보사업국)에서 신청을 받아 검토하고, 2년마다 열리는 국제자문위원회 정기회의에서 결정하여 이를 유네스코본부 사무총장이 공식 발표한다.[9)]

124. 인류 무형유산

1241. 인류구전 및 무형유산 걸작과 세계무형유산 보호협약

인류 무형유산의 원형을 보존할 필요성에 의해 시작된 사업이며 매 2년마다 심사한다. 무형문화유산보호협약이 새로이 제정됨에 따라 걸작 선정제도는 폐지되고 새로운 협약에 따라 별도의 선정 절차와 기준이 적용될 것이다. (자료 10) 유네스코는 이 협약에 의거 인류 무형유산 대표 목록과긴급 보호 무형유산목록 등 2가지 목록을 작성할 예정이다. 현재 인류구전 및 무형유산 걸작제도에 의거 선정된 유산은 무형문화유산협약의 지침서가 마련되면 인류무형유산 대표 목록에 반영될 것이다. 무형유산 걸작은 2001년 19점, 2003년 28점, 2005년 43점 등 모두 90점이 선정되었다.

1242. 무형유산 걸작 심사

총괄 심사와 세부내용 심사로 구분되며 총괄 심사에서는 유산 가치의 대표성과 집약성을 중심으로 역사, 예술, 민족학, 인류학, 사회학, 언어학 등의 관점에서 본 학술가치를 판단한다. 세부심사는 6개 항목으로 되어 있다. ①인류창작 걸작으로서 현저한 가치를 보유했는가, ②문화전통 혹은 해당지역의 문화역사 발전에 대한 기여도, ③지역문화 정체성 강화, 예술적 영감 및 문화간 교류, 지역의 통합과 결속, 현대 문화사회적 삶의 원천 여부, ④적용되는 기예, 기술의 탁월성,

과테말라-가리푸나의 언어, 춤, 음악(2001선정)

일본 -분라꾸 인형극(2003 선정)

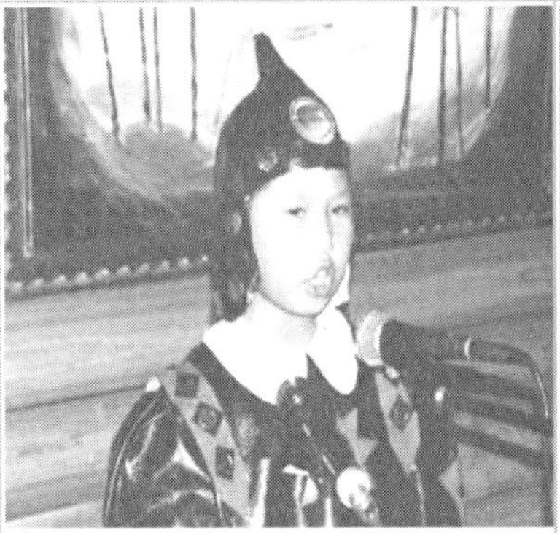

러시아연방 - 야쿠트 서사시(2005 선정)

바누아트 - 모래 그림그리기(2003 선정)

〈사진 12-15〉 인류 구전 및 무형유산 걸작

⑤현존하는 문화전통으로서의 생명성, ⑥사회적 변화, 도시 현대화, 문화접변 현상으로 인한 보존의 위기도 등이 심사기준이 된다. 심사과정에 해당유산 가치가 국제적 보편적 윤리, 가치와 부합되는지의 여부, 지역사회, 시민들이 유산보호정책의 기획, 실행, 평가에 충분히 참가하고 있는지, 해당 유산의 형태, 가치를 지속 유지하겠다는 약속, 유산보호 관련기관의 능력, 인력, 재정 상태, 유산보호를 위한 지역사회의 협력 담보 등의 문제에도 주의를 기울인다.

심사는 서류심사, 전문가 기술심사, 국제심사위원의 검토 순서로 이뤄지며 국제심사위원의 권고에 따라 유네스코 사무총장이 결정한다. 국제심사위원회는 심사위원 18명으로 구성하고 심사위원은 유네스코 사무총장이 임명하며 임기는 4년이다. 전문가 기술심사를 중심으로 최종심사를 하는데, 심사 결과에 따라 추천목록, 탈락목록, 그리고 차기 후보대상 목록 등 3개 목록을 작성하여 유네스코 사무총장에게 제출한다. 탈락한 신청서는 처음부터 동일한 과정으로 재신청하고 심사과정에 회원국은 참가할 수 없고 NGO 대표는 심사위원의 질문이 있을 경우 답변할 수 있다.

125. 세계유산 보호와 과제

유산에 대한 정확한 이해와 인식은 중앙, 지역차원에서의 관련 정책의 수립 및 이의 효율적인 이행에 큰 도움이 된다. 유네스코의 정책보고서 "우리의 창조적 다양성"은 '우리가 직면한 가장 큰 문화정책의 문제는 예산의 규모, 제도에 있지 않고 우리가 정책대상으로 삼고 있는 문화에 대한 전반적인 인식이 부족한데에 기인한다'고 지적한 바 있다. 유산에 대한 우리의 인식은 아직까지 협소하여 단순히 과거 역사의 기록으로만 생각하고 있는 것이 사실이다. 이러한 인식은 문화 정체성에 기반한 인식의 형태로 과거 1960년대의 문화 정책의 주류였다. 그러나 오늘날 문화유산에 대한 인식은 발전의 대상으로 혹은 발전의 목표로 수정되고 있다. 특히 1980년대 지구 환경 보존 문제와 연결되면서 문화유산은 환경 및 발전의 개념과 연결되기 시작하였다.[10] 문화는 지역사회 발전의 핵으로 인식하고 이에 관한 종합적이고 체계적인 전략이 수립되고 있는 것이다. 그러나 우리의 유산관리 체제는 아직도 지엽적,

초보적, 부문적 단계에 머물러 있다. 이에는 정책목표가 되고 있는 유산에 대한 기본인식의 결여 뿐 아니라 예산의 부족, 전문인력의 미확보, 시민사회와의 협조 미비 등 사회 일반의 제도적 미비에서 기인하고 있기도 하다.

〈주〉

1) 유네스코헌장 제1조 2항 (다)에는 세계의 유산인 도서, 예술작품 그리고 역사와 과학 기념물을 보존하고 보호하기 위해 관계 국가에 대하여 국제협약을 권고하도록 하였다
2) 문화유산과 자연유산을 명확히 구분한 것은 이 협약에서 처음 나타난 것이다. 인류유산으로서 동등한 가치를 지닌 것이지만 자연과 문화를 구분하는 것은 종래 모호한 문화재개념에서 발전된 것이다.
3) World Heritage Center, 1999. Operational Guidelines for the Implementation of the World Heritage Convention.
4) 세계유산 협약과 관련되는 공식 문건들은 다음과 같다.
UNESCO, *Convention concerning the protection of the world cultural and natural heritage*, adopted by the General Conference at its seventeenth session, Paris, 16 November 1972, WHC-2001/WS/2 (http://whc.unesco.org/en/conventiontext)
UNESCO, Intergovernmental Committee for the protection of the World Cultural and Natural Heritage, Rules of Procedure, WHC.2003/5. (http://whc.unesco.org/en/committee)
UNESCO, General Assembly of States Parties to the Convention concerning the protection of the World Cultural and Natural Heritage, *Rules of Procedure*, WHC-03/GA/1 Rev. 2 (as of 15 October 2003). (http://whc.unesco.org/en/garules)
UNESCO, Intergovernmental Committee for the protection of the World Cultural and Natural Heritage, *Financial Regulations for the World Heritage Fund*, Paris 1995 (WHC/7, August 1995). (http://whc.unesco.org/en/committeerules)
UNESCO, World Heritage Centre, *Properties inscribed on the World Heritage List* http://whc.unesco.org/en/list UNESCO, World Heritage Centre, *Brief Descriptions of the 754 properties inscribed on the World Heritage List.* (http://whc.unesco.org/briefdescriptions)
Pressouyre, Leon, *The World Heritage Convention, twenty years later*, UNESCO, Paris 1993.
Batisse, Michel and Bolla, Gerard, *L'invention du "patrimoine mondial"*, Les

Cahiers de l'Histoire, AAFU, Paris 2003.

5) *Monitoring World Heritage*, World Heritage Paper No. 10, UNESCO, World Heritage Centre, Paris 200

6) *Periodic Report and Regional Programme - Arab States 2000-2003,* World Heritage Paper No. 11, UNESCO, World Heritage Centre, Paris 2004.
The State of World Heritage in the Asia-Pacific Region 2003, World Heritage Paper No. 12, UNESCO, World Heritage Centre, Paris 2004.

7) *World Heritage in Young Hands. To Know, Cherish and Act, an Educational Resource Kit for Teachers,* UNESCO 2002.
Mobilizing Young People for World Heritage, World Heritage Paper No. 8, UNESCO, World Heritage Centre, Paris 2003.

8) Pedersen, A., *Managing Tourism at World Heritage Sites: a Practical Manual for World Heritage site managers,* World Heritage Paper No. 1, UNESCO, World Heritage Centre, Paris 2002. *Investing in World Heritage: Past Achievements, Future Ambitions,* World Heritage Paper No. 2, UNESCO, World Heritage Centre, Paris 2002.
Identification and Documentation of Modern Heritage, World Heritage Paper No. 5, UNESCO, World Heritage Centre, Paris 2003.
Fowler, P. J., (edited by), *World Heritage Cultural Landscapes 1992-2002,* World Heritage Paper No. 6, UNESCO, World Heritage Centre, Paris 2003.
Partnerships for World Heritage Cities: Culture as a Vector for Sustainable Urban Development, World Heritage Paper No. 9, UNESCO, World Heritage Centre, Paris 2004.

9) 국제자문위원회는 Paris 1995, Tashkent 1997, Vienna 1999, Cheongju 2001에서 열렸다. Statutes of the International Advisory Committee, Memory of the World.

10) cultural dimension of development, sustainable development 등에 관한 논의.

【자 료】

자료 1 구황실재산관련법(한국)

1. **구왕궁재산처분법** (1950. 4. 8 법률 제509호, 관보 제323호) 대통령 이승만, 국무총리 이범석, 국무위원 허정 외 11명, 전문 9조 (부칙 포함)

제1조 : 구왕궁재산은 국유로 한다. 본법에서 구왕궁재산이라 함은 구한국 황실 또는 의친왕궁의 소유에 속하였든 재산으로써 구이왕직에서 관리한 일체의 동산과 부동산을 지칭한다.

제2조 : 구왕궁재산중 다음 각호의1에 해당하는 것은 국유로 존치한다.

· 중요한 궁전의 건물과 대지

· 중요한 미술품, 역사적 기념물 또는 문적

· 기타 영구보존을 요하는 것

전항 각호의 범위는 대통령령으로 정한다.

제3조 : 전조의 규정에 의하여 존치할 필요가 없는 재산은 대통령의 정하는 바에 의하여 매각 또는 대여할 수 있다.

제4조 : 구왕족의 생계유지상 필요한 재산은 대통령령의 정하는 바에 의하여 전조에 규정된 재산중에서 왕족에게 양여할 수 있다. 구왕궁의 기부행위로 설립된 교육기관의 유지경영에 필요한 재산은 양여한다.

제5조 : 구왕궁재산의 관리와 처분에 관한 중요사항을 심의결정하기 위하여 국무총리감독하에 임시구왕궁재산관리위원회를 둔다. 임시구왕궁재산관리위원회는 위원장 1인과 위원 약간인으로서 조직한다. 위원장과 위원은 대통령이 위촉한다.

제6조 : 임시구왕궁재산관리위원회의 심의결정한 사항의 처리는 일반 국유재산 관리기관이 장리한다.

제7조 : 임시 구왕궁 재산관리위원회 직제는 따로 대통령령으로 정한다.

(부 칙)

제8조 : 본법은 공포일로부터 시행한다.
제9조 : 본법의 규정에 저촉되는 종전법령은 일체 폐지한다.

2. 구황실재산법(1954. 9. 23. 제정, 법률 제339호)

개정 : 1961. 10. 17. (법률 제748호) 1962. 4. 10. (법률 제1050호)

제1조(목적) 본법은 구황실재산을 역사적, 고전적 문화재로서 영구히 보존관리하기 위하여 국유재산법과 별도로 구황실재산에 관한 사항을 규정함을 목적으로 한다. (1954. 9. 23. 법률 제339호)

제2조(국유의 대상) ① 구황실재산은 국유로 한다.

② 전항에서 구황실재산이라함은 구한국황실의 소유에 속하였든 재산으로서 구이왕직에서 관리하든 일체의 동산, 부동산 기타의 권리를 말한다.

③ 전항의 재산에는 그 재산에 따르는 의무를 포함한다. (1954. 9. 23. 법률 제339호)

제3조(재산의 구분) ① 구황실재산은 영구보존재산과 기타재산으로 구분한다.

② 영구보존재산은 다음 각호의 1에 해당하는 재산으로서 각령(대통령각령 : 1961. 10. 17. 개정)으로 지정하는 재산을 말한다.

일 : 중요한 壇, 廟, 祉, 苑, 殿, 宮, 陵, 園, 墓와 이에 따르는 건조물과 그 부지

이 : 중요한 미술품, 역사적기념품 또는 문적

삼 : 보물, 고적, 명승, 천연기념물

사 : 전 각호에 유사한 재산으로서 영구보존의 필요가 있는 것.

③ 기타재산은 전항에 규정한 이외의 일체재산을 말한다.

④ 기타재산은 그 용도에 따라 갑종재산과 을종재산으로 구분한다. 갑종재산이라 함은 국가가 직접공공용, 사무용, 사업용이나 또는 공무원의 거주용으로 사용하거나 사용하기로 결정한 재산을 말하고,

을종재산이라 함은 갑종재산 이외의 재산을 말한다(1961. 10. 17. 신설)

제3조의2(재산의 운용 및 처분등 제한) ① 영구보존재산과 기타재산중갑종재산은 이를 양도하거나 사권을 설정하지 못한다. 단 갑종재산은 그 용도 또는 목적에 지장이 없는 한도내에서 이의 사용 또는 수익을 허가할 수 있다.

② 기타재산중 을종재산은 대부 또는 매각할 수 있다. 단, 공공단체가 직접 공공용, 사무용, 사업용에 사용하기 위하여 필요한 때에는 무상으로 이를 대부 또는 양여할 수 있다.

③ 제1항 단서와 전항에 관하여 필요한 사항은 각령으로 정한다.

(1961. 10. 17. 법률 제748호)

제4조(생계비의 지급 등 : 1961. 10. 17. 법률 제748호 개정) ① 구황족의 생계유지상 필요할 때에는 제3조의 기타재산의 을종재산중에서 이를 구황족에게 양여하거나 또는 구황실재산특별회계예산의 범위내에서 매월 생계비를 지급할 수 있다.

② 전항의 구황족이라 함은 불법시행 당시 생존한 구황실의 직계존비속 및 그 배우자로서 다음 각호의 자를 말한다.

일. 낙선재 윤씨(순종의 부인)

이. 삼축당 김씨(고종의 부인)

삼. 광화당 이씨(고종의 부인)

사. 사동궁 김씨(李堈의 부인)

오. 李垠과 그 배우자

육. 이덕혜(고종의 여) (1962. 4. 10. 법률 제1050호로 신설)

③ 구황실의 기부행위로 설립된 교육기관의 유지경영상 필요한 때에는 제3조 기타재산의 을종재산중에서 이를 그 교육기관에 양여할 수 있다.

④ 제1항 및 전항의 규정에 의하여 양여할 재산의 종류와 그 한도 기타 필요한 사항은 각령으로 정한다.

⑤ 제4항에 의하여 재산을 양여할 경우에는 재무부장관은 당해 재산

의 관리청과 협의한 후 각의의 의결을 거쳐 내각 수반의 승인을 얻어야 한다.

제5조(영구보존재산관리청) ① 제3조제2항의 규정에 의한 영구보존재산의 관리사무는 문교부장관소속하의 문화재관리국이 관장한다.

* (구황실재산관리위원회와 사무총국 설치, 1954. 9. 23. 법률 제5조)
- 구황실 재산관리를 위한 대통령 직속 구황실재산관리위원회와 사무총국 설치
- 위원회의 심의결정사항(관리에 관한 규칙제정, 예산의결, 결산인정, 사업계획승인, 영구보존재산 심사, 구황실재산에 대한 불법 침해조사 및 손해회복 등, 사무총국은 위원회 의결사항 집행)

제6조(기타재산관리청) 제3조 제3항의 규정에 의한 기타재산은 그 재산의 용도와 목적에 따라 재무부, 농림부, 기타 관계부처가 이를 관리하되 그 재산구분과 관리청이 확정될때 까지는 전조의 문화재관리국장이 관리한다. 전항의 재산구분과 관리청 확정에 관한 사항을 심의하기 위해 재무부에 구황실재산 처리위원회를 둔다.

제11조(특별회계) 구황실재산의 세입세출은 특별회계로 한다.

3. **구황실재산사무총국 직제**(1955. 6. 8. 대통령령 제1035호)

개정 1957. 12. 23., 1958. 10. 29., 1959. 5. 27. 모두 13조, 부칙

제1조 : 구황실재산사무총국(사무총국)은 대통령의 자문을 받아 구황실재산에 관하여 위원회에서 의결한 사항과 기타 관리에 관한 이례 사무를 집행한다.

제2조 : 사무총국에 사무총국장이외에 다음 공무원을 둔다. (이사관1, 서기관4, 기정2, 사무관11, 기좌2, 주사13, 기사4, 비서4, 산림주사19, 서기18, 기원7, 산림주사보16) 총101명

제3조 : 사무총국에 총무과, 문화과, 관리과, 영선과, 창경원, 덕수궁미술관, 창덕궁 사무소, 경복궁사무소, 종묘사무소를 둔다.

제5조 : 문화과는 궁, 전, 능, 묘, 보물, 미술품, 명승, 천연기념물, 고적, 문헌, 기타의 역사적 또는 고전적 문화재의 보존과 이용 및 관광에 관한 사항을 분장한다.

제5조의 2 : 관리과는 토지, 산림, 건물, 기타시설의 관리, 조림, 임산물의 처분, 지적도 정비 등에 관한 사항을 관장한다.

제6조 : 영선(營繕)과는 각 궁, 전, 각, 묘, 단, 능, 원, 묘 기타 건물의 건조, 수리, 노무배치에 관한 사항을 분장한다.

4. 구황실재산관리위원회 직제(1955. 6. 8. 대통령령 제1036호)

개정 1960. 7. 12. 모두 7조, 부칙

제1조 : 구황실재산관리위원회(이하 위원회)는 대통령의 감독을 받아 구황실재산의 관리와 처분에 관한 사항을 심의결정한다.

제2조 : 위원회는 위원 7인으로 구성하고, 그 중 1인을 위원장으로 한다.

위원은 고미술 동식물과 관광에 관한 조예가 깊은 자 또는 학식과 덕이 높은 자 중에서 국무관리가 임명한다. 위원장은 위원중에서 호선하며 그 임기는 2년으로 한다. 위원은 명예직으로 하고, 여비 기타지위에 관하여는 차관보와 동등으로 한다. 위원회에 간사 1인과 서기 약간인을 둔다. 간사와 서기는 위원장이 구황실재산사무총국 직원중에서 위촉한다.

제3조 : 위원장 임무

제4조 : 회의 소집관계

제5조 : 의결정족수(과반수 출석, 과반수 동의로 의결)

제6조 : 구황실재산사무총국장의 발언권

제7조 : 회의 비공개(의결서 작성, 서명)

5. 구황실재산사무총국 직제와 사무분담표

직제 : 총무과, 문화과, 관리과, 영선과(기술과), 창경원장, 덕수궁미술관장, 창덕궁사무소장, 경복궁사무소장, 종묘사무소장

사무분담 :

- 문화과 문화계 : 궁전, 릉, 묘, 고적, 명승, 천연기념물, 보물, 미술품, 역사적기념품 또는 문적의 관리에 관한 사항
- 관광계 : 고전적 문화재의 이용 및 관광에 관한 사항, 통역번역에 관한 사항
- 관리과 조사계 : 토지, 주택, 산림과 건물대장 정비 및 관리지적도 정비에 관한 사항
- 재산계 : 토지, 주택, 산림, 임산물의 처분과 대부 지가와 임대료의 사정소송 사무에 관한 사항
- 영선과 영선계 : 궁전 각묘 단 능원 묘 기타 건조물의 건조와 수리에 관한 사항.
- 기획계 : 건조물, 능원묘의 파손부분, 기타 건조물의 수리에 관한 기획, 노무 배치에 관한 사항.

6. 구황실재산법시행령(국무원령 제203호, 1961. 2. 20)

- 모두 17조, 부칙

7. 구황실재산법 제4조(생계비지급)시행에 관한 건(국무원령 제204호, 1961. 2. 20)

제1조 : 구황족에게 양여할 수 있는 재산은 기타재산인 거주용 대지 건물과 분묘용지에 한한다.

제3조 : 구황실의 기부로 설립된 교육기관은 숙명학원과 진명학원을 말한다.

제5조 : 부칙

8. 구황실재산사무총국 산림보호구와 동출장소의 명칭 위치 및 관할구역에 관한 건
(1960.7.11. 제정, 1961.3.10. 개정, 3조, 부칙)

○ 산림보호구 9, 출장소 20 목록 수록)
서울산림보호구(동 보호구 의릉, 정릉, 서삼릉, 서오릉출장소)
양주산림보호구(동 보호구 동구릉, 태릉, 금곡, 사릉, 파주, 온릉출장소)
경기산림보호구(동 보호구 광주, 헌인릉, 김포, 여주출장소)
충남산림보호구(동 보호구 서산, 조서산출장소)
전주산림보호구
경주산림보호구(동 보호구 영일출장소)
문경산림보호구(동 보호구 영월출장소)
영동산림호보구(동 보호구 간성출장소)
부산산림보호구(동 보호구 해운대출장소)

9. 구황실재산중 영구보존재산 지정의 건(1962.10.25. 각령 제1005호, 5조, 부칙)

○ 영구보존재산(건조물 및 부지, 그 범위는 문화재위원회의 자문을 거쳐 문교보장관이 정하여 고시한다)

제2조(단·전·묘·원·궁 등) 8곳 : 조경단, 경기전 및 조경묘, 종묘, 창경원, 창덕궁, 경복궁, 덕수궁, 칠궁.

제3조(릉·원·묘) 39곳(릉18, 원7, 묘14) : 정릉, 의릉, 융건릉, 헌인릉, 선정릉, 장릉(김포), 홍유릉, 광릉, 태강릉, 사릉, 온릉, 동구릉, 장릉(파주), 공순영릉, 영녕릉, 서삼릉, 서오릉, 장릉(영월), 유경원, 영휘원, 순강원, 휘경원, 소령유길원, 영회원, 흥원, 영빈묘, 경빈이씨묘, 연산군묘, 안빈묘, 광해군묘, 성묘, 대빈묘, 귀인묘, 영경묘, 숙의묘, 회묘, 귀인김씨묘, 명빈묘.

제4조(고적) 태조고황제부, 태조고황제패, 북한산 이궁지, 청령포 단종유적.

제5조(미술품, 문적 기타 역사적 기념물 등) 문화재로 인정되는 것.

자료 2 고도의 역사적 풍토 보존에 관한 특별조치법(일본)

소화(昭和)41년(1966) 1월 13일 제정 법률 제1호
최종개정 평성(平成) 11년(2000) 12월 22일 법률 제160호

(목적)

제1조 이 법률은 우리 나라 고유의 문화적 자산으로서 국민이 동등하게 그 혜택을 향수하고, 후대의 국민에게 계승되어야 하는 고도에 있어서의 역사적풍토를 보존하기 위해서 국가 등에 있어서 강구해야 하는 특별한 조치를 정하고, 그리고 국토애의 고양에 이바지함과 동시에, 널리 문화의 향상발전에 기여하는 것을 목적으로 한다.

(정의)

제2조 이 법률에 있어서 「고도」라 함은, 우리나라 과거의 정치, 문화의 중심 등으로서 역사상 중요한 지위를 갖는 경도시, 내양시, 겸창시 및 정령으로 정한 기타의 시, 정, 촌을 말한다.

2. 이 법률에 있어서 「역사적풍토」라 함은, 우리 나라의 역사상 의의를 갖는 건조물, 유적 등이 주위의 자연적 환경과 일체를 이루어 고도에 있어서 전통과 문화를 구현하고, 또 형성하고 있는 토지의 상황을 말한다.

(국가 및 지방공공단체의 임무 등)

제3조 국가 및 지방공공단체는, 고도에 있어서 역사적 풍토가 적절하게 보존되도록, 이 법률의 취지의 철저를 도모하고, 또, 이 법률의 적정한 집행에 노력해야 한다.

2. 일반 국민은, 이 법률의 취지를 이해하고, 적어도 이 법률의 목적에 반하지 않도록 노력함과 동시에, 국가 및 지방공공단체가 이 법률의 목적을 달성하기 위해 행하는 조치에 협력해야 한다.

(역사적 풍토보존구역의 지정)

제4조 내각총리대신은, 관계지방공공단체 및 역사적풍토심의회의 의견을 들음과 동시에, 관계행정기관의 장과 협의하여, 고도에 있어서 역사적 풍토를 보존하기위해 필요한 토지의 구역을 역사적 풍토보존

구역으로서 지정할 수 있다.

2. 내각총리대신은, 역사적 풍토보존구역의 지정을 할 때에는, 그 취지 및 구역을 관보에 공시하여야 한다.

3. 전2항의 규정은, 역사적 풍토보존구역의 변경에 관하여 준용한다.

(역사적 풍토보존계획)

제5조 내각총리대신은, 역사적 풍토보존구역의 지정을 한 때에는, 관계 지방공공단체 및 역사적 풍토심의회의 의견을 들음과 동시에, 관계 행정기관의장과 협의하여 당해 역사적 풍토보존구역에 관한 역사적 풍토의 보존에 관한계획(이하 「역사적 풍토보존계획」이라 한다)을 결정하여야 한다.

2. 역사적 풍토보존계획에는 다음의 사항을 정해야 한다.

① 역사적 풍토보존구역내에 있어서 행위의 규제 기타 역사적 풍토의 유지보존에 관한 사항

② 역사적 풍토보존구역내에 있어서 그 역사적 풍토의 보존에 관련하여 필요한 시설의 정비에 관한 사항

③ 역사적 풍토특별보존지구의 지정 기준에 관한 사항

④ 제11조의 규정에 의한 토지의 매입에 관한 사항

3. 내각총리대신은, 역사적 풍토보존계획을 결정한 때에는, 이것을 관계행정기관의 장 및 관계지방공공단체에 송부함과 동시에, 관보에 공시하여야 한다.

4. 전3항의 규정은, 역사적 풍토보존계획의 변경에 관한 준용한다.

(역사적 풍토특별보존지구에 관한 도시계획)

제6조 역사적 풍토보존구역내에 있어서 역사적 풍토의 보존상 당해 역사적 풍토보존구역의 요점이 되는 부분을 구성하고 있는 지역에 관해서는, 역사적 풍토보존계획에 기해, 도시계획에 역사적 풍토특별보존지구(이하 「특별보존지구」라고 한다)를 정할 수 있다.

2. 부현은, 특별보존지구에 관한 도시계획이 정해진 때에는, 그 구역에 이를 표시하는 표식을 설치해야 한다. 이 경우에 특별보존지구내의 토지의 소유자 또는 점유자는 그 설치를 거부하거나 또는 방해새서는 안 된다.

(역사적 풍토보존구역내에 있어서 행위의 신고)

제7조 역사적 풍토보존구역(특별보존구역을 제외)내에 있어서 다음 각호에 든 행위를 하려고 하는 자는, 정령으로 정한 바에 의해, 미리 부현지사에게 그 뜻을 신고해야 한다. 단지, 통상의 관리행위, 경미한 행위 기타 행위로서 정령으로 정한 것 및 비상재해를 위해 필요한 응급조치로서 행한 행위에 관해서는 이 제한은 없다.

① 건축물 기타 공작물의 신축, 개축 또는 증축

② 택지의 조성, 토지의 개간 기타 토지의 형질변경

③ 목재의 벌채

④ 토석류의 채취

⑤ 전 각호에 든것 외에, 역사적 풍토의 보존에 영향을 미칠 염려가 있는 행위로서 정령으로 정한 것

2. 부현지사는, 전항의 신고가 있는 경우에 역사적 풍토의 보존을 위해 필요가 있다고 인정되는 때는, 당해 신고를 한 자에 대해 필요한 조언 또는 권고를 할 수 있다.

3. 국가 기관은, 제1항의 규정에 의한 신고를 요하는 행위를 하고자 하는 때에는, 미리 부현지사에게 그 뜻을 통지해야 한다.

(특별보존지구의 특례)

제7조의 2 제2조 제1항의 규정에 의해 고도로 정해진 시정촌 가운데 해당 시정촌에서 역사적 풍토가 그 구역의 전부에 걸쳐 잘 유지되고 있고, 특히 그 구역의 전부를 제6조 제1항의 특별보존지구에 상당하는 지구로 도시계획에서 정하여 보존할 필요가 있는 시정촌에 대하여는, 별도의 법률로 정하여 제4조로부터 제7조까지의 규정에 특례를 설정할 수 있다. 이 경우에 해당 도시계획에서 정한 지구에 대하여 이법률의 규정(제4조에서 7조까지의 규정은 제외)을 적용함에 있어서 해당지구는 제6조 제1항의 특별보존지구가 된다.

(특별보존지구내에 있어서 행위의 제한)

제8조 특별보존지구내에 있어서는, 다음 각호에 든 행위는, 부현지사의 허가를 받지 않으면, 해서는 안 된다. 단지, 통상의 관리행위, 경미한 행위 기타행위로서 점령으로 정한 것, 비상재해를 위해 필요한

응급조치로서 행한 행위 및 당해 특별보존지구에 관한 도시계획이 정해진 때에 이미 착수되어 있는 행위에 관해서는, 이 제한은 없다.

① 건축물 기타 공작물의 신축, 개축 또는 증축
② 택지의 조성, 토지의 개간 기타 토지의 형질변경
③ 목재의 벌채
④ 토석류의 채취
⑤ 건출물 기타 공작물의 색채의 변경
⑥ 옥외광고물의 표시 또는 설치(게출)
⑦ 전 각호에 든것 외에, 역사적 풍토의 보존에 영향을 미칠 염려가 있는 행위로서 정령으로 정한 것

2. 부현지사는 전항 각호에 든 행위로서 정령으로 정한 기준에 적합하지 않은 것에 관하여는, 동항의 허가를 해서는 안 된다.
3. 건설대신은, 제일항 단서 혹은 동항 제칠호 또는 전항의 정령의 제정 또는 개폐의 입안을 하려고 하는 때는, 미리 역사적 풍토심의회의 의견을 들어야만 한다.
4. 제일항허가에는, 역사적풍토를 보존하기위해 필요한 한도에서, 기한 기타의 조건을 붙일 수 있다.
5. 부현지사는, 역사적풍토의 보존을 위해 필요가 있다고 인정하는 때는, 제일항의 규정에 위반하거나 또는 전항의 규정에 의해 허가에 붙여진 조건을 위반한 자에 대해서, 그 보존을 위해 필요한 한도에 있어서 원상회복을 명하고, 또는 원상회복이 현저히 곤란한 경우에, 이에 대신하는 필요한 조치를 취해야 한다는 뜻을 명할 수 있다. 이 경우 당해 명해진 행위를 이행하지 않는 경우의 집행에 관해서는, 행정대보행법(소화23년 법률 제43호)이 정한 바에 의한다.
6. 부현지사는, 전항 전단 규정에 의해 원상회복 또는 이에 대신할 필요한 조치(이하 「원상회복 등」이라고 한다)를 명하려고 하는 때는, 미리 당해 원상회복 등을 명해야하는 자에 관해 청문을 행해야 한다. 단지, 그 자가 정당한 이유가 없이 청문에 응하지 않는 때, 또는 긴급하여 부득이 한 때는 이 제한은 없다.
7. 제오항 전단의 규정에 의해 원상회복 등을 명하려 하는 경우에 있

어서, 과실없이 당해 원상회복 등을 명해야 하는 자를 확실히 알 수 없는 때는, 부현지사는, 그 자의 부담으로 당해 원상회복 등을 스스로 행하거나, 또는 그 명한 자 혹은 위임한 자에게 이것을 행하게 할 수 있다. 이 경우에 있어서는 상당한 기한을 정하여, 당해 원상회복 등을 행해야 하는 뜻 및 그 기한까지 당해 원상회복 등을 행하지 않을 때는 부현지사 또는 그 명한 자 혹은 위임한자가 당해 원상회복 등을 행해야 한다는 뜻을 미리 공고해야 한다.

8. 국가 기관이 행한 행위에 관해서는, 제일항의 허가를 받을 것을 요하지 않는다. 이 경우에 있어서 당해 국가기관이 그 행위를 하려고 할 때는, 미리 부현지사와 협의해야 한다.

(손실의 보상)

제9조 전조 제일항의 허가를 얻을 수 없기 때문에 손실을 받은 자가 있는 경우에 부현은, 그 손실을 입은 자에 대하여 통상 발생하는 손실을 보상해야 한다. 단지, 다음 각호의 일에 해당하는 경우에 당해 허가의 신청에 관계되는 행위에 관하여는, 이 제한은 없다.

① 전조 제일하이의 허가의 신청에 관계되는 행위에 관하여, 제십조에 규정하는 법률(이것에 기한 명령을 포함한다. 이하 이 호에 있어서 동일하다)의 규정에 의해 허가를 필요로 하는 경우에 있어서, 당해 법률의 규정에 의해 불허가의 처분이 되어진 때.

② 전조 제일항의 허가의 신청에 관계된 행위가 사회통념상 특별보존지구에 관한 도시계획이 정해진 취지에 현저히 반한다고 인정되는 때.

2. 전항의 규정에 의한 손실의 보상에 관해서는, 부현지사와 손실을 받은자가 협의해야 한다.

3. 전항의 규정에 의한 협의가 성립하지 않는 경우에는, 부현지사 또는 손실을 입은 자는, 정령으로 정한 바대로, 수용위원회에 토지수용법(소화26년 법률 제219호) 제94조의 규정에 의한 재결을 신청할 수 있다.

(행위의 금지 또는 제한에 관한 다른 법률의 적용)

제10조 제칠조 및 제팔조의 규정은 역사적풍토보존구역내에 있는 공작물의 신축, 개축 또는 증축, 토지의 형질변경 기타의 행위에 관한

금지 또는 제한에 관한 도시계획법(소화 43년 법률 제100호), 건축기준법(소화 25년 법률 제201호), 문화재보호법(소화 25년 법률 제214호), 내양국제문화관광도시건설법(소화 25년 법률 제250호), 경도국제문화관광도시건설법(소화 25년 법률 제251호) 기타의 법률(이들에 기초한 명령을 포함)의 규정의 적용을 방해하는 것은 아니다.

(토지의 매입)

제11조 부현은, 특별보존지구내의 토지에서 역사적풍토의 보존상 필요가 있다고 인정되는 것에 관하여, 당해 토지의 소유자가 제팔조 제일항의 허가를 얻을 수 없어 그 토지의 이용에 현저히 지장을 받게 되므로 당해 토지를 부현에게 매입해 달라는 신청이 있는 경우에는, 당해 토지를 매입하는 것으로 한다.

2. 전항의 규정에 의한 매입을 한 경우에 있어서 토지의 가액은, 시가에 의하는 것으로 하고, 정령으로 정한 바에 의해, 평가기준에 기하여 산정하여야 한다.

(매입된 토지의 관리)

제12조 부현은 제조의 규정에 의해 매입된 토지에 관해 이 법률의 목적에 적합하도록 관리해야 한다.

(역사적풍토보존계획의 실시에 필요한 경비)

제13조 국가는, 역사적풍토보존계획을 실시하기위해 필요한 자금의 확보를 도모하고, 또, 국가의 재정이 허락하는 범위내에서, 그 실시를 촉진하는 것에 노력해야 한다.

(비용의 부담 및 보조)

제14조 국가는 제구조의 규정에 의한 손실의 보상 및 제십일조의 규정에 의한 토지의 매입에 필요한 비용에 관해 정령으로 정한 바에 의해 그 일부를 부담한다.

2. 국가는, 지방공공단체가 역사적풍토보존계획에 기하여 행할 역사적풍토의 유지보존 및 시설의 정비에 필요한 비용에 관해서는, 예산의 범위내에서 정령으로 정한 바에 의해, 당해 지방공공단체에 대해 그 일부를 보조할 수 있다.

제15조 삭제

(사회자본정비심의회의 조사심의 등)

제16조 사회자본정비심의회는 국토교통대신 또는 관계각대신의 자문에 응하여, 역사적 풍토의 보존에 관한 중요사항을 조사심의한다.

2. 사회자본정비심의회는 전항에 규정된 사항에 관하여 국토교통대신 또는 관계 대신에게 의견을 진술 할 수 있다.

3. 사회자본정비심의회는 이법률 및 「명일향촌에 있어서 역사적 풍토의 보존 및 생활환경의 정비등에 관한 특별조치법(소화 55년 법률 제60호)」의 규정에 의해 그 권한에 속하는 사실을 처리하기 위하여 필요하다고 인정될 경우에는 관계 행정기관의장, 관계지방공공단체의장 또는 관계 단체에 대하여 자료제출, 의견개진, 설명 그 밖에 필요한 협력을 구할 수 있다.

제17조 삭제

(보고, 출입조사 등)

제18조 부현지사는, 역사적풍토의 보존을 위해 필요가 있다고 인정되는 때는, 그 필요한 한도에서 특별보존지구내의 토지의 소유자 기타 관계자에 대해 제팔조 제일항 각호에 든 행위의 실시상황 기타 필요한 사항에 관해 보고를 요구할 수 있다.

2. 부현지사는, 제팔조 제일항, 제사항 또는 제오항 전단의 규정에 의한 권한을 행하기 위해 필요가 있다고 인정되는 때는, 그 필요한 한도에서 그 직원으로 하여금 특별보존지구내의 토지에 출입하게 하여 그 상황을 조사시키거나 또는 동조 제일항 각호에 든 행위의 실시상황을 검사시킬 수 있다.

3. 전항에 규정된 직원은, 그 신분을 나타내는 증명서를 휴대하고, 관계인의 청구가 있는 때는 이를 제시해야 한다.

4. 제삼항의 규정에 의한 출입조사 또는 출입검사의 권한은 범죄수사를 위해 인정된 것으로 이해해서는 안 된다.

(대도시의 특례)

제19조 이 법률 중 부현이 처리하는 것으로 되어 있는 사무 또는 부현지사의 권한에 속한 것으로 되어있는 사무는, 지방자치법(소화22년 법률제67호) 제252조의 19 제1항의 지정도시(이하 이 조에 있어서

는 「지정도시」라고 한다.)에 있어서는 지정도시가 처리하고, 또는 지정도시의 장이 행한 것으로 한다. 이 경우에 있어서는, 이 법률 중 부현 또는 부현지사에 관한 규정은 지정도시 또는 지정도시의 장에게 속한 규정으로서 지정도시 또는 지정도시의 장에게 적용이 있는 것으로 한다.

(벌칙)

제20조 제8조 제5항 전단의 규정에 의한 명령을 위반한 자는, 1년이하의 징역 또는 10만엔 이하의 벌금에 처한다.

제21조 다음 각호의 일에 해당하는 자는 5월이하의 징역 또는 5만엔 이하의 벌금에 처한다.

① 제8조 제1항의 규정에 위반한 자

② 제8조 제4항의 규정에 의해 허가에 붙여진 조건에 위반한 자

제22조 다음 각호의 일에 해당하는 자는 1만엔이하의 벌금에 처한다.

① 제6조 제2항의 규정에 의해 설치한 표지를 이동하거나, 오손하거나, 또는 파괴한 자

② 제18조 제1항의 규정에 의한 보고를 하지 않거나 또는 허위의 보고를 한 자

③ 제18조 제2항의 규정에 의한 출입조사 또는 출입검사를 거부하거나, 방해 또는 기피한 자

제23조 제7조 제1항의 규정에 의한 신고를 하지 않거나 또는 허위의 신고를 한 자는 1만엔이하의 과료에 처한다.

제24조 법인의 대표자 또는 법인 혹은 자연인의 대리인, 사용인 기타 종업자 그 법인 또는 자연인의 업무 또는 재산에 관하여 제20조 내지 제22조에 규정하는 위반행위를 한 때는, 행위자를 벌하는 외에 그 법인 또는 자연인에 대하여 각 본조의 벌금형을 과한다.

자료 3 역사기념물 수복(修復)을 위한 아테네 헌장

The Athenes Charter for the Restoration of Historic Monuments
(1931년 아테네, 역사기념물 관련 건축가 및 기술자들의 첫 국제회의채택)

아테네 회의에서 다음과 같은 7개항의 주요 결의안을 작성하고 이를 'Carta del Restauro'라 부른다.

1. 문화재 수복에 관한 실행과 자문을 위해 국제기구가 설립되어야 한다.
2. 수복계획안은 그 구조물의 역사적 가치와 특성이 상실되지 않도록 전문적인 평가를 받아야 한다.
3. 사적의 보존문제는 모든 나라에서 국가차원의 입법에 의해 해결되어야 한다.
4. 발굴된 유적을 즉각 수복하지 않을 때에는 다시 묻어 보호해야 한다.
5. 수복작업에 현대적 기술과 재료가 사용될 수 있도록 한다.
6. 사적은 엄격히 보호되어야 한다.
7. 사적 주변지역의 보호에도 주의를 기울여야 한다.

아테네 회의의 일반 결론

Ⅰ. 원리, 원칙

회의에서 기념물 보호에 관한 원리, 원칙에 관한 성명이 있었다. 회의에서는 구체적인 경우가 아무리 다양하고 사안에 따라 다른 해결책을 가지고 있다고 하지만, 각 나라들이 건조물 보존을 위한 규칙적·영구적 유지 체계를 채택함으로써 위험을 피하고 광범위한 복구를 피하는 것이 일반적인 경향이라는 데 주목했다.

파괴 또는 훼손의 결과, 수복이 필요할 때, 고대의 역사기념물이나 예술작품들은 제작 당시의 양식을 충실히 따르도록 하는 것이 중시되어야 한다고 권고한다.

건조물의 점유지역은 생명력을 지속하기 위해 유지되어야 하며, 이는 역사적·예술적 특성을 보전하기 위한 것이어야 한다고 회의는 권고한다.

Ⅱ. 역사기념물에 관한 행정적·법적 조치

회의에서는 다른 나라에 속하면서 예술적·역사적·학술적 가치가 있는 기념물을 보호하기 위해 마련된 법적 조치에 관한 진술을 들었다.

이와 관련해서 개인 소유라 하더라도 어느 정도는 공유권을 인정하는 것이 일반적인 경향이라는 것을 만장일치로 승인했다.

이러한 법적 조치간의 차이점은 공법과 개인권을 조화시키는 어려움에서 비롯된다는데 주목했다.

결론적으로, 이러한 조치의 일반 경향을 인정하면서 회의는 그들이 지역 정서와 여론추세에 따라야 하고, 최소한의 반발에 대응하기 위해 소유자가 공익을 위해 치러야 하는 희생에 대해 보상해야 한다는 의견이었다.

각 나라의 공공당국은 긴급상황에서 보존조치를 취할 권한을 가질 것을 권고한다.

국제 박물관사무소(International Museums Office)는 여러나라에서 시행되는 법적 조치의 목록과 비교표를 발간하고 이 정보가 계속 보완 작성되기를 간절히 바란다.

Ⅲ. 고대기념물의 미적 가치 고양

회의는 건축물을 신축할 때, 그들이 세워지는 도시의 특성과 외관이 보존되어야 하며, 특히 고대기념물과 이웃한 곳에서는 주변환경을 특별히 고려해야 한다고 권고한다. 어떤 군집이나 특히 아름다운 전망 조성조차도 보존되어야 한다.

기념물이나 기념물군이 축조 당시의 특성을 유지할 수 있도록 하기 위해서 수목장식(조경)에 관한 연구도 해야 한다. 특히 예술적, 역사적 기념물 주변에는 전신주를 보이지 않게 하고, 소음이 많은 공장이나 높은 기둥을 제거하는 등 공공시설물 억제하도록 권고한다.

Ⅳ. 기념물 수복

전문가들은 고대기념물의 보강을 위해 현대 재료를 사용하는데 대해 다양한 의견을 교환했다. 그들은 현대 기술을 이용하여 모든 재료를 쓸 수 있다는데 의견일치를 보였고, 특히 강화된 콘크리트 사용에 찬성했다.

수복된 기념물의 특성이 보존될 수 있도록 강화작업된 부분이 가능하면 보이지 않도록 해야한다고 했다.

보존될 부분을 해체보수할 때 일어날 수 있는 위험을 피하기 위해 현대재료를 사용하는 방법을 채택하도록 권고했다.

Ⅴ. 고대기념물의 황폐화

회의는 현대 삶의 상황에서 전 세계의 기념물은 대기(환경) 요인에 의해 점점 더 위협을 받아오고 있다는데 주목했다.

보호적 주의와 방안이 기념물적 조각품의 보존에 성공적으로 적용되는 것을 별도로 하더라도, 사안의 복잡성과 이용가능한 지식의 측면에서 어떤 일반적인 규칙을 규정하기란 불가능했다.

회의는 권고한다 :

1. 나라마다 건축가와 기념물관리자는 특별한 경우에 채택될 방안을 정하기 위해 물리학자·화학자·자연과학자와 협력해야 한다.
2. 국제 박물관사무소는 각 나라에서 이 분야에 행해진 작업을 인지하고 이를 공표해야 한다.

조각기념물의 보존에 관하여, 회의는 예술작품이 제작된 자리를 떠나는 것은 안된다는 의견이다. 그대로 있을때에는 조심스럽게 원형대로 보존하거나 이것이 불가능하다면 복제품을 만들어 보존할 것을 권고한다.

Ⅵ. 보존기술

회의는 다른 세부적인 의견교환에서 제시된 원칙과 기술적 고려사항들도 다르지 않았다는데 만족했다. 다시 말하면 :

옛터(유허지)의 경우, 주도면밀한 보존이 필요하고, 복구할 수 있는 원형의 파편은 가능하다면 모두 복원하기 위한 조치가 취해져야 한다.

; 이런 목적에 사용되는 새로운 재료는 모든 경우에 구분될 수 있도록 한다. 발굴과정에서 나온 옛터의 보존이 불가능한 것으로 판명되는 경우, 그들은 다시 묻고, 묻는 작업 전에 정확한 과정을 기록할 것을 권고한다.

고대기념물의 발굴과 보존에 행해지는 기술작업은 고고학자와 건축가 사이에 긴밀한 협조를 요한다는 것은 말할 필요도 없다.

다른 기념물에 관해서도 전문가들은 보강을 하거나 수복이 행해지기 전에 기념물의 결함과 훼손상태에 대한 전반적인 분석이 있어야 한다는 데 의견을 같이 했고, 각각의 경우에 따라 개별적으로 다루어져야 한다는 것을 인정했다.

Ⅶ. 기념물 보존과 국제협력

a) 기술적 · 도덕적 협력

회의는 인류의 예술 · 고고학 문화재 보존에 관한 문제는 모든 국가의 관심사이며 그것은 곧 문명을 지키는 일이라는 것을 확신했다.

각 나라는 국제연맹규약(Covenant of the League of Nations)의 정신에 따라, 역사적 · 예술적 기념물의 보존을 강화하기 위해 대규모로 또한 더 구체적인 방식으로 서로 협력할 것을 바란다. ;

문명을 최고도로 표현해 왔고 파괴의 위험에 처해 있는 예술작품 보호를 위해 권위있는 기구와 협회가 국제 공법을 침해하지 않는 범위에서 그들의 관심을 표명해야 할 기회를 갖어야 한다는 것을 매우 긍정적으로 고려한다.

국제연맹의 지식협력기구(Intellectual Cooperation Organization)에 제출된 이러한 목적에 부합하기를 바라는 성명에 체약국들이 관심을 갖기를 권고한다.

지식 협력에 대한 국제 위원회는, 국제 박물관사무소가 조사한 후, 그리고 특별히 관련된 지식 협력기구에 관한 국가위원회로부터 모든 관련 정보를 수집한 후, 각 개별적인 경우에 따라야 할 절차와 단계에 관한 의견을 표명할 것이다.

회의 구성원들은 많은 발굴유적과 고대 그리스 기념물에 대해 토의과정을 거치고 연구조사를 하는 동안, 그리스 정부에 만장일치로 찬사를 보냈다. 그리스는 과거 여러 해 동안 광대한 작업을 해왔고 동시에 모든 나라의 고고학자와 전문가의 협력을 승인해 왔다.

회의 구성원들은 지적 협력과정에서 명백해진 필요성의 목적을 실현할 수 있는 활동예를 보았다.

b) 기념물에 관한 교육의 역할

회의는 기념물과 예술품을 보존하는데 있어 가정 중요한 것은 사람들 스스로 그것들에 대한 존중과 애착으로부터 온다는 것을 확신했다. ;

이러한 생각은 주로 공공기관에서 적합한 조치를 취함으로서 증진될 수 있다는 것을 고려하며;

교육자는 아이들과 젊은이들에게 기념물을 훼손하는 것을 삼가도록 촉구해야 하고, 그들에게 모든 시대의 문명을 확실히 증거하는 이들 유산을 보호하는데 더 많은 관심을 갖도록 가르치기를 권고한다.

c) 국제 문서의 가치

회의는 다음을 바란다:

1. 각 나라 또는 이러한 목적에 맞춰 생기거나 인가된 기구는 고대기념 물의 목록을 사진과 설명서와 함께 발간한다.
2. 모든 나라는 역사기념물에 관한 모든 문서를 포함하여 공공기록물을 작성한다.
3. 각 나라는 예술적·역사적 기념물의 발간물 사본을 국제 박물관사무소에 예치한다.
4. 사무소는 그 발간물의 일부분을 역사기념물 보존에 사용된 일반과정과 방법에 관한 기록으로 채운다.
5. 사무소는 그렇게 집적된 정보를 활용하는 최선의 방법을 연구한다.

자료 4 베니스 헌장(ICOMOS)

The Venice Charter, 1964
International charter for the conservation and Restoration of monuments and Sites

○ 전문(前文)

과거의 메시지를 간직한 채, 수세대에 걸친 사람들의 역사 기념물들은 그들 세대의 전통에 대한 살아있는 목격자로서 오늘날까지 남아있다. 사람들은 점점 더 인류가 지닌 가치들의 단일성에 대해 자각하고 과거의 기념물을 공동의 유산으로 간주하고 있다. 미래의 세대를 위하여 이들을 보호하는 것은 공동 책임으로 인정된다. 이들을 있는 그대로 온전히 넘겨주는 것이 우리의 의무이다.

고대 건축물의 보존과 수복에 대한 지침을 제공하는 원칙들은 본질적으로 국제적 기반위에서 합의, 규정되어야 하며, 각 나라는 그의 고유한 문화와 전통의 틀에 계획을 적용하는 책임을 진다.

1931년의 아테네헌장은 처음으로 이러한 기본원칙을 정의함으로써 국가의 기록문서, ICOM과 유네스코의 사업 그리고 유네스코에 의해 추진된 국제문화재보존·수복연구센터의 설립에서 그 구체적 형태를 보인, 광범위한 국제적 활동의 발전에 이바지하였다. 지속적으로 점점 더 복잡해지고 다양해진 문제들에 대한 중요한 연구와 인식이 점증됨으로 해서 이제 그 원칙들에 대한 철저한 연구를 위해 그리고 그 원칙의 범위를 새로운 문서로 확장하기 위해 새롭게 헌장을 검토할 때가 되었다.

이에 따라 1964년 5월 25일부터 31일까지 베니스에서 개최된 제2차 역사적 기념물 관련 건축가 및 기술자 국제회의에서 다음의 헌장원문을 승인하였다.

○ 정의

제1조 역사기념물이란 하나의 건축물뿐만 아니라 특정한 문명, 주요한

발전 혹은 역사적 사건이 분명하게 발견되는 도시 또는 교외의 환경을 포괄한다. 이 개념은 위대한 예술작품뿐만 아니라 시간의 흐름에 따라 문화적 중요성을 얻은 예술품보다는 수수한 과거의 작품에도 적용된다.

제2조 기념물의 보존과 수복에는 건축 유산을 연구하고 보호하는데 도움4을 줄 수 있는 모든 과학기술이 활용되어야 한다.

ㅇ 목표

제3조 기념물을 예술품으로서 보존하는 것 못지 않게 역사적 증거로서 보호하는 것 역시 기념물 보존·수복의 목적이다.

ㅇ 보존

제4조 기념물 보존에 있어서 가장 기본적인 것은 영속성을 기반으로 한 기념물 보존이다.

제5조 사회적으로 유용한 목적을 위해 기념물을 사용함으로써 기념물 보존은 늘 용이하게 된다. 따라서 그러한 사용은 바람직한 것이지만 건물의 외관이나 장식을 변경시켜서는 안 된다. 기능의 변화에 따라 요구되는 변형은 오직 이러한 한계안에서 고려되어야 하고 허용될 수 있다.

제6조 기념물의 보존은 규모와 관계없이 환경의 보존을 포함한다. 전통적 환경이 존재하는 곳이면 어디든지 그 환경은 보존되어야 한다. 건축물의 외관과 색채(mass and color)의 관계를 변화시키는 어떠한 새로운 복원, 훼손 혹은 변형도 허용되어서는 안된다.

제7조 기념물은 그 자신이 증인이 되는 역사로부터, 그리고 그 자신이 발생한 환경으로부터 분리될 수 없다. 기념물의 전체 혹은 일부의 이동은 기념물 보존을 위하여 이동이 필요하거나 국가적 혹은 국제적 최고 주요 이해관계자에 의해 정당화되는 경우를 제외하고는 허용되어서는 안된다.

제8조 기념물의 구성요소인 조각물, 회화 혹은 장식물 등은 이들을 보존하는 유일한 수단이 기념물로부터 이들을 옮기는 것일 경우에만

기념물로부터 분리될 수 있다.

○ 수복

제9조 수복과정은 매우 전문적인 작업이다. 수복의 목적은 기념물의 미적, 역사적 가치를 보존하고 재현하는 것이며, 이는 원재료와 출처가 분명한 기록들에 대한 존중을 기초로 한다. 수복과정은 추정이 시작되는 곳에서는 반드시 멈추어야 하며, 더 나아가 이러한 경우 불가피한 추가작업은 어떠한 것이든 원건축물(architectural composition)과 구별되어야 하며, 그 시대의 흔적을 표시하여야 한다. 어떤 경우에 있어서건 수복에는 기념물에 대한 고고학적·역사적 연구가 선행되어야 하고 뒤따라야 한다.

제10조 전통적 기술이 부적절한 것으로 밝혀진 경우, 그 효율성이 과학적 자료와 경험에 의하여 검증된 현대적 보존 및 복원기술을 사용하여 기념물을 복구할 수 있다.

제11조 양식의 통일은 수복의 목적이 아니므로 기념물이 생긴 이후 모든 기간동안 그 기념물에 부여된 정당한 부가물들은 존중되어야 한다. 건축물이 서로 다른 기간동안 중복되어 이루어진 작업을 포함하는 경우 하부층의 상태의 재현은 오직 예외적인 경우에서, 그리고 제거되는 것은 별로 중요하지 않은 것이고 드러나 보여지는 것이 역사적·고고학적 혹은 미적으로 매우 가치있는 것이며, 그 보존상태가 복구행위를 충분히 정당화하는 경우에만 정당화될 수 있다. 관련된 요소들의 중요성에 대한 평가와 제거대상의 결정은 이 작업을 책임지고 있는 개인 혼자에게만 의존해서는 안된다.

제12조 잃어버린 부분들의 재설치는 반드시 전체와 조화롭게 통합되어야 하지만, 동시에 원래의 것과 구별되어 수복한 것이 예술적 혹은 역사적 증거를 왜곡하지 않도록 해야 한다.

제13조 추가로 덧붙이는 것은 이들이 건축물의 흥미로운 부분들, 전통적 환경, 구성물들의 균형 및 주변환경과의 조화를 훼손시키지 않는 경우를 제외하고는 허용되어서는 안된다.

○ 역사유적

第14조 기념물 유적은 통일성을 보호하고 적절한 방법으로 정비되어 제공되어 있다는 점이 보장될 수 있도록 특별히 보호하여야 하는 대상이다. 기념물유적에서 수행되는 보존 및 수복작업은 앞의 여러 조항에서 밝힌 원칙들을 활용하여 이루어져야 한다.

○ 발굴

第15조 발굴은 과학적 표준과 1956년 유네스코에서 채택한 고고학 발굴에 적용되어야 하는 국제원칙을 규정한 권고에 따라 수행되어야 한다. 유구는 반드시 보존되어야 하며, 건축적 특징과 출토물의 영구적 보존 및 보호를 위해 필요한 조치들이 취해져야 한다. 더 나아가 기념물은 그 기념물의 이해를 용이하게 하고 그 의미를 전혀 왜곡하지 않은 채 드러낼 수 있는 조치들도 모두 취해져야 한다. 그러나 모든 재복원작업은 '원천적으로' 배제되어야 한다. 오직 anastylosis, 즉 현존하지만 해체된 부분들의 재조합만 허용될 수 있다. 재조합에 사용되는 재료는 항상 공인될 수 있는 것이여야만 하며, 그 사용은 기념물의 보존과 그 형태의 원상회복에 필요한 최소한에 그쳐야 한다.

○ 출판

第16조 보존, 수복 혹은 발굴의 모든 작업은 항상 도면과 사진이 첨부된 형태로, 정확하게 기록되어야 한다. 제거, 강화, 재배치, 통합 등 각 작업단계는 물론 작업과정에서 확인되는 기술적·형식적 특징들도 기록에 포함되어야 한다. 이 기록들은 공공기관의 문서기록 보존소에 비치되어야 하며 연구가들의 이용할 수 있도록 하여야 한다. 보고서의 간행을 권장한다.

자료 5 진정성에 관한 나라(奈良)문서 *

전문(前文)

1. 일본 나라에 모인 우리 전문가들은 보존분야에서의 관습적 사고에 이의를 제기하고 있었으며, 보존작업에 있어서 문화와 유산의 다양성을 보다 더 존중하도록 우리의 시야를 확대시키는 수단과 방법에 대하여 토론할 수 있었던, 시의적절한 포럼을 마련해준 일본 당국자들의 관용과 지적 용기에 감사한다.
2. 우리는 또한 세계유산목록 등록을 위해 제안된 문화재의 뛰어난 보편적 가치를 조사함에 있어서, 모든 사회의 사회적·문화적 가치를 충분히 존중하는 방법으로 진정성을 점검하고자 세계유산위원회에서 마련한 가치있는 토론의 장에 감사한다.
3. 진정성에 관한 나라문서는 1964년 베니스헌장의 정신에 따라 구상되고, 작성된 것이며 우리의 동시대 세계로 확장된 문화유산에 대한 관심과 이해의 폭에 부응하여 그 헌장의 정신을 확장시킨 것이다.
4. 점점 더 지구촌화 되고 균질화 되어가는 세계에서, 문화적 정체성의 탐구가 때때로 공격적 민족주의와 문화적 소수에 대한 업악을 통해서 추구되는 세계에서, 보존작업에서 진정성을 고려함으로써 이루어진 가장 중요한 기여는 인류 공동의 기억을 분명하고 밝게 밝힌 것이다.

문화의 다양성과 유산의 다양성

5. 우리 세계의 문화와 유산의 다양성은 모든 인류의 정신적, 지적 풍성함의 대체할 수 없는 원천이다. 우리 세계에서 문화와 유산의

* 진정성에 관한 나라(奈良)문서(Nara Document on Authenticity)는 일본 문화청(Agency for Cultural Affairs)과 나라현(奈良縣) 초청으로 1994년 11월 1일부터 6일까지 일본 나라(奈良)에서 개최된 세계유산협약 관련 진정성에 관한 나라회의에 참가한 45명의 참가자들에 의해 초안이 마련되었다. 문화청은 UNESCO, ICCROM, ICOMOS와 협력하여 나라회의를 조직하였다. 이 최종안은 나라회의의 보고관인 르메어(Raymond Lemaire)와 스토벨(Herb Stovel)에 의해 작성되었다. 두 편의 부록은 보충 제안과 용어 정의에 관한 것이다.

다양성에 대한 보호와 강화는 인류발전의 가장 중요한 양상으로서 적극적으로 조장되어야 한다.

6. 문화유산의 다양성은 시간과 공간에 따라 존재하며, 다른 문화와 그들의 신앙체계의 모든 양상에 대한 존중을 요구한다. 문화적 가치가 갈등을 겪고 있는 경우, 문화적 다양성을 존중하려면 모든 집단이 지닌 문화적 가치의 정당성을 인정하여야 한다.
7. 모든 문화와 사회는 그들의 유산을 구성하는 특정한 유·무형의 표현형식과 수단에 뿌리를 두고 있으며, 이들은 존중되어야 한다.
8. 각각의 문화유산은 전체의 문화유산이라는 취지의 유네스코의 기본 원칙을 강조하는 것이다. 문화유산과 이 문화유산의 관리에 대한 책임은 먼저 그 문화유산을 생성한 문화공동체에 있으며, 그 다음은 그 문화유산을 아끼는 문화공동체에 있다. 문화유산의 보존을 위해 제정된 국제 헌장 및 협약을 지지하면 이 헌장과 협약에서 도출되는 원칙과 책임을 고려하지 않을 수 없다. 자신의 요구와 다른 문화공동체의 요구를 조화시키는 것은 각 공동체에 있어서 이러한 조화유지가 그들의 기본적 문화가치를 훼손하지 않을 경우 매우 바람직한 것이다.

가치와 진정성

9. 문화유산이 지닌 모든 형식과 역사적 시기를 반영하여 그 유산을 보존하는 것의 근거는 문화유산에 부가된 가치에 있다. 이들 가치를 이해하는 우리의 능력은 부분적으로 그 가치에 대한 고증자료의 신뢰성과 진실성의 정도에 의존한다. 문화유산이 지닌 본래의 특성과 그 후에 추가된 특성 및 그들의 의미와 관련하여, 이들 고증자료의 인정과 이해는 모든 측면의 진정성을 평가하는데 필수적인 기반이 된다.
10. 이러한 방식으로 고려되고 베니스헌장에서 확인된 진정성은 가치 결정의 필수적 요인으로 여겨진다. 진정성에 대한 이해는 문화유산에 대한 모든 과학적 연구, 보존 및 수복계획 수립에 있어서는 물론 세계유산협약과 그밖의 문화유산 목록에 사용되는 등록절차에

있어서도 기초적인 역할을 한다.

11. 유산에 부가된 가치에 대한 모든 판단은 물론 관련 고증자료의 신뢰성 역시 문화에 따라, 심지어 같은 문화내에서도 상이할 수 있다. 따라서 가치와 진정성에 대한 판단의 기초를 고정된 기준에 두는 것은 가능하지 않다. 이와 반대로 모든 문화를 바라볼 때 당연히 주목해야할 점은 문화유산은 그 문화유산이 속한 문화적 맥락속에서 고려되고 판단되어야 한다는 것이다.
12. 따라서 가장 중요하고 긴급한 것은 각각의 문화내에서 유산가치의 특수한 성격과 관련 고증자료의 신뢰성 및 진실성을 인정하는 것이다.
13. 문화유산의 성격과 그의 문화적 맥락, 그리고 시간에 따른 변화에 의존하는 진정성 판단은 매우 다양한 고증자료의 가치와 관련될 것이다. 이러한 여러 측면의 고증자료는 형식과 디자인(form and design), 재료와 내용(materials and substance), 사용과 기능(use and function), 전통과 기술(traditions and technics), 위치와 환경(location and setting), 정신과 감성(spirit and feeling), 기타 내외부적 요인들을 포함할 것이다. 이러한 고증자료를 사용하면 조사중에 있는 문화유산에 대한, 특정한 예술적, 역사적, 사회적, 과학적 차원의 면밀한 검토가 가능하다.

부록 I : 보충 제안 (제안자 : H. Stovel)

1. 문화 및 유산의 다양성에 대한 존중은 특정한 기념물과 유적의 진정성을 규정하거나 결정하는데 기계적 공식과 표준화된 절차의 적용을 피하고자 하는 의식적 노력을 요구한다.
2. 문화 및 유산의 다양성을 존중하는 방식으로 진정성을 결정하고자 하는 노력은 문화가 그 성격과 필요에 따른 특정한 분석절차와 도구를 발전시키도록 하는 접근법을 요구한다. 이러한 접근법은 다음과 같은 여러 측면의 공통성을 지닐 수 있다.

- 진정성의 평가가 학제간(學際間) 공동작업과 이용가능한 모든 경험 및 지식의 적절한 활용을 포함하도록 보증하는 노력;

○ 부가된 가치들이, 특정 기념물과 유적에서, 한 문화와 그 문화 분파의 다양성을 진정으로 대표하도록 보증하는 노력;
○ 향후의 조치와 모니터링에 대한 실행지침으로서 기념물과 유적에 대한 진정성의 특정 성격을 분명하게 기록하는 노력;
○ 변화하는 가치와 환경에 비추어 진정성 평가를 최신화하는 노력
3. 부가된 가치가 존중되고, 가능한 한, 가치와 관련하여 복수의 학문과 집단의 합의를 도출하는 노력을 가치결정이 포함하도록 보증하는 노력은 특히 중요하다.
4. 접근법은 또한 각 문화의 다양한 표현 및 가치에 대한 세계적인 존중과 이해를 증진하기 위해 문화유산 보존에 관하여 관심이 있는 모든 사람들간의 국제적 협력을 결성하고 이용하여야 한다.
5. 지구상의 다양한 지역과 문화에 대한 이러한 대화의 지속과 확장은 인류공동의 유산 보존에 있어서 진정성 고려의 실제적 가치를 증가시키는 데 필요조건이 된다.
6. 유산의 이러한 기초적 차원에 대한 대중들 사이에서의 인식의 증가는 과거의 흔적을 보호하기 위한 구체적 수단에 이르는데 절대적으로 필요한 것이다. 이는 문화재 그 자체가 제공하는 가치에 대한 보다 큰 이해의 발전은 물론 그러한 기념물과 유적이 동시대에서 차지하는 역할을 존중하는 것을 의미한다.

부록Ⅱ : 용어 정의

○ 보존 : 문화유산을 이해하고, 문화유산의 역사와 의미를 알고, 문화유산의 물질적 보호를 보증하고, 필요한 경우, 공개, 수복, 강화하고자 하는 모든 노력 (문화유산은 세계유산협약 제1조에서 정의한 바와 같이 기념물, 건물군, 그리고 문화적 가치가 있는 유적을 포함하는 것을 말한다)
○ 고증자료 : 문화유산의 성격, 특징, 의미 및 역사를 알 수 있도록 해 주는 모든 물질적, 기술(記述)적, 구전(口傳)적, 회화적 자료

자료 6 목조 역사건축물 보존원칙(ICOMOS)

Principles for the Preservation of Historic Timber Buildings (ICOMOS International Wood Committee)

이 문서에서는 목조 역사건조물을 문화적 중요성에 맞춰 보호 보존하는데 대하여 일반으로 적용할 수 있는 원칙과 실행에 관한 것들을 규정하고 있다. 여기에서 목조건조물(Timber Structure)이란 모든 유형의 건축물(Building)과 조형물(Construction)로서 전체 또는 부분이 목조로 이루어진 것으로 문화재로서 가치가 있거나 역사지구의 부분을 이루고 있는 것을 말한다.

이러한 건조물들을 보존하기 위한 원칙으로는 :

- 모든 시기의 목조건조물들이 세계문화유산의 한 부분으로서 중요하다는 것을 인식하고
- 목조 역사건조물들이 매우 다양하며, 재료로 쓰인 나무들의 종류와 성질이 또한 다양하다는 것을 고려하고
- 목재가 훼손되거나 환경 및 기후조건에 따라, 습기에 의한 뒤틀림, 빛, 균, 곤충 등에 의해 또는 부서지거나 갈라짐에 의해, 화재 등 재해에 따라 부서지기 쉽다는 것을 인식하고
- 목조건조물들이 부서지기 쉽고 전통 건축기술과 지식을 잘못 사용하거나 잃어버림으로서 점차 사라져간다는 것을 인식하고
- 이러한 유산들을 보존하기 위해 여러가지 활동이 필요하다는 것을 고려하며
- 베니스헌장(Venice Charter), 버라헌장(Burra Charter), 그리고 그와 관련되는 유네스코와 ICOMOS의 원칙들을 주목하며 목조 역사건조물을 보호 보존하기 위해 일반원칙을 적용할 수 있도록 하며 다음과 같이 권고한다.

조사, 기록, 문서화

1. 건조물과 그 구성요소들은 다루기에 앞서 조심스럽게 현상을 기록해야 하며 마찬가지로 작업에 쓰이는 재료들도 모두 기록해야 한다. 이는 베니스헌장 제16조와 ICOMOS의 기념물, 건축물군 및 유적 기록원칙에 따라야 한다. 모든 관련 문서, 여분의 재료들, 건조물에서 제거된 부분들, 관련 전통기술 등에 관한 정보에 이르기까지 수집 정리하여 이용하기 좋게 해야 한다. 문서에는 또한 보존작업에서 선택한 재료와 방법이 왜 그래야 했는지에 대해 기록해야 한다.
2. 목조건조물의 구조 불안정과 붕괴의 원인 및 조건들에 대한 정밀진단이 모든 작업에 앞서 이루어져야 한다. 진단은 문서기록에 근거하여 물리적 관찰과 분석, 그리고 필요하다면 물리조건에 대한 측정과 비파괴 검사방법을 쓴다. 이때 긴급조치가 필요하면 일부에 대해 손을 볼 수는 있다.

모니터링과 유지관리

3. 정기 모니터링과 유지관리를 통한 일관된 전략이 목조 역사건조물을 보호하고 문화재로서의 가치를 보존하는데 무엇보다도 중요하다.

다루기

4. 보존의 주목적은 문화유산을 원 모습대로 보전하는 것이다. 따라서 적절한 연구와 평가에 바탕하여 유산을 다루어야 한다. 문제가 있으면 예술상, 역사상 가치와 관련하여, 그리고 건조물이나 유적의 물리적 통합성과 관련하여 적절한 필요와 조건에 따라 풀어나가야 한다.
5. 건조물을 다룰 때에는 무엇보다도 전통방법을 좇아야 하며, 되돌릴 수 있어야 하고(기술적으로 가능할 때), 앞으로 필요할 때마다 보존작업을 하는데 문제가 되지 않도록 구조를 파악하는데 불가능하게 만들어서는 안된다.
6. 목조 역사건조물의 구조는 되도록 손을 대지 않는 것이 좋다. 이때 목조건조물의 보존을 위한 수리가 필요할 때에는 전체 또는 부분으

로 해체하여 다시 조립할 수는 있다.

7. 역사건조물을 다룰 때에는 모든 재료들, 구조재, 보충재, 비막이판, 지붕, 마루, 문, 창문 등에 대해 똑같이 주의를 기울여 전체를 고려해야 한다. 원칙적으로 현상유지가 가능한 것은 되도록 바꾸지 말아야 한다. 회벽, 페인트, 겉칠, 벽지 등 마감재들도 보호되어야 한다. 마감재들을 바꿀 필요가 있을 때에는 되도록 원재료, 기술, 구조 등에 따라 복제해야 한다.
8. 역사건조물을 수복(Restoration)하는 것은 건조물을 보존하여 역사적 보전성을 찾아낼 수 있도록 하고, 남아있는 역사증거 자료들을 바탕으로 원래 상태와 디자인을 드러내는 것으로, 이는 베니스헌장 제9-13장에 서 밝힌 바와 같다. 역사건조물의 없어진 부분들과 구성요소들은 목록을 만들고, 특징 있는 샘플들은 기록으로 항상 유지해야 한다.

고치기와 바꾸기(수리와 교체)

9. 역사건조물을 고칠 때 목재를 바꾸는 것은 훼손되거나 부서진 부재들을 부분적으로 바꿀 필요가 있기 때문이다. 새로 바꾸는 재목들은 원래 것들과 같은 종의 나무를 쓰고 습도나 다른 물리적 특성들도 같은 것으로 쓰는 것이 좋다. 가공 및 가구(架構)기술은 되도록 원래 사용기술과 같도록 한다. 못이나 그밖에 재료들도 원래 것들과 똑같이 만들어 쓴다. 한 부분을 바꿀 때에는 구조적으로 문제가 없다면 전통목조 결합방식으로 새로운 것과 원래 것을 이어주도록 한다.
10. 새로 쓴 부재들이 원래 것들과 다르게 보이게 될 것이다. 새로 바뀐 부분들이 자연훼손이나 변형되는 것은 좋지 않다. 전통방법이나 시험을 거친 현대기술로 원래 것과 바뀐 부분을 색깔로 처리하여 조화되게 할 수 있다.
11. 새로 바꾼 부분들은 새김 방법이나 불로 지지는 등의 방법으로 확실하게 표시하여 뒤에 구별할 수 있게 해 둔다.

역사숲 보존

12. 좋은 나무를 얻을 수 있는 숲을 만들고 보존하여 목조 역사건조물을 수리보존 하는데 필요한 재료를 확보해야 한다. 역사건조물 보존관리를 책임맡고 있는 연구소에서는 보존작업에 필요한 나무를 확보하고 있어야 한다.

현대재료와 기술

13. 에폭시수지와 같은 현대재료, 철골구조 강화와 같은 현대기술들은 매우 조심스럽게 골라 써야 하며, 오랫동안 충분히 만족스러운 것으로 인정된 것만을 써야 한다. 난방기구, 화재탐지기와 같은 편의시설들은 건조물, 유적 등의 역사 예술상 특성에 맞는 것을 사용한다.
14. 화학보존재를 사용할 때에는 주의깊게 조절하고 관찰하여 확실한 효과가 있을때 사용하며, 공공의 안전과 환경에 피해가 없어야 하며, 오랜동안 지속될 수 있는 것이 좋다.

교육훈련

15. 역사건조물의 문화적 중요성을 교육을 통해 재창출하는 것은 지속가능한 보존과 개발정책에서 필수요소가 된다. 역사건조물의 보호보존에 관한 훈련과정을 많이 만들어야 한다. 이러한 훈련과정은 지역, 국가 그리고 국제수준에서 필요하며, 이들 프로그램은 모든 관련자들에게 특히 건축가, 보존전문가, 기술자, 기능인, 그리고 유적 관리자들에게 알려야 한다.

자료 7 개발정책지침 - 고고학과 개발계획(England)

Planning Policy Guidance 16 - Archaeology and Planning, 1990. DOE

개발사업 지역에서 고고유산 보존을 위한 현행법과 고고학 사이에 상충되는 부분을 조정하기 위해 영국 환경부(DOE : Department of Environment)에서 만든 행정지침으로 분쟁을 줄이기 위한 시행청과 개발자와 고고학자들간의 사전협의에 관한 내용을 담고 있다. 개발사업 이전에 현장조사를 실시하고 고고학 영향평가를 권고하는 것으로 조사비용 부담, 훼손 유적에 대한 복구 등에 책임질 수 있는 기관이 분명히 나타나지 않는 것이 문제가 되고 있다.

머리말

1. 이 지침은 잉글랜드의 개발계획부서, 사유재산 소유자, 개발업자, 고고학자 및 일반인을 위한 것이다. 정부정책으로서 도시 또는 농촌지역의 고고유적들을 어떻게 보존하고 기록해야 하는가에 대한 내용이며, 고고유적을 다루는 방법, 개발계획시 조사방법, 조정체계, 개발계획 결정시 유적의 중요성 평가 등에 관한 것이다. 현행 법체계안에서 지방정부에 더 큰 부담을 주지 않도록 하였다.
2. 주요 내용은 고고유적의 중요성(3-14항), 개발계획 수립시 고고유적을 다루는 방법(15-16항), 유적 및 기념물 기록(17항), 계획에의 적용(18-26항), 계획결정(27-28항), 계획조건(29-30항) 그리고 개발과정에서 고고유적의 발견(31항)에 관한 것들이다.

A. 고고학의 중요성

3. 고고유적은 문명의 발달과정을 증거하는 것으로 특히 선사시대 유적은 유일한 증거로서 무엇과도 바꿀 수 없는 것이다.
4. 오늘날 볼 수 있는 유적 주변경관은 수천년 동안에 걸쳐 인간행위에

의해 이루어진 것이다. 구석기시대로 부터 현대에 이르는 각 시기의 거주양식을 비롯해 방어시설, 무덤, 농장, 산업시설 등 다양한 것들이 있다.

5. 이들 유적은 보존상태가 천차만별이며 일반사람들에게 주는 인상이 모두 다르다. 거석기념물, 옛성, 중세사원 유적같은 것들은 형태가 분명히 드러나 모든 이들에게 매우 친숙하게 느껴진다. 그러나 땅속에 묻혀있는 매장유적들, 이를테면 옛날 집터와 경작관련 유적들은 잘 드러나 있지 않으나 곳곳에 남아 있고 어떤 경우에는 땅속 늪지안에 있어 나무연모 같은 유기물자료들이 잘 남아 있는 경우도 있다. 고대 건축물 유적들은 대부분 로마시기와 중세시기 유적들과 겹쳐있는 경우도 많이 있다.
6. 고고유적은 매우 제한된 자료이며 부서지기 쉽고 파괴되기 쉬운 것들이다. 적절한 관리가 반드시 필요하며 좋은 상태로 보존되어야 한다. 특히 무책임하게 파괴되지 않도록 주의를 해야 한다. 고고유적은 우리의 과거역사를 보여주는 귀한 정보를 담고 있으며 미래지식을 위한 잠재력을 지니고 있다. 민족의 정체성을 이루는 요소이고 그 자체로서의 중요성과 더불어 교육, 여가, 관광을 위한 개발가치를 갖고 있다.
7. 금세기에 들어와 급격한 환경변화가 일어나고 있다. 고고유산은 도시개발, 도로건설 및 확장, 현대화된 영농방법과 개간사업, 광산 채굴 등으로 인한 행위로 수없이 파괴를 당하고 있다.
8. 현대사회의 요구에 맞추기 위해서는 고고유산을 모두 보존하기는 어렵다. 문제의 열쇠는 어떻게 균형을 이루느냐 하는 것이다. 국가적으로 중요한 고고유적이 있는 곳과 그 주변지역(setting)이, 지정여부와 관계없이, 개발계획에 포함되었을 때 현상보존이 전제되어야 한다. 보다 덜 중요한 유적이 있는 경우에는 개발주체는 개발계획의 필요성과 유적의 가치 사이에서 상대적 판단이 필요하다. 따라서 개발계획 초기에 고고유적에 대한 성격을 밝히는 것이 일을 하는데 편리하다.

9. 잉글랜드에는 최근의 자료에 따르면 600,000 곳의 유적, 기념물이 있고, '고대기념물과 고고지역법(1979)'에 따라 13,000곳이 국가에서 중요한 곳으로 등록되어 있다.
10. 등록된 고고유적은 개발계획에서 보존을 위해 충분히 고려의 대상이 되고 있다. 개발체계에서 고고유적을 보존하기 위한 개발업자가 해야 할 일이 여러 가지가 있다.
11. 광산채굴이나 골재 채취과정에서도 고고유적이 문제가 된다. 강가의 계곡지역은 인간 거주에 좋은 조건을 갖추고 있기 때문이다. 광산채굴자들이 고고학상 중요지역에서 작업을 하기 위해 조사해야 하는 것은 CBI 강령에 들어 있다.
12. 개발계획이 확정되기에 앞서 고고유적의 보존여부가 결정되어야 하고 유적훼손을 최소화하도록 개발계획을 고쳐야 한다.
13. 현장보존이 어려운 경우에는 차선의 방법으로 기록보존을 위한 발굴을 한다. 발굴은 기술이 계속 발전하고 발굴은 증거를 완전히 파괴하는 것이며 비용도 많이 들고 시간도 많이 드는 작업이다. 개발지역에서 발굴은 서두르게 되고 발견물을 쉽게 처리하게 되므로 바람직스럽지 못하다. 따라서 중요한 유적들은 제자리에 보존하는 것이 가장 좋다.
14. 명확한 계획과 관리는 유적을 보존하고 개발과 보존의 갈등을 줄이는데 필요하며 중앙정부와 잉글랜드유산위원회(English Heritage)의 역할이 중요하다. 그러나 고고유적과 역사경관의 관리는 앞으로 대부분 지방정부의 몫이 될 것이며, 중앙의 정책에 맞춰 개발계획에서 지방정부의 역할이 중요하다. 적절한 개발정책은 앞으로 매우 중요하다.

B. 개발과정에서 고고자료의 취급방법에 관하여

<u>개발계획</u>

15. 개발계획은 개발의 필요성과 보존문제가 조화되어야 한다. 개발 세부계획에는 고고학상 중요유적과 그 주변지역에 대한 보호, 보존, 정책이 포함되어야 한다. 도면에 보존지역을 표시하고 개발업자들이 계획

수립에 반영할 수 있도록 해야 한다.

16. 고고유적이 제한되어 있기는 하지만 그렇다고 모든 유적이 똑같이 중요한 것은 아닐 것이다. 개발담당부서는 개발지역내 유적에 대한 평가를 근거로 자세한 개발정책을 세우려고 한다. 국가적으로 중요한 등록유적들은 보존을 위해 지정된다. 그러나 등록되지 않은 유적이라도 지방에서 중요한 유적들도 보존할 가치가 있는 것들은 개발계획에 반영될 수 있다.

유적, 기념물 목록

17. 주정부에는 모두 유적과 기념물 목록을 갖고 있다. 지방정부에서 개발부서안에 고고학 전문인력을 고용하여 활용하고 있다.

개발계획 신청

18. 개발업자와 지방정부는 개발 조정과정의 초기에 고고학적 평가를 해야 한다. 개발허가를 받은 지역에서 중요유적이 나타나는 경우 지역개발담당부서(도시개발공사 등)는 '도시 및 전원개발법 시행령(1988)' 제4조에 따라 허가를 취소할 수 있고 이는 중앙정부의 승인을 받아야 한다.

(a) 첫단계 : 개발업자와 개발담당부서 사이의 초기 협의

19. 개발업자가 초기단계에 개발담당부서와 협의를 통해 갈등요인을 많이 줄일 수 있다. 계획과 예산이 확정된 뒤에는 어렵고 비용부담이 많다. 처음에는 주정부 고고학담당 공무원과 또는 유적목록 담당자와 또는 잉글랜드유산위원회와 협의한다. 이들로부터 자문을 받아 계획에 반영하는 것이 좋다.

20. 이 단계에서는 개발예정지역에 대한 문화재 예비 영향평가로서 현지조사는 하지 않지만 그 동안의 조사결과들을 근거로 각종 유적지도, 자료들을 통하여 전문가로 부터 조언을 구하는 것이다.

(b) 지표조사와 평가

21. 초기협의 단계에서 또는 개발업자의 조사에 의해 고고유적이 있는 것으로 나타날 경우 개발담당부서는 개발계획 결정 이전에 지표 확인조

사를 하도록 요구할 수 있다. 이 경우에는 발굴은 아니고 지표조사와 간단한 시굴조사를 말하며 고고학 전문기관이 하도록 되어 있다. 조사 가능기관은 야외고고학자협회에서 발간한 회원명단을 참고한다. 지표조사에서는 개발예정지역내 유적에 대한 성격을 밝혀 보존이 필요한 유적들을 평가할 수 있다. 유적훼손을 최소화하는 개발계획 수립에 필요한 정보를 제공한다.

22. 개발업자들이 자발적으로 이와같은 문화재 평가를 할 것으로 기대하지만 그렇지 못한 경우에는 담당부서는 '도시 및 전원개발법 시행령(1988)' 제4조에 따라 자세한 문화재 정보를 요구할 수 있고, 조사기록이 적절치 못하다고 판단되면 허가를 취소할 수 있다, 때로는 정식 환경영향평가가 필요하기도 하다.

(c) 개발담당부서의 자문

23. 지역 개발담당부서와 사전협의 없이 개발계획을 신청했을 때에는 담당부서는 주정부 고고학 담당자 또는 관계자(지역박물관, 유적발굴단 등)와 협의하고, 지역내 유적목록 등을 살펴 유적에 미치는 영향을 평가한다. 유적에 영향을 미치는 것으로 나타난 때에는 신청인에게 보다 자세한 개발계획을 제출토록 하거나 유적에 대한 영향평가를 하도록 권고한다. 담당부서에서도 개발지역내 유적에 대한 정확한 정보를 알고 있어야 하므로 고고학전문가로부터 의견을 듣는다. 개발계획안에 지정문화재가 있는 경우에는 '도시 및 전원개발법 시행령(1988)' 제18조의 1에 따라 지역개발 담당부서는 잉글랜드유산위원회의 자문을 받아야 한다.

(d) 기록보존을 위한 조정, 발굴비용 문제

24. 개발지역내 유적보존은 여러가지 요소에 의해 결정되며, 현상보존이 어려울 때에는 발굴하여 기록으로 남기게 된다.

25. 개발담당부서는 개발업자들이 개발허가를 받는 조건으로 고고학 발굴비용을 부담하도록 하는 내용을 개발계획정책안에 포함할 수 없다. 더구나 마찬가지로 개발업자들은 사업지구내 유적을 현상보존할 수 있는

데에도 기록보존으로 처리하여 유적을 손상시키는 계획으로 개발허가를 받으려고 해서는 안된다. 개발담당부서에서 유적 현상보존이 어렵다고 판단되면 허가에 앞서 개발업자에게 유적발굴과 기록보존에 대한 적절한 조치를 취하도록 한다. 이때 발굴과 기록은 개발사업 시행전에 이루어져야 한다. 개발업자, 고고학자, 개발담당부서와 논의를 거쳐 이루어지며 발굴결과, 기록출판에 관한 논의들이 있게 된다. 이러한 합의가 이루어지지 않은 경우에는 개발담당부서에서 조건을 붙여 발굴과 기록이 이루어지도록 한다. 개발업자가 비영리단체인 경우, 자선기금, 주택조합, 개인업자 등 발굴비용 부담이 어려운 경우에는 유산위원회에 재정지원을 요청할 수 있다.

26. 발굴, 기록, 결과보고서 작성 등에 관한 협의는 다양한 형태가 있을 수 있다. 개발업자 또는 고고학 자문기구 그리고 지역개발담당부서는 '도시 및 전원계획법(1990)' 106조에 따라 개발에 관한 협의를 자발적으로 이끌어낼 수 있도록 한다. 정부는 잉글랜드고고학자와 개발업자들의 행동강령에 따라 서로 합의가 되기를 바라고 있다. 자발적 합의를 통해 유연하게 대처함으로서 법적 수단에 의한 강제보다 서로 이로운 방향으로 되는 것이 바람직하다. 개발업자가 부담해야 할 범위를 명확히 함으로서 발굴로 인한 재정부담과 예기치 못한 건설지연 사태 등을 미리 막을 수 있도록 하는 것이 좋다.

계획 결정

27. 개발담당부서에서 충분한 정보를 확보하게 되면 허가여부를 결정하는데 고고유적과 주변경관 영향정도에 따라 선택의 범위가 있다. 국가적으로 중요한 유적과 주변경관이 지정여부와 관계없이 개발계획상 영향을 미치게 되는 경우에는 현장보존이 전제되어야 한다. 그러나 유적보존을 결정할 때에는 세부개발계획상 고고학적 조치사항과 개발사업의 필요성과 유적의 보존가치의 중요도 등을 비교검토하여 결정하는 것이 좋다.

28. 현상대로 보존할만한 가치가 없는 유적들이 있는 경우에는 개발사업

이 진행되도록 해야 한다. 개발담당부서는 개발업자로 하여금 발굴, 기록 등에 관한 적절한 조치를 하도록 하고 이러한 것들이 자발적 합의에 이르지 못하였을 때에는 개발 이전에 조치할 사항들에 대해 조건을 달아 허가한다.

<u>계획 조건</u>

29. 개발담당부서는 개발허가 이전에 갈등을 해결하고 개발업자와 합의가 이루어지도록 확실히 해야하며 조건을 제시할 필요가 있을 경우에는 환경부회보1/85에 따라 공평타당하고 실질적인 것이 되도록 한다. 조건제시는 지역개발담당부서에서 하며 고고학자를 지명하여 건설기간동안 수시로 현장을 방문하여 고고학조사를 하거나 허가된 내용의 건설공사를 하는 과정에서 조사와 기록을 하도록 한다. 공사과정에서 유적이 훼손되거나 발견될 경우에는 필요하다면 긴급 구제발굴을 하도록 한다.
30. 개발담당부서는 개발계획을 허가하면서 고고학발굴과 기록이 필요한 지역에 대해 조사 완료때 까지 일체의 공사를 할수 없다는 부대조건을 제시할 수 있다. 이러한 조항은 광산개발시 CBI 행동강령에서도 볼 수 있다.

<u>개발사업중에 발견되는 고고자료들</u>

31. 사전조사를 통해 알려지지 않은 유적들이 공사시행 이후 나타나는 경우 개발업자와 고고학자 사이에 갈등이 있을 수 있다. 잉글랜드유산위원회 또는 잉글랜드 고고학자와 개발업자 연합이 실질적인 조언을 하고 있다. 새로 발견된 유적이 국가적으로 중요하고 보존가치가 있으면 정부에서 지정등록을 하고 개발허가를 재심의 하게 되며 개발 손해에 대한 보상을 하도록 되어 있다.

자료 8 문화다양성에 관한 일반선언(UNESCO)

Universal Declaration on Cultural Diversity
제31차 유네스코 총회(2001년 11월 2일) 채택

총회는

세계인권선언과 그밖에 일반으로 인정되는 법적 장치들, 이를테면 시민적 권리와 정치적 권리, 그리고 경제 · 사회 · 문화적 권리와 관련되는 1966년의 2개의 국제조약에서 천명하고 있는 인권과 기본자유를 완전히 실행하기 위한 활동을 하며,

유네스코 헌장 전문에서 확인되고 있듯이 문화의 폭넓은 확산과 자유와 정의와 평화를 위한 인간교육이 인간의 존엄성과 뗄 수 없으며 모든 나라가 서로 돕고 관심을 가져야할 성스러운 의무라는 것을 회고하며,

또한 헌장 제1조에서 유네스코에 위임하고 있는 언어와 이미지를 통한 자유로운 의사전달을 증진시키는데 필요한 국제적 동의를 권고할 것을 회고하며,

유네스코에서 활동하는 국제기구에서 문화의 다양성과 문화적 권리실행에 관련된 규정들을 참고하며, *

문화는 정신적, 물질적, 지적, 정서적으로 해당 사회 또는 사회집단마다 특성을 갖고 있는 집합체로 인정하고, 문화는 예술과 문학을 비롯해 생활양식, 함께 사는 방식, 가치체계, 전통, 믿음 등의 요소를 포함하고 있다는 것을 재확인하며, **

---

* 이러한 규정에는 「플로렌스협정(1950)」, 「나이로비의정서(1976)」, 「국제저작권협약(1952)」, 「국제문화협력원칙에관한선언(1966)」, 「문화재불법반출입및소유권양도금지에관한협약(1970)」, 「세계문화및자연유산보호협약(1972)」, 「인종및인종편견에관한유네스코선언(1978)」, 「예술가의지위에관한권고(1980)」, 「전통문화와대중문화에관한권고(1989)」등이 있다.

** 문화에 대한 이러한 정의는 세계문화정책회의(Mondiacult, Mexico city, 1982), 문화와 발전에 관한 세계위원회(Our Creative Diversity, 1995), 발전을 위한 문화정책 정부간회의(Stockholm, 1998)에서 나온 결론들과 궤를 같이 한다.

문화는 오늘날 정체성, 사회결합, 지식기반의 경제발전 등에 관한 논의에서 그 중심에 있다는 것을 주목하며,
서로 믿고 이해하는 분위기에서 문화의 다양성과 포용, 대화와 협력을 존중하는 것이 국제평화와 안전을 보장하는 가장 좋은 길이라는 것을 확인하며,
문화의 다양성에 관한 인식과 인류 단결에 대한 자각, 문화교류의 발전 등에 바탕을 두고 더욱 공고화되기를 바라며,
새로운 정보와 통신수단의 발전에 의해 빠르게 진행되는 세계화 과정은 문화의 다양성에 대한 도전이기도 하지만 문화와 문명간 대화를 새롭게 하는 여건을 만들고 있다는 것을 고려하며,
국제연합 체제안에서 문화의 다양성을 꽃피우고 보존하는 책임이 유네스코에 맡겨져 있다는 것을 인식하며,
다음과 같은 원칙을 선언하고 선언문을 채택한다. :

정체성, 다양성 그리고 다원주의 IDENTITY, DIVERSITY AND PLURALISM

제1조 문화 다양성 : 인류 공동의 유산

Cultural diversity : the common heritage of humanity

문화는 시간과 공간을 넘어 다양한 형태가 있다. 이러한 다양성은 인류사회를 구성하는 집단과 사회의 정체성으로 독특하고 다원적으로 나타난다. 교류와 혁신 그리고 창조의 원천으로서 문화 다양성은 인류에게 필요하며 이는 자연계에 생물다양성이 필요한 것과 마찬가지이다. 이러한 점에서 문화다양성은 인류공동의 유산으로 인식되어야 하고, 현재와 미래 세대에게 이로움을 준다는 것을 확신해야 한다.

제2조 문화 다양성에서 문화 다원주의로

From cultural diversity to cultural pluralism

점차 늘어가는 다양한 사회안에서, 다원적이고 다양하고 역동적인 문화 정체성을 갖는 인종과 집단간의 조화로운 상호교류와 더불어 함께 살아가려는 마음이 보장되어야 한다. 사회 구성원 모두가 포함되고

참여할 수 있는 정책은 사회 결속력과 시민사회의 활력 및 평화를 보증한다. 이런 것들을 문화 다원주의라고 하며 정책적으로는 문화 다양성의 실현으로 표현된다. 민주체제와 다를 바 없이 문화 다원주의는 문화교류와 창조능력을 꽃피우는데 도움이 된다.

제3조 발전의 한 요소로서 문화 다양성

Cultural diversity as a factor in development

문화 다양성은 모든 사람에게 열려있는 선택의 범위를 넓혀 준다. 문화 다양성은 발전을 위한 뿌리의 하나이며, 단순히 경제성장만이 아니라 지적, 정서적, 도덕적, 영적 실현을 보다 만족스럽게 이룰 수 있는 수단으로 이해된다.

문화 다양성과 인권 CULTURAL DIVERSITY AND HUMAN RIGHTS

제4조 문화다양성을 보증하는 인권

Human rights as guarantees of Cultural diversity

문화 다양성을 지키는 것은 윤리적 명제이며, 인간의 존엄성을 존중하는 것과 다름이 아니다. 그것은 인권과 기본 자유 특히 소수집단과 토착원주민들의 권리를 보장하는 것이다. 그 누구도 문화 다양성을 빌미로 하여 국제법에 보장된 인권을 침해하거나 그 범위를 제한할 수 없다.

제5조 문화 다양성의 분위기를 만드는 문화적 권리

Cultural rights as an enabling environment for cultural diversity

문화적 권리는 인권의 가장 중요한 부분이며 보편적이고, 불가분의 관계로서 상호의존적인 것이다. 창조적 다양성을 꽃피우기 위해서는 「세계인권선언」제27조* 와 「경제 · 사회 · 문화적권리에관한국제규약」 제13조와 제15조에서 정의하고 있는 문화적 권리를 완전히 실행할 수 있어야 한다. 사람은 누구나 자신을 나타낼 수 있고 자신이 선택한 언어로

---

* 「세계인권선언」 제27조에는 1. 모든 인간은 자유롭게 공동체의 문화생활에 참여하고 예술을 감상하며 과학의 진전과 그 혜택을 나눠 가질 권리를 갖는다. 2. 모든 인간은 자신이 창조한 모든 과학적, 문화적, 예술적 산물에서 생기는 정신적, 물질적 이득을 보호받을 권리를 갖는다. 라고 되어 있다.

특히 모국어를 사용하여 창작하고 보급할 수 있어야 한다.; 사람은 누구나 그들의 문화적 정체성을 충분히 존중하는 교육과 훈련을 받을 수 있어야 한다.; 사람은 누구나 인권과 기본자유에 따라 스스로 선택한 문화생활에 참여할 수 있고 행동할 수 있어야 한다.

제6조 모든 사람들이 문화 다양성에 다가가기 위하여

Towards access for all to cultural diversity

언어와 이미지를 수단으로 한 생각들이 자유롭게 전달될 수 있도록 하면서 한편으로는 모든 문화가 스스로 표현하고 알릴 수 있도록 관심을 기울여야 한다. 자유로운 표현, 다양한 매체, 다양한 언어, 예술, 전자 형식을 포함한 과학기술 지식 등에 똑같이 접근할 수 있는 조건, 모든 문화에서 표현 수단과 보급 수단에 똑같이 접근이 가능할 때 문화 다양성은 보장된다.

문화 다양성과 창조성 CULTURAL DIVERSITY AND CREATIVITY

제7조 문화유산은 창조성의 원천

Cultural heritage as the wellspring of creativity

창조는 문화전통의 뿌리로 부터 나오지만, 타문화와의 접촉을 통하여 꽃피게 된다. 그런 까닭에 다양한 형태의 유산들이 보존되고, 질을 높여 인류가 걸어온 길과 영감의 기록으로서 미래 세대에게 전해져 다양한 형태로 창조성을 기르고 문화간 진솔한 대화를 나눌 수 있도록 해야 한다.

제8조 문화적 재화와 용역 : 독특한 상품들

Cultural goods and services: commodities of a unique kind

오늘날 경제, 기술의 변화로 창조와 혁신이 광범위하게 예견되면서 창조적 작품들의 다양한 공급, 작가와 예술가들의 정당한 권리 인정, 문화적 재화와 용역을 정체성의 결정자로서 단순한 상품이나 소비재로 다루어서는 않된다는 점 등에 대해 특히 주의를 기울여야 한다.

제9조 문화정책은 창조성의 촉매

Cultural policies as catalysts of creativity

사상과 작품들이 자유롭게 유통되도록 하면서 한편으로 문화정책은 지역을 넘어 세계적으로 알려질 수 있는 수단이 되는 문화산업 형태로 다양한 문화적 재화와 용역을 생산 분배할 수 있는 조건을 만들어 주어야 한다. 각 나라들은 국제적 의무로서 문화정책을 분명히 하고 실제 지원을 하거나 적절한 규정을 만드는 등 적합한 수단을 통하여 실행해야 한다.

문화 다양성과 국제연대 CULTURAL DIVERSITY AND INTERNATIONAL SOLIDARITY

제10조 창조능력 강화와 범세계적 확산

Strengthening capacities for creation and dissemination worldwide

문화적 재화와 용역의 교류와 교환이 전 지구차원에서 균형을 이루지 못하고 있다는 점에서 국제협력과 연대를 강화할 필요가 있으며 모든 나라, 특히 개발도상국과 변화의 기로에 선 나라들에 문화산업이 자리를 잡아 국내와 세계적 수준에서 경쟁력을 갖고 생존할 수 있도록 해야 한다.

제11조 공공부문, 민간부문 그리고 시민사회의 동반자관계 구축

Building partnerships between the public sector, the private sector and civil society

인류발전을 지속시키는데 중요한 문화 다양성을 보존하고 증진하는 것이 시장원리만으로는 보장할 수 없다. 이런 관점에서 공공정책은 민간부문 및 시민사회와의 동반자 관계에서 재확인되어야 한다.

제12조 유네스코에서 할 일

The role of UNESCO

유네스코는 위임사항과 기능에 따라 다음과 같은 책임이 있다. :

(a) 이 헌장에서 밝힌 원칙과 여러 정부간 모임에서 구상하는 발전전략을 통합할수 있도록 하고

(b) 각국 정부, 국제 정부간 또는 비정부기구, 시민사회와 민간단체들이

함께 모여 문화다양성을 위한 개념, 목표, 정책들을 완성하려는 노력에 보탬이 될 수 있도록 하며

(c) 다양성 선언과 관련된 분야의 기준을 설정하고, 인식을 높이며, 능력을 갖추기 위한 활동을 주어진 범위안에서 추구하며

(d) 아래와 같은 주요 활동계획의 실행을 촉진한다.

문화 다양성에 관한 유네스코 일반선언을 실행하기 위한 주요 활동계획

회원국들은 스스로 선언을 널리 확산할 수 있도록 적당한 단계별 계획을 세우고 특히 다음과 같은 목표를 이룰 수 있도록 적절한 조치를 취한다.

1. 문화 다양성에 관한 국제적 논의, 특히 개발 관련 정책결정에 미치는 영향을 국내수준과 국제수준에서 함께 깊이있게 논의하며, 문화다양성에 관하여 국제법에서 좋은 여건을 만드는 것을 충분히 고려하며
2. 문화 다양성을 보호 증진하는데 도움이 될수 있는 원칙, 기준 그리고 실행에 관한 명확한 정의와, 인식을 높이기 위한 협력방안에 대해 국내 및 국제수준에서 논의를 증진시키며
3. 다양화된 사회에서 다양한 문화적 배경을 갖는 사람들과 집단들의 참여와 포용을 증진할수 있도록 문화다원주의의 관점에서 지식의 교류와 실행을 강화하며
4. 문화적 권리의 내용을 인권의 핵심으로서 이해하고 명확히 할 수 있도록 보다 발전시키며
5. 인류의 언어유산을 보호하여 되도록 많은 언어로 표현, 창작, 보급될 수 있도록 지원하며
6. 언어의 다양성을 높이며 되도록 제나라 말로 교육을 받으며 어릴 때부터 여러나라 말을 배울 수 있도록 하고
7. 교육을 통해 문화 다양성이 좋은 점을 알 수 있도록 하면서 교과과정 구성과 교사교육에서도 이러한 목표를 이룰 수 있도록 하고

8. 전통적인 교육방법을 교육과정에 집어넣어 지식의 교환과 전달에 문화적으로 적절한 모든 방법을 보존하고 충분히 활용할 수 있도록 하며
9. 디지털 언어 습득을 통하여 새로운 정보와 의사교환 기술을 사용함으로서 교육서비스의 효율성을 높일 수 있도록 하고
10. 사이버 공간에서 언어의 다양성을 높여 공유 영역의 정보에 누구나 접근이 가능할 수 있도록 하고
11. 국제연합 기구와 긴밀히 협조하여 정보의 격차를 줄여 나갈 수 있도록 개발도상국가들이 새로운 기술에 쉽게 접근하여 기술을 습득할 수 있고, 자체 문화상품을 전자상으로 보급할수 있으며, 전세계에 유통되는 교육 문화 과학 관련 디지털 자원에 접근 가능할 수 있도록 해야 하며
12. 매체를 통한 또는 지구정보체제안에서 다양한 콘텐츠가 생산 보호 유통될 수 있도록 장려하고 이를 위해 공영 라디오와 텔레비젼 서비스에서 보다 좋은 품질의 시청각 상품을 개발하는데 이바지할 수 있도록 하고 특히 상품을 보급하기 위한 협력체제를 확립하도록 촉구하며
13. 문화 및 자연유산, 특히 구전(Oral) 및 무형유산을 보존하고 질을 높이기 위한 정책과 전략을 수립하며, 문화상품과 재화들의 불법거래를 방지하고
14. 전통지식, 특히 원주민들의 것을 보호하고 존중하며; 전통지식이 환경보호와 자연자원 관리에 이바지하는 바가 크다는 것을 인정하고, 현대과학과 지방지식의 상호 상승작용을 촉진하고
15. 창작자, 예술가, 연구자, 과학자, 그리고 지식인들의 활동성을 높이고, 국제연구프로그램과 협력을 강화하여 개발도상국과 전환기국가들의 창작능력을 높이고 보존하도록 하며
16. 이 시대의 창의성 개발과 창작에 대한 공평한 보상을 위하여 저작권 및 그와 관련되는 권리를 엄격히 보호하며, 그와 함께 유엔인

권선언 제27조에 따라 문화에 접근하는 공공의 권리를 지지하며

17. 개발도상국과 전환기의 국가들에서 문화산업을 일으키고 강화하기 위하여 이들 나라에서 필요한 기반시설과 기술이 발전할 수 있도록 협력하고, 생존가능한 지역시장이 나타날 수 있도록 하며, 이들의 문화상품이 세계시장과 국제유통망에서 배포될 수 있도록 하며
18. 이 선언에 담고 있는 원칙을 장려하기 위하여 고안된 운영지원 협정 그리고/또는 적절한 규정체계를 각 나라에 부과된 국제 의무에 적합하도록 개발하며
19. 문화 다양성을 보호 장려하기 위한 목적으로 공공정책을 수립하는데 시민사회를 적극 끌어들여
20. 민간부문이 문화다양성을 확대하는데 이바지할 수 있으며 그러한 목적을 이루기 위하여 공공부문과 민간부문이 대화 창구를 만드는 것이 필요하다는 사실을 인정하고 고무한다.

회원국들은 유엔사무총장에게 문화다양성을 위한 행동의 상승효과를 높이기 위하여 이와같은 행동계획에서 제시된 목표가 유네스코 프로그램에서 실행될수 있도록 하고, 유네스코와 유엔기구 및 그밖에 관련되는 정부간 또는 비정부기구들과 의견을 교환하도록 권고한다.

자료 9 문화관광 헌장

Charter of Cultural Tourism 1976. ICOMOS

머리글

1. 국제기념물유적회의(아래에서 ICOMOS라 함)는 인류의 유산으로서 특별한 가치를 갖는 기념물과 유적을 보호하고 보존하며 널리 알리는 것을 목표로 하고 있다. 이와 같은 입장에서 세계 관광활동이 크게 늘어나면 좋든 나쁘든 유산에 미치는 영향이 크다는 것을 알고 있다.
2. ICOMOS는 오늘날 그 어떤 단체라도 혼자만의 노력으로는 사태에 효과적으로 대처할 수 없다는 것을 알고 있다. 그런 까닭에 ICOMOS는 여러 가지 입장에서 문제를 함께 풀며, 일관되고 효과적인 노력을 하기 위해 세계 규모로 또는 지역단위로 조직을 만들어 함께 생각해 보려고 한다.
3. 이들 단체의 대표자들이 1976년 11월 8일에서 9일까지 벨기에 브뤼셀에서 모여「현대관광과 인본주의(Contemporary Tourism and Humanism)」라는 주제로 국제회의를 열고 다음과 같이 의견을 모았다.

기본 견해(Basic Position)

1. 관광은 사회적, 인류적, 경제적, 문화적으로 거스를 수 없는 현실이다. 관광이 역사기념물과 유적에 미치는 영향은 매우 중요하며 관광이 발전할수록 영향을 많이 받을 것이다.
2. 앞으로 25년을 내다볼 때 발전 현상이 중대한 결과를 낳을 수 있으며, 또한 인류가 직면하게 될 것이라는 점에서 관광은 넓게는 인류 생활환경에, 좁게는 기념물과 유적에 아주 중요한 영향을 미칠 수 있는 현상의 하나로 보인다. 이러한 현상을 견뎌낼 수 있기 위해서는 세심한 연구가 있어야 하고 조화롭고 효과적인 다양한 정책의 대상이 되어야 한다. 문화관광에 한정하여 현재 접근하고 있는 것은 모든 점에서 만족하는 것은 아니지만 세계적인 해결에 긍정적 요소가 될 것이라는 것을 믿는다.
3. 문화관광이란 관광의 한 형태로서 여러가지 다른 목적도 있지만 기념물과 유적을 찾아 보는 것이다. 그렇다면 기념물과 유적을 보호,

관리, 유지하는데 이바지한다는 점에서 문화관광은 그 최종목표에서 아주 긍정적인 효과가 있게 된다. 이러한 형태의 관광은 실제로 유지보호를 위한 노력이 인류공동체의 요구라고 하는 사실을 정당화하고 있는데, 이는 관계되는 모든 사람들에게 사회문화적, 또는 경제적 이익이 있기 때문이다.

4. 그러나 그 동기와 그로부터 얻을 수 있는 이익이 어떻든 문화관광은 기념물과 유적을 많은 사람이 무절제하게 이용함으로서 나타날 수 있는 부정적이고 약탈, 파괴적인 영향이 있다는 것도 생각해야 한다. 이와같은 부정적인 관점은 기념물과 유적이 볼거리로서의 매력과 교육을 위한 요소로서 중요한 구실을 하기 위해 적합한 상태로 유지되어야 한다는 점에서 적절한 기준을 세워 실행해야 한다는 것을 시사하고 있다. 어쨌든 앞날을 생각하면 정치, 사회, 경제적 관점에서 정당화된다고 하여도 다른 어떤 것보다 세계 자연 및 문화유산은 중요시되어야 한다는 것이다. 이렇게 유산을 존중하는 것은 용도 및 밀도제한에 의한 시설물 배치와 관광객 행동수칙에 대한 정책으로 처벌한다고 해서 보장될 수는 없다. 그와 더불어 사람들은 현존하는 문화유산을 존중하는데 최우선으로 배려하고, 그에 저해되는 관광시설이나 부대설비가 들어서지 못하게 막아야 한다.

활동 기반(Basis for Action)

앞에서 말한대로,

한편으로는 관광을, 다른 한편으로는 자연 및 기념유산 보호를 담당하는 기관(이래에서 '우리'로 대신함)은 다수의 이익을 위해 자연 및 문화유산을 보호증진하는 것은 올바른 방법으로 해야만 된다는 것, 다시말해서 국가, 지방, 그리고 지역사회 자원계획의 일부로서 사회경제적 목적에 맞게 문화자산이 통합되어야만 확실한 결과를 얻을 수 있다는 것을 믿고,

우리는 본 선언문의 부속서에 나타난 대로 자신의 영향이 미치는 영역에서 다룰 준비가 되어 있는 조치들에 가장 관심이 많다는 것을 인정하며, 1972년 11월 16일에 채택한 「세계문화 및 자연유산 보호에 관한 협약」과

「Nairobi 권고」를 각 나라에서 의지를 갖고 빠르고 확실하게 실행할 것을 호소하면서,

세계관광기구(World Tourist Organization)는 그 목표를 이루기 위해, 그리고 유네스코는 위 협약의 틀안에서 체약기관들과 앞으로 모이게 될 그밖의 기관들과 함께 가일층의 노력을 하여 본래 목적에 반하는 관광의 무질서한 성장으로부터 인류를 보호하는 유일한 수단으로서 체약기관이 정한 정책을 확실히 실행에 옮길 것을 믿는다.

우리는 각 국가에서 관광관련 기구와 사용자단체를 관장하는 행정조직에 의해 국내외를 여행하는 사람들에게 정보를 제공하고 교육할 수 있는 적절한 방법을 채택하기를 바란다.

관광수요가 크게 늘어남에 따라 사회 전체적인 태도가 크게 바뀌어야 한다는 필요성이 심각함을 인식하고 우리는 다음과 같이 바란다. : 학생과 젊은이들은 기념물, 유적 및 문화유산을 이해하고 존중할 수 있도록 가르쳐야 하며 또한 모든 출판물과 시청각자료들은 효율적이고 보편적인 이해에 효과적으로 이바지할수 있도록 대중들에게 문제의 핵심을 알려주어야 한다.

국제관광의 기본이 되는 문화유산 보호에 대한 관심에 뜻을 모아 우리는 다음과 같은 일에 착수한다. 공해로 훼손되어 가는 당해 문화재들에 대해 모든 수단을 동원하여 맞서 지켜 나가고, 건축가와 과학기술자들에게는 가장 발전된 현대기술을 기념물보호에 활용하도록 호소한다.

우리는 또한 다음과 같이 권고한다. : 문화 및 자연유산을 관광목적으로 사용하기 위해 계획하는 전문가들은 문제의 다양한 성격에 적합한 훈련을 받아야 하고, 개발 및 관광설비계획에 처음부터 관여하도록 해야 한다.

우리는 다음과 같이 엄숙히 선언한다. 우리들의 활동이 개발도상지역 및 국가에서 문화적 가치의 진정성과 다양성을 존중하고 보호하는 것으로 산업국가에서의 활동과 다를 바 없다. 왜냐하면 인류 문화유산의 운명은 관광이 확장될 것 같은 곳이면 어디서나 마찬가지이기 때문이다.

자료 10 국제문화재보존복구연구센터(ICCROM) 규약

ICCROM 일반 이사회 18번째 회의(1993.10.21.)에서 개정 -

제1조 목적 및 기능. 문화재보존 및 복구 연구를 위한 국제센터(아래에서 ICCROM으로 함)는 보존과 복원을 위한 창안, 발전, 개선, 활용 조건에 의해 문화재의 세계적 보존·복구에 기여할 것이다. ICCROM은 특히 다음의 기능을 할 것이다. ;

(a) 문화재의 보존·복구에 관한 과학적·기술적·윤리적 문제에 관한 정보를 수집하고 연구하고 배포한다.

(b) 기관이나 전문가, 국제회의에 과제를 부여하고 전문가의 발표와 교류 등의 방법에 의해 이 영역에 협조하게 하고 연구작업을 고무한다.

(c) 문화재 보존과 복구에 관한 의문사항에 대해 자문하고 권고한다.

(d) 문화재 보존과 복구에 관한 훈련을 증진, 개발, 제공하고 보존·복구 작업의 기준과 원칙을 세운다.

(e) 문화재 보존·복구에 더 나은 이해를 도모한다.

제2조 회원 자격

1. ICCROM은 회원국으로 구성된 국제기구이다.
2. 국제연합 교육·과학·문화기구(아래에서 UNESCO라 함)의 구성국은 가입선언서를 UNESCO 사무총장에게 제출함으로써 ICCROM의 회원국이 될 수 있고 UNESCO에서 탈퇴하더라도 ICCROM의 회원국으로 남을 것이다.
3. UNESCO 회원국이 아닌 국가는 ICCROM 사무총장에게 회원국 신청서를 제출할 수 있다. 평의회에서 신청서를 검토한 후, 일반 이사회에서 ICCROM의 회원국으로 승인한다. 회원국 승인은 현재 ICCROM 회원국 2/3 다수에 의해 표결되어야 한다. UNESCO 사무총장은 이 승인서를 비준할 것이다.
4. 이 조 2항에 따르는 회원자격은 UNESCO 사무총장이 가입 신청서를

수리한 30일 후에 효력을 발휘한다. 이 조 3항에 따르는 회원자격은 일반 이사회가 승인한 날에 효력을 발휘한다.

5. 각 회원국은 일반 이사회가 정한 비율로 ICCROM의 예산을 기부할 것이다.

제3조 연합 회원자격

1. 문화재 보존·복구에 관한 기구와 기관은 ICCROM에 연합할 수 있다.
2. 평의회는 투표권한이 있는 구성원 2/3 다수에 의한 결정에 의해 연합회원으로 승인할 수 있다.

(a) 전문적 국제 비정부간 기구 ; 그리고

(b) 과학적 또는 문화적 본질에 관한 공공 또는 사적 협회, 그런 기구와 협회는 문화재 보존·복구에 적극적 관심을 가지고 목표달성을 위해 ICCROM과 기꺼이 협력할 것이다.

3. 연합회원 신청서는 ICCROM 사무총장에게 제출된다.
4. 연합회원은 평의회가 정한 비율로 예산을 기부할 것이다.

제4조 기구. ICCROM은 일반이사회, 평의회, 사무국으로 구성된다.

제5조 일반이사회. 1. 구성과 참여

(a) 일반 이사회는 회원국 대표들로 구성될 것이다. 각 회원국은 한 대리인으로 대표된다.

(b) 대표자는 문화재 보존·복구에 관련되고 이 분야의 협회에 가입한 최고 권한 있는 전문가중에서 선정되어야 한다.

(c) ICCROM, UNESCO, the istituto Centrale del Restauro와 연합회원과 6.1(j)에 나오는 평의회의 의결권이 없는 회원은 참관인 자격으로 일반 이사회의 회의에 참여할 권한을 갖는다. 그들은 제안을 할 수는 있으나 표결권은 없다.

2. 기능 - 일반 이사회의 기능은 다음이 될 것이다 ;

(a) ICCROM의 일반 정책을 결정한다 ;

(b) 평의회가 제출한 제안에 기초하여 다음 2년간 ICCROM의 예산과 활동 프로그램을 고려·승인한다.

(c) 2, 3조에 따라 새로운 회원국을 승인한다.
(d) 평의회 회원을 선출한다.
(e) 평의회의 제안에 대해 7조(d)에 따라 사무총장을 임명한다.
(f) 평의회와 ICCROM 사무국의 활동 보고를 고려·승인한다.
(g) 회원국의 기부금을 정한다.
(h) ICCROM의 재무규칙을 채택한다.
(i) 10조에 있는 제재(처벌)의 적용을 결정한다.
3. 절차. (a) 2년에 한번 정기회의를 갖는다.
(b) 회원국 1/3의 요구가 있거나 평의회가 결정하면 또는 일반이사회 스스로 결정하면 특별회의를 갖는다.
(c) 일반 이사회나 평의회가 달리 결정하지 않는 한 이탈리아 로마에서 회의를 갖는다.
(d) 자체 절차규정을 채택한다.
(e) 각 회의 초반에 의장과 사무장을 선출한다.
(f) 기능수행에 필요한 위원회를 설립한다.
4. 표결. 10조에 따라 각 회원국은 일반이사회에서 하나의 표결권을 가질 것이다. 일반 이사회의 절차규정이나 규칙에 달리 규정되어 있지 않으면 회원국 출석표결의 단순 과반수에 의해 결정이 채택될 것이다.
제6조 평의회. 1. 구성
(a) 평의회는 일반이사회가 선출한 회원, UNESCO 사무총장의 대리인, 이탈리아 정부의 대리인 Istituto Centrale del Restauro의 대표자, 아래 항(j)에 있는 표결권 없는 회원으로 구성된다.
(b) 선출된 12개 회원국과 첫 30번째국 이후 매 5번째 선출 회원국으로 구성된다. 그러나 선출 회원국 전체수는 25개를 넘지 못한다.
(c) 일반 이사회에서 선출된 회원국은 문화재 보존·복구에 관한 가장 권한있는 전문가중에서 선정되고, 이는 세계 주요문화지역을 공정하게 대표할 것을 고려하고 ICCROM의 업무에 관한 모든 전문적 분야를 적절히 망라할 것이 요구된다. 일반 이사회는 평의회의 관리 행정

적 기능 수행을 위해 그런 사람들의 능력을 고려할 것이다.

(d) 일반 이사회에서 선출된 평의회 회원은 4년동안 근무해야 한다. 그러나 현재 규정에 있는 일반 이사회의 첫 정기회의에서는 일반 이사회에서 선출된 회원을 반은 4년동안 근무해야 하고 반은 2년동안 근무해야 할 것이다. 만약 그 회의에서 선출된 회원수가 홀수라면 회원절반에 하나를 더해서 4년동안 선출될 것이다.

(e) 평의회의 선출회원은 그들이 선출된 일반 이사회 회의의 종료시부터 임기가 끝나는 해에 열린 회의의 종료시까지 근무할 것이다.

(f) 평의회 회원은 재선출될 수 있다.

(g) 평의회의 선출회원이 사망, 영구적 불능, 사임이 된 경우, 그 공석은 일반 이사회에서 열린 최종 선거에서 선출되지는 않았으나 최다수를 받은 후보자가 임기의 나머지 동안 채우게 된다. 만약 이 후보자가 근무할 수 없다면, 선거후보자가 없을 때까지 차상위 득표자 후보가 그 자리를 채운다. 만약 그 자리가 전 선거에서 회원신청을 한 후보자에 의해 채워질 수 없다면, 일반 이사회의 다음회의에서 선출이 있을 때까지 그 자리는 공석으로 남는다.

(h) 일반이사회에서 선출된 평의회 회원은 그들의 개인능력으로 선출된다. 그들은 국가대표로서가 아니라 ICCROM의 이익에 대응해 기능을 수행한다.

(i) 평의회의 표결권 없는 회원은 국제박물관 회의의 대표와 기념물·유적에 관한 국제회의의 대표가 될 것이다.

2. 기능 - 평의회의 기능은 ;

(a) 일반이사회의 권한하에서, 활동·예산 프로그램을 수행한다 ; 일반이사회의 결정과 지식에 따라 그리고 두 정기회에서 야기된 상황에 대해서, 사무총장이 승인한 활동 프로그램의 효과적·합리적 실행을 위해 일반이사회를 대신해서 모든 필요 조치를 취한다.

(b) 정책을 공식화하고 이를 일반이사회가 승인하도록 제출한다.

(c) 사무총장의 제안에 기초해서, 일반이사회의 승인을 위해 활동·예산

프로그램 초안을 기안한다.
(d) 2, 3조에 따라 ICCROM의 회원 승인을 위한 신청서를 고려한다.
(e) 연합회원을 승인하고 ICCROM에 그들의 연합조건을 결정한다.
(f) 일반이사회에 사무총장의 임명, 임명의 임기와 조건에 대해 추천하고, 적절하다면 7조(d)에 따라 사무총장의 임기를 연장할 수 있다.
(g) 7조에 있는 상황에 따라 사무총장을 임명한다.
(h) 사무총장이 제안한 사무국의 구조를 승인한다.
(i) 직원규칙을 승인한다.
(j) 재무규정 채택에 있어 일반이사회에 권고한다.
(k) 외부 감사인을 임명한다.
(l) ICCROM 재정 운영을 감독한다.
(m) 정기회의에서 일반이사회가 고려할 활동 보고를 준비한다.
(n) 일반이사회가 부여하는 다른 기능을 수행한다.
3. 절차. (a) 회의
(i) 일반이사회의 정기회의 후 즉시 ;
(ii) 일반이사회의 다음 정기회의 직전 ; 그리고
(iii) 위 (i)과 (ii)에 언급된 회의 사이에 한번
(b) 일반이사회나 평의회가 달리 정하지 않는 한 이탈리아 로마에서 회의를 개최한다.
(c) 자체 절차규정을 채택한다.
(d) 일반이사회의 정기회의 다음 첫 회의 초반에, 일반이사회의 다음 정기회의 종료시까지 근무할 의장과 사무장을 선출한다.
(e) 기능 수행에 필요한 위원회를 설립한다.
4. 표결. 평의회의 선출회원, UNESCO 사무총장의 대리인, 이탈리아 정부대표, Istituto Centrale del Restauro의 대표는 하나의 표결권을 갖는다. 평의회 절차규칙과 규정에 달리 정하지 않는 한 회원 출석표결의 단순 과반수에 의해 결정이 채택된다.
제7조 사무국. (a) ICCROM의 사무국은 사무총장과 필요직원으로

구성된다.

(b) 사무총장과 직원의 임무는 국제적인 성격이다. 의무수행에 있어 그들은 ICCROM 외부 어떤 정부나 당국으로부터의 지시도 받거나 따르지 않을 것이다. 국제공무원으로써 그들의 지위를 남용하는 어떤 행위도 삼가한다. 각 회원국은 사무총장과 직원 임무의 국제적인 성격을 존중해야 하고 그들의 임무수행에 영향을 주어서는 안된다.

(c) 직원은 평의회에서 승인된 직원규약에 따라 임명된다. 모든 직원은 사무총장에 책임이 있다.

(d) 사무총장은 평의회에서 지명되고, 아래 (e)항에 있는 경우를 제외하고는, 일반이사회에서 임명된다. 평의회의 권고에 따라 일반이사회는 임기를 정하고, 사무총장 임무의 조건을 승인한다. 일반이사회에 의한 사무총장의 임명은 평의회에 의해서 각 경우에 있어 2년까지 2차례까지 연장될 수 있다. 그러나 사무총장의 임기와 평의회에 의한 연장은 어떤 경우에도 6년을 초과할 수 없다. 사무총장은 일반이사회에 의해 재임명될 수 있다.

(e) 만약 사무총장자리가 일반이사회의 두 회의 사이에 공석이 된다면 새로운 사무총장이 평의회에 의해, 일반이사회 다음 정기회의의 종료시에 끝나는 기간동안 임명될 수 있다. 평의회는 평의회 의장과 새로운 사무총장이 서명하는 계약에 포함될 사무총장의 임명 조건을 결정한다.

(f) 사무총장은 적합한 조치를 위해 일반이사회와 평의회가 한 제안을 공식화하고, 평의회의 승인을 위해서 예산·활동 프로그램 초안을 준비한다. 일반이사회와 평의회의 결정에 따라 사무총장은 승인된 활동프로그램의 효과적·합리적 실행에 책임이 있다. 그/그녀는 ICCROM 활동의 주기적 보고를 회원국에게 준비하고 전달한다.

第8조 재무절차. (a) ICCROM 예산은 2년 단위로 작성한다. 다음 2년간의 예산 초안은 활동프로그램과 함께 일반이사회에서 먼저 60일간 고려된 후 회원국에 전달된다.

(b) ICCROM의 재무기간은 일반위원회가 달리 정하지 않는 한 일반이사회 정기회의의 다음 만 2년이다.

(c) 재무기간동안 회원국과 연합회원의 기부금은 2년 똑같이 지불될 것이다. 한번은 첫해 초반에 내야하고 한번은 2번째 해 초반에 내야 한다.

(d) 사무총장은 재무규약에 정해진 조건에 따라 정부, 공공·사적협회, 연합회와 개인으로부터 자발적 기부금, 선물, 유증물, 보조금을 수령할 수 있다.

(e) 예산은 평의회의 감독하에 재무규약에 따라 사무국이 관리한다.

제9조 법적 지위. ICCROM은 회원국 영토내에서, 기능 수행과 목적달성을 위해 필요한 법적 권한을 향유할 것이다.

제10조 제재. (a) 회원국은 ICCROM에 기부금이 관련된 해와 상관없이 아직 지불되지 않은 기부금 총액이 현재 년도와 직전 년도에 회원국에서 지불해야 할 기부금을 초과할 때, 일반이사회에서 투표할 권한과 평의회 회원으로 후보자를 추천할 권한이 박탈된다. 회원국은 4년연속 부과된 기부금 지불을 게을리 할 경우에, 회원자격이 박탈될 것이다. 그럼에도 불구하고 일반이사회는 지불하지 않는 것이 회원국이 통제할 수 없는 특별한 상황에 기인하는 경우, 상기 권한을 유지하거나 회원자격을 유지하게 할 수 있다.

(b) 연합회원은 ICCROM에 기부금이 관련된 해와 상관없이 지불하지 않은 기부금 총액이 현재 연도와 직전 년도에 회원국에서 지불해야 할 기부금을 초과할 때 연합회원 자격이 박탈된다.

제11조 회원자격과 연합회원 자격의 철회. (a) 어떤 회원국도 일반이사회에 의해 승인 또는 가입한 날로부터 2년 만기후 어느 때에도 ICCROM 사무총장에게 고지를 보내어 ICCROM을 탈퇴할 수 있다. 그런 탈퇴서는 고지가 행해진 다음 해 12월 31일에 효력을 발휘한다. 탈퇴가 효력을 발휘한 날 ICCROM에 부여된 재무책임은 해지되지 않는다. ICCROM 사무총장은 회원국 탈퇴가 효력을 발휘한 날을 UNESCO

사무총장에게 알릴 것이다.

(b) 연합회원은 평의회에 의해서 승인된 날로부터 2년 만기 후에 어느때고 ICCROM 사무총장에게 고지를 통해 ICCROM을 탈퇴할 수 있다. 그 고지는 고지가 주어진 다음 해 12월 31일에 효력을 발휘한다. 이는 재무책임을 해지시키지 않는다.

제12조 규약 개정. (a) 현 규약의 개정은 회원국과 평의회에 의해 제안된다. 그것들은 일반이사회에 의해서 출석·표결 회원국의 2/3 다수에 의한 결정에 의해 - 2/3 다수가 ICCROM 회원국의 1/2 이상일 때 - 채택될 것이다.

(b) ICCROM 사무총장은 제출된 의제에 일반이사회 회의전 적어도 180일에, UNESCO 사무총장과 모든 회원국에게 제안된 수정안을 전달한다.

(c) 만약 제안된 수정안의 전달에 따라, 회원국과 평의회가 어떤 수정안을 제안된 수정안에 도입하기를 바란다면, 원래 제안된 수정안 의제에 관한 일반이사회의 회의 전 적어도 90일에 UNESCO 사무총장과 회원국에 그것이 전달되면 그렇게 할 수 있다.

제13조 효력 발생. 이 규약은 ICCROM 일반이사회 18번째 회의 종료후 즉각 효력을 발휘할 것이다.

제14조 해산. ICCROM은 일반이사회의 결정으로 해산될 수 있다. 일반이사회는 제안된 해산서의 이유를 적시한 고지가 모든 회원국에게 보낸지 6개월 후에 그렇게 결정할 수 있다. 만약 2/3 다수가 ICCROM 회원국 1/2 이상인 경우에는 ICCROM을 해산하는 어떤 결의도 출석·표결 회원국 2/3 다수를 요구한다.

제15조 권한 있는 원본. 이 규약의 영어와 프랑스어로 된 원본은 똑같은 권한이 있다.

참고문헌

1. 우리말 문헌

책

경주개발동우회, 1998. 《그래도 우리는 신명바쳐 일했다》(고려서적)
국립문화재연구소, 2007. 《사진으로 보는 북한 국보유적》
김경대, 1997. 《신라왕경 도시계획 원형탐색과 보존체계 설정연구》(서울대 박사)
김수갑, 1993. 《헌법상 문화국가 원리에 관한 연구》(고려대 박사)
김은택, 1996. 《고려태조 왕건》(과학백과사전 종합출판사)
김정동, 2000. 《남아있는 역사, 사라지는 건축물》(대원사)
김주삼, 2001. 《문화재의 보존과 복원》(책세상)
김학범·장동수, 1994. 《마을숲-한국 전통부락의 당숲과 수구막이》(열화당)
김형만, 2001. 《문화재반환과 국제법》(삼우사)
나까이 등, 송인성·이부귀 역, 2000. 《영국의 도시기본계획》(전남대출판부)
대한불교조계종총무원, 1999. 《불교문화재 도난 백서》
대한불교조계종총무원, 2001. 《사찰환경 침해 사례집》
대한불교조계종총무원, 2006. 《주요사찰 방재대책 현황조사보고서》
리성대·리금철, 1994. 《천연기념물 편람》농업출판사(평양)
문예진흥원 문화발전연구소, 1992. 《문화재 및 전통문화 관리기능 강화방안 연구》
문화공보부, 1979. 《문화공보 30년》
문화부, 1992. 《우리나라의 문화행정》
문화재관리국, 1984. 《일본소장 한국문화재 반환문제 연구》
문화재관리국, 1985. 《문화재의 소방시설》
문화재관리국, 1992. 《조선총독부 및 문교부 발행 문화재관계 자료집》
문화재관리국, 1993. 《고궁 관리개선에 관한 연구》
문화재관리국, 1995. 《중요 문화재 조명개선 연구용역 보고서》
문화재관리국, 1996. 《일제의 문화재정책 평가 세미나》
문화재관리국, 1996. 《구황실관계법령 및 재산목록집》

문화재관리국, 1998. ≪천연기념물백서≫
문화재관리국, 1998. ≪21세기를 대비한 무형문화재 전승, 보급제도의 발전방향≫
문화재연구소, 1995. ≪해외 소재 우리역사 관련 문화유적의 현황과 보존≫
문화재청, 1999. ≪근대문화유산의 보존과 활용방안 연구조사보고서≫
문화재청, 1999. ≪한국 고인돌유적 종합조사연구≫
문화재청, 2000. ≪동산문화재 관리와 보존≫
문화재청, 2001. ≪세계유산정책 및 모니터링제도에 관한 연구≫
문화재청, 2005. ≪북관대첩비 환수 추진자료집≫
문화재청, 2005. ≪한일협정 반환문화재 자료집≫
문화재청, 2006. ≪근대문화유산 보존 및 활용사례≫
문화재청, 2006. ≪한국 전통목조건축물-영조규범 조사보고서≫
문화재청, 2007. ≪문화재활용 가이드북≫
문화재청, 2007. ≪청소년과 함께하는 세계유산≫
문화재청, 2009. ≪조선왕릉 재실-보존관리 및 활용방안 마련 연구≫
문화재청, 2009. ≪사적지 지정제도의 개선방안 연구≫
문화재청, 2009. ≪문화재의 공익적·경제적 가치 분석 연구≫
문화재청, 2010. ≪문화유산 공공디자인 가이드라인≫
문화재청, 2010. ≪동산문화재 관리 가이드북≫
문화재청, 국토연구원, 2007. ≪고도 보존을 위한 역사문화환경 관리방안≫
문화전략연구소, 2007. ≪문화재 활용을 위한 정책기반 조성연구≫
박성욱, 1997. ≪국제법상 수중문화유산 보호제도에 관한 연구≫(경희대 박사)
박윤흔, 2000. ≪행정법 강의≫(박영사)
법률출판사, 2004. ≪조선민주주의인민공화국 법전≫
비르기트 브로이엘, 윤선구 옮김, 2000. ≪아젠다 21≫(생각의 나무)
서순탁·박헌주·정우형, 2000. ≪국토의 합리적 관리를 위한 개발권 분리방안 연구≫(국토연구원)
오세탁, 1982. 문화재보호법연구-문화재향유권 법리를 중심으로-≫(단국대박사)
요코가와 세쯔코, 전홍규 옮김, 2000. ≪토토로의 숲을 걷다-내셔널트러스트의여행≫(이후)
유네스코 한국위원회, 1995. ≪수중문화재의 보호≫(정책자료집 제1권)
유네스코 한국위원회, 문화재관리국, 1996. ≪무형문화재 보존을 위한 제방법론

-무형문화재 보존방법론 개발 국제정책회의 보고서-≫
유네스코 한국위원회, 1997. ≪지방자치시대의 문화유산 보호와 과제≫
유네스코 한국위원회, 1996. ≪개발과 유산의 보존-그 갈등과 조화≫
이구열, 1996. ≪한국문화재수난사≫(돌베게)
이중환 지음, 허경진 옮김, 1996. ≪택리지≫(한양출판)
이보아, 1997. ≪문화재의 본국송환에 대한 연구분석≫(미, 플로리다대 박사)
장호수, 2001. ≪북녘의 고고학과 문화재관리≫(백산문화)
장호수, 2002. ≪문화재학 개론≫(백산자료원)
장호수, 2008. ≪문화재학 - 이론과 방법≫(백산자료원)
전경수, 1994. ≪관광과 문화 : 관광인류학의 이론과 실제≫(일신사)
전재경, 2005. ≪보호구역 관리실태 및 법제정비방안 연구≫(한국법제연구원)
정동찬, 1999. ≪겨레과학인 우리공예≫(민속원)
정성태, 1997. ≪역사도시경관관리의 한일간 비교-경주와 나라의 법제도≫(한양대석사)
한국건축역사학회, 1997. ≪한국건축문화유산의 재조명≫
한국고고학회, 1997. ≪매장문화재 발굴 전문기관 육성방안 연구결과 보고서≫
한국관광공사, 1996. ≪한국문화유산 관광상품화 방안≫
한국관광연구원, 2001. ≪고가·종택 ·전통마을의 보전적 관광자원화 방안≫
한국교육개발원, 1997. ≪한국전통문화학교 설립운영방안 연구≫
한국교육개발원, 2000. ≪중요무형문화재 관련분야 제2차 표준교육과정 개발연구≫
한국교육과정평가원, 2000. ≪문화재교육의 이론·방법 및 실제≫문화재청
한국문화경제학회, 2001. ≪문화경제학 만나기≫(김영사)
한국문화정책개발원, 1997. ≪역사고도보존을 위한 특별조치법(안) 작성연구≫
한국문화정책개발원, 1999. ≪전통 공예품 전승현황 조사 및 문화관광 상품화 방안 연구≫
한국문화재보호협회. ≪문화재보호와 대학생 역할≫
한국문화재보호협회, 1975. ≪문화재의 보호방향≫
한국미술사학회, 1996. ≪동산문화재 감정제도 개선연구≫
한국미술사학회, 1985. ≪한일회담반환문화재 인수유물≫(고고미술 165호 자료)
한국법제연구원, 1995. ≪북한의 문화재 보호관계 법제≫

한국소방안전협회, 1987. ≪주요문화재에 대한 종합방재대책 연구≫
한국정신문화연구원, 1996. ≪중요무형문화재 효율적 관리방안연구≫
한국토지공사, 1996. ≪국토개발과 문화재보존≫
허 영, 1999. ≪한국헌법론-신정 11판≫(박영사)
환경부, 1995. ≪사람과 생물이 어우러져 사는 자연만들기 세미나≫(자료집)
황수영, 1973. ≪일제기 문화재 피해자료≫(한국미술사학회)
G. Richards, 조명환 역. 2000. ≪문화관광론≫(백산출판사)

논문

강동진, 2000. 일본 전통마을의 유지관리방법 분석. 한국조경학회지 28-4
강동진, 2001. 지속가능한 전통마을의 유지와 관리방법론의 개발 -한국과 일본의 비교 연구- 한국조경학회지 29-5
권수철, 2001. 도시계획제한에 대한 손실보상법제 고찰, 월간법제 통권 제520호
고기석, 2000. 일본의 문화재 등록제도. 문화재청 문화유산포럼 2
권수철, 2001. 도시계획제한에 대한 손실보상법제 고찰. 월간법제 통권 제520호
김봉건, 1989. 영국의 문화재보존정책 - 지역보존정책을 중심으로. 문화재 22
김귀곤, 2001. 한국의 MAB 활동의 역사와 향후 과제. 보호구역과 지역사회(MAB 한국위원회)
김봉건, 1992. 문화재보수이론. 문화재 25
김수미, 2000. 지리정보체계(GIS)와 문화자원관리. 문화재청 문화유산포럼 2
김종석, 1999. Object ID:문화재보호를 위한 문화재정보관리 국제표준안. 박물관학보 2. 한국박물관학회
김주용·양동윤, 2000. 고고유적지 GIS 적용방법-이천지역 고인돌유적 연구사례를 중심으로. 문화유산포럼 2 (문화재청)
김홍렬, 1999. 무형문화재 정책 진단. 문화유산포럼 1(문화재청)
딕 맥켄널, 1994. 무대화된 고유성, 관광과 문화. 일신사
민영규, 일본의 장난이 좀 지나치다. 1965. 7. 11. 조선일보
박성욱, 1998. 수중문화유산보호를 위한 해난구조법의 적용문제와 새로운 법제 검토. 해양정책연구 제13권
박용기, 1999. 구황실재산과 국유재산, 국유문화재와의 관계고찰. 문화유산포럼 1

신영훈, 1983. 전통가옥의 보존·문화재 제16호
오양열, 1995. 한국의 문화행정체계 50년 -구조 및 기능의 변천과정과 그 과제 - 문화정책논총 7. 한국문화정책개발원.
윤장섭 외, 1986. 도시내 문화재 주변지역의 건축제한 기준에 관한 연구 (1) (2) 대한건축학회논문집 86-4, 5
정재훈, 1985 문화재위원회 약사. 문화재 18 문화재관리국
장호수, 1999. 타이완의 문화재관리제도와 정책. 문화재청 문화유산포럼 1
장호수, 2002. 문화경관에 대한 새로운 인식. 문화재청 문화유산포럼 3
장호수, 2004. 문화재 분류체계 시론. 인문콘텐츠 4. (인문콘텐츠학회)
장호수, 2005. 북한의 문화재보존관리체계 - 법, 제도와 기구, 정책- 〈통일과 국토〉 (한국토지공사)
장호수, 2006. 문화재활용론-활용의 개념과 범주에 대하여 〈인문콘텐츠〉7 (인문콘텐츠학회)
장호수, 2007. 화순 고인돌유적 보존과 활용 〈아시아 거석문화와 고인돌〉 (동북아지석묘연구소)
장호수, 2007. 고고유산의 보호원리와 보존 활용 방안에 대하여 - 법과 제도의 비교고찰을 중심으로- 〈문화재〉 40 (국립문화재연구소)
전경수, 1994. 국제관광의 인류학적 고찰, 관광과 문화. 일신사
조현중, 2001. 일본의 고도보존법 제정·운영 현황. 문화유산포럼 3
조흥윤, 1985. 세창양행, 마이어 함부르크 박물관. 동방학지 46.47.48합집
최선주, 2001. 풍납토성 내부지역의 장기 보존방향. 문화유산포럼 3
최종고, 1990. 문화국가와 문화재보호-문화국가와 문화재보호. 문화재 23
최혜실, 2001. 순수예술, 인문학과 문화산업의 소통을 위한 방안. 문화콘텐츠 산업발전을 위한 『예술과 인문학의 역할』 세미나 (재)한국문화콘텐츠진흥원

2. 일본어 문헌

文化廳文化財保護法硏究會, 1997. ≪文化財保護法改正のポイントQ&A≫ぎょうせい
文化廳文化財保護部 監修, 1997. ≪文化財保護關係法令集≫ぎょうせい
文化廳 編, 1970. ≪文化財保護の現狀と課題≫
文化廳次官 通知〈埋藏文化財保護と發掘調査圓滑化について〉(1999)

文化廳, 2001. ≪文化財保護法五十年史≫
兒玉幸多, 仲野 浩 編, 1979. ≪文化財保護の實務≫柏書房
文化財保存全國協議會 編, 1990. ≪遺跡保存の事典≫三省堂
文化財保存全國協議會 編, 1971. ≪文化財の危機と保存運動の發展≫青木書店
石澤良昭 編, 1995. ≪文化遺産の保存と環境≫(朝倉書店)
內田 新, ≪文化財保護法 槪說(一)~(六)≫
日本土地法學會, 1982, ≪環境アセスメント・埋藏文化財と法≫
根木昭外, 1976, ≪文化政策槪論≫晃洋書房
財)日本博物館協會 編, 1994. ≪日本博物館法令集≫
公共事業に伴う埋藏文化財取扱い實態調查に關する檢討委員會 編輯, 2000. ≪公共事業ど埋藏文化財〔改訂版〕-公共事業に伴う埋藏文化財發掘調査の手引-≫
西村幸夫 等, 2000. ≪都市の風景計劃-歐美の景觀ゴンドロル手法ど實際≫(學藝出版社)
奈良大學文學部世界遺産を考える會 編, 2000. ≪世界遺産學を學ぶ人のだめに≫(世界思想社)
奈良大學文學部世界遺産ごす 編, 2001. ≪世界遺産ど都市≫(風媒社)
三船康道 等 編, 1999. ≪歷史ある建物の活かし方≫(學藝出版社)
木原啓吉, 2000. ≪廣かるナショナルドラスド運動≫
西村幸夫, 1993. ≪歷史お生がしだまちつぐり-英國しびっぐでざいん 運動がら≫(東京. 古今書院)
淸水眞一 等, 1999. ≪歷史ある建物の活がし方≫(學藝出版社)
大河直躬, 1997. 歷史的遺産の保存・活用・再生お進めるだめに. 歷史的遺産の保存・活用どまちつくり (京都. 學藝出版社)
みのだ ひろこ, 1997. 個ぐの歷史的遺産の活用手法. 歷史的遺産の保存・活用どまちつくり (京都. 學藝出版社)
關 隆志 編, 1998. アグロボリス文化財による教育. 都市ど文化財-アデネど大阪
荻野昌弘 編, 2002. 文化遺産の社會學 (新曜社)
石澤良昭 編集, 1995. 文化遺産の保存と環境(朝倉書店)
坂詰秀一, 2000. 考古學と 近・現代史〈季刊 考古學〉第72號

3. 중국어 문헌

謝辰生 等, 1995. 中國大百科全書-文物・博物館. 中國大百科全書出版社

李曉東, 1993. 中國文物學 概論. 河北人民出版社

李曉東, 1996. 文物法學-理論與實踐. 紫禁城出版社

李曉東, 2002. 文物保護法 概論. 學苑出版社

吳詩池 編著, 2002. 文物學概論. 上海文藝出版社

中國文物報社, 2003. 中華人民共和國文物保護法 以案設法. 文物出版社

4. 영어 문헌

Allen, K. M. S., Green, S. W. & Zubrow, E. B. W., eds 1990. *Interpreting Space: GIS and Archaeology.* Taylor & Francis. London.

Bernard M. Feilden and Jukka Jokilehto, 1993. *Management Guidelines for World Cultural Heritage Sites.* ICCROM

Bob M. Hilary du Cros, 2002. *Cultural Tourism.* Haworth Hospitality Press.

M, Brisbane. 1996. *A Future for our Past?* English Heritage

Fowler, P. J. 1992. *The Past in Contemporary Society: Then, Now.* Routledge

Fowler, P. J., (edited by), *World Heritage Cultural Landscapes 1992-2002,* World Heritage Paper No. 6, UNESCO, World Heritage Centre, Paris 2003.

H. F. Cleere, 1989. *Archaeological Heritage Management in the Modern World.*

Harrison, R. ed. 1994. *Manual of Heritage Management.* Butterworth-Heinemann

Herb Stovel, 1998. *Risk Preparedness:A Management Manual for World Cultural Heritage.* ICCROM.

Hidetoshi Saito and Nobuko Inaba, 1996. *The Historic Villages of Shirakawa-go and Gokayama - Traditional Houses in the Gassho Style*

Hutt, S., E. W. Jones & M. E. Mccallister, 1992. *Archaeological Resource Protection.* Washington : Preservation Press.

ICCROM, UNESCO, WHC, 1999. *Conservation of Architectural Heritage, Historic Structures and Materials.* Arc Laboratory Handbook

ICOMOS, 2001. *Dangerous liaisons. Preserving post-war modernism in city centers.* Helsinki, Finland

ICRC, 2002. *Protection of Cultural Property in the Event of Armed Conflict*

J. A. Mcneely, J. Harrison, P. Dingwall ed., 1994. *Protecting Nature - Regional Reviews of Protected Areas.* (IUCN)

J. Greenfield, 1995. *The Return of Cultural Treasures* 2nd edition. Cambridge Univ.

J. Jokilehto, 1999. *A History of Architectural Conservation.* Butterworth Heinemann

Jeffrey A. Mcneely, 1995. *Expanding Partnerships in Conservation* Island Press

Korean National Commission for UNESCO, Office of Cultural Properties of the Republic of Korea, 1996. *Methodologies for the Preservation of Intangible Heritage*

Kerber, J. E. 1994. *Cultural Resource Management.* Begin& Garvey

L. Macinnes ed. 1992. *All Natural Things: Archaeology and Green Debate* Oxbow Monograph 21

L.V. Prott. P.J. O′Keefe. 1983. *National Legal Control of Illicit Traffic in Cultural Property.* Unesco.

M. Watson, 1994. *The National Trust-the first hundred years.* The National Trust Ltd.

Malcolm, A. C. ed. 1995. *Managing Archaeology.* Routledge

M. Hutter, I. Rizzo ed, 1997. *Economic Perspectives on Cultural Heritage.* Macmillan Press.

National Trust for Historic Preservation, *Teaching with Historic Places.* The Preservation Press.

National Trust for Historic Preservation, *Tax Incentives for Historic Preservation*

O′keefe, P.J. & L.V. Prott 1984 *Law and the Cultural Heritage. Vol. 1: Discovery and excavation.* Abingdon : Professional Books

O′keefe, P.J. & L.V. Prott 1989 *Law and the Cultural Heritage. Vol. 3 : Movement*

P. Fowler, 1992. *The Past in Contemporary Society.* London Routledge

Paul Box, 1999. *GIS and Cultural Resource Management - A Manual for Heritage Managers.* Unesco

Petersen, A., *Managing Tourism at World Heritage Sites: a Practical Manual for World Heritage site managers,* World Heritage Paper No. 1, UNESCO, World Heritage Centre, Paris 2002.

R. Harrison, 1994. *Manual of Heritage Management.* Butterworth Heinemann

Royal Commission on the Historical Monuments of England, 1993. *Recording England's Past*

Smith, G. E. & J. E. Ehrenhard. 1991. *Protecting the Past.* Ann Arbor(Ci) : CRC Press

Susan Macdonald ed. 2001. Preserving Post-war Heritage. English Heritage.

The National Museum of Denmark, DKC, 1992. Sites & Monuments

The World Bank, 1999. *Culture in Sustainable Development - Investing in Cultural and Natural Endowments*

World Heritage Center, 1999. Operational Guidelines for the Implementation of the World Heritage Convention

Analysis of national policies on cultural heritage - Report on cultural heritage policies in Europe. Introduction and summary. Strasbourg 1996

Robin Thornes, 1997. Protecting Cultural Objects in the Global Information Society - The Making of Object ID. The Getty Information Institute

UNESCO, 2002. *Monitoring World Heritage,* World Heritage Paper No. 10, UNESCO, World Heritage Centre, Paris 200

US General Accounting Office. 1987. Cultural Resources : problems protecting and preserving federal archeological resources. *Report to Congressional Requesters.* Washington(DC)

US General Accounting Office. 1988. Cultural Resources: implementation of federal historic preservation program can be improved. *Report to Congressional Requesters.* Washington(DC)

U.S. Department of the Interior, National Park Service Interagency

Resources Division. How to apply the National Register Criteria for Evaluation, *National Register Bulletin* 15

World Commission on Culture & Development, 1996. Rethinking Cultural Policies. *Our Creative Diversity*, Paris, Unesco Publishing

World Commission on Culture & Development, 1996. International Agenda. *Our Creative Diversity*, Paris, Unesco Publishing

World Commission on Culture & Development, 1996. Cultural Heritage for Development. *Our Creative Diversity*, Paris, Unesco Publishing

World Heritage Centre, 2002. *Investing in World Heritage: Past Achievements, Future Ambitions*, World Heritage Paper No. 2, UNESCO, Paris.

World Heritage Centre, 2003. *Identification and Documentation of Modern Heritage*, World Heritage Paper No. 5, UNESCO, Paris.

World Heritage Centre, 2004. *Partnerships for World Heritage Cities: Culture as a Vector for Sustainable Urban Development*, World Heritage Paper No. 9, UNESCO, Paris.

World Heritage Centre, 2003. *World Heritage in Young Hands. To Know, Cherish and Act, an Educational Resource Kit for Teachers.*

World Heritage Centre, 2003. *Mobilizing Young People for World Heritage*, World Heritage Paper No. 8, UNESCO.

World Heritage Centre, 2007. *Climate Change and World Heritage* World Heritage Reports n°22

World Heritage Centre, 2008. *Enhancing our Heritage Toolkit, Assessing management effectiveness of natural.* World Heritage Series n°23

World Heritage Centre, 2010. *Cultural Landscapes.* World Heritage Series n°26

World Heritage Centre, 2010. *Managing Historic Cities.* World Heritage Series n°27

찾아보기

(ㅇ)